KARA ATKIN

Forever free

San Teresa University

KARA ATKIN

FOREVER free

SAN TERESA UNIVERSITY

Roman

LYX

LYX in der Bastei Lübbe AG
Dieser Titel ist auch als E-Book erschienen.

MIX
Papier aus verantwortungsvollen Quellen
FSC® C014496
FSC
www.fsc.org

Originalausgabe

Textredaktion: Stephanie Janek
Covergestaltung: Sandra Taufer, München,
unter Verwendung von Motiven von Shutterstock
(© Tonktiti; ©Kathie Nichols; ©LuckyDesigner)
Satz: Greiner & Reichel, Köln
Gesetzt aus der Adobe Caslon
Druck und Einband: GGP Media GmbH, Pößneck

Printed in Germany
ISBN 978-3-7363-1298-2

5 7 6 4

Sie finden uns im Internet unter: www.lyx-verlag.de
Bitte beachten Sie auch: www.luebbe.de und www.lesejury.de

Für Raina

Es stimmt wohl, wenn man sagt, dass man verwandte Seelen an den seltsamsten Orten trifft. Bei uns war es das Kellergeschoss der Schule. Danke für das Einreißen meiner Mauern, auch wenn ich das nicht immer gewollt habe. Danke für die letzten Jahre. Aber vor allem danke dafür, dass du mich zu dem Menschen gemacht hast, der ich heute bin. Dieses Buch ist für dich.

In the truest sense, freedom cannot be bestowed;
it must be achieved.

Franklin D. Roosevelt

PLAYLIST

BLACKPINK – Forever Young
Billie Eilish – ocean eyes
Lady Gaga feat. Bradley Cooper – Shallow
P!nk – Walk Me Home
Sam Smith – How Do You Sleep?
Ed Sheeran feat. Travis Scott – Antisocial
The Chainsmokers – Paris
Lana Del Rey – Brooklyn Baby
Panic! At The Disco – Dying in L.A
Ansel Elgort feat. Logic – You Can Count On Me
Billie Eilish – bad guy
Why Don't We – Unbelievable
ONE OK ROCK – Stand Out Fit In
Bazzi – Beautiful
The Chainsmokers feat. Bebe Rexha – Call You Mine
Sheryl Crow – If It Makes You Happy
Limp Bizkit – Behind Blue Eyes
BTS feat. Steve Aoki – The Truth Untold
OneRepublic – Rescue Me
ONE OK ROCK feat. Kiiara – In The Stars
Andrew Huang – Yours

PROLOG

Raelyn

Freiheit.

Sie schmeckt wie Vanilleeis und Eiskaffee. Sie klingt nach Wellenrauschen und wildem Stimmengewirr. Sie fühlt sich wie warmes Sonnenlicht auf meiner Haut an, das mich mit einem schmerzhaften Ziehen vor dem kommenden Sonnenbrand warnt. Und sie riecht nach Meersalz und ein wenig nach Streetfood. Aber das Wichtigste ist, dass sie sich *fantastisch* anfühlt.

Ich steckte die Füße tiefer in den Sand und schloss die Augen. Das Kreischen der Möwen war zwar etwas nervig und ich spürte die Restfeuchtigkeit im Sand von dem Regen vor einer Stunde deutlich durch meine Jeans sickern, aber gerade in diesem Moment konnte mir das alles nicht weniger egal sein.

Das hier war mein Neuanfang. Und nichts und niemand auf dieser Welt würde mir den vermasseln. Außer vielleicht … Ich öffnete meine Augen einen Spalt weit und spähte über mich in den strahlend blauen Himmel. Okay, keine Möwe in direkter Nähe. Also auch keine Gefahr einer ekelhaften Sauerei, die mir dann doch vielleicht ein wenig den Tag verhageln würde.

Ich machte die Augen wieder zu und genoss das warme Sonnenlicht auf meiner Haut. Ein paar Tage hier am Strand und ich würde nicht mehr so dermaßen auffallen. Wer hätte gedacht, dass im Bundesstaat Kalifornien scheinbar wirklich *jeder* eine zumindest einigermaßen gesunde Hautfarbe hatte. Da stach ich mit meiner weißen Draculahaut leider schon ziemlich hervor. Die lechzte gerade auch schon nach Sonnencreme und bettelte mit einem leichten Ziehen um meine Aufmerksamkeit. Ich würde sie jedoch eiskalt ignorieren. Zumindest heute.

»Und, Schätzchen, gefällt es dir hier?« Als ich die Augen öffnete, musste ich mit der Hand die Sonne abschirmen, um überhaupt etwas sehen zu können. Meine Mutter stand direkt neben mir. Ich hatte sie nicht einmal kommen hören. Mit einem Lächeln auf den Lippen reichte sie mir einen Eiskaffee mit viel Sahne.

»Ja, es ist wunderschön.« Als meine Finger den Becher berührten, bekam ich sofort eine Gänsehaut. Der Kaffee war wirklich kalt. Ich trank einen Schluck und zischte leise. Er war nicht nur kalt, sondern auch sehr stark. Genau das, was ich jetzt brauchte. »Ist der mit Schokosauce?«

»Aber sicher.« Meine Mutter lachte leise. »Zuckerschock inklusive. So, wie du ihn am liebsten magst.«

Ich hob den Becher an und betrachtete meinen Eiskaffee genauer. In New York sah der Eiskaffee immer etwas kümmerlich aus und schmeckte ein wenig nach Wasser, das vielleicht mal an einer Kaffeebohne vorbeigelaufen war. Aber hier hatten sie die Sahne sogar mit einer Kaffeebohne und ein wenig Kakaopulver dekoriert. Wirklich niedlich.

Dieses Café musste ich mir auf jeden Fall merken. Ich würde ihm sicherlich noch den einen oder anderen Besuch abstatten.

»Also mir wäre dieses Nest entschieden zu klein.« Meine Mutter zog ihre Lederjacke aus und legte sie auf den Sand, bevor sie sich neben mich setzte. Natürlich war ihr San Teresa als eingefleischte New Yorkerin zu klein. Diese Stadt bestand praktisch nur aus der San Teresa University und den paar Hundert Einwohnern, die schon seit Generationen in dieser Kleinstadt zwischen San Francisco und Los Angeles lebten. Hier gab es nicht viel außer einigen Wohnhäusern, einer Handvoll Läden, wenigen Restaurants und einem einzigen Club direkt neben dem Campus. Aber genau das war es, was mich hierhergezogen hatte. Dieses Städtchen hatte auf den Fotos so idyllisch gewirkt. So anders. Und ich brauchte einfach ganz dringend einen Tapetenwechsel.

»Immerhin wird man hier nicht von der U-Bahn geweckt.« Ich zuckte mit den Schultern und trank noch einen Schluck von dem dunklen, süßen Gold aus meinem Becher, der anders als in New York kein Logo einer gigantischen Kette aufgedruckt hatte. In geschwungener Schreibschrift stand lediglich *The Saints Café* darauf.

Mein Körper pulsierte zwar vor positiver Aufregung, aber nach dem Flug heute in aller Herrgottsfrühe brauchte ich dringend Koffein, um nicht auf der Stelle einzuschlafen. Ich war wirklich kein Morgenmensch. Vor neun Uhr morgens funktionierten bei mir leider nur Herz und Lunge. Mein Gehirn ließ sich mindestens bis um zehn Uhr noch bitten. Nicht gerade die besten Voraussetzungen für die Highschool. Ich hatte gehört, dass die Uni da etwas entspannter sein würde. Ich hoffte jedenfalls verzweifelt darauf.

»Hier wird man von gar nichts geweckt. Höchstens von den Toten.« Meine Mutter seufzte, die Augen aufs Meer gerichtet, um meinem anklagenden Blick zu entgehen. Ich hatte ihr tausendmal gesagt, dass sie nicht hätte mitkommen brauchen. Aber sie hatte ja darauf bestanden. Natürlich hatte sie das. Vermutlich in der Hoffnung, mich in letzter Sekunde noch umstimmen zu können, das würde allerdings nicht passieren. Nicht dieses Mal. »Sicher, dass du nicht mit mir nach Hause kommen willst? Du könntest ein Jahr warten und es an der NYU dann noch mal versuchen.«

Nur über meine Leiche. »Mom, wir haben darüber gesprochen.« Sicherlich mehr als zehnmal. Vielleicht auch an die hundertmal. Doch wer zählt bei so was schon mit, nicht wahr? »Ich mache das erste Jahr hier und versuche dann, an die NYU zu wechseln. So verliere ich wenigstens keine Zeit. Du weißt, wie wichtig heute ein lückenloser Lebenslauf ist.«

»Ja, ja, ich weiß.« Meine Mutter legte mir den Arm um die Schulter und zog mich mit so einem heftigen Ruck an sich, dass ich mich an meinem Eiskaffee verschluckte und zu husten begann. »Du wirst mir trotzdem fehlen, BunBun.«

Gott! Verstohlen sah ich nach rechts und links. Hoffentlich hatte niemand diesen schrecklichen Spitznamen gehört, den ich dem weißen Kaninchen aus *Alice im Wunderland* zu verdanken hatte, das wie ich nie pünktlich sein konnte. Aber außer dem meilenweiten Sandstrand, ein paar Möwen und dem Rettungsschwimmerturm war nichts und niemand in Sicht. Ich warf einen Blick über meine Schulter nach hinten. Wir waren wohl die Einzigen, die im Sand einen nassen Hintern riskierten. Die meisten Leute spazierten über die Strandpromenade oder saßen in Grüppchen auf den Terrassen der beiden kleinen Cafés, von wo aus man die schönste Aussicht auf den blauen Ozean hatte. Etwas entfernt konnte ich den einen oder anderen auf der flachen Strandmauer oder den Wellenbrechern ausmachen, an denen das Wasser nur so hochspritzte, jetzt da der Wind langsam zulegte und die Wellen zeigten, was sie draufhatten.

Gott sei Dank. Denn ich für meinen Teil bekam lieber eine nasse Jeans, als dass jemand diesen peinlichen Spitznamen hörte. Warum benutzte sie ihn überhaupt noch?

Aber meine Mutter war eh ein Mensch, dem absolut gar nichts peinlich war. Sie war laut, fordernd und generell von der schrilleren Sorte. Klassische Künstlerin eben. Ich hingegen versuchte unter dem Radar zu bleiben. Soweit das in Kalifornien überhaupt möglich war, wenn man einer modernen Version von Schneewittchen glich. Alle sagten mir immer, ich sollte es als Kompliment auffassen, mit einer Prinzessin verglichen zu werden. Das sah ich allerdings ein bisschen anders. Für mich war Schneewittchen eine glorifizierte Haushaltshilfe der Dreißigerjahre mit einer piepsigen hohen Stimme, die hilflos auf ihren Helden wartete, weil sie sich nicht allein befreien konnte.

Ich persönlich wäre lieber der Typ Vaiana. Furchtlos. Stark. Abenteuerlustig.

Leider war ich nichts von alldem.

Ich betrachtete meine Mutter von der Seite. Es war wirklich kaum zu fassen, dass diese Frau mich zur Welt gebracht haben sollte. Denn sie war so ziemlich das genaue Gegenteil von mir.

Während ich die schwarzen Haare und die elfenbeinfarbene Haut meines Vaters geerbt hatte, hatte meine Mutter ihre ganzen Gene für sich behalten, die sowohl sie als auch meine Nanna Grace zu schönen hochgewachsenen Blondinen geformt hatten. Das Einzige, was wir optisch teilten, waren ihre aquamarinblauen Augen, welche mich nur noch blasser und gespenstischer aussehen ließen. Und die für meinen Geschmack etwas zu groß geratene Oberweite, die es Männern offensichtlich verdammt schwer machte, mir in die Augen zu sehen. Oder mich ernst zu nehmen.

»Du wirst mir auch fehlen, Mom.« *Nur eben nicht gleich sofort.* Sanft, aber bestimmt schob ich meine Mutter von mir weg. »Wie spät ist es?«

Sie warf einen Blick auf ihre goldene Armbanduhr mit dem schwarzen Ziffernblatt, die ich ihr vor zwei Jahren zum vierzigsten Geburtstag geschenkt hatte und die nicht so wirklich zu ihrer quietschgrünen Bluse passte. »Kurz nach vier.«

»Nach vier?« Ich sprang auf und klopfte mir hektisch den

noch leicht klebrigen Sand von der Jeans. »Wieso hast du das nicht früher gesagt?«

»Weil dein neues Zimmer sicherlich nicht wegläuft.« Meine Mutter zuckte mit den Schultern, ehe sie sich gemächlich erhob, als hätten wir alle Zeit der Welt.

Ich griff mir meinen abgewetzten Rucksack und schwang ihn mir über die Schulter. Kaum, dass der Lederriemen meine Haut berührte, zuckte ich zusammen. Autsch. Ich hatte definitiv einen Sonnenbrand.

»Vergiss nicht, dich heute Abend nach dem Duschen einzucremen.« Meine Mutter deutete auf meine gerötete Schulter. »Sonst kannst du bald Sebastian Konkurrenz machen.«

»Sehr witzig, Mom.« Ich versuchte ihren Kommentar mit Humor zu nehmen, auch wenn es mich ein wenig wütend machte, dass sie mir einen so offensichtlichen Hinweis gab. »Aber dafür fehlen mir zwei entscheidende Dinge.«

Meine Mutter band sich ihre Lederjacke um die Hüften und folgte mir zurück zur Strandpromenade. Ihre Sandalen baumelten an ihren Fingern. »Die da wären?«

»Der starke Akzent und die Scheren.«

Das Lachen meiner Mutter erklang hell und klar, als wir die Treppe zur Promenade hinaufstiegen. Und das beruhigte mich ein wenig. Seitdem ich die feste Zusage der San Teresa University bekommen hatte, war sie irgendwie anders zu mir gewesen. Kühler. Distanzierter. So, als würde sie sich schon längst von mir verabschiedet haben. Besonders in den letzten Wochen, in denen wir meine Bücher gekauft und meine Sachen gepackt hatten. Aber so langsam schien sie wieder aufzutauen und zu sich selbst zurückzufinden.

Und das war auch gut so.

Ich würde diesmal nicht da sein, um die Scherben aufzusammeln. Ich würde auch nicht da sein, um mir ihre Sorgen anzuhören. Nicht mit ihr bis mitten in der Nacht am Küchentisch sitzen, um die Sorgen mit Keksen und Tee zu vertreiben. Ab heute war das vorbei. Sie stieg nachher in den Flieger nach New York, und für mich begann mein neues Leben in Kalifornien. Sie würde lernen müssen, auch ohne mich zurechtzukommen.

Sosehr mich dieser Neuanfang auch freute, er jagte mir trotzdem eine Heidenangst ein. Ab jetzt war ich für mich selbst verantwortlich. Ich war auf mich allein gestellt. Und wenn das nicht gruselig war, was dann?

Ich nahm einen weiteren Schluck von meinem Eiskaffee. Das dunkle Holz der Strandpromenade fühlte sich warm unter meinen Füßen an und der Duft von Rosen und Muskat hing in der Luft, während ich mit jedem Schritt meinem Neubeginn entgegenlief.

1. KAPITEL

Raelyn

»Oh Miss, das tut mir leid, aber sie können leider kein Zimmer im Olympe Residential bekommen. Sie sind ein Freshman.« Die Frau auf der anderen Seite des langen provisorischen Tisches, der außerhalb des Verwaltungsgebäudes aufgebaut worden war, um mit der Masse neuer Studenten fertigzuwerden, lächelte mich entschuldigend an. Sie war ungefähr Mitte fünfzig mit langem schwarzem Haar, das an den Schläfen schon ergraut war und das sie zu einem adretten Dutt zusammengebunden trug. An ihrem Hals baumelte ein laminierter Ausweis mit einem Foto, auf dem sie deutlich jünger aussah als heute.

Mrs Campell. Studierendensekretariat.

Heute wohl eher Soldat an der Front.

Ich trat einen Schritt beiseite, als das Mädchen neben mir mit einem frustrierten Aufschrei die Hände in die Luft warf, bevor sie sich ihre Dokumente vom Tisch schnappte und wütend davoneilte. In dem wilden Stimmengewirr der anderen Studenten um mich herum war es sehr schwer, Mrs Campell zu verstehen, sodass ich mich so weit zu ihr herüberbeugen musste, dass ein Hauch ihres Parfüms in meine Nase drang. Sie roch nach Vanille und Veilchen.

»Für Sie sind nur Zimmer in der Avila Hall vorgesehen.« Sie deutete auf die Karte vom Campus, die sie zwischen uns auf dem Tisch ausgebreitet hatte, was gar nicht nötig gewesen wäre, da ich sie bereits in- und auswendig kannte. Sie zeigte auf die Zeichnung eines länglichen Gebäudes unweit der Beauvoir-Mensa, die sich ungefähr im Zentrum des Campus befand. Direkt in der Nähe des Footballfeldes. »Dort sind alle Studienanfänger untergebracht.«

»Avila Hall?« Ich versuchte mich an all die Dinge zu erinnern, die ich in Foren über die San Teresa University gelesen hatte. In meiner Vorfreude hatte ich jede noch so kleine Information wie ein Schwamm in mich aufgesaugt. Ich wusste sogar schon den Mensaplan für diese Woche. Aber ausgerechnet jetzt wollte mein übermäßig voller Speicher partout nichts Relevantes ausspucken.

Avila Hall. Avila Hall. Moment mal, war das nicht …

»Das sind Vierbettzimmer, oder?«

Mrs Campell lächelte nichtssagend. Es war also nicht das erste Mal, dass sie diese Frage heute gestellt bekam. »Ja, Miss.«

»Fantastisch.« Ich ließ den Kopf nach vorn sinken und stieß ein leises Seufzen aus. Ich freute mich zwar schon darauf, mir mit anderen ein Zimmer zu teilen, war mir allerdings nicht so sicher, ob das wirklich gut gehen würde. Schon auf den wenigen Klassenfahrten, an denen meine Mutter mich hatte teilnehmen lassen, war es mir schwergefallen, Anschluss zu finden. Und meistens hatte ich dann doch immer allein auf einem viel zu großen Zimmer gehockt.

»Vielen Dank, Mrs Campell.« Ich spürte, wie meine Mutter ihre schmalen Hände auf meine Schultern legte und mich sanft, aber bestimmt vom Tisch wegführte. »Ach, BunBun, mach dir keinen Kopf. Das wird schon.« Sie strahlte mich an, genau wie damals, als sie meinen Geburtstagskuchen verbrannt hatte und es mit einer gekauften Torte wiedergutmachen wollte. »Außerdem, du bist schon mit Schlimmerem fertig geworden.«

Schlimmer als die völlige Unsicherheit in sozialen Interaktionen? »Und mit was?«

»Der New Yorker U-Bahn.«

Ich wollte nicht lachen. Wirklich nicht. Aber meine Mundwinkel zuckten, bevor ich etwas dagegen unternehmen konnte. »Traurig, aber wahr.«

»Na also.« Meine Mutter drückte meine Schulter aufmunternd, ein kläglicher Versuch, die Situation irgendwie besser zu machen. »Okay. Lass dir deine Zimmerschlüssel geben, und ich guck mal in der Zwischenzeit, ob ich irgendwo einen Kaffee auftreiben kann.« Sie deutete auf das andere Ende der langen Tischreihe, an der zwei Frauen abwechselnd Listen überprüften und dann braune Umschläge austeilten. »Willst du auch einen?«

So verführerisch dieses Angebot auch klang, ich musste wohl leider ablehnen. »Das wäre dann mein dritter heute. Also nein, danke. Mein Herz schlägt jetzt schon Purzelbäume.«

Meine Mutter nickte knapp und wandte sich dann zum Gehen. »Bis gleich.«

Ich hob die Hand zum Gruß. »Bis gleich, Mom.«

Ich sah ihr einen Moment nach und wusste genau, dass es eine Weile dauern würde, bis sie zurückkam. Es gab zwar ein Café auf dem Campus unweit von hier entfernt, aber meine Mutter würde sicherlich mehr als einmal daran vorbeilaufen. Und das war auch ganz gut so. Es würde mir einen Moment für mich verschaffen. Verstohlen blickte ich mich um. Viele Studenten waren mit ihren Eltern hergekommen. Das war nichts Außergewöhnliches. Und dennoch hatte ich mir meinen Neuanfang irgendwie anders vorgestellt.

Zeit, mich einzureihen. Immerhin würde das Warten in der Schlange eine halbe Ewigkeit dauern, denn bei der Schlüsselausgabe warteten sicherlich an die fünfzig Studenten ungeduldig auf ihre Zimmerzuteilung.

»Wenn du an der Uni überleben willst, dann solltest du an deiner Koffeintoleranz arbeiten.«

Ich blinzelte verwirrt, als eine junge Frau mit einem freundlichen, offenen Lächeln und einem Klemmbrett in der Hand mich plötzlich ansprach.

Komm schon. Krieg die Zähne auseinander. Sei nicht gleich sofort schon wieder der stumme Sonderling.

Ich lächelte zurück und trat einen Schritt auf die junge Frau zu. Sie war ungefähr so groß wie ich. Vermutlich war sie um die ein Meter siebzig groß. Mit ihrem Klemmbrett und dem hohen kastanienbraunen Pferdeschwanz strahlte sie eine subtile Autorität aus, die ich niemals infrage stellen würde. »Wieso? Sind die Prüfungen so schlimm?«

»Die Prüfungen sind nicht das Problem.« Bei ihrer Antwort atmete ich erleichtert aus. Zumindest, bis sie ein leises, melodisches Lachen von sich gab. »Es sind die ständigen Abgaben, die dich umbringen werden.« Sie streckte mir die freie Hand entgegen, und aus einem Impuls heraus ergriff ich sie, ohne auch nur eine Sekunde zu zögern. »Hi, ich bin Kate Benoit.« Sie tippte auf ihr Namensschild, das sie an ihrem farbenfrohen Crop-Top befestigt hatte. Das Schild war weiß mit den goldgelben Blüten des kalifornischen Mohns darauf, und ich konnte griechische Buchstaben erkennen. Kappa Alpha Phi. Sie war also in einer Verbindung. »Ich bin ein Sophomore und helfe hier heute beim Orientierungstag ein bisschen aus.«

»Sieht auch so aus, als wäre das nötig.« Ich zeigte auf die langen Schlangen vor dem provisorisch aufgebauten Tresen, die immer länger wurden, je mehr Studenten auf dem Campus ankamen. Mittlerweile herrschte ein wirklich wildes Durcheinander, und auf der anderen Seite der großen Wiese, die alle Verwaltungsgebäude miteinander verband, fanden sich schon die ersten älteren Studenten ein, um sich das Spektakel in aller

Ruhe genauer anzusehen. »Ist der erste Tag immer so chaotisch hier?«

Kate winkte ab. »Oh, das ist noch organisiert. Das letzte Jahr war deutlich schlimmer. Dieses Jahr gibt es wenigstens Studienpaten.« Sie zwinkerte mir mit ihren großen dunkelbraunen Augen zu. »Mein Kumpel Hunter nennt es liebevoll den *Tag der Freshman-Tränen*.«

»Wow …« Ich stolperte ein wenig über diesen doch sehr speziellen Humor. »Dein Kumpel scheint ja ein richtiger Sonnenschein zu sein.«

Kate schmunzelte und strich über ihre schwarze taillenhohe Shorts, die ihre Beine endlos erscheinen ließ und ihre gebräunte Haut zur Geltung brachte. »Du machst dir kein Bild.«

Ich wusste nicht, woran es lag, aber Kate war mir sofort sympathisch. Wahrscheinlich wegen ihres Humors oder auch einfach nur aufgrund der Tatsache, dass sie der erste Mensch auf dem Campus war, der überhaupt mit mir gesprochen hatte. Irgendwas an ihr sorgte dafür, dass ich mich ein wenig entspannte. Vielleicht würde der erste Tag hier doch nicht in vollständiger Isolation enden.

»Kate, kannst du bitte mal kommen?« Eine hochgewachsene junge Frau mit einem blonden Pixie-Cut winkte hektisch mit einem Arm und widmete sich dann wieder dem jungen Mann vor sich, der heftig mit ihr zu diskutieren schien.

»JA! KOMME!« Kate legte mir die Hand auf den Oberarm. Ihre goldenen Armreifen klimperten leise, als sie auf ihrem schmalen Unterarm nach oben rutschten. »Sorry, ich muss leider weiter. Aber vertrau mir, Avila Hall ist gar nicht so übel. Wir haben es immerhin alle überlebt.«

Ich konnte spüren, wie mir die Hitze in die Wangen stieg. Glaubte sie jetzt, ich hätte mich über die Zimmergröße beschwert?

Fantastischer erster Eindruck, Raelyn. Wirklich klasse.

Oh Gott, hoffentlich hatte sie nicht auch noch meinen grässlichen Spitznamen mitbekommen.

»KATE!«

»Mein Typ wird verlangt. Viel Glück, …« Sie stockte. Ich hatte doch allen Ernstes völlig vergessen, mich vorzustellen. Ihre Augen glitten über mich. Sie suchte meinen Studentenausweis. Den, den ich in der ganzen Aufregung noch gar nicht abgeholt hatte.

»Raelyn. Raelyn Miller.«

»Was für ein außergewöhnlicher Name.« Kate ließ meinen Oberarm los und winkte mir zu. »Viel Glück und bis dann, Raelyn.«

»Bis –« Kate war bereits im Gewusel verschwunden. Und ich hatte nicht einmal gefragt, was sie studierte. »Bis dann.«

Ich seufzte leise und stellte mich in der Schlange für die Schlüssel an, die nur sehr langsam vorwärtsging. Überall um mich herum sprachen die Leute miteinander und unterhielten sich darüber, woher sie kamen oder welche Kurse sie belegten. Und ich? Ich stand mitten in diesem lauten Chaos und bekam kein einziges Wort über die Lippen.

So viel zum Thema Neuanfang.

Als ich an der Reihe war, nannte ich der Frau vom Studierendensekretariat meinen Namen und meine Matrikelnummer. Ihre Kollegin begann bereits, in den Kartons voller Umschläge nach meinem Namen zu suchen, während die Frau vor mir einfach auf der scheinbar endlos langen Liste nach meiner Matrikelnummer suchte und sie dann mit einem schwarzen Strich abhakte. Ihre Kollegin reichte mir einen dicken braunen Umschlag mit all meinen Unterlagen und wies mich dann an, die Schlange zügig zu verlassen.

Ich atmete tief durch und entfernte mich von der Menge,

um mich unter einer Weide ein wenig in den Schatten zurückzuziehen, denn auch die Nachmittagssonne hatte es in Kalifornien noch ganz schön in sich. Ich öffnete den Umschlag, und sofort fiel mir eine quadratische Karte an einem schlichten blauen Band entgegen.

Mein Studentenausweis.

Ich sah auf das Bild, das ich schon vor Wochen auf der Registrierungswebsite der Universität hochgeladen hatte, und rümpfte ein wenig die Nase. Meine Haut war so hell, dass sie sich vor dem weißen Hintergrund im Studio meiner Mutter kaum abhob. Ich sah kränklich aus. Blass. Schmerzhaft führte es mir vor Augen, wie wenig ich nach Kalifornien zu passen schien.

Aber das hier war meine Chance auf einen Neuanfang. Und es wurde Zeit, dass ich anfing, diese auch wirklich zu nutzen.

Ich hängte mir meinen Studentenausweis um den Hals und suchte in dem braunen Umschlag nach meinen Unterlagen für mein Studentenwohnheim. Zwischen all den Infomaterialien und Broschüren für die unterschiedlichsten Veranstaltungen war es schwer, die wirklich relevanten Dinge zu finden. Aber dann endlich entdeckte ich ein Schreiben mit dem Emblem der Universität. Ich fischte es heraus und bewunderte für einen Moment das elegante Logo, das aus nichts weiter bestand als einem Weidenkranz und den verschlungenen Buchstaben *STU* in schlichtem Schwarz. Das hier war meine Universität. Mein neues Leben.

Avila Hall. Zimmer 413. Mein neues Zuhause.

Ich blätterte durch die weiteren Unterlagen und blieb an einem auffällig bunt gestalteten Zettel hängen. Die Logos diverser Verbindungen waren in der Kopfzeile aufgedruckt worden und umrahmten das Wort Studienpate, das mit großen roten Lettern abgehoben worden war. Schnell las ich den Text, der mir erklärte, dass Studienpaten freiwillige Mitglieder der Studentenverbindungen waren, die uns beim Einstieg in das Universitätsleben mit Rat und Tat zur Seite stehen sollten. Sie halfen bei organisatorischen Dingen und waren dazu da, uns ein Gefühl von Sicherheit zu geben. Ein Gefühl, das ich definitiv gebrauchen konnte. Ich suchte nach dem Namen meines Paten und lächelte breit, als ich ihn endlich fand.

Ihr Studienpate ist Kate Benoit.

Automatisch suchten meine Augen in der Menge nach ihrem hohen braunen Pferdeschwanz, doch es tummelten sich so viele Studenten vor den Tischen, dass es unmöglich war, sie in dem Gedränge ausfindig zu machen. Ich selbst hatte an einem der mittleren Tische gestanden, also musste sie vermutlich …

Meine Gedanken setzten aus, als ich zwischen all den Gesichtern ein paar ozeanblaue Augen entdeckte. Ihre Farbe war so intensiv und der Blick darin so stechend, dass ich unwillkürlich eine Gänsehaut bekam. Sie gehörten zu einem Mann mit einem gut getrimmten Bart und langen braunen Haaren, die er locker auf dem Hinterkopf zu einem Knoten zusammengebunden hatte. Unbeirrt schob er sich durch die Masse und starrte stur geradeaus, während er den anderen Studenten elegant auswich. Der Zug um seinen Mund wirkte etwas verkniffen, dennoch hatte er etwas an sich, das mich davon abhielt, meinen Blick von ihm abzuwenden. Ob er so wie ich ein Freshman war? Unwahrscheinlich. Für mich sah er eher wie ein Senior aus. Vielleicht sogar wie jemand, der bereits promovierte.

»Hey, BunBun.« Ich zuckte zusammen, als die Stimme meiner Mutter mich so plötzlich aus meiner Starre riss. »Entschuldige, aber der Campus ist riesig.« Sie trat mit einem Kaffeebecher in der Hand neben mich und legte mir einen Arm um die Schulter. »Und, bereit?«

Ich reckte den Hals, doch der Fremde mit den ozeanblauen Augen war genauso von der Menge verschluckt worden wie Kate. Ich presste die Lippen aufeinander. Ob ich ihn wiedersehen würde? Vielleicht wäre es besser, wenn nicht. Ich war ja so schon unfähig, mit anderen zu sprechen. Von Männern mal ganz zu schweigen.

»Ja.« Ich lächelte und schloss meine Hand um meinen Studentenausweis. »Ja, ich denke schon.«

2. KAPITEL

Hunter

Mit einem leisen Klicken schloss ich mein Notebook und nahm die Kopfhörer ab. Einen Augenblick lang hörte ich noch ein leises Klingeln in meinen Ohren, bevor auch das verstummte und vollkommene Ruhe herrschte. Ich schloss die Augen und konzentrierte mich auf die Welt um mich herum, um die bedrückende Stille mit Leben zu füllen. Vom Flur drangen gedämpfte Stimmen an mein Ohr, während ich deutlich die lauten Schritte der Bewohner über mir hören konnte. Normalerweise nervten mich diese Dinge, aber gerade jetzt war ich seltsam dankbar für jedes noch so leise Geräusch um mich herum. Nach Stunden in musikalischer Isolation war Stille für mich nur schwer zu ertragen.

Ich drehte mein Handy um, das bisher mit dem Display nach unten auf meinem Schreibtisch gelegen hatte, und entsperrte es. Als mein Blick auf die Uhr fiel, fluchte ich leise. Scheiße, war es echt schon wieder halb zehn? Beim Mischen vergaß ich echt jedes Mal total die Zeit. Ich wusste, dass ich mich gegen fünf an den Song gesetzt hatte. Wie hatten die letzten viereinhalb Stunden bitte einfach so an mir vorbeifliegen können?

Ein lautes Klopfen ließ mich zusammenzucken. Hatte Tyler, dieser absolute Vollidiot, allen Ernstes schon wieder seinen Schlüssel vergessen? Es grenzte fast schon an ein Wunder, wenn dieser Typ überhaupt mal an irgendetwas dachte, bevor er das Haus verließ.

Es klopfte erneut. Diesmal energischer.

»Ich komme.« Ich stand von meinem Schreibtischstuhl auf, und meine Wirbelsäule gab ein protestierendes Knacken von sich, das ich geflissentlich ignorierte. »Dieser Penner hat echt keinen Funken Geduld.« Ich knipste aus Gewohnheit die Schreibtischlampe aus, die dermaßen heiß war, dass ich die Wärme des Lichts auf meiner Haut spüren konnte, und im nächsten Augenblick war es stockfinster.

Stille. Schwärze.

Ich räusperte mich leise und ging dann zielstrebig zur Tür. Es stand noch viel herum, weil Tyler und ich erst vorgestern in das neue Apartment im Olympe Residential gezogen waren, sodass es einem Hindernisparcours glich. Das Zimmer war so winzig, dass man automatisch irgendwo anstieß, wenn man sich bewegte. Aber darüber wollte ich mich nicht beschweren. Zum ersten Mal in drei Jahren hatte ich mein eigenes Zimmer. Und das war bei Weitem mehr wert als jeder Extra-Quadratmeter.

Gerade als ich die Tür zu meinem Zimmer aufzog und einen Fuß in unseren noch recht chaotischen Gemeinschaftsraum setzte, der sowohl als Küche als auch als Wohnzimmer diente, klopfte es schon wieder. Heilige Scheiße, ich würde diesem Mistkerl echt den Hals umdrehen.

Mit einem Ruck riss ich die Tür auf. »Wenn du schon deinen Scheiß vergisst, dann –« Ich verstummte, als ich den hohen Pferdeschwanz erblickte und das leise Klimpern von Armreifen hörte. Das war definitiv nicht mein bester Kumpel und Mitbewohner Tyler. Ich lächelte und trat einen Schritt zur Seite. Genau die Art Ablenkung, die ich gebraucht hatte.

»Ich habe das Gefühl, ich muss sterben.« Kate, die deutlich

kleiner und zierlicher war als ich, ging so zielstrebig an mir vorbei und auf das hässliche blaue Sofa zu, das Tyler für unser Apartment gebraucht gekauft hatte, als würde sie ebenfalls hier wohnen. Sie streifte sich die Sandalen von den Füßen und ließ sich rückwärts auf das Sofa fallen. Ihr Rücken berührte das Polster, und sie seufzte erleichtert.

»So schlimm?« Ich ging zum Kühlschrank und holte eine Dose Bier und eine Dose Cola heraus, mit denen ich zum Sofa schlurfte. Sie konnte die Erfrischung sicherlich gebrauchen nach all dem Chaos, das ich heute vorm Verwaltungsgebäude gesehen hatte. Wenn sie mich nicht gebeten hätte, ihr ein paar Blasenpflaster vorbeizubringen, hätte ich nicht einen Fuß in dieses tränengetränkte Kriegsgebiet gesetzt.

»Schlimmer.« Kate hatte sich der Länge nach ausgebreitet und einen Arm über ihre Augen gelegt, doch als ich die Dose Bier mit einem Zischen öffnete, streckte sie sofort die Finger aus. Mit einem leisen Lachen reichte ich es ihr. Sie trank den ersten Schluck und summte zufrieden. »Oh Gott, du bist der Beste.«

»Ich weiß.« Ich hob ihre Beine an und setzte mich neben sie. »Aber du kannst mich ruhig einfach Hunter nennen.«

Kate verdrehte die Augen und griff in den offenen Umzugskarton neben sich, aus dem sie ein rotes Kissen hervorzog und sich dieses unter den Kopf schob, während sie ihre Beine auf meinen Schoß legte. »Und du kannst zur Hölle fahren.«

»Na, na, na.« Ich stieß sanft ihr Bein an. »Wenn deine Follower wüssten, was für ein Schandmaul du hast.«

Kate zuckte mit den Schultern »Wissen sie aber nicht.« Sie trank noch einen Schluck Bier und sah sich um. »Wo ist eigentlich Tyler?«

»Ich glaube, der wollte etwas wegen seines nächsten Auslandssemesters klären.«

»Schon wieder eins?« Kate runzelte die Stirn, und mir war klar, wieso. Tyler war älter als wir beide und hätte dieses Jahr eigentlich sein Studium abschließen sollen, doch weil er bereits unzählige Auslandssemester gemacht hatte, hing er ziemlich hinterher. »Wohin soll es denn diesmal gehen?«

»Tokio, meine ich. Aber so genau weiß ich das leider nicht. Frag ihn am besten einfach selbst.« Tyler und ich waren erst vor zwei Tagen wieder zurück an die Uni gekommen, und ich hatte, aufgrund der vielen Arbeit, kaum Zeit gehabt, mich länger mit ihm zu unterhalten. »Und wie hast du den Tag der Freshman-Tränen überstanden, jetzt wo du ein Sophomore bist?«

»Eigentlich ganz gut. Und ich musste nur ein paar wenige Tränen trocknen.« Kate trank noch einen Schluck von ihrem Bier, bevor sie es auf dem Teppichboden abstellte. Scheiße, Tyler hatte mich darum gebeten, den Couchtisch zusammenzubauen. Da durfte ich mir später sicherlich was anhören. »Aber ich hab das Gefühl, dass ich vom ganzen Stehen Plattfüße bekommen habe.«

Ich wandte meinen Blick zur Wohnungstür, als diese geöffnet wurde und Tyler hereinkam. Er nickte mir kurz zu, ehe sich seine dunkelbraunen Augen auf Kate richteten. »Sorry, dir diese Illusion nehmen zu müssen, Insta-Prinzessin, Plattfüße hattest du vorher schon.«

Ich konnte mir ein Lachen nicht verkneifen und streckte die Hand aus. Ohne einen Augenblick zu zögern, schlug Tyler mit einem breiten und siegessicheren Grinsen ein.

Kate schnaubte und griff nach ihrer Bierdose. »Ihr könnt mich mal. Alle beide.«

»Ist das nicht eher ein Satz für YouPorn?« Tyler kam zu uns herüber und seufzte nur, als er das noch immer verschlossene Paket des Couchtisches entdeckte. Er warf mir einen eindeutigen Blick zu, und ich versuchte es mit einem entschuldigenden Lächeln.

Kate spuckte beinahe den Schluck Bier wieder aus, den sie gerade genommen hatte. »Oh mein Gott, Ty!«

Tyler zuckte nur mit den Schultern. »Was? Stimmt doch, oder, Hunter?« Er beugte sich herunter und zog sich ein anderes rotes Kissen aus dem Umzugskarton, das er auf den Boden legte und sich daraufsetzte.

»Ich kenne mich mit Porno-Dialogen schlechter aus als du, mein Freund.«

»Verräter.«

Kate richtete sich etwas auf und sah uns beide anklagend an. »Können wir jetzt das Thema wechseln?«

Aber Tyler konnte es natürlich nicht lassen. Er deutete auf ihre Ohren, die dank des hohen Pferdeschwanzes gut zu sehen waren. »Echt niedlich, wie deine Ohren rot werden.«

Die Farbe zog jetzt sogar Kates Hals herunter. Dabei sollte man meinen, dass sie sich nach einem Jahr an unseren Humor gewöhnt hatte. »THEMAWECHSEL!«

Mit einem Schmunzeln gab Tyler letztendlich nach. »Also, wie hast du den Dienst an der Front überstanden?«

»Es ist eigentlich halb so schlimm, wenn man nicht selbst Teil des Chaos ist.« Kate zog ihre Beine von meinem Schoß und setzte sich in einen Schneidersitz. »Aber ich glaube, nächstes Jahr melde ich mich nicht noch mal freiwillig für die Einführungswoche der Freshmen.«

»Sorry, musst du wohl leider.« Tyler nahm Kate ihr Bier ab und trank es in einem Zug aus. Die Dose zerdrückte er und legte sie achtlos neben sich auf den Boden. »Woher sollen Hunter und ich sonst wissen, auf welche Partys wir gehen sollen?«

»Du bist doch nächstes Jahr gar nicht hier, du Spinner.«

»Woher …?« Tyler stockte, und sein Blick wanderte zu mir. »Dein Ernst? Du Waschweib!«

»Du hast nicht gesagt, dass es ein Geheimnis ist.«

Kate klatschte in die Hände, um die Aufmerksamkeit wieder auf sich zu lenken. »Also, wohin geht es diesmal?«

Tyler grinste schief, und in seinen Augen lag wieder dieses Funkeln, das er immer hatte, wenn er über seine Reisen sprach. Für diesen Kerl war echt die ganze Welt sein Zuhause. »Tokio.«

Ich stieß Kate mit der Schulter an. »Siehst du? Ich habe ihm doch zugehört.« Dann gönnte auch ich mir endlich den ersten Schluck meiner kühlen Cola.

»Meinst du, dass du als Frischluftfanatiker in Tokio klarkommst?«

Tyler lehnte sich zurück und stützte sich auf seinen Händen ab. »Du kennst mich. Ich komme überall klar.«

»Stimmt.« Kate hielt einen Moment inne, ehe sie leise zu kichern begann.

Tyler und ich wechselten einen irritierten Blick. »Was lachst du so?«

»Nichts.« Kates Schultern zuckten noch immer ein wenig. »Ich habe nur gerade an einen süßen Freshman gedacht.«

Tyler wackelte mit seinen dichten, dunklen Augenbrauen. »Ist da endlich mal ein Freund in Sicht?«

»Nein.« Kate beugte sich zu Tyler hinunter und zwinkerte. »Außerdem war es eine Frau.«

Ich trank meine Cola leer und stand auf, um neue Getränke aus dem Kühlschrank zu holen. Ich nahm die beiden Bierdosen in die eine und meine Coladose in die andere Hand. »Ist dann eine Freundin in Sicht?«

»Auch nicht.« Kate riss mir eine Bierdose aus der Hand, öffnete sie und reichte sie Tyler. »Sie war nur einfach wirklich niedlich. Und sie sah so verloren aus.«

Tyler prostete Kate dankend zu. »Trifft das nicht auf so ziemlich jeden Freshman zu?«

»Ja, aber sie war irgendwie anders.« Kate schnappte sich die andere Dose, und ich ließ mich wieder neben sie aufs Sofa fallen. »So, als wäre sie wirklich einfach verloren. Nicht nur hier, sondern so generell.«

»Und was ist daran niedlich?« Tyler zog die Stirn in Falten, ich glaubte jedoch zu verstehen, was Kate damit sagen wollte. »Für mich klingt das eher traurig.«

»Du wüsstest, was ich meine, wenn du sie gesehen hättest.« Kate schnipste Tyler gegen die Stirn, der fluchend vor ihr zurückwich. »Aber du hast dich ja gedrückt.«

»Ich habe mich nicht gedrückt«, murmelte Tyler in sein Bier. »Ich habe nur was Besseres zu tun, als all den Neulingen beim Heulen zuzusehen.«

»Aber *Tote Mädchen lügen nicht* gucken«, meinte Kate trocken.

Tyler zuckte ertappt zusammen. »Das ist was anderes.«

Kate schüttelte den Kopf. »Ist auch emotionale Tortur.«

»Ja, aber –«

Ich lehnte mich vor und legte Tyler eine Hand auf die Schulter. »Vergiss es, Mann. Jetzt hat sie dich endgültig bei den Eiern.«

»Was teile ich mir auch einen Netflix-Account mit dir?«

Kate stieß ein sarkastisches Lachen aus. »Du teilst ihn nicht mit mir, du schnorrst dich durch.« Sie stieß Tyler mit dem Fuß an, der beim Trinken beinah alles verschüttete. »Oder hast du jemals nur einen Cent für den Account bezahlt?«

Tyler wischte sich mit dem Handrücken über den Mund und sah dann auf sein T-Shirt runter, das jetzt voll Bier war. »Ach, Kitty Kat.«

Kate gab sich alle Mühe, ernst zu bleiben, aber ich sah das

Schmunzeln, das ihre Mundwinkel umspielte. »Komm mir jetzt nicht so.«

»Du weißt, du liebst mich«, trällerte Tyler in einer nervig hohen und nasalen Tonlage, bei der sich mir die Nackenhaare aufstellten.

»In meinen Albträumen vielleicht.«

»Autsch.« Tyler presste sich theatralisch eine Hand auf die Brust. Genau auf der Seite, auf der das Herz eben *nicht* saß. Gut, dass dieser Idiot Journalismus studierte. »Willst du damit sagen, ich bin nicht hübsch genug?«

»Nein.« Kate grinste gehässig. »Ich will damit sagen, dass du ein Trottel bist.«

Ich sah den beiden noch einen Moment bei ihrem freundschaftlichen Schlagabtausch zu, doch sosehr ich auch versuchte, mich auf das zu konzentrieren, was sie sagten, wanderten meine Gedanken immer wieder zu dem Song zurück, an dem ich zuletzt gearbeitet hatte.

Das Gitarrensolo von Dwight bereitete mir nach wie vor Kopfschmerzen. Es wollte einfach nicht in das Gesamtbild des Songs passen, egal wie sehr ich mich auch bemühte, den Bass und den Gesang anzugleichen. Ich hatte Tage damit zugebracht, den Song zu mischen, in der Hoffnung, dass das instrumentale Solo sich perfekt einfügen würde. Aber bisher biss ich dabei auf Granit. Und so langsam verlor ich meine Geduld. Vielleicht sollte ich wirklich mal mit Professor Lark darüber sprechen. Ich konnte den durchgeknallten Briten zwar nicht leiden, doch er war leider ein Gott, wenn es um das Produzieren von Rock ging. Vielleicht könnte ich in der Vorlesung am Freitag …

Ich wurde aus meinen Gedanken gerissen, als ich plötzlich eine warme Hand auf meiner Schulter spürte, die sanft zudrückte.

»Hunter?«

Ich sah in Kates besorgtes Gesicht. Ich hatte mal wieder alles um mich herum vergessen. »Ja?«

Tyler schaute von seinem Platz auf dem Boden zu mir hoch. »Du bist heute so still.«

Kate nickte bekräftigend. »Ist alles okay?«

»Ja, es ist alles okay.« Ich legte meine Hand kurz auf ihre und drückte bestätigend zu, ehe ich losließ. Ich konnte es nicht ausstehen, wenn die beiden mich so ansahen. »Wir kommen mit dem Album nur nicht so gut voran wie geplant.«

Kate zog ihre Hand zurück und nickte verständnisvoll. »Wie lange arbeitet ihr jetzt schon daran?«

Ich rechnete zurück und fluchte leise. Wir hatten angefangen, als ich ins zweite Jahr gekommen und mir einen der wenigen Plätze in einem der Campusstudios verdient hatte. Heilige Scheiße, das dauerte wirklich schon viel zu lange. Mit der Musikproduktion war es nämlich ähnlich wie mit einem Hai: Entweder das Album bewegte sich kontinuierlich vorwärts oder es starb.

»Ungefähr ein Jahr.«

»Verdammt.« Tyler schnalzte leise mit der Zunge.

»Ja, wir müssen echt fertig werden.« Und das so schnell wie möglich. Sonst konnten wir dieses Album getrost in die Tonne treten.

»Das würde ich so unterschreiben.« Tyler kratzte sich am Hinterkopf und starrte mich an. »Komm, jetzt hör auf, darüber nachzugrübeln.« Er räusperte sich verlegen. »Bier und Pizza bei *Tonys*?«

Kate rümpfte die Nase. »Mir tun echt die Füße weh. Können wir vielleicht bestellen?«

Tyler sah mich fragend an. »Haben wir noch genug Bier im Kühlschrank?«

Ich zog lediglich eine Augenbraue hoch. Im Ernst? Tyler war doch der, der immer darauf bestand, mindestens ein Six-pack in der Wohnung zu haben. »Wann hatten wir mal nicht genug Bier im Kühlschrank?«

Tyler grinste schief, ehe er sein Handy zückte und schon in seinen Kontakten nach der Nummer vom *Tonys* suchte. Wir bestellten eindeutig zu häufig Essen.

»Weißt du, was du willst, Kitty Kat?« Tyler hielt sich sein Handy ans Ohr. Er machte sich nicht einmal die Mühe, mich zu fragen. Ich nahm eh immer dasselbe. Eine Pizza mit Kochschinken und Pilzen.

»Ja, ich will, dass du aufhörst, mich so zu nennen.«

»Ich glaube nicht, dass das bei *Tonys* auf der Karte steht, aber ich kann fragen.« Als Kate Tyler die Zunge rausstreckte, warf er ihr nur eine Kusshand zu.

»Ich nehm 'ne Pizza Hawaii.« Tyler gab unsere Bestellung auf, und Kate wandte sich währenddessen mir zu. »Wie hältst du es aus, mit diesem Vollidioten zusammenzuwohnen?«

»Glaub mir, das frage ich mich auch jeden Tag.« Ich grinste und prostete ihr zu.

»Sie sagen, sie sind in circa dreißig Minuten mit der Pizza hier.« Tyler schaltete den großen Fernseher ein, auf den ich für die Footballsaison gespart hatte, und wählte Netflix aus. Als der Startbildschirm sich öffnete, wusste ich bereits, dass Drama anstand. »HEY! WER VON EUCH VERRÄTERN HAT *JESSICA JONES* WEITER GEGUCKT?!«

3. KAPITEL

Raelyn

Die Tür fiel leise hinter meiner Mitbewohnerin Megan ins Schloss, und ich stieß ein leises Seufzen aus. Wieder einmal war ich allein. Eine Woche im Wohnheim und ich hatte kaum ein Wort mit ihr oder den anderen beiden Mädchen in meinem Zimmer gewechselt, außer vielleicht das obligatorische *Guten Morgen* oder dem klassischen *Wie war die Vorlesung?*, auf das sowieso nur ein einsilbiges *Gut* oder *Okay* folgte. Was war nur falsch mit mir? Avila Hall war doch dafür da, dass man einander schnell besser kennenlernte. Warum also wollte es mir einfach nicht gelingen? Unser Zimmer war nämlich nicht groß genug, um einander wirklich aus dem Weg zu gehen.

Vier schmale Hochbetten, alle gleich, ein Gestell aus schwarzem Metall, waren entlang der Wände aufgestellt worden. Unter den Betten befanden sich die Schreibtische, alle mit der gleichen schwarzen Tischplatte, vor all denen der gleiche weiße Schreibtischstuhl stand. Neben jedem Bett war jeweils eine ein Meter fünfzig hohe Kommode mit sechs Schubladen. Ich hatte meine Sachen mühelos darin unterbekommen, aber meine Mitbewohnerin Megan hatte sich lautstark über den wenigen Platz beschwert. Immerhin besaß unser Zimmer ein wunderschönes großes Fenster, das viel Licht hineinließ. Dadurch wirkte der Raum mit dem dunklen Parkettboden und den weißen Wänden weniger steril. Ich hatte Glück gehabt und das

Bett direkt am Fenster ergattern können, weil die anderen drei erst lange nach mir angekommen waren. Aber vielleicht hatte mich das auch irgendwie unbeliebt gemacht, denn während die anderen drei ungezwungen miteinander plaudern konnten und sogar zusammen in die Duschräume oder zur Mensa gingen, war ich immer irgendwie außen vor. Ich hatte mich bemüht, in ihre Gespräche einzusteigen, Freundschaften zu schließen, wie ich es mir vorgenommen hatte, aber schon allein beim Öffnen meiner Lippen scheiterten meine kläglichen Versuche.

Ich ließ den Kopf auf die Schreibtischplatte sinken und schloss die Augen. Anschluss zu finden konnte doch wohl nicht so schwer sein. Ich war mit dem Vorhaben hergekommen, endlich aus meinem Schneckenhaus auszubrechen, aber bisher schien ich mich nur immer tiefer dort hineinzuverkriechen.

Ich hob den Kopf und bettete ihn auf meinen ausgestreckten Arm, während meine Gedanken sich weiterhin munter im Hamsterrad drehten. Auch in meinen Vorlesungen hatte ich bisher niemanden so richtig kennengelernt. Klar, ich lächelte jeden nett an, wie meine Nana Grace es mir beigebracht hatte, wenn mich dann allerdings mal jemand ansprach, wurde ich direkt nervös und stammelte mehr vor mich hin als einen gescheiten Satz herauszubringen. Dabei wollte ich diesmal doch nicht der Sonderling sein. Diesmal wollte ich mehr sein als nur eine Randnotiz. Ich wollte vielleicht nicht die Heldin, zumindest aber der sympathische Sidekick sein. Um im Leben anderer eine Rolle zu spielen, musste man nun mal mit ihnen interagieren. Und leider genau daran haperte es.

Meine Gedanken beschworen sofort das Bild von Kate herauf. Sie war offen auf jeden zugegangen. Sogar auf mich. Nichts hatte sie aus der Fassung gebracht oder sie beirrt, und irgendwie konnte ich mir nur schwer vorstellen, dass ein Mensch, der einen Freiwilligenposten am Einzugstag der Freshmen und sogar als Studienpate annahm, ein Problem damit hatte, mit anderen zu reden. Sie war auch für die Freshman-Treffen verantwortlich, für die sie eine Mail an jeden einzelnen Teilnehmer ihrer Gruppe geschickt hatte. Nachdem meine Kontaktversuche in den Vorlesungen und im Wohnheim so peinlich verlaufen waren, hatte ich mich bisher noch zu keinem dieser Treffen getraut.

Konnte ich nicht ein bisschen mehr so sein wie Kate? Ein bisschen offener, ein bisschen weniger schüchtern, einfach ein bisschen weniger … ich?

Meine Augen glitten über meinen noch immer recht leeren Schreibtisch. Während die anderen schon begonnen hatten, ihre Schreibtische zu dekorieren oder Fotos aufzustellen, war meiner noch immer kahl, mit Ausnahme der schweren Fachbücher, die ich für meine Vorlesungen brauchte, und der unzähligen Broschüren, die mit ihren knalligen Designs das triste Schwarz der Tischplatte auflockerten. Gedankenverloren fuhren meine Finger über die informativen kleinen Helferlein, die mit ihren auffälligen Farben um meine Aufmerksamkeit buhlten. Campus Counseling. Wieso man die Notfallpfeife wirklich nur im Notfall benutzen sollte. Ein Ratgeber, wie man Geschlechtskrankheiten erkannte und ihnen vorbeugte. Eine Übersicht über die Studentenverbindungen. Eine Erinnerung an den Vorstellungstag der Universitätsclubs. Eine weitere Broschüre über Safer Sex. Ein …

Ruckartig setzte ich mich auf und wühlte zwischen den bunten Blättchen nach dem einen über den Vorstellungstag der Universitätsclubs. Ich fand ihn schneller als gedacht, und meine Augen suchten nach dem Tag und der Uhrzeit. Heute von vierzehn bis zwanzig Uhr. Heute! Und ich hatte es noch nicht verpasst.

Schnell sprang ich auf und schnappte mir meinen schwarzen Cardigan vom Stuhl. Das war die Lösung: ein Universitätsclub! Wenn ich einem beitreten würde, dann zwang mich das praktisch dazu, mit anderen zu reden. Das war die Lösung meines Problems!

Okay, das hier war definitiv *nicht* die Lösung meines Problems.

Was ich nicht bedacht hatte, war die Tatsache, dass man sich mit den Mitgliedern eines Clubs unterhalten musste, wenn man sich für einen einschrieb, und das war leider genau der Grund dafür, warum ich noch immer wie festgewachsen vor dem Verwaltungsgebäude stand und mit großen Augen die Menge an Studenten betrachtete, die sich auf der großen Wiese eingefunden hatten. Einige von ihnen wanderten von Stand zu Stand, andere schwammen einfach mit der Masse mit, ohne den Clubs besondere Beachtung zu schenken, und wieder andere hielten nur ab und zu an einer der bunt geschmückten Buden der Clubs an. Vor den Ständen plauderten immer mindestens zwei Repräsentanten der jeweiligen Universitätsclubs mit Interessenten, während sie fleißig Flyer verteilten. Das Lächeln schien ihnen ins Gesicht getackert worden zu sein, denn bei keinem von ihnen verrutschte es auch nur für den Bruchteil einer Sekunde. Die Leute in den Ständen, die durch Tische von der Menge getrennt waren, wirkten da schon etwas entspannter. Sie plauschten gelassen mit den Neuankömmlingen, die ihre Anmeldungen ausfüllten, oder redeten miteinander, wenn gerade nichts an ihrem Stand los war. Was bei den wenigsten der Fall war, denn der gesamte Freshman-Jahrgang schien sich hier versammelt zu haben.

San Teresa war zwar nur eine kleine Stadt mitten im Nirgendwo, davon merkte man aber nichts an der STU. Ich hatte im Internet gelesen, dass sie mit ungefähr achttausendfünfhundert Studenten zu den mittelgroßen Universitäten des

Landes gehörte und dass sie dementsprechend jedes Jahr im Herbst an die tausend bis tausendfünfhundert neue Studenten zuließen. Und anscheinend hatten die alle Interesse an außercurricularen Aktivitäten.

Fantastisch.

Genau das war wohl der Nachteil, wenn man in eine Generation hineingeboren wurde, die genau wusste, dass ein Universitätsabschluss allein eben nicht mehr ausreichte, um später auch einen Job zu ergattern. Unzählige außercurriculare Aktivitäten, am besten noch zwei Nebenjobs, mindestens eine Mitgliedschaft in einer kleinen Kirche, politisches Engagement durfte auch nicht fehlen, ebenso wie die exzellenten Noten. Und dieser Wahnsinn begann bereits in der Highschool.

Auch ich hatte mich durch die Mathlethen und die Schulband gequält, um meine Universitätsbewerbung aufzupolieren, und mir gleichzeitig die Nächte für gute Noten um die Ohren geschlagen. Und irgendwie hatte ich die dunkle Vorahnung, dass es hier nicht anders werden würde. Dabei war die Studentenzeit in Filmen doch immer die beste Zeit des Lebens mit unzähligen Partys, dem Prozess der Selbstfindung und natürlich der ganz großen Liebe.

Tja, das war wohl nichts weiter als eine Lüge.

Erschrocken hielt ich inne, als ich realisierte, dass ich, während ich in meinen Gedanken versunken war, die Arme über der Brust verschränkt hatte und nervös an meinen Nägeln kaute. Schnell ließ ich die Arme sinken und zog die Ärmel meines Cardigans über meine Hände. Vielleicht sollte ich einfach zurück auf mein Zimmer gehen und für Wirtschaft Eins büffeln, anstatt krampfhaft zu versuchen, jemand zu sein, der ich doch so offensichtlich nicht sein konnte, egal wie sehr ich mich auch anstrengte.

»Irgendwie kommt sie mir bekannt vor.«

»Das hättest du wohl gerne.«

Ich spähte verstohlen nach rechts. Dort standen zwei Mädchen in meinem Alter. Die Blonde von ihnen zeigte ungeniert auf jemanden in der Menge, während die andere mit braunen Haaren nur skeptisch eine Augenbraue hochzog.

»Nein, im Ernst.« Die Blondine zog plötzlich ihr Handy aus der hinteren Hosentasche ihrer weißen Shorts hervor und hielt es der Brünetten direkt unter die Nase. »Das ist diese Bloggerin!«

Ungläubig sah die Brünette zwischen ihrem Handy und der Menge hin und her. »Sicher?«

Ich folgte ihrem Blick und blinzelte überrascht, als ich feststellte, dass die Blondine auf niemand anderen zeigte als auf Kate, das Verbindungsmädchen und meine Studienpatin, die ich an meinem ersten Tag kennengelernt hatte. Heute hatte sie ihr Haar zu einem Messy Bun zusammengebunden, und ich fragte mich, wie lang es wohl wäre, wenn sie es mal offen tragen würde. Wie beim letzten Mal hielt sie ein Klemmbrett mit dem Universitätslogo in der Hand und erklärte gerade dem jungen Mann vor sich etwas, der erst die Stirn in Falten zog, dann aber plötzlich enthusiastisch nickte.

»Ja hier, schau doch!« Energisch tippte die Blonde wieder auf ihr Display. »Das ist die von *SouthSideGirl.*«

Die Brünette stieß einen anerkennenden Pfiff aus. »Krass.«

Die Blonde grinste zufrieden und steckte ihr Handy zurück in ihre hintere Hosentasche. »Hab dir doch gesagt, dass sie mir bekannt vorkommt.«

»Hey!« Kate sah in unsere Richtung, und wir drei zuckten ertappt zusammen. Die beiden mir unbekannten Mädchen zogen schnell die Köpfe ein und huschten davon, als Kate mit einem Lächeln den Arm hob und mit einer ausladenden Geste winkte. »Hey, Raelyn!«

Ich konnte spüren, wie sich die Augen der Studenten ringsherum neugierig auf mich richteten. Ich hob schüchtern die Hand und winkte zurück. Konnte sich nicht jetzt einfach der Erdboden auftun und mich verschlucken? Das wäre gerade die Rettung.

Kate lächelte mich noch immer an, und ihr breites Grinsen mit den strahlend weißen Zähnen war ansteckend. Sie klemmte sich das Brett unter den Arm und kam auf mich zu. Sie sah beeindruckend aus in ihrer langen blauen High-Waist-Hose mit den sechs goldenen Knöpfen und der weißen luftigen Bluse, die erst an den Unterarmen wieder enger wurde. Fast so, als wäre sie gerade eben aus den Seiten eines Hochglanzmagazins gesprungen. Und trotzdem hatte das Outfit mit den weißen Halbschuhen etwas so Lockeres an sich, dass sie nicht aufgetakelt wirkte. Wie machte sie das nur?

Als sie direkt vor mir stand, konnte ich ihr Parfüm riechen. Sie duftete nach Pfirsich und Flieder. »Hi, Kate.«

Kate zog mich für eine kurze Umarmung an sich, und ich schnappte überrascht nach Luft. »Wie geht's dir? Hast du dich gut eingelebt?«

Ich nickte ebenso schwach, wie meine Stimme klang. »Ja.«

Das Lächeln von Kates Lippen verrutschte für einen kurzen Augenblick und wandelte sich dann von strahlend und offen zu warm und verständnisvoll. »Das klingt nicht sonderlich überzeugend.« Sie sah über ihre Schulter zu den anderen Freiwilligen, die mit ihr den Ansturm der Freshmen bewältigten, ehe sie sich wieder zu mir umdrehte. »Komm, ich kann eine kleine Pause von dem ganzen Chaos hier gebrauchen. Wie wäre es mit einem Kaffee, um was gegen deine Koffeinintoleranz zu tun?«

»Ich weiß nicht.« Ich blickte auf meine Hände hinab. Ich hasste es, wie kleinlaut ich gerade klang. »Ich will dich nicht von deiner Aufgabe hier abhalten.«

»Tust du nicht. Außerdem ist es als deine Studienpatin mein Job, dir zuzuhören, wenn du irgendwelche Sorgen hast.« Kate fasste mich beim Handgelenk. Sie zog mich sanft, aber bestimmt mit sich und warf ihr Klemmbrett achtlos in eine blaue Umhängetasche, die sie sich dann über die Schulter warf. Sie wandte sich an den großen Rothaarigen mit dem Lockenkopf zu ihrer Linken. »Stephan, ich mach mal kurz eine halbe Stunde Pause!« Als Stephan mit einem Nicken sein stummes Okay gab, legte Kate mir einen Arm um die Schultern und deutete in Richtung des Campus-Cafés. »Komm, ich lad dich ein.«

Ich drückte den Anruf meiner Mutter weg und wusste, dass meine Schonfrist nun vorbei war. Wir saßen an einem kleinen runden Tisch im Campus-Café *La Callas*. Das Café war nicht gerade groß und zu dieser Zeit auch nicht besonders gut besucht. Vermutlich wegen der Clubvorstellung, die nur ein paar Hundert Meter weiter stattfand.

Kate beugte sich etwas vor. »Also, was ist los?« Sie sah mir direkt in die Augen.

Mein Zeigefinger fuhr über den Rand des durchsichtigen Bechers, aus dem mein Caramel Macchiato dampfte. Der Barista, der vermutlich ein Student der STU war, hatte sich wirklich Mühe gegeben und mit Caramel ein Gitter auf den Milchschaum gezeichnet. Kaffee schien in Kalifornien wirklich eine Art Kunstform zu sein. Wie faszinierend.

»Hey.« Kate griff über den Tisch nach meiner Hand und drückte diese sanft. »Rede mit mir, was ist los?«

Ich presste die Lippen fest aufeinander und starrte auf Kates schlanke und elegante Hand, an der mehrere schmale und schlichte goldene Ringe in verschiedenen Variationen steckten. Ihre Nägel waren weder lang noch kurz, und ich konnte Klarlack darauf schimmern sehen. Ich wusste nicht wirklich, wie ich mit all dieser Wärme und Freundlichkeit umgehen sollte, die Kate mir entgegenbrachte. Auf meiner Highschool war ich eine Außenseiterin gewesen. Ein Sonderling. Bis auf meine Clubmitglieder hatte niemand sich die Mühe gemacht, mit mir zu sprechen. Das Mädchen mit der verrückten Künstlermutter, die nichts weiter tat, außer zu lernen oder irgendwelche seltsamen Bücher zu lesen. Die Stumme.

Aber das war doch genau das, was ich hinter mir lassen wollte, oder? Ich wollte doch Freunde finden. Erst recht solche wie Kate, die mir so offen und freundlich entgegenkam, egal wie sehr ich auch versuchte, mich in meinem Schneckenhaus zu verkriechen.

»Ich weiß auch nicht«, begann ich zögerlich. »Ich komme irgendwie nicht wirklich mit meinen Mitbewohnerinnen klar.«

Die Muskeln an Kates Kiefer spannten sich an, und ihre sonst so großen braunen Augen verengten sich zu schmalen Schlitzen. »Sind sie gemein zu dir?«

Abwehrend hob ich die Hände und schüttelte schnell den Kopf. »Nein! Nein, kein bisschen!«

Kate lehnte sich in ihrem Ohrensessel zurück, die Kaffeetasse zwischen ihren Händen. »Okay, was ist es dann?«

Ich biss mir auf die Unterlippe und nahm mir meinen Caramel Macchiato, um etwas Zeit zu schinden. Er war heiß und klebrig süß. Genau so, wie ich ihn mochte. Im Hintergrund lief leise Opernmusik, und irgendwie passte es zu dem schicken Ambiente mit den Ohrensesseln, dem dunklen Holz und den unzähligen kleinen Schwarz-Weiß-Fotografien von New York City und einer großen Schwarz-Weiß-Aufnahme einer eleganten Frau mit ausdrucksstarken Gesichtszügen, die vor einem Notenblatt stand und mit ihrer Brille in der Hand den Blick in die Ferne gerichtet hielt. Sie wirkte zielstrebig und selbstsicher. Also ganz anders als ich.

Ich seufzte leise und stellte meinen Becher zurück auf den Tisch, ehe ich mich traute, Kate wieder in die Augen zu sehen. Okay, Zeit für den Sprung. Entweder ich schlug hart auf dem Asphalt auf oder ich landete auf einer weichen Matte.

»Ich bin nicht sonderlich gut darin, mich mit Leuten zu unterhalten.«

»Ach wirklich?« Kate legte sich übertrieben gespielt die Hand auf die Brust. »Das ist mir ja noch gar nicht aufgefallen.« Ihre Lippen verzogen sich zu einem Grinsen, und sie zwinkerte mir zu. »Also, ich finde das sehr sympathisch.«

Ich spürte, wie meine Mundwinkel zuckten. »Wieso, weil du dann selbst mehr reden kannst?« Als ich realisierte, was ich da gerade gesagt hatte, weiteten sich meine Augen, und erschrocken sah ich Kate an, die mich aufmerksam musterte. Na klasse, das hatte ich ja ordentlich versaut. Da wollte ich einmal schlagfertig und lustig sein, und dann platze ich mit so etwas Unhöflichem heraus. »Oh Gott, Kate, es tut mir so –«

Kates lautes und melodisches Lachen hallte durch das kleine Café und sorgte dafür, dass die wenigen anwesenden Gäste uns anstarrten. Kate hatte die Hände über dem Bauch gefaltet, und ihr ganzer Körper bebte, während sie schallend lachte. Sie beruhigte sich nur langsam und gluckste, als sie weitersprach. »Exakt. Ich höre mich nämlich wahnsinnig gerne reden. Das sagt Ty zumindest immer.«

Erleichtert stieß ich die Luft aus, die ich vor Anspannung unbewusst angehalten hatte. Okay, sie hatte es also tatsächlich witzig gefunden. Ich lockerte meine Schultern und entspannte mich ein wenig. »Wer ist Ty?«

»Tyler. Ein guter Freund von mir und eine wahnsinnige Nervensäge.« Der Ausdruck in Kates Augen war unglaublich liebevoll, als sie von diesem Tyler sprach, und ein Schmunzeln umspielte ihre Mundwinkel. »Aber versuch nicht, das Thema zu wechseln, Raelyn.« Sie hob mahnend-spielerisch ihren Zeigefinger. »So leicht kommst du mir nicht davon.« Sie nahm das Cantucci, das dekorativ auf dem Rand ihres Untersetzers lag, und biss ein Stückchen davon ab. »Also, es fällt dir schwer, mit deinen Mitbewohnerinnen zu sprechen?«

»Ja, irgendwie schon.« Ich ließ den Kopf in den Nacken sinken und sah zu dem hübschen Kronleuchter an der Decke. »Ich bin schon eine Woche hier. Sollte ich nicht schon längst Freunde gefunden haben?«

»Wäre bestimmt einfacher gewesen, wenn du zu einem der Freshman-Treffen gekommen wärst.« Ich fühlte mich ertappt und zuckte zusammen. Kate lächelte mich an. »Warst du deshalb beim Vorstellungstag der Clubs? Um Anschluss zu finden?«

Ich wagte es nicht, ihr in die Augen zu sehen, weil ich mir wie die letzte Idiotin vorkam. Ich schluckte schwer, schaffte es irgendwie aber doch, ein gepresstes *Ja* hervorzubringen.

»Klingt gut. Hast du dir schon überlegt, in welche Richtung du gehen willst?«

Langsam senkte ich wieder meinen Kopf und sah Kate überrascht an. Sie saß noch immer völlig gelassen in dem braunen Ohrensessel, mit übereinandergeschlagenen Beinen und einem offenen, freundlichen Ausdruck im Gesicht. Sie scherzte nicht über mich und zog mich nicht auf. Sie fragte mich auch nicht, warum es mir so schwerfiel, mit anderen zu sprechen. Sie … akzeptierte es einfach.

»Was?«

»Ob du dir schon überlegt hast, was für eine Art Club es sein soll?« Kate lächelte mir aufmunternd zu. »Bist du eher der Typ für Naturwissenschaften und stehst auf so Sachen wie die Mathleten oder kannst du ein Instrument spielen oder so was?«

Ich rümpfte die Nase und schüttelte schnell den Kopf. Bei den Mathleten hatte ich zwanghaft Formeln gepaukt, um irgendwie mitschwimmen zu können, und im Orchester hatte ich Glück gehabt, dass ich mit meinen schiefen Flötentönen zwischen den Trompeten und Posaunen kaum aufgefallen war. Ich hatte mir die beiden Clubs damals nur ausgesucht, weil man bei beiden so wenig wie möglich reden musste.

»Schon mal über Schauspiel nachgedacht?«

Ich zog eine Augenbraue hoch. »Schauspiel?« Sogar in meinen eigenen Ohren klang meine Stimme hochgradig skeptisch. Ich, die kaum ein Wort über die Lippen bekam, sollte auf einer Bühne stehen und die Julia spielen?

Wohl eher nicht.

Kate nickte enthusiastisch. »Es würde dir eine Möglichkeit eröffnen, mal deine Grenzen zu testen. Mal aus deiner Komfortzone rauszukommen.« Sie kicherte leise. »Außerdem musst du ja nicht reden, sondern eigentlich nur den Text vorlesen.«

»Und auf einer Bühne stehen.« Allein bei dem Gedanken wurde mir übel.

»Nur wenn du dich tatsächlich auf die Rolle in einem Stück bewirbst.« Kate zuckte mit den Schultern. »Man kann auch Mitglied sein, ohne je an einer Aufführung teilzunehmen.« Ihr Blick wanderte zu der schwarzen Uhr, die über der Tür hing, und sie fluchte leise. »Mist, ich muss leider los.« Hastig trank Kate noch einen Schluck Kaffee und stand dann auf. »Die Präsidentin des Clubs, Naziah, ist eine Freundin von mir. Ich kann sie ja mal fragen, ob du einfach so unverbindlich vorbeischauen kannst.«

Etwas überrumpelt sah ich Kate dabei zu, wie sie ihre Tasche aufhob und sich den Riemen locker über die Schulter warf. Ich öffnete den Mund, um etwas zu sagen, brachte aber kein Wort heraus. Ich und Schauspielerei? War das wirklich so eine gute Idee?

»Lass es dir einfach durch den Kopf gehen. Du musst es ja nicht jetzt sofort entscheiden. Bis Ende Oktober nehmen die Clubs noch neue Leute auf.« Kate legte mir die Hand auf den Arm. »Sorry, dass ich jetzt losmuss, aber noch länger kann ich keine Pause machen, während die anderen weiterackern.«

»Gar kein Problem.« Ich deutete auf den Macchiato. »Danke für den Kaffee und … für alles andere.«

Kate lächelte wohlwollend. »Gar kein Thema. Mach's gut.« Sie ging an mir vorbei Richtung Tür.

Vielleicht war es wirklich mal Zeit, über meinen Schatten zu springen und –

»Fast hätte ich es vergessen!« Kate kam mit ausgestreckter Hand wieder zurückgeeilt. »Gib mir dein Handy.«

»Mein Handy?« Ich stemmte meine Hüften vom Sessel hoch und zog mein Handy aus der Hosentasche. »Hast du deins vergessen?« Ich entsperrte es und reichte es ihr.

»Nein.« Kate tippte mit flinken Fingern irgendetwas ein. »Jetzt hast du deine erste Freundin gefunden.« Sie gab mir das Handy zurück, und ich sah auf den neuen gespeicherten Kontakt in meinem Telefon. »Ruf mich an oder schreib mir, wann immer dir danach ist. Bis dann, Rae.«

Kate war so schnell verschwunden, wie sie zurückgekommen war, und ich sah noch immer wie gebannt auf den Namen und die Nummer, die jetzt in meinem Handy gespeichert waren. Ich lächelte und presste mir das Handy an die Brust.

Ich hatte noch nie wirklich eine Freundin gehabt. Geschweige denn einen nicht vollkommen peinlichen Spitznamen.

Plötzlich hatte ich beides.

4. KAPITEL

Hunter

»Jetzt komm schon.« Belustigt warf ich einen Blick über die Schulter. Kate war bei unserer üblichen wöchentlichen Joggingrunde heute ziemlich zurückgefallen. Rote Flecken zogen sich über ihre Wangen und ihren Hals, und ihr Atem ging abgehackt, während ihre Brust sich schnell hob und senkte. Dabei hatten wir gerade einmal die Hälfte hinter uns. »Bist bei deiner Nana wohl ziemlich aus der Form geraten, was?«

»Ach, halt die Klappe«, presste sie zwischen zusammengebissenen Zähnen hervor, doch sie beschleunigte ihre Schritte. Als sie das Gesicht verzog, konnte ich mir ein leises Lachen nicht verkneifen. So war es jedes Mal, wenn Kate für längere Zeit nach Hause flog. Sie verlor ihre Ausdauer und hatte dann bei unserem gemeinsamen Training für ein paar Wochen lang Schwierigkeiten, mit mir mitzuhalten. Sie beteuerte, dass es an dem ganzen *pain perdu* lag, welches ihre Großmutter ständig für sie zubereitete. Und das machte sie auch für die paar wenigen Extrakilos auf der Waage verantwortlich. Ich persönlich glaubte eher, dass sie ohne mich keinen einzigen Fuß vor die Tür setzte, obwohl ihre Großeltern eine große Zitronenfarm besaßen, deren Weitläufigkeit geradezu zum Laufen einlud. Sie genoss dort frische Luft und Abgeschiedenheit, während ich mich durch die Abgase und das laute Chaos von Tampa quälen musste, um während der Sommer- und Wintersemesterferien in Form zu bleiben. Sie mochte ja sehr diszipliniert sein, wenn es um neuen Content für ihren Blog ging, aber beim Workout hatte sie einen Schweinehund in der Größe eines gottverdammten Elefanten.

»Hab dir ja gesagt, du solltest häufiger mal laufen gehen, anstatt dich nur bei deiner Nana zu verkriechen.« Ich hielt an und joggte etwas auf der Stelle, um ihr die Chance zu geben, zu mir aufzuschließen.

Kate verengte die Augen und presste die Lippen fest aufeinander, ehe sie mich einholte. Ich passte meine Schritte ihren an, und sie warf mir einen wütenden Seitenblick zu, den ich gekonnt ignorierte. Sie hasste es, wenn ich so offensichtlich Rücksicht auf sie nahm, aber sie einfach sich selbst zu überlassen, kam nicht infrage. Es war halb zehn und schon dunkel. Auch wenn San Teresa ein verschlafenes Nest war, in dem eigentlich nie etwas passierte, würde ich unter keinen Umständen eine Frau mitten im Nirgendwo einfach so allein lassen. Ich mochte ja als Arschloch verschrien sein, doch ich hatte schon so etwas wie ein Gewissen.

Ich entdeckte eine Parkbank am Rande des schlecht beleuchteten Wanderwegs, der an der Küste vorbeiführte und den wir immer entlangjoggten, sobald wir San Teresa hinter uns gelassen hatten, und steuerte direkt darauf zu. Kates Atmung war eindeutig zu schnell. Es wurde Zeit für eine Pause.

Als ich anhielt, stieß Kate ein erleichtertes Stöhnen aus, bevor sie sich wie ein nasser Sack auf die Bank fallen ließ.

»Warum tue ich mir das noch mal an?«, fragte sie mich völlig atemlos.

Ich setzte mich neben sie und zuckte mit den Schultern.

»Keine Ahnung.« Ich legte den Kopf in den Nacken und blickte hoch in den Sternenhimmel. In der Ferne konnte man das leise Rauschen des Meeres hören. »Die Idee kam letztes

Jahr von dir.« Bei dem Gedanken, warum das Ganze zu unserem gemeinsamen Mittwochabendritual geworden war, knirschte ich mit den Zähnen und schob ihn schnell beiseite. »Würde ich ohne dich laufen, wäre ich dreimal so schnell.«

Ich zuckte zusammen, als sie mir einen Schlag zwischen die Rippen verpasste.

»Du kannst echt so ein Arschloch sein, Hunter Johnsen«, zischte sie und lachte, nach wie vor völlig außer Atem. Im schwachen Licht der aufgestellten Laternen konnte ich sehen, wie ihr einige Schweißperlen über die Schläfe rannen. Heute war es sehr heiß und schwül gewesen, darum fühlte sich auch die Nachtluft noch klebrig an.

»Wusstest du doch.« Ich streckte mich ein wenig und lauschte dem Zirpen der Grillen. »Ich prügle mich doch auch mit Dozenten, hab drei Mal eingesessen und bin eine Gefahr für die Allgemeinheit.«

Kate schmunzelte, der Zug um ihren Mund wirkte jedoch so verbittert, als wäre sie plötzlich um vierzig Jahre gealtert. »Amber macht dir also immer noch Probleme?«

»Hat sie jemals damit aufgehört?«

»Punkt für dich.« Kates Atmung wurde etwas ruhiger, und auch die roten Flecken verschwanden langsam, aber sicher. »Eigentlich sollte man meinen, dass sie nach einem Jahr endlich drüber weg ist.«

»Sollte man meinen.« Ich lehnte mich vor und stützte die Ellenbogen auf meinen Knien ab. »Der ganze Scheiß hat sich eh so verselbstständigt, dass es eigentlich völlig egal ist, wer von uns jetzt was sagt. Wir werden beide unseren Ruf nie wieder los.«

Kate schnalzte mit der Zunge. »Ist es sehr böse, wenn ich mich ein bisschen darüber freue, dass sie bei der Nummer auch nicht ganz sauber weggekommen ist?«

»Ein bisschen.« Ich spürte, wie meine Mundwinkel zuckten. »Aber ist das nicht der Grund, warum wir befreundet sind?«

»Ja.« Kate legte mir die Hand auf die Schulter und drückte sanft zu. »Aber das ist nur einer von vielen, Hunter.«

Ich räusperte mich leise und sah auf meine Hände. »Was ist los, Benoit? Macht der Sternenhimmel dich sentimental?«

Kate boxte mich in die Seite. »Nur ein bisschen.«

»Bereit, weiterzulaufen?«

Kate schüttelte den Kopf. »Gib mir noch einen Moment.« Sie seufzte leise. »Die letzte Zeit war echt stressig. Jetzt gerade ist das erste Mal, dass ich wirklich durchatmen kann.«

Ich stieß Kate mit der Schulter an. »Du meinst wohl eher, wie ein Fisch auf dem Trockenen nach Luft schnappen.« Ich wich ihrem Schlag aus. »Warum tust du dir den ganzen Erstsemestermist eigentlich an?«

»Weil es für Mitglieder meiner Verbindung Pflicht ist. Außerdem hätte ich mir damals einen Paten gewünscht, der mir den Einstieg etwas leichter macht.«

Ich nickte. Ja, diese Patenschaft war eine gute Sache. Ich erinnerte mich noch gut daran, wie verloren ich mich damals gefühlt hatte. Die Kursauswahl hatte mich vollkommen überfordert, und ich hatte mir viel unnötigen Mist aufgehalst, von dem ein erfahrener Student mich vielleicht hätte bewahren können. Ich war von einer Vorlesung zur nächsten gehastet und hatte wie ein armer Irrer versucht, möglichst viele Punkte auf einmal zu sammeln, um meinen Durchschnitt oben zu halten. Als mich dann einmal einer meiner älteren Kommilitonen darauf angesprochen hatte, warum ich sinnlose Zusatzkurse besuchte, hatte ich mich etwas tiefer in das Ganze eingearbeitet und schnell alles sein gelassen, was ich in meinem Leben nie wieder brauchen würde, weil es nur auf dem Papier gut aussah, aber keine wirkliche Relevanz für mich hatte.

»Wie läuft es denn damit?«

»Eigentlich ganz gut.« Kate fuhr sich mit der Hand über das Gesicht. »Meine Schützlinge sind fast alle auf einem ganz guten Weg und recht unkompliziert.« Sie hielt einen Moment inne, ehe sie schwer seufzte. »Ich hab nur ein Sorgenkind.«

»Wieso? Was ist das Problem?« Ich lehnte mich auf der Bank zurück und versuchte, mich etwas zu entspannen. Mein schlechtes Gewissen meldete sich, als ich an das Album dachte, das darauf wartete, fertiggestellt zu werden, aber ich gab mir Mühe, es mir nicht anmerken zu lassen.

»Ich hab dir doch von diesem verlorenen Freshman erzählt?«

Ich nickte wortlos. Das war erst wenige Tage her.

»Sie ist eine von meinen Schützlingen, aber sie war bei noch keinem einzigen Treffen.« Kate sah zum Himmel. Sie wirkte ehrlich besorgt. »Ich weiß, dass alle Freshmen automatisierte Nachrichten für ihre Treffen bekommen, doch bisher ist sie noch nirgendwo aufgekreuzt.« Kates Mundwinkel sanken etwas herab. »Heute habe ich mit ihr gesprochen, und sie meinte, dass es ihr schwerfällt, Anschluss zu finden, also hab ich ihr vorgeschlagen, dem Schauspielclub beizutreten.«

Ich zog eine Augenbraue hoch. »Dem Schauspielclub?«

Klasse, noch ein Freshman, bei dem Amber ihre absurde Gerüchteküche zum Brodeln bringen konnte. Aber eigentlich war das auch egal. Der ganze Campus war eh schon längst von ihren Lügen und Spekulationen infiziert.

Kate nickte. »Ich hab gehört, dass Schauspiel gerade bei extrem schüchternen Menschen manchmal Wunder wirken kann.«

»In welchem Ratgeber hast du das denn aufgeschnappt?«

»Ist doch nicht wichtig.« Sie winkte schnell ab. Also wieder in irgendeinem der unzähligen Magazine, die ihre Verbindung abonniert hatte. Vermutlich sogar aus dem gleichen, das sie damals auf diese wöchentliche Work-out-Idee gebracht hatte. »Ich wollte Naziah um Hilfe bitten, aber …« Sie zog ein nagelneues goldenes iPhone aus der Tasche ihrer anthrazitfarbenen Leggins heraus. »… seitdem ich auf dieses dämliche Ding gewechselt habe, sind alle meine Kontakte weg.« Sie grinste schief und tippte sich stolz gegen die Schläfe. »Zum Glück wusste ich die von ein paar Leuten noch auswendig.«

Ich runzelte die Stirn. »Seit wann hast du das denn?«

»Frag nicht.« Sie stöhnte genervt. »Ich hab mich von einer Blogger-Freundin bequatschen lassen, und jetzt ist bei mir totaler Systemerror.« Sie tippte auf das Display. »iOS und Android sind echt zwei verschiedene Welten.« Sie sah auf ihr Handy und hielt inne. Als sie plötzlich ihren Kopf wieder in meine Richtung drehte, zuckte ich überrascht zusammen.

»Hast du Naziahs Nummer noch?«

»Keine Ahnung.« Amber und ich hatten uns vor knapp einem Jahr getrennt, also hatte ich keinen blassen Schimmer, ob ich die Nummer ihrer besten Freundin noch in meinem Handy gespeichert hatte. Ich konnte mich jedenfalls auch nicht daran erinnern, sie bewusst gelöscht zu haben. Damals hatten Naziah und ich uns gut verstanden, aber als Amber sich dann von mir getrennt hatte, war der Kontakt irgendwie abgebrochen. »Kann schon sein.«

Kates Augen leuchteten auf. »Hast du dein Handy dabei?«

Ich zog mein Handy aus meiner Hosentasche und reichte es Kate. »Du könntest Naziah auch einfach fragen, wenn ihr euch auf dem Campus seht. Ihr Verbindungsmenschen habt doch ein seltsames Radar füreinander.«

Kate scrollte durch meine Kontakte und rümpfte die Nase. »Dann müsste ich ja vor noch jemandem zugeben, dass ich zu dämlich bin, meine Kontakte zu importieren.« Offensichtlich hatte sie gefunden, was sie suchte, denn sie strahlte und tippte auf meinem Bildschirm herum. »Du bist der Beste.«

»Mal sehen, ob du das noch sagst, wenn wir wieder an der Uni angekommen sind.« Ich nahm ihr mein Handy aus der Hand und steckte es zurück in meine Hosentasche, bevor ich aufstand. Ich legte meine Hand um Kates Oberarm und zog sie sanft, aber bestimmt auf die Füße. »Genug rumgesessen. Weiter geht's.«

Kate sah mich so schockiert an, als hätte ich der gesamten Uni gerade den PIN ihrer Kreditkarte gegeben. »Du elender Sadist.«

Ich lachte, ehe ich sie losließ und wieder zu joggen anfing. »Weniger heulen, mehr laufen.«

»Du mich auch.«

5. KAPITEL

Raelyn

»Damit ist die Vorlesung für heute beendet.«

Die erlösenden Worte von Professor Kim entlockten mir ein erleichtertes Seufzen, und sofort schlug ich meinen Collegeblock zu. Hastig sammelte ich meine Textmarker und Stifte zusammen und warf sie achtlos in mein Federetui. Nichts wie raus hier. Wenn ich nur ein weiteres Wort über Wirtschaftstheorien hören musste, dann würde mein Gehirn wohl gänzlich den Dienst quittieren.

»Bevor Sie gehen …« Ein kollektives genervtes Aufstöhnen ging durch den Raum, und ich zuckte zusammen. Nach gerade mal zwei Wochen bei diesem Sadisten wusste ich bereits, dass auf solch eine Ansage eine unangenehme Hausaufgabe folgen würde. »In der Vorlesung am Montag befassen wir uns mit dem Keynesianismus. Lesen Sie sich also übers Wochenende eigenständig ein und senden mir einen zehnseitigen Aufsatz über die Bedeutung der gerade besprochenen neoklassischen Theorie bis nächsten Freitag per Mail.«

Anstatt die Zeit mit sinnlosen Diskussionen zu verschwenden, fanden sich meine Kommilitonen murrend mit ihrem Schicksal ab, bevor die Ersten aufstanden, um den Vorlesungssaal zu verlassen. Ich hingegen schlug mein Lehrbuch noch einmal auf und blätterte durch Kapitel drei, in dem das neue Thema abgehandelt wurde, damit ich wusste, was mich erwartete. Fünfzig Seiten knochentrockene Theorie, die mich nicht im Mindesten interessierte, durch die ich mich aber leider durchquälen musste, wenn ich diesen Kurs bestehen wollte.

So viel zu meinem freien Wochenende. Nicht dass ich Pläne gehabt hätte, aber sogar sinnloses Nichtstun wäre mir lieber gewesen, als mich mit Wirtschaft Eins zu befassen.

Ich schlug mein Lehrbuch zu und warf einen Blick auf mein Handy. Es war jetzt kurz nach zwölf. Meine nächste Vorlesung begann um vierzehn Uhr. Ich hatte also genug Zeit, um etwas zu essen und meine Tasche für den Rest des Tages zu packen. Ich zog meinen braunen abgewetzten Lederrucksack zu mir heran, der zwar mittlerweile schäbig aussah, von dem ich mich aber niemals im Leben trennen würde, und stopfte meinen Kram hinein.

Dann trottete ich aus dem Vorlesungssaal. Im Gegensatz zu den meisten anderen hatte ich es nicht eilig. Auf mich wartete niemand in der Mensa. Ich würde wie immer allein an meinem Tisch sitzen und mechanisch etwas essen, bevor ich mich in mein Zimmer zurückzog. Vielleicht reichte die Zeit und ich konnte noch eine Folge *Once Upon a Time* schauen, ehe ich mich wieder auf dem Weg zur nächsten Vorlesung machen musste.

Als ich in das helle Sonnenlicht hinaustrat, kniff ich augenblicklich die Augen zusammen. Ich hatte mich noch nicht wirklich an das kalifornische Wetter gewöhnt. Hier war es immer so sonnig, und die Entscheidung für das richtige Outfit fiel mir jeden Morgen schwer. Aber zumindest heute schien ich mit meinem knielangen beerenfarbenen Kleid die richtige Wahl getroffen zu haben. Die Beauvoir-Mensa war nicht weit entfernt, es lohnte sich nicht, in meinem großen Rucksack nach meiner Sonnenbrille zu kramen.

Ich zog mein Handy aus der Seitentasche meines Rucksacks hervor und steckte meine Kopfhörer ein. Schnell durchsuchte ich Spotify nach einem Song, der mir gefiel. Ich blieb bei *Paris* von The Chainsmokers hängen und genoss die Wärme der Sonne auf meiner Haut, während ich mich von der Stimme des Sängers davontragen ließ. San Teresa war vielleicht nicht so glamourös wie Paris, aber es war dennoch mein ganz eigener Zufluchtsort. Bisher nicht perfekt, jedoch auch nicht komplett schlecht. Auch wenn ich selbst hier ein Außenseiter war, hatte ich es noch nicht bereut, an die STU gekommen zu sein.

Vielleicht war ich auch einfach etwas naiv gewesen. Ich hatte geglaubt, dass Kalifornien mich auf magische Weise verändern würde. Dass ich über Nacht plötzlich ein anderer Mensch wäre. Das war nicht der Fall. Veränderungen brauchten Zeit. Ich hatte ja schon den ersten Schritt getan, als ich den Entschluss gefasst hatte, herzukommen. Jetzt musste ich nur den nächsten machen. Langsam und bedächtig. Einen nach dem anderen. Ich musste mir einfach weniger Stress machen und –

Vor Schreck ließ ich beinah das Handy fallen. Es vibrierte in meiner Hand. Ein Anruf. Ich hatte einen Anruf. Vielleicht war es ja Kate. Hoffnungsvoll sah ich auf das Display und seufzte leise, ehe ich den Anruf entgegennahm.

»Hey, Mom.«

»Hallo, BunBun.« Meine Mutter klang genauso enthusiastisch wie bei den letzten zehn Anrufen, aber diesmal konnte sie mich nicht wirklich damit anstecken. »Wie geht es dir? Wie ist das Unileben so?«

»Mir geht's gut.« Ich zögerte einen kurzen Augenblick. »Die Uni ist auch toll.«

»Wirklich?«

»Ja, wirklich.« Ich wusste genau, dass diese Antwort etwas *zu* schnell meinen Mund verlassen hatte.

»Dafür klingst du aber ziemlich unglücklich.«

Ich wickelte das Kabel meiner Kopfhörer um meinen Zeigefinger und suchte nach einer passenden Ausrede. »Das liegt nur daran, dass ich gerade einen Aufsatz aufgedrückt bekommen habe, für den ich nur eine Woche Zeit habe.«

Meine Mutter schnalzte missbilligend mit der Zunge. »Dieser Wirtschaftsprofessor, von dem du mir erzählt hast?«

»Ja.« Ich schlenderte weiter und wich den wenigen Studenten aus, die mir entgegenkamen. Ich konnte die Beauvoir-Mensa schon sehen. Sie war die größte Mensa auf dem Campus, und sie war erst vor zwei Jahren nach umfangreichen Renovierungsarbeiten fertiggestellt worden. Jetzt war sie mit all dem Chrom und Glas das Herzstück des Hauptkomplexes der STU.

Ich hörte das leise Lachen meiner Mutter in der Leitung und schmunzelte ein wenig. Es klang schon ein bisschen gehässig. »Lass mich raten, er ist bei den anderen nicht gerade beliebt?«

»Nicht wirklich.« Nicht dass ich meine Kommilitonen jemals danach gefragt hätte. Vor der Mensa herrschte bereits geschäftiges Treiben. Ein paar Studenten hatten sich mit ihren Tabletts nach draußen auf die wenigen Plätze auf der Terrasse verzogen und genossen ihr Mittagessen in der Sonne, während andere noch ungeduldig auf ihr Lunch-Date warteten. Unwillkürlich zog ich die Schultern etwas höher und huschte zum Eingang.

»Wundert mich überhaupt nicht.« Die automatischen Türen öffneten sich, und ich trat ein. Sofort wurde es um einiges lauter, und ich hatte Probleme, meine Mutter zu verstehen.

»Also, was hast du dieses Wochenende vor?«

»Ich muss an dem Aufsatz arbeiten.« Ich nahm die Treppe ins erste Obergeschoss, da im Erdgeschoss nur Kaffee und Frühstück serviert wurde, und sah mich einer Unmenge an

Studenten gegenüber, die sich alle zur Mittagszeit an die Essensausgabe drängten. Ich schnappte mir ein Tablett und reihte mich in die Schlange ein. Ein Hoch auf meine Kopfhörer, so hatte ich wenigstens beide Hände frei.

»Schätzchen, ich weiß ja, dass dir gute Noten wichtig sind, aber versuch es nicht allzu ernst zu nehmen, okay? Geh auch mit deinen Freunden aus und hab Spaß. Dafür ist die Unizeit schließlich da.«

Damals in den Neunzigern vielleicht.

Ich hatte gerade nicht die Geduld, meiner Mutter zu erklären, dass die Zeiten sich leider geändert hatten. Um diese Diskussion so schnell wie möglich zu beenden, gab ich einfach nach. Meine Mutter musste ja nicht wissen, dass ich noch immer keine Freunde gefunden hatte. »Ja, ich frag mal, ob jemand Lust hat, was zu unternehmen.«

»Das wird dir guttun, Schatz.« Ein Stich durchfuhr mich, als sie das sagte. Ja, Gesellschaft würde mir guttun. Nur leider hatte ich keine. »Wie läuft es denn sonst so? Ist es besser mit deinen Mitbewohnerinnen? Und wie ist es generell im Wohnheim? Kommst du zurecht?«

Je länger ich mit meiner Mutter sprach, desto mehr hatte ich das Gefühl, nicht atmen zu können. Es war, als würden meine Rippen plötzlich zu wuchern beginnen und meine Lunge und mein Herz in einem tödlichen Käfig einsperren. Zitternd versuchte ich einzuatmen, doch der schmerzhafte Stich in meiner Brust wurde nur noch schlimmer. Blind griff ich nach einem der Teller, die auf der Anrichte standen, und stellte ihn auf mein Tablett, nur um aus der vollen Essensausgabe herauszukommen. »Mom, ich muss jetzt los. Ich treffe mich gleich mit Freunden zum Essen.«

»Oh.« Ich konnte die Enttäuschung in ihrer Stimme genau hören. Unsere Gespräche waren in letzter Zeit häufig nur sehr kurz ausgefallen, da ich damit beschäftigt gewesen war, mich an meinen neuen Unialltag zu gewöhnen. Und es tat mir auch leid, aber gerade jetzt hatte ich nicht die Energie, meine Lüge weiter aufrechtzuhalten, die ich mit jedem unserer täglichen drei Telefonate immer weiterspinnen musste. »Okay. Hab Spaß, BunBun. Ich hab dich lieb.«

»Ich dich auch, Mom. Bis dann.« Ich balancierte mein Tablett auf einem Arm und legte schnell auf. Sofort setzte die Musik wieder ein und schirmte mich vom Lärm der Mensa ab.

Ich ließ meine Augen durch den Speisesaal gleiten. Zum Glück gab es hier keine endlos langen Tische, an denen bis zu dreißig Studenten zusammensitzen mussten. Man hatte sich stattdessen für kleinere Tische mit Sitzgelegenheiten für bis zu zehn Personen entschieden und davon einfach mehr aufgestellt. Da die Mensa groß, offen und hell war, wirkte sie dadurch nicht so furchtbar vollgestopft. Viele der Tische waren belegt. An anderen gab es noch ein oder zwei freie Plätze, doch da wollte ich mich nicht dazu setzen. Nicht heute. Zu meinem Glück war noch ein kleiner runder Tisch an der großen Fensterfront frei, von der man über die weitläufige Grünfläche der Uni blicken konnte. Er war zwar klein, das spielte für mich aber keine Rolle. Ich würde vermutlich ja eh wieder allein essen.

Ich stellte mein Tablett auf dem runden Tisch ab und setzte mich mit dem Rücken zum Speisesaal. Meine Tasche verstaute ich unter dem Tisch und legte den Kopf in den Nacken. Ich fühlte mich ausgelaugt, dabei war es gerade mal zwölf. Meiner Mutter etwas vorzumachen kostete mich eine Menge Energie, und ich hasste es. Doch ich wusste genau, dass sie sonst wieder damit anfangen würde, dass ich besser hätte in New York City bleiben sollen, und das war das Letzte, was ich wollte. Denn auch wenn mein schlechtes Gewissen an mir nagte und für ein flaues Gefühl in der Magengrube sorgte, wusste ich doch, dass ich das Richtige tat. Fragte sich nur, für wen.

»Ist hier schon besetzt?«

»Was?« Ich blinzelte träge, ehe mir klar wurde, dass mich jemand angesprochen hatte. Die Stimme kam mir bekannt vor. Ich lächelte, als ich Kate erblickte, die auf einen der vier leeren Stühle deutete. »Nein. Hier ist nicht besetzt.«

»Super.« Kate, die heute eine Jeansshorts zu einem weißen T-Shirt und einer Lederjacke trug, setzte sich auf den Stuhl mir gegenüber und nickte in Richtung meines Essens. »Was hast du denn da Leckeres?«

Zum ersten Mal sah ich auf mein Tablett und betrachtete das Essen, das ich mir blind von der Anrichte genommen hatte. Ich konnte Nudeln und Zucchini in einer hellen Soße erkennen. »Soll ich ganz ehrlich sein?« Ich lachte trocken, aber sogar in meinen eigenen Ohren klang es müde und abgekämpft. »Ich hab absolut keine Ahnung.«

»Sieht aus wie Makkaroni-Auflauf.« Kate zog mein Tablett ein Stück zu sich hinüber und aß eine kleine Gabel voll von meinem Essen. »Schmeckt auch so. Gute Wahl, Rae. Außer du bist Vegetarierin, weil das da«, sie deutete mit ihrer Gabel auf die kleinen Würfel in der hellen Soße, »sieht nach Schinkenwürfeln aus.«

»Nein, bin ich nicht.« In Anbetracht der großen Portion Salat, die Kate vor sich stehen hatte, wusste ich nicht, ob das Gleiche auf sie zutraf. »Und danke für den Geschmackstest.«

»Kein Ding.« Sie pikste mit ihrer Gabel in den Salat, in dem ich Erdbeeren, Mango und Pinienkerne erspähen konnte. »Eigentlich ist das Essen hier wirklich gut, nur bei Aufläufen bin ich immer etwas skeptisch.«

Sie zog eine große Wasserflasche mit einem hübschen Design aus ihrem Rucksack und stellte sie neben ihr Tablett auf den Tisch. Dann machte sie schnell ein Foto, vermutlich für Instagram, bevor sie ihr Handy neben sich auf dem Tisch ablegte. Ich hatte mir selbst längst Instagram zulegen wollen, aber ich wusste einfach nicht, womit ich es füllen sollte. Vielleicht konnte ich Kate irgendwann mal um Tipps bitten.

Ich sah mich in der Mensa um und bemerkte die ganzen freien Plätze. Viele Leute, die an unserem Tisch vorbeigingen, nickten Kate zu oder winkten. Sie schien eine Menge Leute zu kennen, und trotzdem hatte sie sich ausgerechnet zu mir gesetzt. Ich legte mein Besteck beiseite und nahm all meinen Mut zusammen. »Kate?« Als sie den Blick hob, wich ich ihm schnell aus. »Du musst nicht bei mir sitzen, nur weil du meine Patin bist«, murmelte ich leise. »Es macht mir nichts aus, allein zu essen.« Das war zwar gelogen, doch ich wollte nicht, dass sie sich verpflichtet fühlte, Zeit mit mir zu verbringen.

»Ich möchte aber bei dir sitzen und dich etwas besser kennenlernen.« Kate zuckte mit den Schultern und ging einfach so über meine Anmerkung hinweg. »Was hast du die letzte Woche so getrieben? Ich hab dich immer noch bei keinem Freshman-Treffen gesehen.«

Ich hab mich in meinem Zimmer verkrochen. »Ich hab gelernt.«

Skeptisch zog Kate eine Augenbraue hoch und trank einen Schluck Wasser. »Dir ist schon bewusst, dass es erst die zweite Woche ist, oder?«

»Kann ja nicht jeder so faul sein wie du«, sagte plötzlich eine mir vollkommen unbekannte Stimme, und ich fuhr überrascht hoch. An unserem Tisch stand ein junger Mann, den ich noch nie zuvor gesehen hatte. Er war an die eins fünfundachtzig groß und trug ein einfaches dunkelrotes Shirt mit dem Emblem der Universität auf der Brust zu einer Bluejeans und schwarzen Chucks. Sein Haar war pechschwarz und an den Seiten ein wenig ausrasiert, während das obere Haar so lang war, dass er es sich mit einem Seitenscheitel teilen und verwegen stylen konnte. Er hatte hohe Wangenknochen, und die Linie seines Kiefers trat stark hervor. Seine vollen Lippen umspielte ein schelmisches Grinsen, als er sich mit den Händen auf dem Tisch abstützte.

»Na, vielen Dank auch.« Kate verdrehte die Augen und zog den Stuhl direkt neben sich unterm Tisch hervor. Der Neuankömmling ließ sich augenblicklich darauf fallen und stibitze sich eine Erdbeere von Kates Tellerrand. In einem Versuch, ihr Essen zu verteidigen, schlug sie ihm mit der Gabel auf den Handrücken, doch er zuckte nur mit seinen breiten Schultern und steckte sich das Stück Obst trotzdem in den Mund. »Tyler, das ist Raelyn.«

Ich rutschte unbehaglich auf meinem Stuhl hin und her, als seine dunklen Augen, unter denen ich zwei Schönheitsflecken ausmachen konnte, sich auf mich richteten. In ihnen lag ein Funkeln, das mich sofort wissen ließ, dass er es faustdick hinter den Ohren hatte. Er hielt mir die Hand hin, und ich ergriff sie zögerlich.

»Rae, das ist die Nervensäge, von der ich dir erzählt habe.«

»Du meinst, du hast ihr gesagt, wie wahnsinnig charmant ich bin?« Sein Blick ruhte weiter auf mir, aber er gab meine Hand wieder frei. Er grinste, und ich war mir sicher, dass er schon das eine oder andere Herz gebrochen hatte. Dennoch hatte er nicht diese Playboy-Aura, von der ich mich immer automatisch abgestoßen fühlte. Tyler wirkte nett. Ein bisschen zu sehr von sich selbst überzeugt vielleicht, aber dennoch wahnsinnig sympathisch.

»Dann würde ich ja lügen.« Kate wusste offensichtlich, wie man mit Typen wie Tyler umgehen musste. Ich hatte sie bisher nur als weich und freundlich wahrgenommen, und sie jetzt so schlagfertig zu erleben, war neu.

»Autsch.« Tyler presste sich die Hand aufs Herz und kniff die Augen zusammen, als würde er Höllenqualen erleiden. »Ich hab auch Gefühle, weißt du?«

»Komisch, ist mir noch nie aufgefallen.«

Tyler lachte leise. Er sah ein bisschen verwegen aus, was von seinen tiefschwarzen wuscheligen Haaren und seiner gebräunten Haut noch unterstrichen wurde. Wie alt er wohl war? Plötzlich wandte er sich wieder an mich. »Lass dich von ihrem hübschen Äußeren nicht täuschen. Sie ist ein Teufel.«

Ich öffnete den Mund, um etwas Passendes zu kontern, aber mir fiel beim besten Willen nichts ein. Ich presste die Lippen fest zusammen und wich Tylers Blick aus.

Kate schien zu bemerken, wie unangenehm mir das alles war, und übernahm, indem sie Tyler einen Luftkuss zuwarf und zwinkerte. »Nur zu dir, Ty. Nur zu dir.«

Es war faszinierend, den Schlagabtausch der beiden zu beobachten. Es war ganz offensichtlich, dass sie sehr gute Freunde waren. Und das nicht nur, weil Kate zuvor schon über Tyler gesprochen hatte, sondern auch, weil es trotz der frechen Kommentare keinerlei böses Blut zu geben schien. Ob die beiden ein Paar waren? Nein, dafür wirkte das Ganze irgendwie zu platonisch. Allerdings hatte ich keinerlei Erfahrung, wenn es um Liebe ging, also was wusste ich schon?

Kate nahm den Salzstreuer und würzte ihren Salat etwas nach. »Wo ist Hunter?«

Tyler griff an ihr vorbei und trank völlig selbstverständlich einen Schluck aus ihrer Wasserflasche. »In seinem Studio.«

»Schon wieder?«

Tyler nickte. »Ja, schon wieder.«

Ich war froh, als die beiden in ein Gesprächsthema verfielen, in das ich nicht einsteigen konnte. Das gab mir die Möglichkeit, durchzuatmen und die Situation etwas besser einzuschätzen.

Verstohlen warf ich einen Blick zu Kate. Ob sie wohl genau deshalb das Thema gewechselt hatte? Weil sie wusste, wie unsicher ich war? Ob sie mir etwas Zeit geben wollte, mit Tyler warm zu werden? Unmöglich, oder?

Kate runzelte die Stirn. »Weißt du, ob er heute schon was gegessen hat?« Ihre Stimme klang besorgt. Hunter? Den Namen hatte ich schon mal gehört. Hatte Kate nicht bereits an meinem ersten Tag von ihm gesprochen?

»Er war aus dem Haus, bevor ich aufgestanden bin, vermutlich nicht.« Tyler nahm Kate das Besteck aus der Hand und aß zwei Gabeln voll von ihrem Salat. »Du kennst ihn, wenn er arbeitet, kriegt er nichts anderes mit.« Tyler zog seine dichten, dunklen Augenbrauen zusammen. »Was machen wir nur mit dem Kerl?«

Kate lächelte, doch irgendwie erreichte es nicht wie sonst ihre Augen. »Ihn bestenfalls nicht verhungern lassen.«

Die beiden verfielen in nachdenkliches Schweigen, und der Lärm der Mensa schien uns alle zu verschlingen, während Tyler nachdenklich im Salat herumstocherte und Kate an dem Etikett ihrer Flasche zupfte. Die beiden machten sich wohl wirklich Sorgen. Ob dieser Hunter ein Workaholic war?

»Ich bring ihm nachher ein Sandwich vorbei.« Tyler löste sich zuerst aus seiner Starre. Er stieß Kate sanft mit der Schulter an und grinste. »Ich fühl mich schon wie seine Freundin.«

Kate lachte leise. »Du bist nicht gut genug für Hunter.«

Tyler riss die Augen auf und schnappte empört nach Luft. »Du meinst, er wäre nicht gut genug für mich.«

Plötzlich schien die schlechte Stimmung von gerade wie weggeblasen, und unwillkürlich musste auch ich lachen, verbarg es aber so gut es ging hinter meiner Hand.

»Rede dir das ruhig ein, wenn du dann nachts besser schlafen kannst.« Kate hatte jemanden entdeckt, strahlend hob sie den rechten Arm und winkte, die Gabel noch immer fest in der Hand. »Oh, hey! APRIL! Hier drüben.«

Ich sah mich um. Zwischen all den Tischen erspähte ich eine recht kleine Frau mit rotbraunen Korkenzieherlocken, die zielstrebig auf unseren Tisch zusteuerte. Ich schätzte sie auf knapp eins sechzig, ihr Schritt war federnd und schnell, während sie den Studenten auswich, die sich in den schmalen Gängen zwischen den Tischen tummelten.

Als sie unseren Tisch erreichte, zog sie einen der Stühle neben mir hervor und ließ sich darauf fallen. Sie roch nach Sonnencreme und einem Hauch Zitrone.

»Kate, du hattest recht.« Aprils Stimme war angenehm und tief. »Professor Booth ist eine Hexe.«

Kate lachte auf. »Hab ich dir ja gleich gesagt.« Dann deutete sie mit einer Hand auf mich. »April, das ist Raelyn, sie ist im ersten Jahr und wie du einer meiner Schützlinge. Wir sind uns am Tag der Freshman-Tränen zum ersten Mal begegnet.«

»Ihr braucht echt einen anderen Namen dafür.« April sah mich an. Ihre Augen waren haselnussbraun, und ich meinte, ein paar kleinere grüne Flecken darin erkennen zu können. »Schön, dich kennenzulernen.« Ihr Lächeln war so warm und herzlich, dass man sich ihm nicht entziehen konnte, und sie hatte auffällig weiße und gerade Zähne. »Kate ist also auch deine Patin? Ich hab dich bisher noch bei gar keinem Freshman-Treffen gesehen. Was ist dein Hauptfach?«

»Freut mich auch.« Vergessen war der Nudelauflauf. Der war eh schon längst kalt. Ich faltete die Hände in meinem Schoß und sah darauf, in der Hoffnung, wegen der verpassten Freshman-Treffen nicht zu schuldbewusst zu wirken. Ich hatte mir immer wieder vorgenommen, zu einem der Termine zu gehen, hatte mich jedoch nie getraut. Vielleicht war das hier ja jetzt meine Chance, endlich Freunde zu finden. Und April machte so einen netten Eindruck, dass ich es zumindest auf einen Versuch ankommen lassen wollte, auch wenn mein Magen rumorte. »Kommunikation.«

Tyler verschluckte sich an Kates Wasser. »Im Ernst?«

»Ja.« Ich nickte verlegen. Ich wusste, dass es nicht zu mir passte, aber ich hatte mich selbst herausfordern wollen. Nur um zu sehen, ob ich meine eigenen Grenzen verschieben konnte. »Meine Nebenfächer sind Management und Radioproduktion.« Ich wandte mich an April, um die Aufmerksamkeit von mir zu lenken, denn Tyler starrte mich noch immer etwas ungläubig an, bis Kate ihn anstieß. »Was ist denn dein Hauptfach?«

»Englisch.« April deutete auf das Buch, das auf ihrem Tablett lag und das ich bisher nicht bemerkt hatte. *Schall und Wahn* von William Faulkner. April hatte viele Stellen mit verschiedenfarbigen Klebezetteln markiert. Ich hatte schon eine Menge über dieses Buch gelesen und war froh, dass ich mich nicht selbst da durchquälen musste. »Mein Schwerpunkt ist aber kreatives Schreiben.«

Kate nahm das Buch von Aprils Tablett, und ihre Augen glitten über den Text auf dem Buchrücken. »Ich hatte dich ja bei deiner Kurswahl gewarnt, dass Professor Booth dafür bekannt ist, nur wirklich schwere Bücher in ihre Leseliste aufzunehmen.«

April stöhnte genervt. »Du machst dir kein Bild. Die verschiedenen Ich-Erzähler bringen mich um. Und dann ist das meiste auch noch in reinem Bewusstseinsstrom erzählt.«

Ich zischte leise. Oh, wow. »Das klingt hart.«

Kate legte das Buch schnell zurück auf das Tablett, so als hätte sie sich daran verbrannt. »Mein Beileid.«

Tyler stieß Kate mit dem Ellenbogen an. »Willst du mich gar nicht vorstellen?«

Sie verzog das Gesicht und rieb über die Stelle an den Rippen, an der Tyler sie getroffen hatte. »Das hättest du doch eh selbst gemacht.«

»Hi, ich bin Tyler.« Er hielt April seine Hand hin, und ich schmunzelte, als mir seine Augen auffielen, die regelrecht auf sie fixiert waren. »Ich bin ein Freund von Kate.«

»April.« Sie drückte nur kurz seine Hand und verschränkte dann die Arme vor der Brust. Langsam lehnte sie sich zurück. »Ich hab schon viel von dir gehört.«

Tylers Lächeln wurde noch charmanter und gewinnender, und sogar mein Herz machte einen kleinen Satz, obwohl Männer wie er nicht mein Typ waren. »Ich hoffe, nur Gutes.«

April sah ihm kurz in die Augen, mied seinen Blick aber schnell wieder. Unter ihrer etwas dunkleren Haut meinte ich, einen Hauch von Rot erspähen zu können. »Das lasse ich unkommentiert.«

Tyler sah zu Kate und verengte die Augen, doch sie schien davon völlig unbeeindruckt. »Kate, ich glaube, wir zwei müssen uns mal dringend unterhalten.«

Kate zuckte nur mit den Schultern. »Wolltest du Hunter nicht etwas zu essen bringen?«

»Verdammt, stimmt.« Tyler warf einen Blick auf die Armbanduhr an seinem Handgelenk und sprang auf. Er schnappte sich seinen Rucksack und hob die Hand zum Gruß. »War schön, euch kennenzulernen, Ladys.«

»Na los, schwirr ab.« Kate sah Tyler einen Moment hinterher, bevor sie nach dem Besteck griff, das noch immer an Tylers Platz von eben lag, und sich über ihren Salat hermachte. »Hast du dich jetzt eigentlich schon entschieden, bei welchem Club du mitmachen willst, April?«

»Eigentlich bei keinem.« April streckte sich und nahm dann ihren Bagel vom Teller. »Ich wollte mir zumindest das

Schwimmteam mal ansehen. Ein Pool ist zwar nicht das Gleiche wie der See zu Hause, aber besser als nichts.« Bevor sie abbiss, wandte sie sich mir zu. »Was ist mit dir? Willst du einem der Clubs beitreten?«

Ich konnte Kates erwartungsvollen Blick auf mir spüren, und automatisch hatte ich das Gefühl, keinen einzigen Bissen mehr herunterzubekommen. Ob ich es wirklich mal versuchen sollte? Eigentlich war das doch überhaupt nichts für mich. Aber mein Studienfach passte genauso wenig zu mir. Vielleicht sollte ich Kate also einfach vertrauen und mal etwas völlig Neues ausprobieren. Als Studienpatin wusste sie bestimmt, wovon sie redete. Und vielleicht hatte sie ja sogar recht und es würde mir wirklich dabei helfen, aus meiner Schale auszubrechen.

»Ich wollte es mal mit Schauspiel versuchen.« Meine Stimme war so leise, dass ich nicht wusste, ob die beiden mich überhaupt verstanden hatten, doch als ich das Leuchten in Kates Augen sah, war klar, dass es jetzt kein Zurück gab.

»Super.« Kate klatschte in die Hände, und ich verspürte den Drang, mich zu übergeben. »Ich rufe heute Abend Naziah an und lasse sie wissen, dass du kommst.«

6. KAPITEL

Raelyn

Wie konnte ein so wunderschönes Gebäude mir nur solche Angst einjagen? Ich sah an der Fassade des Viardot-García-Auditoriums hoch und wünschte mir, mich nie auf den Weg gemacht zu haben. Genau wie viele andere Gebäude auf dem Campus war auch das Auditorium ein Zeugnis der Geschichte der STU und dessen Wandel. Hier prallte die alte, kunstvolle Bauweise der Universitäten des neunzehnten Jahrhunderts auf die moderne Architektur des einundzwanzigsten, indem man die Grundstruktur des Gebäudes erhalten und sie um moderne Elemente und viel Glas erweitert hatte. Die STU blickte auf eine lange Geschichte zurück und war damals eine der ersten Colleges für Frauen gewesen. Man hatte die Tradition lebendig halten wollen, auch wenn man sich irgendwann dem modernen Zeitgeist hatte beugen müssen und die Tore für beide Geschlechter geöffnet hatte. Veränderungen waren notwendig und unaufhaltsam, und im Fall der STU hatte es zu einer staatlichen Universität geführt, auf die Kalifornien stolz sein konnte.

Wohin es in meinem Fall führen würde, wusste ich nicht, aber so, wie mein Magen vor sich hin rumorte, führte dieser Veränderungsversuch höchstens die Reste meines Abendessens auf den gut gepflegten Rasen.

»Du kannst das«, murmelte ich leise, als ich mit zittrigen

Fingern den Türgriff der großen Doppeltür umfasste. »Du guckst es dir nur mal an. Kein Grund zur Panik. Du kannst das.« Ich stieß eine der Türen auf und trat in die große Vorhalle. Ein bitterer Geschmack breitete sich in meinem Mund aus, den ich nur zu gut kannte. Seit meiner Schulzeit war er mein treuer Begleiter, wann immer ich ein Referat oder einen Vortrag halten musste. Früher hatte ich mich deshalb ständig übergeben, aber im Laufe der Highschoolzeit hatte ich gelernt, damit umzugehen.

Anstatt durch die Nase, begann ich automatisch durch den Mund zu atmen, und der Geruch von Politur, welcher der mit dunklem Holz verkleideten Vorhalle anhaftete, verschwand augenblicklich. Die Übelkeit blieb, und ich machte mir auch keine Illusionen, sie heute Abend noch loszuwerden. Dafür wagte ich mich viel zu weit aus meiner Komfortzone, und offensichtlich hatte mein ganzer Körper beschlossen, mir diesen kläglichen Versuch heimzuzahlen.

Gedämpft drangen Stimmen zu mir heran, und sofort verspannte ich mich. Mehrere Leute redeten wild durcheinander, und allein anhand des Tonfalls konnte man hören, dass diese Diskussion durchaus hitzig war.

Wieso müssen wir mit der Stummen arbeiten? Das ist unfair! Geben Sie uns einen anderen Gruppenpartner. Irgendeinen, der auch wirklich was taugt.

Ich bemühte mich, die Stimmen auszublenden. Wollte meiner Vergangenheit keinen Raum in meiner Gegenwart geben, aber leider war das schwerer als gedacht. Die wütenden Stimmen meiner Klassenkameraden mischten sich mit denen des Schauspielclubs und drängten mich zurück in dieses kleine, schäbige Klassenzimmer in New York City. Plötzlich roch es nicht mehr nach Politur, sondern nach abgestandener Luft und einem Hauch von Druckerschwärze. Meine Kehle war wie zugeschnürt, und ich musste die Hände auf meinen Knien abstützen, als mein Oberkörper nach vorne sackte. Ich fixierte meinen Blick auf die dunklen Holzdielen, die absolut nichts mit dem abgetretenen Linoleum meiner alten Schule gemein hatten, und atmete zitternd ein und aus. Ich war kein Sonderling mehr. Ich war nicht mehr die Stumme, mit der man entweder Mitleid hatte oder über die man sich lustig machte. Ich war mehr als das. Wollte mehr als das sein. Warum also war es so wahnsinnig schwer? Warum konnte ich nicht einfach mit einem strahlenden Lächeln in dieses Auditorium spazieren und mein Glück versuchen? Nein, ich musste natürlich schon in der Vorhalle einen halben Nervenzusammenbruch bekommen. Und warum? Aufgrund von Erinnerungen, die ich doch so dringend abschütteln wollte.

Ich spähte zur Tür hinüber, die nur angelehnt war und durch deren Spalt sanftes goldenes Licht in die Vorhalle schien. Ich musste es nur bis ins Auditorium schaffen. Ich musste nur den ersten Schritt wagen. Das konnte doch nicht so schwierig sein, oder?

Ich richtete mich auf und ging auf die Tür zu. Zwei Schritte vor. Einen Schritt zurück. Zwei Schritte vor. Einen Schritt zurück. Als meine Finger endlich das kühle Metall des Türgriffs zu fassen bekamen, zog ich sie mit einem Ruck auf und schlüpfte schnell hinein, bevor mein Verstand und meine Füße mir einen weiteren Streich spielen konnten.

Strahlendes Rot und opulentes Gold. Das war das Erste, was mir auffiel, als ich den Fuß in das Theater des Viardot-García-Auditoriums setzte. Es war deutlich kleiner, als ich erwartet hatte, doch die hell erleuchtete Bühne am anderen Ende des Ganges kam mir dennoch gigantisch vor. Was zum einen sicherlich daran lag, dass Bühnen mir im Allgemeinen Unbehagen bereiteten, und vermutlich auch mit den mindestens zwanzig Studenten zusammenhing, die kreuz und quer darauf Platz genommen hatten.

Eine Frau ging am Bühnenrand auf und ab, während sie den anderen stumm zuhörte. Sie hatte wilde schwarze Locken, die sie mit einem raffiniert gebundenen farbenfrohen Tuch aus ihrer Stirn hielt. Das war wahrscheinlich Naziah, die Präsidentin des Schauspielclubs. Kate hatte mir von ihr erzählt. Sie studierte Maschinenbau an der STU, ihre Leidenschaft war aber schon immer das Theater gewesen. Und das zeigte sich auch jetzt deutlich an ihrem hoch konzentrierten Gesichtsausdruck, während der gesamte Club in eine Diskussion verstrickt zu sein schien.

»Wir wäre es mit einer modernen Interpretation von *Macbeth*?« Ich setzte mich auf einen der Plätze ganz weit hinten und beobachtete die Situation aus sicherer Distanz. Ich war noch nicht bereit, mich weiter vorzuwagen. Meine Knie fühlten sich nach wie vor wie Pudding an, und ich war schon stolz auf mich, dass ich es überhaupt hierhergeschafft hatte. Abwarten. Beobachten. Dann konnte ich vielleicht den nächsten Schritt tun.

»Weil das ja nicht jede dritte Uni durchzieht.«

»Willst du stattdessen lieber irgendeinen New-Age-Mist machen, in dem alle schreiend und halb nackt über die Bühne springen?« Mein Blick landete auf dem jungen Mann, der zuletzt gesprochen hatte und dessen dunkle Stimme mit dem schweren texanischen Akzent nur so vor Sarkasmus troff. Er saß mittig auf der Bühne, die Hände hinter sich abgestützt. Zwischen seinen Beinen hatte es sich eine junge Frau bequem gemacht, ihr schmaler Rücken lehnte an seiner breiten Brust. Er hatte eine markante Nase und einen starken Kiefer, und selbst von hier aus konnte ich das strahlende Grau seiner Augen erkennen.

»Du übertreibst. Außerdem ist das besser als immer der gleiche Shakespeare-Mist.« Der andere junge Mann, mit dem Mister Quecksilber gerade diskutiert hatte, faltete die Hände vor der Brust wie zum Gebet, bevor er nach oben gen Himmel sah. Sein Haar glänzte schwarzblau im Scheinwerferlicht. »Sorry, William – nichts für ungut.«

»Jetzt macht mal halblang oder ihr verschreckt noch unseren stummen Gast.«

Ich zuckte zusammen und sank ertappt auf meinem Stuhl zusammen, doch Naziah winkte mich schon zu sich heran, und peinlich berührt stand ich auf und ging langsam in Richtung Bühne. Naziah war eine wirklich schöne Frau. Ihr Teint war dunkel und ebenmäßig, und ihre Lippen hatten einen verführerischen und vollen Schwung. Ihre Hüften waren etwas breiter, und sie hatte diese mit einem Wickelrock selbstbewusst in Szene gesetzt. Als ich die Stufen zur Bühne heraufging, kam sie mir sofort mit ausgestreckter Hand entgegen und begrüßte mich. »Du musst Raelyn sein. Kate hat mich angerufen und mir gesagt, dass du mal vorbeischauen willst. Ich bin Naziah, die Präsidenten dieses Kindergartens.«

»Entschuldigt bitte, ich wollte nicht heimlich lauschen.« Ich ließ Naziahs Hand los und biss mir auf die Unterlippe. Alle dachten jetzt bestimmt, ich hätte neugierig herumspioniert. »Ich wollte nur nicht bei eurer Diskussion stören.«

Naziah winkte ab. »Du meinst, du wolltest diese Idioten nicht in ihren alljährlichen Streitigkeiten unterbrechen.«

Der Texaner murrte leise. »Die Auswahl des aufzuführenden Stücks ist eine ernste Angelegenheit und will gut überlegt sein.«

Naziah warf ihm einen ermahnenden Blick zu, und ich trat einen Schritt zurück. »Das Einzige, was daran todernst ist, sind Connors und deine elendigen Diskussionen, Blake.«

»Raelyn, richtig? Setz dich ruhig zu mir.« Die junge Frau mit dem rabenschwarzen langen Haar, die zwischen den Beinen des Texaners saß, winkte mich zu sich hinüber, und ich nahm zögerlich neben ihnen Platz. Sie streckte mir die Hand entgegen. »Ich bin Seoyoung. Das ist mein Freund Blake.« Der Mann hinter ihr nickte mir nur knapp zu, und Seoyoung deutete auf den quirlig wirkenden Mann mit dem schwarzblauen Haar, der mich vorhin begrüßt hatte. »Und das ist Connor.«

»Ihre heiße Affäre.« Connor wackelte mit den Augenbrauen, und eine hübsche Frau mit Stupsnase und hellbraunen schulterlangen Haaren schlug ihm auf den Oberarm.

»Du verschreckst sie wirklich noch«, sagte sie mit einem Schmunzeln auf den schmalen Lippen, ehe sie mir die Hand hinhielt. Sie hatte filigrane Finger, an denen unzählige Pflaster klebten. »Hey, ich bin Amber. Willkommen bei uns.«

Ich ergriff ihre kühle Hand und drückte sanft zu. »Freut mich auch«, murmelte ich leise und ließ ihre Hand wieder los.

»Könnten wir uns alle bitte wieder konzentrieren?« Naziah warf Blake und Connor einen eindeutigen Blick zu, und sofort legte sich Schweigen über die Bühne.

Seoyoung, deren Haut mich irgendwie an Milch erinnerte, schien die ganze Diskussion wieder unter Kontrolle kriegen zu wollen. »Was steht eigentlich überhaupt zur Wahl?«

Naziah rieb sich über den Nasenrücken. »Das, worüber unsere zwei Berufsidioten jedes Jahr streiten: klassisch gegen modern.«

Amber nickte. »Da wir letztes Mal *Angels of America* gemacht haben, wäre es jetzt vielleicht wieder Zeit für etwas Klassisches.«

Angels of America? Ich sah sie fragend an und senkte die Stimme. »Von Tony Kushner?«

»Ja, genau.«

Blake sah mich skeptisch an. »Du kennst *Angels of America*?«

»Ja. Ich habe es in einem ganz kleinen Theater zu Hause in New York gesehen.« Meine Stimme klang so schwach und piepsig, dass ich schnell auf meine Hände guckte, nur um den Blicken der anderen auszuweichen. Ich bemerkte, dass ich begonnen hatte, nervös an meinem Armband zu zupfen, und hörte sofort damit auf. »Danach habe ich direkt die HBO-Serie geschaut.«

Blake legte die Stirn in Falten. »Du bist New Yorkerin?«

Ich nickte, ohne ein Wort zu sagen. Ich sah ihn auch nicht an. Ich wusste genau, was ich in seinem Gesicht erkennen würde, nämlich absoluten Unglauben. Die meisten Leute hielten mich nämlich für ein Mädchen aus der Provinz, und wirklich verübeln konnte ich es ihnen nicht. Alle hatten immer ein gewisses Bild vor Augen, wenn sie an New Yorker dachten. Entweder stylish mit Designerklamotten oder eben alternativ und künstlerisch. Aber sie dachten nie an jemand so Durchschnittliches wie mich.

»Interessant.« Er lachte, verzog aber das Gesicht, weil seine Freundin ihm auf den Arm schlug.

Seoyoung lächelte mir aufmunternd zu. »Wie ist es so im Big Apple?«

»Laut und dreckig.« Für einen kurzen Moment erfasste mich die Wehmut, als ich an meine Heimat dachte. In SoHo kannte ich mich gut aus. Ich hatte jede noch so kleine Gasse zu meinem Versteck vor den Massen an Touristen machen oder vom Dach unseres Hauses aus das Chaos zu meinen Füßen beobachten können. Hier war alles fremd. Hier gab es keinen Ort, an dem ich mich verstecken konnte. »Aber irgendwie … auch schön.«

Naziah seufzte leise und verschränkte die Arme vor der Brust, sodass ich mich etwas kleiner machte. Sie wirkte zwar nett, aber auch irgendwie autoritär, was man wohl auch sein musste, wenn man eine so große Gruppe von Schauspielern in den Griff kriegen wollte.

Amber setzte sich in den Schneidersitz und sah zu Naziah auf, ihre grüngrauen Augen verfolgten sie unaufhörlich, als sie wieder anfing, am Bühnenrand auf und ab zu schreiten. »Ist dein neues Stück schon fertig, Naziah?«

»Nein, und das wird auch noch dauern.« Kurze Stille folgte, und ich konnte sehen, wie die Linie von Naziahs Kiefer schärfer hervortrat. »Connor, jetzt sieh mich nicht so an, ich schreibe es schon noch fertig.«

Connor schnalzte laut mit der Zunge. »Fragt sich nur, in welchem Jahrhundert.«

»Das mindert den Druck erheblich. Vielen Dank.« Sie blieb stehen und stemmte die Hände in die Hüften. »Also, irgendwelche *sinnvollen* Kommentare oder Vorschläge?«

»Also mir ist es egal, ob es modern ist oder ein Klassiker, ich möchte nur etwas mit aktuellem Bezug machen. Etwas, das die Zuschauer auch wirklich fesselt.«

Naziah nickte bekräftigend bei Seoyoungs Vorschlag. »Gute Idee. Hast du schon ein Stück im Sinn?«

Seoyoung rümpfte die Nase und schob die Unterlippe vor. »Nicht wirklich. Es gibt so viele mögliche Themen.«

»Wie wäre es mit etwas Politischem? Ich meine, seit Januar ist dieses Land eh am Arsch«, meldete Blake sich nun wieder zu Wort.

Connor sah ihn überrascht an. »Bist du nicht aus Texas?«

»Nicht jeder Texaner ist auch Republikaner, Connor.« Blake verdrehte die Augen. Aus nächster Nähe war das Grau seiner Augen sogar noch strahlender. »Und ich kann dir versichern, dass Trump ganz bestimmt nicht mein Präsident ist.«

Connor klatschte in die Hände. »Wir wäre es mit *Give a Boy a Gun*?«

Naziah schüttelte sofort den Kopf. »Ich kann nicht mein Stück und noch eine Theateradaption eines kompletten Romans schreiben.«

Connor zuckte die Achseln. »Seoyoung kann dir doch helfen.«

Abwehrend hob Seoyoung die Hände. »Das ist mein letztes Jahr.« Sie war also bereits ein Senior. Dabei sah sie noch so wahnsinnig jung aus. »Ich muss mich auf meinen Abschluss vorbereiten und für die Klausuren pauken. Da schaffe ich das nicht auch noch nebenbei.«

Stille legte sich über das Auditorium. Einzig und allein Naziahs Schritte hallten vom Bühnenboden wider. Alle schienen ihren eigenen Gedanken nachzuhängen.

»Hast du vielleicht einen Vorschlag, Frischfleisch?«

Ich brauchte einen Moment, bis ich realisierte, dass Blake gerade mit mir gesprochen hatte. Frischfleisch? War das sein Ernst?

Seoyoung sah ihn mit weit aufgerissenen Augen an. »Blake!«

»Was?« Blake wirkte vollkommen unbeeindruckt. »Eine neue Perspektive ist nie verkehrt. Und von uns fällt ja wohl gerade keinem was ein.«

Die Panik, die bisher zaghaft in mir gebrodelt hatte, verwandelte sich innerhalb von Sekunden in ein Inferno, und mein Herz stolperte in seinem Galopp, während alles in mir danach schrie, aufzustehen und wegzurennen, jetzt, wo alle ihre Aufmerksamkeit auf mich gerichtet hatten. »Aber ich bin ja nicht mal Mitglied«, stammelte ich kleinlaut und hoffte damit, diesem ganzen Thema schnell zu entgehen.

Blake hatte offensichtlich andere Pläne. »Trotzdem hast du ja sicherlich eine Meinung.«

Naziah fluchte leise, und die Spitze ihrer Ballerinas tauchte in meinem Sichtfeld auf. »Jetzt setz sie nicht so unter Druck.«

»Wenn es sie schon unter Druck setzt, einfach nur ihre Meinung zu sagen, dann gehört sie nicht hierher.«

Ich wollte einfach nur im Erdboden versinken. Was sollte das? Warum drängte Blake mich so derartig in die Enge? Hatte ich ihm vielleicht irgendwas getan? Oder war der Augenblick meines Erscheinens wirklich einfach nur absolut ungünstig gewesen?

»Du bist manchmal wirklich so ein Arsch«, fuhr Seoyoung ihn an, und ich kniff die Augen zusammen. Das hätte eigentlich ich sagen sollen. Ich hätte mich selbst verteidigen müssen. Aber kein Wort kam mir über die Lippen. Ich war viel zu gefangen in meiner eigenen Angst, in meiner eigenen Panik. Warum war ich nur hierhergekommen? Ich hätte in meinem Zimmer bleiben und mich auf meine Vorlesung morgen vorbereiten sollen. Allein. So wie immer.

»Du liebst mich trotzdem.«

»Okay, Leute, dann lasst uns für heute doch einfach mit den Übungen weitermachen. Denkt einfach bis zum nächsten Mal darüber nach, was ihr aufführen wollt, und dann stimmen wir ab.« Naziah klatschte in die Hände und löste mich damit aus meiner Schockstarrte. Ich sah auf und bemerkte, wie alle sich von ihren Plätzen erhoben und begannen, sich im Kreis aufzustellen. Ich beeilte mich, auf die Füße zu kommen, blieb aber an meinen eigenen Knöcheln hängen. Bevor ich der Länge nach auf den Brettern der Bühne landen konnte, umfasste Connor meinen Unterarm und hielt mich aufrecht. Als ich seinem besorgten Blick begegnete, machte ich einen großen Schritt zurück, ehe ich eine undeutliche Entschuldigung hervorbrachte.

»Also, heute möchte ich an eurer Improvisation arbeiten. Das letzte Mal ist das eine oder andere während des Stücks schiefgegangen, und ein paar von euch haben einfach wie ein

Reh im Scheinwerferlicht gestanden.« Naziah machte eine kurze Pause und grinste schief, als ihr Blick einen kleinen Blonden traf. »Und ja, damit meine ich genau dich, Jonathan.«

Ich hörte Naziah zwar zu, doch mein Blick war auf Blake gerichtet, der etwas weiter von mir entfernt stand und mir ungerührt in die Augen sah. So als wollte er sagen, dass ich hier nicht hingehörte und dass er genau das von Anfang an gewusst hatte. Seine Lippen verzogen sich zu einem sarkastischen Schmunzeln, und ich ballte die Hände zu Fäusten. Genau so hatten viele meiner Mitschüler mich immer angestarrt, wenn sie nicht gerade Mitleid mit mir Sonderling gehabt hatten. Wenn ich plötzlich von der Unsichtbaren zu einem potenziellen Opfer geworden war.

Was war eigentlich sein Problem? Klar, ich war nicht die klassische Schauspielerin. Mir fehlte es an Selbstvertrauen. Und ja, vielleicht würde ich niemals auf der Bühne stehen können, aber er konnte mir wenigstens eine faire Chance geben, anstatt mich direkt abzuschreiben. Das war doch wohl nicht zu viel verlangt, oder? Ich konnte über mich hinauswachsen. Ich konnte anders werden. Ich musste nur die faire Chance bekommen, das auch zu beweisen.

»Raelyn, wenn du willst, dann kannst du einfach zu –«

»Wie wäre es mit *The School for Scandal* von Richard Brinsley Sheridan?« Ich hatte absolut keine Ahnung, woher ich auf einmal den Mut genommen hatte, diesen Vorschlag vorzubringen, doch als mir bewusst wurde, dass meine Zunge scheinbar schneller gewesen war als mein Gehirn, war es längst zu spät, es zurückzunehmen.

Erneut waren alle Blicke auf mich gerichtet, und ich spürte, wie mir der kalte Schweiß ausbrach.

Seoyoung legte den Kopf schief. »Spielt das nicht im achtzehnten Jahrhundert?«

»Oh Gott.« Amber stöhnte neben Connor gequält auf. »Nehmt es mir nicht krumm, aber ich habe wenig Lust, schon wieder altertümliche Kleider zu schneidern. Oder mich in eins hineinzuzwängen.«

Connor schob die Hände in seine hinteren Hosentaschen und sah mich erwartungsvoll an. »Das kenne ich nicht mal. Worum geht's da überhaupt?«

Ich beschränkte mich darauf, ihm nur das Nötigste zu erklären, anstatt das Stück im Detail nachzuerzählen. »Im Prinzip geht es darum, dass es Leute gibt, die andere durch gezielte Gerüchte und Lügen in den Ruin treiben.«

Connor nickte und warf Amber einen nicht zu deutenden Seitenblick zu. »Damit kennst du dich ja aus, oder, Amber?«

Blake verschränkte die Arme vor der Brust und zog die dunklen Augenbrauen nachdenklich zusammen, die im starken Kontrast zu seinem hellblonden Haar standen. »Willst du damit auf Social Media und generell die Klatschpresse anspielen, Frischfleisch?«

Ich nickte verlegen. Wieso hatte ich überhaupt etwas gesagt? Wieso war ich nicht einfach stumm geblieben und hatte –

»Ich mag die Idee.« Naziah kam zu mir herüber und klopfte mir auf die Schulter. »Was meinst du, Seoyoung?«

»Man könnte die Namen der Figuren und das Set modern gestalten und die Sprache des Originals belassen, um zu zeigen, dass sich eigentlich nichts geändert hat.«

Amber nickte bekräftigend, Connor würdigte sie dabei keines Blickes. »Eventuell könnten wir die Kostüme so entwerfen, als würden die beiden Epochen aufeinanderknallen.«

»Außerdem könnte man auch …«

Alle begannen, wie wild durcheinanderzureden, während sie meine Idee diskutierten. Endlich konnte ich meine Hände lockern, die ich vor Anspannung neben meinem Körper zu

Fäusten geballt hatte. Ich spürte, wie schwitzig sie waren, und unauffällig wischte ich sie an meiner Jeans ab. Verstohlen sah ich zu Blake hinüber, der seinen Arm locker um Seoyoungs Schulter gelegt hatte und sich angeregt mit Naziah unterhielt. Plötzlich trafen sich unsere Blicke, und instinktiv verspannte ich mich wieder. Ich mochte Blake nicht. Er war provokant, gemein und ein ganz unangenehmer Zeitgenosse. Wieso hatte dieser Kerl mich dermaßen unter Druck gesetzt? Ich hatte ihm absolut nichts getan. Wieso also hatte er –

Blake lächelte mich an und hob seinen Daumen, bevor er sich wieder seinem Gespräch widmete.

Was zur …?

Doch dann dämmerte es mir. Er hatte gar nicht versucht, mich bloßzustellen und mich so aus dem Club zu ekeln. Er hatte mich lediglich aus der Reserve locken wollen. Und das war ihm offensichtlich hervorragend gelungen. Ich hatte mich wie eine Marionette von ihm vorführen lassen.

Ich war doch wirklich so eine Idiotin.

»Du hast also deine erste Konfrontation mit Blake überstanden.« Ich zuckte zusammen, als ich plötzlich Connors Stimme neben mir hörte. Er grinste schief und bot seine Hand zum High five an. »Das schafft nicht jeder.«

»Danke«, murmelte ich und schlug zögerlich ein.

»Willkommen im Schauspielclub der STU, Raelyn.«

7. KAPITEL

Raelyn

Stille. Endlich.

Kein lautes Tippen auf Laptoptastaturen, das sich nach Stunden der Monotonie anhörte wie Maschinengewehrsalven. Kein Seufzen oder verzweifeltes Jammern. Nichts. Ich war mutterseelenallein im Lesesaal. An einem Freitagabend wie diesem, an dem die San Teresa Saints ein Heimspiel hatten, war das auch nicht weiter verwunderlich.

Klar hätte auch ich mir gerne das Homecomingspiel angesehen, doch dafür hatte ich schlichtweg keine Zeit, denn der mir von Kate prophezeite Universitätsstress hatte mich leider eingeholt. Allein diese Woche hatte ich zwei Abgaben im Nacken sitzen und musste mich auch noch auf die Mid-Terms Ende Oktober vorbereiten, wenn ich nicht durchfallen wollte.

Kurz: Ich war müde, gestresst und ausgelaugt.

Ich hatte die letzten zwei Wochen fast ausschließlich in der Bibliothek verbracht und sie eigentlich nur verlassen, um mit April und Kate in der Mensa zu essen, wo auch Tyler sich hin und wieder zu uns gesellte, oder um irgendwann gegen halb eins nachts erschöpft ins Bett zu fallen. Dienstags und donnerstags nahm ich mir den Abend für die Proben frei. Sie machten mich zwar immer noch nervös, aber mit den anderen auf der Bühne zu stehen, wurde von Woche zu Woche leichter, was wohl hauptsächlich an Seoyoung und Connor lag, die Geduld mit mir aufbrachten und mich Stück für Stück in die Welt der Schauspielerei einführten. Blake hingegen hatte es sich scheinbar zur Aufgabe gemacht, mich herauszufordern, wann immer es ihm möglich war, und meine Grenzen zu testen, was zugegebenermaßen ungefähr genauso anstrengend war, wie sich in der Bibliothek die halbe Nacht um die Ohren zu schlagen.

Klar, ich war von Anfang an recht desillusioniert an die ganze Universitätssache rangegangen, aber dass es so hart werden würde, hatte ich nicht erwartet, und nach den letzten drei Tagen des Dauerlernens wollte ich eigentlich nur noch schlafen. Ob es vielleicht jemand bemerken würde, wenn ich hier am Tisch ein kleines Nickerchen machte?

Ich schmunzelte über mich selbst. Wer denn bitte schön? Immerhin war ich mutterseelenallein. Ich klappte meinen Laptop zu und bettete meine Arme darauf. Nur ein paar Minuten. Danach würde ich mich besser fühlen und konzentriert weiterarbeiten können. Immerhin musste ich diesen grässlichen Aufsatz für Grundlagen der Radioproduktion noch zu Ende schreiben.

Nur fünf Minuten. Mehr brauchte ich gar nicht. Nur fünf …

»Wusste ich doch, dass wir dich hier finden.«

Vor Schreck stieß ich ein lautes Quietschen aus und fiel fast vom Stuhl, als ich plötzlich Kates Stimme direkt neben mir hörte.

»Bist du wahnsinnig?« Ich rieb mir übers Ohr und rückte ein Stück zurück, während Kate sich auf den Tisch setzte. Sie trug das Trikot der Saints, ihre Beine baumelten in der Luft. Waren das etwa schwarzgoldene Striche auf ihren Wangen?

»Das fällt dir jetzt erst auf?« Ich blinzelte überrascht, und April drehte den Stuhl neben mir so um, dass sie sich rittlings daraufsetzen konnte. Anders als Kate war sie nicht in Footballmontur. Sie trug eine dunkelgrüne Leinenhose mit geradem Bein zu weißen Halbschuhen und einem weißen T-Shirt mit der Aufschrift *Nathan Drake is my boyfriend.* Ich nahm mir vor, später zu googeln, wer das war. Wie immer hingen unzählige Armbänder in den verschiedensten Farben und Materialien an ihrem Handgelenk, und ihr Gesicht war frei von jeglichem Make-up. »Ich hasse es ja, deine Illusion zu zerstören, aber Kate ist alles andere als normal.«

Ich schmunzelte müde. »Auch wieder wahr.«

»Ich hätte euch Tyler nie vorstellen sollen.« Kate schob schmollend die Unterlippe vor, ehe ihr Blick sich nun voll und ganz auf mich richtete. Der spielerische Gesichtsausdruck verschwand sofort und wich aufrichtiger Sorge. »Okay, wieso siehst du so aus, als hättest du mindestens eine Woche nicht geschlafen?«

Ich rieb mir die Augen. »Weil das ungefähr hinkommt.« Ich kreuzte die Beine an den Knöcheln und verschränkte die Arme vor der Brust. Es hatte keinen Zweck, den beiden etwas vorzumachen. Vier Wochen mit ihnen und es kam mir so vor, als würde ich sie schon mein halbes Leben lang kennen. Es war seltsam, doch ich hatte beschlossen, es nicht weiter zu hinterfragen, sondern es einfach zu genießen. Immerhin waren die beiden die ersten richtigen Freundinnen, die ich jemals gehabt hatte. »Wirtschaft Eins macht mich fertig.«

April legte ihre Arme auf der Rückenlehne des Stuhls ab und bettete ihr Kinn darauf. »Bei Professor Kim?«

»Ja.«

Kate sah für einen kurzen Moment auf ihr Handy, als es vibrierte, dann schob sie es einfach in die Hosentasche ihrer Röhrenjeans. »Ich hab von ihm gehört. Der soll grausam sein mit seinen ganzen Abgaben.«

»Das kann ich so unterschreiben.« Es war nicht eine einzige Woche vergangen, in der ich keine Abgabe bei Professor Kim gehabt hatte. So langsam ging mir seine autoritäre und herablassende Art wirklich auf den Keks. »Ich glaube wirklich, er meint, sein Kurs wäre der einzige seiner Studenten in diesem Semester. Wie soll ich mich da bitte auch noch auf die Mid-Terms vorbereiten?«

April hob den Kopf und sah mich verdattert an. »Du hast Kurse mit Mid-Terms?«

Ich nickte schwach. »Ja, eins in Wirtschaft Eins und zwei in Radioproduktion.« Ich hatte bereits gehört, dass es einige Kurse ohne Mid-Terms gab. Gerade für die Freshmen. Aber ausgerechnet ich hatte natürlich gleich drei Kurse erwischt, bei denen ich zur Klausur antreten musste.

»Meine Damen!« April fluchte leise, und ich blickte zum anderen Ende des Lesesaals, an dem die Bibliothekarin aufgetaucht war, die heute die Aufsicht hatte. Sie war dünn wie ein Lineal und lief auch ungefähr genauso steif auf ihren Pumps. »Auch wenn Sie allein sind, das hier ist immer noch eine Bibliothek. Also widmen Sie sich bitte Ihrem Studium oder verlegen Sie Ihre Gespräche in ein Café.«

Kate rutschte vom Tisch und drehte sich mit einem strahlenden Lächeln um. »Entschuldigen Sie bitte, Mrs Sanchez. Wir werden leise sein. Versprochen.«

Mrs Sanchez verengte die Augen hinter ihrer Brille, verschwand jedoch wieder zwischen den zahllosen hohen Regalen der Blackwell-Bibliothek.

Kate riss einen meiner pinken Post-its ab und markierte damit die jetzige Seite in meinem Lehrbuch, ehe sie es zuschlug. »Wieso tust du dir diesen Wirtschaftskurs überhaupt an?« fragte sie mich mit gedämpfter Stimme, als die Schritte der Bibliothekarin nicht mehr zu hören waren.

Ja, das fragte ich mich auch immer wieder. »Er ist Pflicht für meinen Studiengang.«

April runzelte die Stirn. »Aber dein Hauptfach ist doch Kommunikation.« Ich nickte, und sie murrte nur. »Was für ein Schwachsinn.«

»Sehe ich auch so. Aber die STU besteht darauf.« Ich rieb mir mit beiden Händen über das Gesicht. »Sie meinen, dass viele Leute mit einem Abschluss in Kommunikation in irgendeiner Form in der Wirtschaft landen, und deshalb wollen sie uns zumindest ein gewisses Level an Grundwissen vermitteln.« Ich fluchte leise, weil mir einfiel, dass ich heute Wimperntusche trug. Ich konnte nur hoffen, dass ich diese jetzt nicht überall in meinem Gesicht verteilt hatte. »Ist ja nett, allerdings wahnsinnig lästig.«

Kate schnappte sich meine Wasserflasche vom Tisch und zog eine Packung Taschentücher aus ihrer Hosentasche. Sie feuchtete eins an und reichte es mir. »Du siehst aus wie ein Panda.«

Ich spürte sofort, wie die Hitze mir in die Wangen stieg. Schnell nahm ich ihr das Taschentuch ab und fing an, blind Schadensbegrenzung zu betreiben.

Kate legte den Kopf schief und lehnte sich gegen den Tisch. »Weißt du, was du brauchst?«

Ich zog eine Augenbraue hoch. »Einen Reißverschluss, damit ich mich in zwei Teile trennen kann, um alle Abgaben zu schaffen?«

»Nein.« Sie schüttelte den Kopf. »Du brauchst eine Auszeit.«

Ich schnaubte leise. Klar, schön wär's. »Kate, dafür hab ich keine Zeit.«

»Dann nimm dir welche.« Kate sah mich ernst an. »Rae, seitdem du an die STU gekommen bist, hast du nichts weiter gemacht als gelernt.«

Ich ließ das Taschentuch sinken und zerknüllte es in meinen Händen. »Ich war mit euch beiden im Kino.«

Kate lächelte freudlos. »Ja, ein einziges Mal.«

Ich senkte den Blick auf mein Taschentuch. Meine Mascara hatte dunkle Flecken darauf hinterlassen, beinahe so, als hätte ich mir die Augen ausgeweint. »Und ich gehe auch zum Schauspielclub«, murmelte ich. Das war wirklich unfair. Ich tat mein Bestes.

Kate seufzte leise und verschränkte die Arme vor der Brust. »Und ich bin deshalb auch sehr stolz auf dich, aber wenn du so weitermachst, dann schaffst du es nicht bis zu den Finals im Dezember.«

»Hey.« April legte mir eine Hand auf die Schulter und lächelte mich aufmunternd an. »Was Kate sagen will, ist, dass sie sich Sorgen um dich macht. Und ich mir auch.«

Kate nickte. »Danke für die Übersetzung.«

»Kein Thema.« April richtete ihren Blick wieder auf mich und drückte sanft, aber bestimmt meine Schulter. Wie immer waren ihre Hände recht kalt. »Du überarbeitest dich völlig, Rae. Das ist nicht gut für dich.«

Ich wusste, dass die beiden recht hatten. Ich bemerkte es ja selbst. Ich schlief kaum noch, verlor meinen Appetit, und meine Konzentration nahm auch mit jedem Tag ab. Doch ich konnte es nicht riskieren, durch die Prüfungen zu rasseln. Für mich stand zu viel auf dem Spiel. »Ich will einfach nicht durchfallen.«

»Das will niemand.« Wie immer klang April so verständnisvoll, dass es mir schwerfiel, nicht direkt in Tränen auszubrechen. Ich war sonst nicht so nah am Wasser gebaut, die Anspannung der letzten Wochen schien sich langsam, aber sicher bemerkbar zu machen. »Manchmal muss man seinem Hirn allerdings eine Auszeit gönnen.«

Kate streckte die Hand aus und deutete auf das fleckige Taschentuch in meinen Händen. »Also, was sagst du?«

Ich krallte die Finger nur noch tiefer hinein. »Ich weiß nicht.«

»Na komm schon, Streberchen.« Sie zwinkerte mir zu, ehe sie mir durch die Haare wuschelte. »Hab auch mal ein bisschen Spaß.«

Ich presste die Lippen fest aufeinander, während meine Gedanken Achterbahn fuhren. Ich wollte Ja sagen. Ich wollte wirklich. Aber ich wusste, ich sollte es nicht. In den letzten zwei Wochen hatte meine Mutter immer wieder über meinen Wechsel an die NYU oder Columbia gesprochen. Sie glaubte nach wie vor, dass ich vorhatte, zurückzukommen. Wenn ich jetzt versagte, dann würde ich nur Öl ins Feuer gießen. Ich konnte nicht nach New York City zurück. Auf gar keinen Fall. Aber April und Kate hatten recht. Ich würde nicht weiterlernen können, wenn ich mir nicht auch mal eine Auszeit gönnte. Außerdem wollte ich Zeit mit den beiden verbringen. Nur für ein paar Stunden wollte ich eine ganz normale Studentin sein und all den Druck vergessen, der mir das Atmen schwer machte und der mir schlaflose Nächte bescherte.

»Okay.« Ich reichte Kate das fleckige Taschentuch, die es in den Papierkorb am Ende des Tisches warf. »Was wollen wir denn machen?«

Ich verstummte, als ich wieder das Klackern von hohen Absätzen hören konnte, und Kate seufzte leise.

»Meine Damen, ich muss doch sehr bitten!« Mrs Sanchez erschien zwischen den Regalen, und Kate warf ihr erneut ein entschuldigendes Lächeln zu. »Wenn ich noch einmal zurückkommen muss, dann ist Ihre Zeit in der Bibliothek für heute beendet.«

Wir alle sahen ihr hinterher, bis sie wieder außer Hörweite war, und ich stieß erleichtert die Luft aus. Okay, eine Bibliothekarin zu verärgern, war jetzt kein Drama, aber von uns wollte bestimmt niemand unangenehm auffallen.

April ließ die Hand von meiner Schulter sinken und sprach

im Flüsterton weiter. »Wie wäre es mit einem Filmabend bei mir?«

»Auf keinen Fall.« Kate sprach zwar leise, jedoch mit Nachdruck in ihrer Stimme. »Ihr müsst beide mal vor die Tür.«

April runzelte die Stirn. »Was hab ich denn jetzt damit zu tun?«

»Du bist hoffnungslos überarbeitet.« Kate deutete zuerst auf mich und dann auf April. »Und du bist ein elender Einsiedlerkrebs.«

»Hey!« April knirschte mit den Zähnen. »Ich bin im Schwimmteam.«

Kate lehnte sich vor und sah April direkt in die Augen. »Wo du einsam deine Bahnen ziehen kannst, ohne mit jemandem reden zu müssen.«

April hielt Kates Blick einen Moment lang stand, dann sah sie ertappt weg. »Ich finde das super so.«

Ich lachte leise und tätschelte Aprils Oberarm. »Ich versteh dich.«

Plötzlich begann mein Handy lautstark auf dem Tisch zu vibrieren, und wir fuhren alle drei erschrocken zusammen. Kate war die Erste, die es in die Finger bekam und es schnell vom Tisch hob. Mit angehaltenem Atem warteten wir, ob Mrs Sanchez wie eine wütende Furie zurückkam, doch nichts geschah.

Kate drehte das Handy in ihrer Hand und runzelte die Stirn, als sie es mir hinhielt. »Schon wieder deine Mom?«

Schnell nahm ich es ihr ab und drückte meine Mutter weg. Mit flinken Fingern tippte ich eine Nachricht, dass ich in der Bibliothek saß und sie später zurückrufen würde, bevor mein Handy direkt wieder zu klingeln beginnen konnte.

April legte den Kopf schief. »Deine Mom ruft dich echt oft an, oder?«

Ich zuckte mit den Schultern. »Weiß nicht.« Ich presste die Lippen aufeinander und wich den skeptischen Blicken der beiden aus. Natürlich wusste ich, dass meine Mom mich sehr viel häufiger anrief, als es vielleicht bei den anderen üblich war, aber was sollte ich machen? Sie war meine Mom, und sie machte sich Sorgen. Das war doch völlig normal, oder?

Stille breitete sich zwischen uns aus, und ich sah auf mein Handy hinab. Wie sollte ich es ihnen erklären? Gab es da überhaupt irgendetwas zu erklären? War es wirklich so unnormal, dass meine Mutter mich mindestens drei Mal am Tag anrief?

Kate räusperte sich leise, ging aber dann zur Tagesordnung über. »Heute ist Homecoming.« Ich war ihr zwar dankbar für diesen Themawechsel, aber bei ihren Worten rümpfte ich unwillkürlich die Nase. Homecoming? Nein, danke. »Die Parade haben wir verpasst, das Spiel hingegen fängt in wenigen Minuten an, und danach schmeißt Delta Alpha Phi eine riesige Party. Letztes Jahr war ihre Party wirklich grandios und noch wochenlang Gesprächsthema. Eine Menge Leute werden da sein, auch Ehemalige, die extra in die Stadt gekommen sind.« Kate klang so begeistert, dass ich es nicht übers Herz brachte, ihr zu sagen, dass Homecoming für mich ungefähr so reizvoll klang wie ein Besuch beim Zahnarzt. »Wir sollten uns das Spiel zusammen ansehen und dann etwas essen gehen, bevor wir uns bei mir für die Party fertig machen.«

April sah ungefähr so begeistert aus, wie ich mich fühlte. »Du willst, dass wir Homecoming feiern?«

Kate nickte übereifrig. »Genau.«

April schüttelte sofort den Kopf. »Auf gar keinen Fall.«

»Warum nicht?«

»Weil Homecoming nichts weiter ist als eine Veranstaltung, bei der veraltete hierarchische Strukturen beweihräuchert werden«, antwortete April mit einem so selbstsicheren Gesichtsausdruck, als hätte sie gerade eine wichtige politische Debatte mit nur einem einzigen Kommentar beendet.

Kate schnaubte. »Du hast nur keine Lust.«

»Korrekt.«

»Kommt schon, Ladys.« Kate stieß sich vom Tisch ab, hockte sich zwischen uns und legte uns beiden jeweils einen Arm auf die Schulter. »Habe ich euch jemals irgendwelche schlechten Vorschläge gemacht?«

Ich zögerte keine Sekunde. »Nein.« Auch wenn der Schauspielclub mich Überwindung kostete, hatte ich es bisher nicht bereut, beigetreten zu sein. Und auch andere kleine Tipps, die Kate mir gegeben hatte, und sei es nur die Auswahl des Essens in der Mensa, waren bis jetzt immer hilfreich gewesen. Ich zweifelte nicht an ihr. Kein bisschen.

April verzog das Gesicht. »Diese Karte zu spielen ist echt unfair.« Sie runzelte die Stirn. »Ist Homecoming für Verbindungen nicht immer das große Ding? Solltest du das nicht mit deinen Verbindungsschwestern feiern?«

Kate zuckte nur die Schultern. »Mir ist jedes Mittel recht.« Sie sah zwischen April und mir hin und her, in ihren Augen ein erwartungsvolles Funkeln. »Ich verbringe es lieber mit euch. Also, seid ihr dabei?«

»Wenn es sein muss«, grummelte April.

Ich hingegen ergab mich etwas bereitwilliger meinem Schicksal. »Okay.«

Kate lachte glücklich auf und zog uns etwas näher zu sich heran. »Klasse. Wenn es zum Kotzen ist, müsst ihr nie wieder mit mir auf eine Party gehen, versprochen.«

April warf Kate einen ungläubigen Seitenblick zu und schob sie sanft, aber bestimmt von sich weg. »Wow, du bist dir echt sicher, dass diese Party wirklich gut wird, oder?«

Kate grinste schief. »Ja.«

»Wieso?«, fragte ich. Jetzt hatte sie definitiv mein Interesse geweckt. Kate war zwar generell der selbstbewusste Typ, jedoch keine Angeberin. Wieso also war sie sich so dermaßen sicher?

Kate nahm den Arm von meiner Schulter und richtete sich wieder auf. Ihre Lippen umspielte ein Grinsen, und sie verschränkte die Arme vor der Brust. »Weil ich den Jungs bei der Organisation geholfen habe.« Der Stolz stand ihr ins Gesicht geschrieben, und sie lachte, als April nach ihrem Oberschenkel schlug.

»Du kleine …« April plusterte die Wangen auf und schlug noch mal nach Kate, die mit tänzelnden Schritten auswich. »Das ist unfair! Du hast uns ausgetrickst.«

Ich stimmte in Kates Lachen ein, als sie einen albernen Gewinnertanz aufführte, der eine Menge Schulterwackeln beinhaltete.

»Ich hab nie behauptet, dass ich fair spielen würde.«

Wir alle verstummten, weil wir wieder das Klackern von Absätzen hörten, die sehr schnell in unsere Richtung kamen.

April riss die Augen auf. »Verdammt. Das ist Mrs Sanchez.«

»Nichts wie weg hier.« Kate hielt sich kurz die Hand vor den Mund, um ihr Lachen zu ersticken, bevor sie sich dann meine Lehrbücher vom Tisch schnappte und diese an die Brust presste. »Rae, du nimmst den Laptop. April, greif dir Raes Rucksack.«

Hastig klemmte ich mir meinen Laptop unter den Arm und sprang von meinem Stuhl auf. April schulterte meinen Rucksack und schob mich vorwärts. Gemeinsam hasteten wir in Richtung Ausgang, während unser Lachen durch den Lesesaal hallte.

8. KAPITEL

Raelyn

»Ist das Kleid nicht etwas kurz?«

Ich betrachtete mein Spiegelbild und erkannte mich fast nicht wieder. Zögerlich zupfte ich an dem Kleid herum. Es war dunkelrot und hatte einen schönen V-Ausschnitt, der mein Dekolleté in Szene setzte. An der Taille war es eng geschnitten und ging dann in einen fließenden Rock mit Kellerfalten über, der mir bis zur Mitte der Oberschenkel reichte. Ich selbst hatte in meinem Leben noch nie so ein atemberaubendes Kleid besessen. Kate wollte es mir für die Party leihen, und auch sonst hatte sie sich bei meinen Haaren und meinem Make-up ordentlich ins Zeug gelegt. Meine Lippen hatten den gleichen dunkelroten Ton wie das Kleid, und meine Haut wirkte durch etwas Bronzer gleich viel weniger kränklich. Meine Augen waren durch einen dramatischen Eyeliner-Strich betont, den ich im Leben niemals so gerade hinbekommen hätte, und meine Wimpern erschienen endlos durch die Mascara, die Kate aufgetragen hatte.

Ich sah nicht aus wie ich. Und ich wusste noch nicht wirklich, wie ich das fand.

Kate erschien hinter mir im Spiegel, und ihre Augen trafen meine. »Fühlst du dich unwohl?«

Ich überlegte einen Moment, ehe ich den Blick wieder auf mein Outfit richtete. »Nein, das ist es nicht.« Ich fuhr mit den

Fingerspitzen über den festen und gleichzeitig angenehmen Stoff des Kleides. »Ich bin es nur nicht gewöhnt.«

»Du siehst fantastisch aus«, sagte April, die auf Kates Bett saß, und ich drehte mich zu ihr um. Sie hatte es sich im Schneidersitz bequem gemacht, und ihr Rücken lehnte am weißen Kopfteil des großen Doppelbetts, um das ich Kate beneidete. April ging mit ihrer schmalen Statur zwischen all den grauen, weißen und schwarzen Kissen beinah unter, sie machte einen sehr zufriedenen Eindruck, was vermutlich daran lag, dass sie schon seit einer Weile fertig war und einfach in Ruhe ihr Bier trinken konnte.

»Wirklich?« Ich hasste die Unsicherheit in meiner Stimme. Ich klang schwächlich und eingeschüchtert, dabei sah ich heute so aus, als wäre ich in der Lage, mir selbst die Welt zu Füßen zu legen, wenn ich es nur wollte.

April nickte mit einem sanften Lächeln auf den Lippen. »Ja, wirklich.«

Kate legte sich eine Hand ans Kinn und zog die Stirn in Falten. »Wenn du dich nicht wohlfühlst, kannst du eine Strumpfhose drunterziehen. Oder ich kann dir auch etwas anderes leihen.« Mit schnellen Schritten marschierte sie zu ihrem Wandschrank und öffnete ihn. Kate besaß dermaßen viele Kleider, dass er fast überquoll, trotzdem herrschte null Chaos. Alles war nach Farben sortiert und sorgfältig aufgehängt, und sogar ihre Schuhe waren ordentlich aufgereiht. »Lass mal sehen, wie wäre es mit …«

Abwehrend hob ich die Hände. »Nein, ich behalte das hier an.«

Kate hielt mitten in der Bewegung inne, als sie gerade ein schwarzes Kleid hervorziehen wollte. »Sicher?«

»Ja.« Ich drehte mich zu meinem Spiegelbild um. Die Frau, die ich darin erblickte, war die Version von mir, die ich sein wollte. Vermutlich würde es mich Jahre kosten, ein Outfit wie dieses wirklich mit Selbstbewusstsein tragen zu können. Vielleicht würde ich es auch niemals schaffen. Aber es war einen Versuch wert. »Ja, ich bin mir sicher.«

»Okay.« Kate hängte das schwarze Kleid zurück in ihren Schrank und schloss die Türen mit einem beherzten Schwung. Sie sah auf die schmale weißgoldene Uhr an ihrem Handgelenk und deutete auf unsere roten Becher, die auf dem weißen Couchtisch standen. »Dann trinkt euer Bier aus und los geht's.«

Ich nickte und setzte mich auf den grauen Teppich, bevor ich einen weiteren Schluck von dem kühlen Bier trank, das wir nach dem Spiel auf dem Weg zu Kate an einer Tankstelle gekauft hatten. Niemand hatte uns nach einem Ausweis gefragt, und ich erinnerte mich an diese angespannte Aufregung, als wir bezahlt hatten. Es war albern, aber irgendwie hatte ich mich beim Verlassen der Tankstelle wahnsinnig frei gefühlt.

Jetzt gerade ging es mir ähnlich. Mein Magen rumorte, und meine Hände waren schweißnass. Tief in mir brodelte aber auch das Gefühl der freudigen Erwartung. Meine erste Party an der Uni. Meine erste Party überhaupt. Ob es wohl wirklich so war, wie alle immer erzählten?

Kate trank ihr Bier in einem Zug aus und legte dann ein paar weißgoldene Ohrringe an, die fantastisch zu dem schwarzen Jumpsuit passten. Sie schlüpfte in ein paar schwarze High Heels und stellte mir dann ein paar schwarze Boots hin. Skeptisch sah ich die Schuhe an. Sie hatten keinen Absatz und sahen sehr rau aus. Kate musste meinen Blick bemerkt haben, denn sie lachte leise. »Vertrau mir. Jetzt noch eine Lederjacke und du könntest direkt auf die nächste Harley springen.«

Ich trank mein Bier aus und ließ mich von April auf die

Füße ziehen, als sie von dem doch recht hohen Bett kletterte. »Auf ein Motorrad zu steigen steht eigentlich nicht auf meiner To-do-Liste.«

»Sollte es aber.« Kate schmunzelte und warf mir eine Lederjacke zu. »Es macht wirklich Spaß, wenn du einen Fahrer hast, dem du vertraust.«

Schnell streckte ich die Hände aus und fing die Jacke auf. Am Gewicht spürte ich, dass sie aus echtem Leder sein musste, und bewundernd fuhr ich mit den Fingerspitzen über die dezenten schwarzen Nähte. »Sicher, dass du mir die hier borgen willst? Sie sieht wirklich teuer aus.«

»Ja, ich bin mir sicher.« Kate winkte ab und warf April ihre Chucks zu. »Ist nur eine Jacke, Rae.« Sie kam zu mir herüber und half mir hinein. Dann drehte sie mich zu sich um und stieß einen anerkennenden Pfiff aus. »Du siehst wirklich klasse aus.«

Ich merkte, wie meine Wangen heiß wurden, und ich wusste nicht, ob es an Kates Kommentar oder an dem Bier lag, das ich getrunken hatte. »Danke, Kate.«

Sie drückte mir einen schnellen Kuss auf die Wange. »Oh Mist«, kicherte sie und wischte den Lippenstiftabdruck mit den Fingern weg. »Außerdem: kein Ding.«

»Können wir dann?« April lehnte mit der Schulter im Türrahmen und sah uns auffordernd an. »Je schneller ich betrunken bin, desto eher kann ich vergessen, dass ich mich von dir dazu habe überreden lassen, auf eine Frat-Party zu gehen.«

»Du wirst es nicht bereuen.« Kate schnappte sich ihre kleine Handtasche von ihrem Schreibtisch, auf dem ihr ganzes Make-up kreuz und quer verteilt lag, und steuerte auf die Tür zu. »Außerdem hast du beim Spiel schon gesagt, dass Homecoming vielleicht gar nicht so ätzend ist, wie du gedacht hattest.«

»Die Betonung lag dabei auf *vielleicht*.«

Eine hochgewachsene junge Frau im Bademantel tauchte plötzlich hinter April auf und tippte ihr auf die Schulter. »Sorry, aber könntest du einen Schritt beiseitetreten?«

April machte einen Satz nach vorn, und ihre Ohren färbten sich rot. »Entschuldigung.«

»Kein Thema.« Die junge Frau ging an April vorbei und steuerte die andere Seite des großen Zimmers an, auf der sich ein weiteres großes Doppelbett befand. Sie musste Kates Mitbewohnerin sein. Was sie wohl so lange im Bad gemacht hatte?

»Sehen wir uns gleich bei Delta, Melody?« Kate schob mich sanft, aber bestimmt in Richtung Zimmertür und nahm die leeren Bierflaschen vom Tisch.

»Machst du Witze, Schwester?« Melody setzte sich auf die Kante des Bettes und löste den Turban auf ihrem Kopf. Nasse dunkle Strähnen fielen ihr auf die Schultern, und sie drückte sie vorsichtig mit dem Handtuch aus. »Purity Month ist vorbei.« Sie zwinkerte Kate zu. »Und außerdem, habe ich mir jemals eine Party von den Jungs entgehen lassen?«

»Nein, nie.« Kate winkte Melody noch einmal zu, bevor sie mit uns auf den Flur hinaustrat. »Bis gleich.« Sie führte uns die Treppen hinunter ins Erdgeschoss, und wir passierten das große Wohnzimmer, in dem ein paar Mädchen auf den großen Sofas lagen und sich etwas im Fernsehen ansahen. Wir verließen das Haus, und Kate entsorgte die Bierflachen im Mülleimer des Nachbarn. Sie hakte sich bei April und mir unter und zog uns mit sich. Auf dem Weg vom Spiel zu Kate hatte sie mir erklärt, dass alle Verbindungshäuser abseits vom Campus zwischen einfachen Wohnhäusern gelegen waren, was durchaus Sinn ergab, wenn ich daran dachte, wie groß allein Kates Verbindung zu sein schien.

Unsere Schritte waren das Einzige, was in dieser lauen Oktobernacht zu hören war. Zumindest bis April wieder zu reden begann. »Was ist denn bitte ein Purity Month?«

»Eine lästige Tradition der weiblichen Verbindungen.« Kate zuckte mit den Schultern, und ihre Schritte wurden etwas länger. Selbst mit diesen mörderischen Absätzen war sie noch schneller als April und ich. »In dem Monat dürfen wir nichts trinken, auf keine Party gehen und auch keinen Sex haben.«

Irgendwie kam mir das sehr altmodisch vor. »Warum?«

Kate zögerte einen Augenblick, bevor sie antwortete. »Es ist Tradition.«

April schien das nicht auszureichen. »Aber warum?«

»Hat das bei einer Verbindung jemals jemand wirklich hinterfragt?« Kates Stimme klang angespannt.

April hielt trotz ihrer kürzeren Beine mühelos mit Kate mit. »Und genau deshalb würde ich niemals freiwillig einer Verbindung beitreten.«

Kate seufzte leise. »Ich habe mir das Ganze auch etwas anders vorgestellt.«

Ich bemerkte sofort, dass die Stimmung zu kippen drohte. Kate sah plötzlich niedergeschlagen aus, und ein ernster Zug lag um ihren Mund. »Wann feiert ihr denn eine Party? Ich komme dann auf jeden Fall.«

Als ich sah, wie Kate mit den Zähnen knirschte, wusste ich, dass mein Versuch, ihre Stimmung wieder aufzuhellen, ordentlich nach hinten losgegangen war. »Weiblichen Verbindungen ist es nicht gestattet, selbst Partys zu veranstalten.«

April hielt an, und Kate und ich taten es ihr gleich. »Was für eine chauvinistische Scheiße.«

»Das sind nun mal die Regeln.« Kate klang so schicksalsergeben, dass mein Herz sich schmerzhaft zusammenzog. Ich hatte geglaubt, sie sei frei. Unbekümmert. Dabei ging es ihr wohl manchmal genau wie mir. »Viele von uns sind einfach dazu übergegangen, den männlichen Verbindungen bei der Planung zu helfen.« Kate lächelte schwach. »Ein paar von ihnen, wie Delta zum Beispiel, sind dankbar für die Hilfe und nehmen sie sofort an. Andere sind wenig begeistert und jagen dich zum Teufel, wenn du es nur vorsichtig vorschlägst.«

»Wow.« April schüttelte den Kopf. »Studentenverbindungen und ihr sexistisches System.«

Kate presste die Lippen fest aufeinander und machte dann wieder den ersten Schritt in Richtung Party. »Es ist nicht ideal, aber in einer Verbindung zu sein, hat so seine Vorteile.«

Ich wollte fragen, was für Vorteile es hatte, doch als mir auffiel, wie nachdenklich Kate aussah, überlegte ich es mir anders. Den Rest des Weges sprachen wir über das Spiel der Saints und wie die letzte Interception uns zum Sieg verholfen hatte. Unser Gespräch verstummte abrupt, als wir um eine Ecke bogen und uns auf einmal einem hell erleuchteten Haus gegenübersahen, aus dem laute Musik dröhnte.

Kate lachte, weil es April und mir so plötzlich die Sprache verschlagen hatte. »Also, Ladys: Willkommen bei Delta Alpha Phi.« Sie deutete die Treppen hinauf, die zur Veranda des großen Hauses führten, über dessen Eingang in weißen Lettern die griechischen Buchstaben der Studentenverbindung prangten.

Bisher kannte ich Partys von Studentenverbindungen nur aus vollkommen überzogenen Filmen wie *21 & Over* oder *Bad Neighbours*. Aber jetzt, wo ich vor diesem hell erleuchteten Haus stand und die ersten tanzenden Studenten durch die großen Fenster erspähen konnte, fragte ich mich, ob nicht vielleicht doch etwas an dem Mythos der Verbindungspartys dran war.

Kate zog April und mich am Arm die Treppen hinauf und durch die offen stehende Haustür in den kleinen Flur hinein, in dem sich schon eine Menge Menschen drängten. Einige von ihnen saßen auf der Treppe und tranken und unterhielten sich, doch die meisten begrüßten nur kurz ihre Freunde, bevor sie entweder nach rechts oder links abbogen. Kate lenkte uns sofort nach links in die Küche, in der mehrere Fässer Bier auf der Anrichte thronten. Ich konnte auch ein paar Flaschen Whisky, Wodka und Gin erkennen, aber von denen hielt ich mich lieber fern. Vom Bier war mir bereits jetzt ein bisschen schwummerig. Ein eindeutiges Zeichen dafür, die Finger besser von härterem Alkohol zu lassen.

Kate warf April einen der roten Becher von der Anrichte neben den Fässern zu, und die zwei füllten unsere Becher mit Bier. Die Musik dröhnte durch das Haus, und der tiefe Bass des Songs mischte sich mit meinem viel zu schnellen Herzschlag, während ich mit dem Rücken an der Wand auf die beiden wartete. Ich streckte die Hand sofort nach dem Becher aus, als Kate zu mir herüberkam, und klammerte mich regelrecht daran, nur um meine Hände beschäftigt zu halten.

Kate trank einen Schluck und legte mir einen Arm um die Schulter. Sie führte mich durch den Flur ins Wohnzimmer, der Raum war sehr großzügig geschnitten, und man hatte dort große Boxen aufgestellt. Die Sofas waren an die Wände geschoben worden, um eine Tanzfläche zu bilden. Ganz rechts am Fenster stand ein Tisch, auf dem ein paar Leute Pingpongbälle in ihren roten Bechern versenkten. Interessiert stellte ich mich auf die Zehenspitzen. War das dieses Bier-Pong?

»KATE!« Ich zuckte zusammen, als plötzlich eine laute männliche Stimme über die Musik hinweg dröhnte, und ich sah mich um. Ein großer Schwarzhaariger, den ich vorhin noch auf dem Footballfeld gesehen hatte, winkte Kate überschwänglich zu.

»Ich bin gleich zurück.« Mit einem Lachen nahm sie ihren Arm von meiner Schulter. »Ich muss mal kurz ein paar Leuten Hallo sagen. Denkt dran: Habt Spaß und lasst niemals euren Drink aus den Augen.« Bevor ich sie fragen konnte, was sie damit gemeint hatte, war Kate schon in der Menge verschwunden.

Ich lehnte mich zu April hinüber, die mit wachsamen Augen die Menge betrachtete und zur Musik von einem Fuß auf den anderen wippte. Ich musste die Stimme heben, um gegen die laute Musik anzukommen. »Warum?«

Sie sah mich verwirrt an. »Warum was?«

»Warum sollen wir unsere Drinks nicht aus den Augen lassen?«

April, die gerade einen Schluck aus ihrem Becher hatte nehmen wollen, ließ ihn wieder sinken und starrte mich mit großen Augen an. »Warte, ist das deine erste Party?«

So, wie sie mich ansah, war klar, dass sie das kaum glauben konnte. Zögerlich nickte ich.

April zog eine Augenbraue hoch, und jetzt, wo ich ihr so nahe war, konnte ich die kleine Narbe an ihrer Schläfe erkennen, die ich zuvor nie bemerkt hatte. »Bist du nicht aus New York?«

Wieder nickte ich zögerlich. »Ja, aber ich hatte bisher nie die Gelegenheit, auf irgendwelche Partys zu gehen.«

»Keine Gelegenheit? In New York? Der Stadt, die niemals schläft?«

Ich wich ihrem Blick aus. Ich wollte nicht an New York denken. Wollte nicht an all die Jahre dort denken, in denen ich in meiner eigenen Haut eingesperrt gewesen war. Ich öffnete den Mund, um zu einer Erklärung anzusetzen, aber bevor ich einen

Ton rausbringen konnte, stieß April mich schon sanft mit der Schulter an.

»Hey. Es tut mir leid. Es ist okay, wenn du nicht darüber reden willst.« Sie strich mir eine Strähne hinters Ohr und tätschelte mir kurz die Schulter. »Da du eine Frau bist, gibt es die eine oder andere Sache, auf die du achten musst.« Sie hielt einen Finger in die Luft und schaute mir in die Augen. Sofort stellte ich mich gerader hin und lehnte mich zu ihr hinüber.

»Erstens: Lass niemals deinen Drink aus den Augen, damit niemand die Gelegenheit hat, irgendwelche Drogen reinzuwerfen.«

Ich hatte zwar keine Ahnung, warum jemand so etwas tun sollte, aber an Aprils ernstem Tonfall konnte ich erkennen, wie wichtig diese Regel war.

»Zweitens: Wenn dir jemand einen Drink anbietet, lehnst du ab. Wenn nicht Kate oder ich oder sonst wer, den du gut genug kennst, dir den Drink geholt haben, kannst du nicht sicher sein, dass niemand daran herummanipuliert hat.«

So langsam begann ich zu begreifen, worauf ihre Regeln hinausliefen, und ich bekam eine Gänsehaut, als mir die Artikel einfielen, die ich über sexuelle Gewalt an amerikanischen Universitäten gelesen hatte, über die ich bei meiner generellen Recherche über Universitäten gestolpert war.

»Drittens: Wenn du jemanden als zu aufdringlich empfindest, dann kommst du sofort zu Kate oder zu mir. Und geh nie einfach so mit jemandem mit, okay? Sag immer mindestens einem von uns Bescheid.«

Ich nickte. Allein bei dem Gedanken, dass jemand mich derartig bedrängen könnte, wurde mir speiübel. »Okay.«

»Und zuletzt die vierte und wichtigste Regel.« Angespannt hielt ich die Luft an. Zumindest so lange, bis ich Aprils breites Grinsen sah. »Hab Spaß.«

Verdattert sah ich sie an. Wie hatte man auf einer Studentenparty denn Spaß? Von Trinkspielen verstand ich nichts, und in der Öffentlichkeit getanzt hatte ich auch noch nie. Was, wenn ich dabei aussah wie der letzte Vollidiot? Oder was, wenn ich hinfiel? Nein, ich würde einfach mit meinem Drink in der Hand hier an der Wand stehen und alles erst mal beobachten, bis ich …

Ich verschüttete um ein Haar mein Bier, als April mich an die Hand nahm und auf die Tanzfläche zerrte. Wie erstarrt stand ich zwischen all den Körpern, die sich rhythmisch zur Musik bewegten. Ich hatte absolut keine Ahnung, was ich tun sollte. Ich würde mich sicherlich zum Affen machen, wenn ich auch nur versuchte zu tanzen.

»Entspann dich!«, rief April mir über die Musik hinweg zu. »Sei ganz locker.«

Skeptisch guckte ich ihr zu, als sie zu tanzen begann. Sie nahm die Hände in die Luft und ließ sich einfach vom Beat der Musik mittragen. Es sah tatsächlich nach Spaß aus. Ich beschloss, es einfach mal auszuprobieren, und beobachtete genau, wie April sich bewegte. Wann sie ihre Hüften schwang. Wann sie mit den anderen mitsprang. Wann sie mitsang. Nach einer Weile und zwei weiteren Bechern Bier machte das Tanzen sogar tatsächlich richtig Spaß. Ein Song war besser als der andere, und ich hatte das Gefühl, dass der Stress und die Anspannung der letzten Wochen mit jedem Beat Stück für Stück von mir abfielen. Immer mehr Leute strömten auf die improvisierte Tanzfläche und ließen sich von der Musik mitreißen. Ich tat es ihnen gleich und wurde Teil der Menge.

Keine Ahnung, wie lange April und ich schon tanzten, bis mir Kate wieder einfiel. Wo steckte sie bloß die ganze Zeit? Ich stellte mich auf die Zehenspitzen und suchte die feiernde Meute mit den Augen nach ihr ab. Mit ihren hohen Absätzen war sie bestimmt an die ein Meter achtzig groß und sollte eigentlich leicht zu finden sein. Die meisten Leute hier waren mir vollkommen fremd, aber ich erkannte auch den einen oder anderen aus meinen Vorlesungen, doch Kate war nirgendwo zu sehen.

Ich beugte mich zu April hinunter. »Sollten wir nicht langsam mal nach Kate suchen?«

April hielt inne und warf einen schnellen Blick auf ihre Armbanduhr. »Ja. Keine schlechte Idee.« Sie nahm mich bei der Hand und führte mich aus der tanzenden Menge heraus zum Rand.

Mit der Wand im Rücken stellte ich mich wieder auf die Zehnspitzen und versuchte, Kate irgendwo zu erspähen. Vermutlich war sie nur wieder in ein Gespräch verstrickt und hatte dabei die Zeit vergessen. Ich hatte oft genug mitbekommen, wie viele Studenten sie kannte. Häufig waren einige von ihnen zu uns an den Tisch gekommen, um kurz mit ihr zu reden, und ich hatte Kate dafür bewundert, wie sie mit einem Lächeln jeden von ihnen empfangen hatte, selbst wenn sie selbst zuvor noch zugegeben hatte, dass sie eigentlich keinen guten Tag hatte. Nie war sie ungeduldig geworden oder hatte jemanden weggeschickt. Oft hatte ich mich gefragt, ob das vielleicht damit zusammenhing, dass sie eine bekannte Bloggerin war und sich dementsprechend so verhalten musste, war aber zu dem Schluss gekommen, dass Kate einfach eine sehr aufgeschlossene Person war, die so schnell nichts und niemand aus der Ruhe brachte.

Ich hielt gerade nach ihrem hohen braunen geflochtenen Zopf Ausschau, als sich eine Gänsehaut auf meinem Körper ausbreitete. Sofort sank ich auf meine Fersen zurück und zog die Schultern hoch, während ich mich unsicher umsah. Ich spürte ihn genau, einen stechenden Blick, der meine Wangen zum Glühen brachte, und ich wand mich innerlich vor Unbehagen. Über die Jahre hatte ich gelernt, jeden Blick in meine Richtung wahrzunehmen, und auch das ganze Bier schien daran nichts geändert zu haben. Ich machte mich ganz klein, doch ich spürte den Blick noch immer auf mir. Meine Nackenhaare stellten sich auf. Niemand in meiner nächsten Nähe schien mir großartig Beachtung zu schenken. Wer also –

Meine Augen fanden inmitten der Menge plötzlich einen tobenden Ozean, und mir stockte der Atem. Der Mann auf der anderen Seite des Raumes sah mich direkt an, und die Intensität seines Blickes ließ mich für einen Moment lang alles um mich herum vergessen. Da war er wieder. Der Mann, der mir schon am ersten Tag aufgefallen war. Die dröhnende Musik trat in den Hintergrund, und auch der wummernde Bass, der mein Herz zum Stottern brachte, schien zu einem leisen Klopfen zu verklingen.

Jetzt, wo er sich nicht durch eine Menge aus Studenten schob, hatte ich Zeit, ihn näher zu betrachten. Er war groß, das konnte ich erkennen, auch wenn er mit einer Schulter an der Wand lehnte. Sein Haar war hellbraun und anscheinend recht lang, denn er hatte es unordentlich auf seinem Hinterkopf zusammengebunden. Über sein Kinn zog sich ein gut getrimmter Vollbart, der jetzt etwas länger als vor ein paar Wochen war und der sein Gesicht kantig machte. Der Bart passte zu seinen hohen Wangenknochen und der etwas breiteren Nase. Meine Haut begann zu prickeln, als mein Blick an seinen Lippen hängen blieb. Irgendetwas an ihm raubte mir den Atem, auch wenn ich nicht den blassesten Schimmer hatte, was es war. Mein Herz hämmerte wild in meiner Brust, und obwohl ich wusste, wie unhöflich es war, jemanden derart anzustarren, konnte ich nicht damit aufhören. Ich war wie besessen von der starken Linie seiner Augenbrauen, der sportlichen Statur und den Tattoos, die sich über seine Unterarme und Hände zogen und unter dem Kragen seines Shirts hervorblitzten.

»Da ist sie!« Aprils Ausruf riss mich aus meinen Gedanken, und ich blinzelte.

»Was?«

April sah mich verdutzt an. »Kate.« Sie deutete an mir vorbei auf die andere Seite des Raumes. »Ich hab Kate gefunden. Direkt neben Tyler und dem Typen, der ein bisschen aussieht wie Jason Momoa.«

Ich presste die Lippen aufeinander, ich hatte Kate überhaupt nicht wahrgenommen, obwohl sie direkt neben dem Mann mit den ozeanblauen Augen an der Wand lehnte. Sie sprach jetzt mit ihm, und er nickte mehrmals. Doch seine Augen ruhten weiterhin auf mir, von seinem stechenden Blick wurde mir heiß und kalt zugleich, und es fühlte sich so an, als würde mein Herzschlag für einen Moment aussetzen.

Ich war es aus der Highschool gewöhnt, angestarrt zu werden, aber sein Blick war anders.

Ich tippte April an. Unauffällig deutete ich in die Richtung des Unbekannten. »Weißt du, wer das bei den beiden ist?«

»Nein.« April schüttelte den Kopf. »Hab ihn auch noch nie gesehen.«

Ich musterte ihn etwas genauer. Er trug Jeans zu einem schlichten schwarzen T-Shirt, das seine Schultern gut zur Geltung brachte. Sein schlanker Körper erinnerte mich an einen gut trainierten Marathonläufer, und die kunstvollen Tattoos, die sich über seine Arme zogen und unter dem runden Kragen seines T-Shirts hervorlugten, waren mir schon eben direkt ins Auge gesprungen.

Woher kannte Kate ihn? War er ein Student? Irgendwie sah er älter aus als die anderen hier. War er vielleicht ein Absolvent? Aber woher kannte er dann Kate? Ich überlegte, ob sie ihn vielleicht mal erwähnt hatte. Der einzige Mann, von dem sie häufig erzählte und den ich bisher noch nicht kennengelernt hatte, war Hunter.

Ich zupfte April am Ärmel. »Ist das vielleicht dieser Hunter? Der, von dem Kate immer erzählt?

April zuckte mit den Schultern. »Keine Ahnung, aber so wie es aussieht, werden wir es gleich herausfinden.«

Verwirrt sah ich sie an, ehe mein Blick zurück zu der Gruppe am anderen Ende des Raumes schnellte. Und tatsächlich, Kate winkte uns mit einem breiten Grinsen zu sich hinüber. Bevor ich darüber nachdenken konnte, hatte April schon meine Hand ergriffen und navigierte mich durch die vielen Leute direkt auf den Mann zu, dessen ozeanblaue Augen mich zu verschlingen drohten.

9. KAPITEL

Hunter

Ich bereute bereits jetzt, mein Studio für diesen Mist hier verlassen zu haben. Klar, die Party war gut. Die Menge kochte, und alle tanzten und feierten ausgelassen den Sieg der Saints. Der Alkohol floss in Strömen, und eine Mischung aus Tabak und einem Hauch von Marihuana lag in der Luft, so wie sich das in Kalifornien gehörte. Bisher hatte es noch keine Schlägereien gegeben, und alle schienen Homecoming dieses Jahr mal friedlich anzugehen. Aber diese Musik! Die grenzte an Körperverletzung. Nicht nur, dass man einfach zwei gigantische Boxen aufgestellt und einfach einen Laptop mit einer Spotify-Playlist angeschmissen hatte, man hatte sich auch nicht mal die Mühe gemacht, den Sound vernünftig auszusteuern. Der Bass war viel zu stark, und die hohen Töne hörten sich für mich mehr wie das Kreischen einer sterbenden Ratte an, doch niemand anderes schien sich daran zu stören. Alle feierten unbekümmert, während ich so langsam, aber sicher Kopfschmerzen bekam.

»Jetzt schau nicht so, als würde dir jemand einen Zahn ziehen.« Kate lehnte neben mir an der Wand und stieß mich mit der Hand sanft an.

Ich wusste, sie hatte sich mit dieser Party wirklich Mühe gegeben und sich sogar mit den Idioten von Delta rumgeschlagen, um hier etwas auf die Beine zu stellen, das auch ohne sexistisches Motto auskam. Sie hatte über Wochen alles in die Wege geleitet, hatte Lieferanten angerufen, Delta mit der Werbung geholfen und dabei versucht, das Budget nicht zu sprengen. Sie hatte Alumni eingeladen, geholfen, die Party vor dem Verbindungskomitee zu rechtfertigen, und sich sogar die dämlichen Sprüche der anderen männlichen Verbindungen kommentarlos angehört. Und ihre Mühen schienen sich auszuzahlen. Das ganze Haus war zu einer einzigen Party geworden, und die Musik schallte durch die offenen Fenster in den Vorgarten, der sich nun auch mit munter tanzenden und trinkenden Studenten füllte. Bei meiner Ankunft eben hatten schon die ersten auf einem aufblasbaren Einhorn den Pool unsicher gemacht. Die Party würde garantiert noch lange Gesprächsthema auf dem Campus sein. Aber die Musik? Die war einfach scheußlich.

»Die Party ist wirklich gut.« Ich schmunzelte, als Kate mich freudestrahlend ansah. Nachlässig deutete ich in Richtung der Boxen. »Für einen DJ war das Geld wohl zu knapp?«

Kate nickte, und der Zug um ihren Mund wirkte verkniffen. »Die Jungs wollten ihr Geld lieber in mehr Bier investieren als in einen vernünftigen DJ.« Sie legte den Kopf schief. »Aber das hier funktioniert ja auch irgendwie. Und es scheint auch niemanden zu stören.«

Niemanden außer mir.

»Wenn alle betrunken sind, merkt es eh keiner mehr.« Tyler kam aus der Küche zurück und reichte mir einen roten Becher. Ich trank einen Schluck. Cola. Wie immer. Ich prostete Tyler zu, der nur nickte und selbst einen Schluck von etwas trank, das sicherlich deutlich stärker war als ein Softdrink.

»Solange mir niemand auf die Schuhe kotzt, soll es mir recht sein.« Kates Blick glitt über die Menge.

»Suchst du jemanden?«

»Ja.« Sie wickelte sich das Ende ihres geflochtenen Zopfs um ihren Zeigefinger, während ihre Augen weiter über die Partygäste glitten. »Ich bin mit April und Raelyn hier und habe die beiden eine Weile nicht gesehen.«

»Warte.« Tyler legte Kate eine Hand auf den Unterarm und starrte sie mit weit aufgerissenen Augen an. »Du hast April dazu bekommen, auf eine Party zu gehen?«

»Ja.« Der Stolz in ihrer Stimme war unverkennbar. »Ich habe ein bisschen getrickst.«

Bei beiden Namen klingelte es irgendwie. Hatte Kate mir schon von den beiden erzählt? In letzter Zeit hatten wir uns kaum zu Gesicht bekommen und immer nur zwischen Tür und Angel, wenn sie mir etwas zu essen ins Studio gebracht hatte oder so. Sofort meldete sich mein schlechtes Gewissen. »Neue Verbindungsschwestern?«

»Nein.« In ihren Augen lag ein freudiges Funkeln. Sie musste die beiden wohl echt mögen. »Zwei meiner Schützlinge.«

Tyler schnaubte und sah in seinen Becher. »Was du längst wüsstest, wenn du tatsächlich mal zum Essen in die Mensa kommen würdest.«

Ich versuchte, den eindeutigen Vorwurf mit Humor zu nehmen. »Du klingst schon wie meine Mutter.«

Tyler warf mir einen kühlen Blick zu, und ich wusste sofort, dass ich mir jetzt noch etwas anhören durfte. Fantastisch. Auf eine Standpauke hatte ich jetzt so gar keine Lust. »Soll ich sie mal anrufen und ihr sagen, dass du dich wieder nur in deinem Studio verschanzt?«

Kate stellte sich etwas gerader hin. »Oh, ich habe schon lange nicht mehr mit Lisa gesprochen.«

Die beiden verstanden sich wirklich entschieden zu gut mit meiner Mutter. Jedes Mal, wenn ich zu Hause anrief, erkundigte sich meine Mom nach ihnen und fragte mich, ob wir denn auch wirklich über Spring Break vorbeikommen würden. Ich musste dringend noch einen Weg finden, dieser ganzen Nummer einen Riegel vorzuschieben, denn Tyler würde nur aus dem Nähkästchen plaudern. »Warum bin ich noch mal mit euch befreundet?«

Tyler zeigte mir den Mittelfinger. »Weil dich sonst niemand aushält, Mozart.«

»Mozart war Komponist«, erwiderte ich trocken.

»Ja, und?«

»Ich bin Produzent.« Ich verstellte meine Stimme so, als würde ich mit einem Kleinkind sprechen. »Das ist was anderes.«

Ich schlug mit Kate ein, als sie mir die Hand zum High five hinhielt. Trotz der grässlichen Musik war es doch eine gute Idee gewesen, herzukommen. Genau diese Art von Ablenkung hatte ich gebraucht.

Tyler musterte mich einen Augenblick, bevor er die Augen verengte und mit dem Zeigefinger auf mich deutete. »Und genau deshalb kann dich niemand leiden.«

»Ich brauche neue Freunde«, sagte ich sarkastisch, denn wir alle wussten, dass ich im Leben keine anderen wollte. Tyler und Kate mochten zwar manchmal zwei ausgewachsene Glucken sein, aber sie waren die Einzigen, bei denen ich das Gefühl hatte, mich nicht dauernd rechtfertigen zu müssen. Sie verstanden mich. Und wenn sie es mal nicht taten, bemühten sie sich zumindest.

Tyler schwenkte den Becher in seiner Hand und wich meinem Blick aus. »Auch dafür müsstest du dein Studio verlassen.«

Ich knirschte mit den Zähnen. »Dieses Album muss fertig werden.«

»Sicherlich nicht um jeden Preis.« Tyler stürzte seinen Drink in einem Zug runter und zerknüllte den Becher in seiner Hand, ehe er ihn achtlos auf das Sideboard neben sich warf, auf dem sich die leeren Plastikbecher schon stapelten.

Kate trat Tyler vors Schienbein, der vor Schmerz das Gesicht verzog. »Hey – er ist doch hier. Also hör auf, die ganze Zeit an ihm herumzukritisieren.«

Tyler fluchte und rieb sich über die schmerzende Stelle. »Auf wessen Seite bist du eigentlich?«

Kate verdrehte die Augen. »Hier geht es doch nicht um irgendwelche Seiten.«

Ich klinkte mich völlig aus dem Gespräch aus. Auf diese sinnlose Diskussion hatte ich echt keine Lust. Die beiden würden sich eh wieder nur anfauchen und dann irgendwann in Gelächter ausbrechen, so wie sie es immer taten. Ich ließ meinen Blick über die vielen Partygäste schweifen. Die Tanzfläche wurde immer voller, und es war verwunderlich, dass es überhaupt noch genug Platz an den Wänden gab, damit die Menschen der tanzenden Meute ausweichen konnten. Einige waren schon auf die Sofas gestiegen und schwangen da ihre Hüften zu den üblichen Top-40-Songs. Manche von ihnen stolperten und fielen fast in die Menge, andere machten einen beherzten Satz und scheiterten kläglich beim Crowd-Surfing.

Die Stimmung war ausgelassen und elektrisierend, was definitiv eine nette Ablenkung zu der Isolation meines Studios war. Ich hatte dieses Semester kaum Kurse. Einerseits war das gut, denn so konnte ich mich wirklich auf die Musik konzentrieren, andererseits machte es mich auch einsamer, als ich vielleicht sein sollte. Wenn ich nach Hause kam, war Tyler entweder gar nicht da oder er schlief schon, und wenn ich aufstand, war er häufig schon längst auf dem Weg zur Vorlesung oder zu seinem Nebenjob im Reisebüro in der Stadt.

Ich verlor mich total in meiner Arbeit. Versank regelrecht darin. Und trotzdem ging es mit dem Album nicht so voran, wie es sollte. Ich spürte, wie der Frust wieder in mir aufstieg, und atmete tief durch. Nur für heute Abend wollte ich mir keine Gedanken über Soundeffekte oder das Gitarrensolo machen. Nur für heute Abend würde ich die Arbeit mal Arbeit sein lassen.

Ich beobachtete, wie ein junger Mann auf eine der Boxen kletterte und zu Kendrick Lamars Song *Humble* seinen Körper bewegte, denn tanzen konnte man das sicherlich nicht nennen. Ich sah weg, bevor der Typ noch einen auf *Magic Mike* machte und trank einen Schluck Cola. Sie war so süß, dass sie mir den Mund fast zuklebte, aber das Koffein darin konnte ich gut brauchen, nachdem ich die letzten zwei Nächte beinah durchgeackert hatte. Dieses Album würde mich noch meinen Verstand kosten, wenn ich es nicht bald zu Ende brachte.

Rot war das Erste, was ich bemerkte, und alle meine Gedanken kamen zu einem abrupten Stillstand. Wer zur Hölle war diese Frau in dem dunkelroten Kleid, die auf Zehenspitzen an der Wand lehnte? Sie schien jemanden zu suchen, denn ihre stechend aquamarinblauen Augen glitten aufmerksam über die Menge. Über dem Kleid trug sie eine schwarze Lederjacke, die in starkem Kontrast zu ihrer blassen Haut stand, ihre dunkelroten vollen Lippen waren leicht geöffnet.

Wer war das? Ich runzelte die Stirn, weil sie plötzlich in ihrer Suche innehielt und auf die Fersen sank. Beinah defensiv hob sie die Schultern, so als wollte sie sich kleiner machen, und trat einen Schritt beiseite. Ich folgte ihr mit den Augen, ohne es wirklich zu wollen. Doch allein ihr langes schwarzes Haar, das ihre einzigartigen Gesichtszüge umspielte, war Anlass genug, meine Aufmerksamkeit zu fesseln.

Unsere Blicke trafen sich, und meine Hand verkrampfte sich um meinen Becher, als es mich wie ein elektrischer Schlag durchfuhr. Heilige Scheiße, sie war schön. Und das auf diese klassische Art und Weise, die man auf antiken Gemälden erwartete und nicht auf einer Studentenparty in einem kalifornischen Nest mitten im Nirgendwo. Sie hatte hohe Wangenknochen und eine schmale Nase, die zu ihren vollen Lippen passte und etwas Europäisches hatte. Ihre hellen Augen waren von einem dichten Wimpernkranz umgeben, und obwohl sie sich einen ziemlich dicken Eyelinerstrich gezogen hatte, glich ihre Form eher denen eines Rehs als einer Wildkatze.

Sie wandte den Blick ab, und ich fluchte leise. Ich wusste, ich sollte aufhören, sie wie ein Vollidiot anzustarren. Sie musste sich unwohl fühlen. Und doch konnte ich nicht damit aufhören.

Sie sprach mit einer deutlich kleineren Frau neben sich und blickte dann wieder in meine Richtung. Ihre Augen schienen noch größer zu werden, und ich bemerkte, dass sie den Punkt neben mir fixierte. Ich schaute zu Kate, die mit einem strahlenden Lächeln winkte, und ehe ich michs versah, bahnten die beiden Frauen sich schon einen Weg durch die Menge zu uns.

»Du kennst sie?« Ich räusperte mich, als mir auffiel, wie rau meine Stimme klang, und deutete unauffällig auf die Frau in dem roten Kleid, die der anderen mit gesenktem Kopf folgte.

»Ja. Das sind die zwei, die ich gesucht habe. Raelyn und April«, erklärte Kate knapp und stieß sich von der Wand ab. Sie breitete die Arme aus und zog die beiden an sich, nachdem sie uns erreicht hatten. »Hey, ihr. Sorry, dass ich so lange verschwunden war.«

»Ach, mach dir keinen Kopf.« Die Kleinere mit den roten Locken und dem intelligenten Funkeln in den Augen winkte ab. »Wir haben derweil die Tanzfläche unsicher gemacht.«

Tyler lachte auf. »Du kannst tanzen?«, fragte er ungläubig.

»Nein.« Sie zuckte mit den Schultern. »Aber ich tue es trotzdem.«

Kate stellte sich zwischen die beiden und schmunzelte. »Jetzt zankt nicht gleich wieder, ihr zwei.«

Die Rothaarige schob schmollend die Unterlippe vor. »Wir zanken nicht.«

»Wir necken uns nur.« Tyler wackelte mit den Augenbrauen. »Und du kennst ja das Sprichwort: Was sich neckt, das …«

»… tötet sich wenigstens nicht gegenseitig.« Die Rothaarige warf Tyler einen vernichtenden Blick zu, ehe ihre Augen sich auf mich richteten. Sie glitten prüfend über mich. Ich konzentrierte mich jedoch wieder auf die Schönheit in Rot, die sich trotz ihrer Größe ein wenig hinter ihrer Freundin zu verstecken versuchte und die bisher noch kein einziges Wort gesagt hatte.

»Hunter, das ist April.« Kate deutete zwischen uns beiden hin und her. »April, Hunter.«

»Schön, dich endlich mal kennenzulernen.« April hielt mir die Hand hin. »Die beiden reden häufig von dir.«

»Was wir nicht müssten, wenn er sich einfach mal in der Mensa blicken lassen würde«, warf Tyler ein, und ich verdrehte die Augen. Konnte er es langsam mal gut sein lassen? Außerdem hatte ich keinerlei Interesse daran, mich jetzt mit seinen Spitzfindigkeiten auseinanderzusetzen. Nicht, wenn die Frau in Rot vor mir stand.

»Und das ist Raelyn.« Als Kate uns einander vorstellte, sah ich Raelyn direkt in ihre aquamarinblauen Augen und fragte mich, wie jemand solch helle Augen haben konnte. »Raelyn, das ist mein Freund Hunter. Der Mann, der dem Tag der Freshman-Tränen seinen Namen gab.«

Ich streckte ihr die Hand entgegen. »Freut mich, Raelyn.«

Sie zögerte einen Moment, legte dann aber ihre schmale Hand in meine. Ihre Haut fühlte sich weich an, und mein Mund wurde trocken, als sich mir automatisch die Frage aufdrängte, wie weich wohl der Rest ihrer Haut war, wenn schon ihre Hände so zart waren. Ihr Händedruck war kurz und zögerlich. »Mich auch.«

Sie war ein gutes Stück kleiner als ich, doch im Vergleich zu April war sie recht groß. »Du bist also im ersten Jahr?«

Raelyn nickte. »Ja.«

Sie sprach so leise, dass ich einen Schritt auf sie zumachte, um sie besser verstehen zu können. Alles andere trat für mich in den Hintergrund, so gefangen war ich von ihr. »Was ist dein Hauptfach?«

Sie brauchte zwei Anläufe, bis sie endlich ein Wort herausbekam. »Kommunikation.« Auf ihren Wangen erschien ein leichter Rotschimmer, und sie begann, die Hände wie wild zu kneten. Machte ich sie etwa nervös? Ihre schüchterne Art stand in starkem Kontrast zu ihrem Outfit und weckte mein Interesse. »Und deins?«

Ihre Stimme war samtig und weich, und ich verspürte den Drang, mich weiter mit ihr zu unterhalten. »Musikproduktion«, antwortete ich.

Sie nickte und wich meinem Blick aus. Sie war anscheinend eins von den braven Mädchen. Das strahlte sie mit jeder Faser aus. Automatisch machte ich einen Schritt rückwärts. Mädchen wie sie waren nicht meine Kragenweite.

Raelyns Augen huschten wild umher, und es war offensichtlich, dass sie es vermied, mich anzusehen. »In welchem Jahr bist du?«, fragte sie, und meine Augen hingen regelrecht an ihren Lippen. Sie hatte ein Muttermal direkt mittig unter der Unterlippe. Einzigartig, so wie ihr Name.

»Im dritten.« Sie roch nach Magnolien, und ich beugte mich etwas weiter zu ihr herunter, als nötig gewesen wäre. »Wo kommst du her?«

»Aus New York.« Ihr stieg noch mehr die Röte ins Gesicht,

und unsere Augen trafen sich kurz, bevor sie meinem Blick wieder auswich. »Du bist aus Florida, oder?«

Sie war wirklich aufmerksam. Noch ein weiterer Grund, mich von ihr fernzuhalten. Warum also konnte ich nicht aufhören, mit ihr zu reden? »Hört man das?«

»Schon ein wenig.« Sie riss die Augen auf, und ihre Ohren bekamen den Ton einer reifen Erdbeere. »Nicht dass es irgendwie unangenehm wäre oder so. Ich meinte nur … Also, manche Bundesstaaten haben ja einen sehr starken und charakteristischen Akzent, und Florida gehört eben dazu, und als du gerade geredet hast, da dachte ich: *Wow, er ist bestimmt aus Florida.*« Sie stolperte über ihre eigene Zunge. »Also, was ich sagen will, ist –«

»Na los, gehen wir Bier-Pong spielen, sonst redest du dich noch um Kopf und Kragen.« Kate tauchte neben Raelyn auf und legte ihr einen Arm um die Schulter. »Zwei gegen zwei?«

Tyler nickte. »Bin dabei.«

»April und ich gegen dich und Raelyn?«

»Geht klar.« Tyler schob Kate beiseite und knuffte Raelyn in die Seite. Die beiden schienen sich ja recht gut zu kennen. »Du hast doch schon mal Bier-Pong gespielt, oder?«

Raelyns Blick schnellte kurz zu mir, ehe sie den Kopf schüttelte. »Nein, noch nie.«

Tyler seufzte theatralisch. »Wie es aussieht, liegt das Schicksal meiner Leber wohl einzig und allein in meinen Händen.« Er deutete auf seine Augen und dann auf Kate. »Ich mach dich fertig, Insta-Prinzessin.«

Kate schubste Tyler Richtung Bier-Pong-Tisch und schnappte sich einen der pinken Pingpongbälle. »Darüber sprechen wir, wenn du nachher kotzend im Bad über der Kloschüssel hängst.«

Raelyn nahm einen der Bälle vom Tisch und drehte ihn zwischen ihren zierlichen Fingern. »Möchtest du gar nicht mitspielen?«

Ich lehnte mich an die Fensterbank und schüttelte den Kopf. »Ich setze diese Runde aus.« *Und auch jede danach.*

Raelyn biss sich auf die Unterlippe, und wie hypnotisiert verfolgte ich, wie ihre Zähne sich in dem dunklen Rot vergruben. »Oh.«

»Hättest du lieber mit ihm in einem Team gespielt?« Tyler riss mich aus meinen Gedanken, und ich räusperte mich. Was zur Hölle war denn heute bitte los mit mir? Mädchen wie Raelyn mied ich eigentlich wie die Pest. Eigentlich mied ich jede Art von Mädchen, die mich mehr als eine Nacht interessieren könnte. Warum also starrte ich sie die ganze Zeit an?

»Was? Nein.« Raelyn hob abwehrend die Hände und begann wieder zu stottern. Niedlich. »Also, ich meine … Was ich sagen wollte, war …« Die Röte zog sich nun schon ihren Hals herunter, und ihre Augen waren auf den Boden gerichtet.

»Tyler wollte dich nur aufziehen, Raelyn«, sagte ich mit ruhiger Stimme, und sie guckte mich unsicher an. Sie mochte vielleicht aussehen, als könnte sie die Welt erobern, aber sobald sie den Mund aufmachte, verschwand dieser Eindruck augenblicklich. Sie wirkte vollkommen verloren.

»Oh.« Sie strich sich eine Haarsträhne aus dem Gesicht und hinters Ohr. »Okay.«

»Es ist wirklich viel zu leicht, dich aufs Kreuz zu legen.« Tyler grinste schief. »Na los, vernichten wir die beiden.«

Ich machte es mir auf der Fensterbank bequem, während April und Kate die Becher mit Dosenbier füllten. Als das Spiel begann und Raelyn zum ersten Wurf ansetzte, wusste ich bereits, dass die beiden dem Untergang geweiht waren, und Kates diebischem Grinsen nach zu urteilen, wusste sie es auch.

10. KAPITEL

Raelyn

Kopfschmerzen. Dröhnende, brutale Kopfschmerzen.

Der Schmerz bohrte sich bereits im Halbschlaf durch mein Hirn, und ich stieß ein Ächzen aus, als ich mit flatternden Lidern die Augen aufschlug. Das Sonnenlicht, das durch die zugezogenen Vorhänge fiel, war viel zu grell und blendete mich. Ich rollte mich zusammen und zog mir die Decke über den Kopf. Ich legte meine Hände an die Schläfen und zuckte augenblicklich zusammen, während mein eigener Herzschlag wie ein Echo in meinem Schädel widerhallte. Noch nie in meinem Leben hatte ich solche Kopfschmerzen gehabt. Nicht mal, als Dad und ich …

Ich setzte mich schnell auf, weil ich plötzlich würgen musste, und mein Magen krampfte sich schmerzhaft zusammen. Doch es kam nichts heraus, sosehr ich auch würgte. Ich hustete und presste mir die Hand auf den Bauch. Ich fühlte mich hundeelend. Beinah schon krank. Hatte ich mir gestern auf der Party vielleicht einen Virus eingefangen? Bei den vielen Leuten wäre es ein Leichtes gewesen, mich bei jemandem anzustecken. Wirklich fantastisch. Und das auch noch am Wochenende. Ich ließ mich zurück aufs Bett fallen und hielt überrascht inne.

Diese Matratze war entschieden zu weich, um meine eigene zu sein. Meine Matratze im Wohnheim war bretthart, und es kam mir manchmal fast so vor, als würde ich auf dem Boden schlafen, diese hingegen war so weich, dass mein Körper völlig darin versank. Wie eine Wolke schmiegte sie sich an mich. Ich riss die Augen auf und blickte mich erschrocken um. Das hier war nicht mein Zimmer. Definitiv nicht.

»Na, Party-Animal. Wie fühlst du dich?« Als ich Kates sanfte Stimme hörte, zuckte ich erneut zusammen. Gott, das tat wirklich fürchterlich weh. Ich blinzelte in die Richtung, wo ich ihre Stimme vermutete. Es dauerte wohl einen Moment, bis ich meine Orientierung wiederfand, denn mir war nicht nur speiübel, sondern auch noch schwindelig. Kate saß in einem schwarzen Morgenmantel und mit überschlagenen Beinen auf dem Bett ihrer Mitbewohnerin und sah mich mit einem mitleidigen Lächeln an. Ihr Haar hing in nassen Strähnen auf ihre Schultern hinab, und ihre Haut hatte einen rosigen Schimmer. Der Geruch von Lavendelduschgel lag ganz dezent in der Luft.

»Ich hab das Gefühl, ich muss sterben«, sagte ich kleinlaut und runzelte die Stirn. Wieso lag ich nicht in meinem eigenen Bett? Und wie war ich überhaupt hierhergekommen? »Was mache ich eigentlich hier?«

Kate lachte auf, presste sich aber die Hand auf den Mund, als sie mein schmerzverzerrtes Murren hörte. »Entschuldige bitte«, kicherte sie und kam zu mir herüber. Sie setzte sich neben mich und grinste. »Du erinnerst dich wirklich an gar nichts mehr von gestern Abend, oder?«

»Doch, natürlich«, stritt ich ab und guckte Kate verwirrt an. »Wir waren auf der Party von Delta und haben Bier-Pong gespielt. Tyler und ich haben die erste Runde verloren, und dann haben wir noch eine gespielt und …« Ich hielt inne. In meinem Gedächtnis tat sich jetzt nur ein schwarzes Loch auf. Was war passiert, nachdem wir die zweite Runde gespielt hatten? Und wer hatte sie gewonnen? Mein Magen fühlte sich plötzlich an, als wäre er voll schwerer Steine, und ich griff panisch nach Kates Händen. »Ich kann mich nicht erinnern.« Mein Körper wurde von einem Schluckauf erschüttert, und ein bitterer Geschmack breitete sich in meinem staubtrockenen Mund aus. »Glaubst du, jemand hat mir Drogen in meinen Drink gemixt?«

Kates Unterlippe bebte, ehe sie laut losprustete, und ich presste mir die Hände auf die Ohren. Eigentlich liebte ich ihr Lachen, aber heute klang es wie Maschinengewehrsalven, die sie auf mich abfeuerte. Sie ließ sich nach hinten auf die Matratze fallen und kugelte sich vor Lachen. Tränen liefen ihr über die Wangen, und ich runzelte die Stirn. Was war daran bitte so lustig? Was, wenn mir wirklich jemand Drogen in meinen Drink getan hatte? Was, wenn ich deshalb keine Erinnerungen mehr an den gestrigen Abend hatte?

Kate beruhigte sich nur langsam, und sie gluckste noch immer leise vor sich hin, als sie wieder zu sprechen begann. »Rae, ich habe weder dich noch deine Drinks auch nur für eine Sekunde aus den Augen gelassen, nachdem wir angefangen haben, Bier-Pong zu spielen. Niemand hat dir etwas in deinen Drink getan.« Sie kicherte. »Du hast einfach nur einen Filmriss und bist vollkommen verkatert. Das ist alles.«

»Was?«

Kate setzte sich auf und legte mir die Hände an die Wangen. »Du warst gestern sehr, *sehr* betrunken, Rae.« Ein Schmunzeln umspielte ihre Lippen. »Deshalb erinnert du dich an nichts. Weil du einen Filmriss hast.«

Ich? Einen Filmriss? Unmöglich. »Aber ich fühle mich krank.«

»Das ist dein Kater.« Sie schmunzelte und strich mit den Daumen über meine Wangenknochen. »Oder eher ein ausgewachsener Tiger, so wie du aussiehst.«

»Oh Gott.« In meinem Kopf spielten sich automatisch die peinlichsten Szenen aus diversen College-Filmen ab, in denen die Hauptfigur vollkommen betrunken war. Was, wenn ich mich völlig danebenbenommen hatte? Was, wenn ich mich über Kates Kleid erbrochen hatte? Ich öffnete den Mund, um Kate etwas zu fragen, doch als ich das Funkeln in ihrem Blick sah, verengte ich die Augen. »Machst du dich über mich lustig?«

Sie nahm ihre Hände von meinen Wangen und rückte etwas von mir ab, auf den Lippen ein schelmisches Grinsen. »Vielleicht ein bisschen.«

»Hab ich …« Ich schaute auf die Decke und krallte meine Finger in den grauen Stoff. »Habe ich irgendwas angestellt?«

»Außer mal locker zu sein und Spaß zu haben?«

»Ja.« Ich traute mich nicht, Kate anzusehen. »Hab ich mich blamiert oder so was?«

»Nein.« Überrascht hob ich den Blick und sah Kate an, die mich nur mit einem wohlwollenden Lächeln betrachtete. »Nein, hast du nicht. Du warst einfach nur wahnsinnig niedlich.«

Niedlich? Ich schlug mir die Hände vors Gesicht. Konnte sich nicht genau jetzt der Erdboden auftun und mich verschlingen? »Oh Gott.«

Kate zog sanft meine Hände von meinem Gesicht. »Es ist wirklich kein Drama, Rae.«

Ich suchte in ihrem Gesicht nach einem Anzeichen für eine Lüge, fand aber nichts. Kate sah mich noch immer so an wie zuvor, mit offener Zuneigung und Freundlichkeit. Ihre Lippen umspielte zwar ein Schmunzeln, aber meinen Absturz von gestern schien sie mir wirklich nicht übel zu nehmen. Also war es vielleicht echt nicht so schlimm gewesen, oder?

Kate und ich fuhren beide vor Schreck zusammen, als plötzlich lautstark der Klingelton meines Handys erklang. Ich wandte mich zum Nachtschrank und fuhr mit den Fingerspitzen über das Ladekabel, das ich gestern definitiv nicht mehr angeschlossen hatte. Mein Blick huschte kurz zurück zu Kate. Womit hatte ich solche Freunde nur verdient?

Ich zog das Ladekabel ab und nahm mein Handy in die Hand. Das Display leuchtete, und als ich Moms Namen las, überkam mich sofort wieder das schlechte Gewissen.

»Deine Mom?« Kate stand auf und ging zu ihrer Kommode hinüber. Aus der obersten Schublade zog sie ein paar Handtücher und legte sie obendrauf.

Ich nickte zögerlich, und plötzlich hatte ich das Gefühl, dass nun auch meine Kehle staubtrocken war und nicht nur mein Mund.

»Sie hat schon ein paar Mal angerufen.« Ihr Tonfall war eigenartig. Als würden die Anrufe meiner Mutter sie beunruhigen. Kate schloss die oberste Schublade und hielt inne. »Mit dem Rückruf solltest du vielleicht besser noch ein wenig warten.« Sie öffnete die nächste Schublade und zog einen Stapel Kleidung heraus. »Du klingst wie Bonnie Tyler.«

Unschlüssig sah ich zurück auf mein Handy. Meine Mutter würde mich fragen, warum ich so krank klang, und in meinem jetzigen Zustand wusste ich nicht, ob ich eine vernünftige Ausrede zustande bringen würde. Ich zögerte einen Augenblick, schaltete mein Handy dann aber auf stumm und ließ es einfach klingeln.

Kate schlüpfte gerade in ihren übergroßen STU-Pullover, den sie zu einer schwarzen Leggins trug, und schüttelte ihr Haar aus. »Wie wäre es mit Kaffee und einem trockenen Brötchen?«

Allein bei dem Gedanken an Essen kam der Würgereiz zurück. »Muss ich?«

»Vertrau mir.« Kate schlüpfte in ihre Hausschuhe und griff nach der Bürste, die auf ihrem Schreibtisch lag. Mit ein paar schnellen und starken Strichen kämmte sie ihr Haar und legte die Bürste zurück. »Du wirst es mir danken.«

Bisher hatten Kates Ratschläge mich noch nicht im Stich gelassen. »Okay.«

»Spring schon mal unter die Dusche, ich mache in der Zeit alles fertig.« Sie deutete auf die Handtücher auf der Kommode und ging Richtung Flur. »Das Bad ist den Flur runter, ganz hinten links. Meine Sachen findest du im linken Unterschrank in der zweiten Schublade von oben. Ich müsste auch noch eine neue Zahnbürste haben.«

»Kate?«

Sie sah über die Schulter zurück zu mir. »Ja?«

»Danke.«

Sie zwinkerte mir zu. »Kein Problem, BunBun.«

Sie hatte beim Einzugstag also doch meinen dämlichen Spitznamen mitbekommen. Ich spürte, wie meine Wangen anfingen zu glühen, und hilflos schnappte ich mir das nächstbeste Kissen und warf damit nach ihr. Kate quittierte es nur mit einem Lachen und verschwand. Vorsichtig setzte ich mich auf die Bettkante und atmete tief ein, als mich erneut die Übelkeit überkam. Ich würde nie wieder so viel Alkohol trinken. Das stand definitiv fest. Ich fühlte mich einfach nur miserabel, und davon brauchte ich echt keine Wiederholung. Ich stand auf und schwankte, fing mich aber gleich mit der Hand an der Kommode neben Kates Bett ab. Ein Kichern entrang sich meiner Kehle, und ich blinzelte träge. Okay, ich war viele Dinge, nur ganz bestimmt nicht nüchtern.

»Wir schaffen das, Raelyn«, murmelte ich mir selbst zu. »Nur ein kleiner Trip ins Badezimmer. Das schaffen wir.« Ich ließ die Kommode los und nahm mir die Handtücher, die Kate mir herausgelegt hatte. Die ersten Schritte waren noch sehr wackelig, aber mit jedem weiteren wurde mein Gang etwas grader. Ich folgte Kates Beschreibung zum Bad.

Als ich die Tür aufstieß, hielt ich überrascht inne. Eigentlich hatte ich ein eher chaotisches Gemeinschaftsbad erwartet, stattdessen fand ich ein ordentliches, sehr sauberes Badezimmer mit drei Duschkabinen vor. Unter dem großen Spiegel, der an der Wand hing, gab es drei Waschbecken mit geräumigen Schränken darunter. Ich erinnerte mich an das, was Kate gesagt hatte, und öffnete die zweite Schublade von oben unter dem Waschbecken ganz links. Mehrere Boxen waren darin ordentlich verstaut, und ich musste lächeln. Kate besaß eine Menge Pflegeprodukte, und jede Creme und jede Tinktur war feinsäuberlich aufgereiht. Ihren Föhn und ihr Glätteisen hatte sie in einer größeren Box untergebracht, alles schien einem System zu folgen. Schnell fand ich eine noch verpackte Zahnbürste und nahm sie zusammen mit der Zahnpasta heraus. Ich schälte die Zahnbürste aus der Verpackung und gab etwas Zahnpasta darauf, ehe ich begann, mir die Zähne zu putzen. Als ich den Blick hob und in den Spiegel schaute, fuhr ich erschrocken zusammen. Ich sah furchtbar aus!

Mein Make-up von letzter Nacht war völlig verschmiert, und mein Haar stand wie wild in alle Richtungen ab. Ich trug noch immer Kates Kleid, und ich konnte einige Flecken darauf erkennen, von denen ich gar nicht wissen wollte, woher sie stammten oder wie sie dort hingekommen waren. Meine Haut war noch blasser als sonst, und ich hatte tiefe Schatten unter den Augen, die mich wirklich krank aussehen ließen. Schnell wandte ich den Blick ab und putzte mir weiter die Zähne. Eine heiße Dusche und die Welt würde schon wieder ganz anders aussehen. Ich hoffte auf jeden Fall, dass zumindest ich dann wieder ganz anders aussehen würde.

Ich warf die Zahnbürste weg und legte die Zahnpasta zurück in das Fach, in dem ich sie gefunden hatte, bevor ich mir Kates Shampoo, Spülung und Duschgel herausnahm. Ich schloss die Schublade, klemmte mir alles unter den Arm und ging in eine der Duschkabinen. Nachdem ich mich ausgezogen und die Kleidung auf das kleine Schränkchen direkt vor der Duschkabine gelegt hatte, drehte ich den Wasserhahn auf und seufzte leise. Das Wasser war angenehm warm, und ich schloss die Augen, während ich die Wärme genoss. Meine Gedanken drifteten ab, als ich mein Haar schamponierte. Beim Auswaschen summte ich leise *Closer* von The Chainsmokers vor mich hin. Der Song war gestern so oft gespielt worden, dass ich nun einen Ohrwurm …

Ich brach meine laute und sehr schiefe Gesangseinlage von Closer *ab und klopfte Hunter auf den Hintern, während ich von seiner Schulter herunterbaumelte. »Sag mal, Hunter, hast du einen Rover?«*

»Nein.« Hunters Stimme klang eindeutig belustigt. »Ich fahre eine Yamaha.«

Ich stützte mich an seinen Hüften ab, um nicht mehr nur auf den Bordstein unter mir zu starren, und kicherte. Es musste lustig aussehen, wie Hunter mich, wie einen nassen Sandsack über seine Schulter geworfen, im Morgengrauen nach Hause trug. »Schade.«

Ich tauchte unter dem Wasserstrahl auf, und riss die Augen auf. Was war das denn bitte gewesen? Eine Erinnerung? Bitte! Bitte nicht! Aber für einen Wunschtraum hatte es sich eindeutig zu real angefühlt und war auch entschieden zu peinlich gewesen. Ich beendete schnell meine Dusche und wickelte mir ein Handtuch um den Körper und um mein Haar, bevor ich zurück in Kates Zimmer hastete. Ich stieß die Tür auf, und Kate, die auf dem großen Bett mit einem Tablett mit zwei Tassen Kaffee und zwei trockenen Brötchen drauf saß, sah mich überrascht an.

»Bitte sag mir, dass ich Hunter nicht auf den Hintern gehauen habe.« Kate schwieg, aber das Zucken um Kates Mundwinkel verriet sie. Ich stieß ein erschrockenes Quietschen aus. »DU HAST GESAGT, DASS ICH MICH NICHT BLAMIERT HABE!«

»Blamage unterliegt einer sehr subjektiven Bewertung.« Kate riss ein Stück von ihrem Brötchen ab und stopfte sich den kleinen Happs in den Mund. »Weder Hunter noch ich fanden es schlimm.«

Das war doch nicht ihr Ernst! »Oh Gott. Oh Gott. Oh Gott.« Ich begann, vor dem Bett auf und ab zu laufen, während meine Wangen brannten. Das durfte doch alles nicht wahr sein. »Er hat mich aber nicht bis hierhergetragen, oder?« Ich blieb stehen, als ich wieder keine Antwort bekam, und fluchte, weil sie meinem Blick auswich. »OH MEIN GOTT, KATE!«

Kate schob schmollend die Unterlippe vor. »Wie hätte ich dich bitte sonst ins Bett kriegen sollen? Du konntest keinen Meter mehr geradeaus laufen.«

»Keine Ahnung.« Ich warf die Hände in die Luft und ließ mich dann zu ihr aufs Bett fallen »Irgendwie, aber doch nicht so!«

»Du hattest überhaupt kein Problem damit.« Kate hielt mir die Kaffeetasse hin, und ich setzte mich auf und nahm sie ihr ab. »Du hast sogar noch die Arme nach ihm ausgestreckt und dich selbst eine Prinzessin genannt.«

Ich schloss gequält die Augen. Da hatte ich ja wirklich einen fantastischen ersten Eindruck hinterlassen. Und das auch noch ausgerechnet bei Hunter. Mir blieb wohl nichts anderes übrig, als ihm von jetzt an aus dem Weg zu gehen. Am besten so lange, bis er seinen Abschluss machte. »Ich kann ihm doch nie wieder unter die Augen treten«, jammerte ich und ließ den Kopf in die Hände sinken. Das war eine absolute Katastrophe.

»Ich bin mir sicher, dass es ihn nicht gestört hat.« Kate winkte ab. »Außerdem hat er mit mir letztes Jahr ganz andere Dinge erlebt.«

Skeptisch sah ich sie an. »Meinst du?« Ein Hoffnungsschimmer keimte in mir auf. Kate schien nicht genervt von mir zu sein, obwohl ich mich gestern derartig peinlich aufgeführt hatte. Eher im Gegenteil. Es wirkte beinah so, als hätte diese Sache uns etwas mehr zusammengebracht, auch wenn ich auf meinen ersten Absturz getrost hätte verzichten können. Vielleicht … Vielleicht würde auch Hunter diese ganze Sache nicht allzu überbewerten. Aber Kate kannte ich nun schon seit ein paar Wochen. Hunter hingegen war ein Fremder.

»Ja.« Kate nickte bekräftigend. »Vertrau mir einfach. Ich kenne Hunter. Es ist nicht schlimm, wenn er mal den Helden spielen muss.«

Ich seufzte leise. So hatte ich mir meinen ersten Abend mit dem einzigen Mann, den ich jemals wirklich attraktiv gefunden hatte, sicherlich nicht vorgestellt. Wieder wurde mir übel. Ich wusste, was ich tun musste, doch allein der Gedanke daran versetzte mich in blinde Panik. Dennoch hatte ich ihm solche Umstände bereitet, dass mir eigentlich keine andere Wahl blieb. »Ich sollte mich bei ihm entschuldigen.«

Kate schüttelte den Kopf und trank einen Schluck Kaffee. »Rae, das ist wirklich nicht nötig.«

Kate lieferte mir den einfachsten Ausweg. Es wäre so leicht, auf sie zu hören, den Kopf einzuziehen und so zu tun, als wäre niemals etwas passiert. Aber wenn ich so weitermachte, dann würde sich in meinem Leben niemals etwas verändern. Ich dachte an meinen ersten Tag im Theater zurück. Auch da hatte ich es irgendwie geschafft, auf die Bühne zu treten. Und seitdem gelang es mir jede Woche an zwei Abenden. Es verursachte mir immer noch Unwohlsein und mir brach jedes Mal der kalte Schweiß aus, aber ich tat es. Also konnte ich auch das hier. Irgendwie.

Ich biss von meinem Brötchen ab und ignorierte meinen rebellierenden Magen. Dieses Bötchen würde drinbleiben. Komme, was wolle. »Das ist das Mindeste«, flüsterte ich. Ich musste es tun. Danach konnte ich ihm immer noch aus dem Weg gehen. Doch ich konnte das auf keinen Fall so im Raum stehen lassen. Das war einfach nicht richtig.

»Okay«, sagte ich, und Kate zog eine Augenbraue hoch, als ich den letzten Rest vom Brötchen verputzt hatte und vom Bett aufstand. »Was, du meinst jetzt gleich?«

»Ja.« *Bevor ich eine Chance habe, es mir anders zu überlegen.* Ich suchte in dem Chaos von gestern nach meinen Anziehsachen, die ich beim Footballspiel getragen hatte, und schlüpfte hinein. »Weißt du, wo ich ihn finden kann?«

Kate streckte sich träge. »Bestimmt in seinem Studio. Ich schicke dir die Adresse aufs Handy.«

»Danke.« Ich setzte die Kapuze meines Hoodies auf und ging Richtung Tür. Ich würde mich bei ihm entschuldigen. Auch wenn ich am liebsten vor Scham im Erdboden versinken wollte, ich musste irgendwie versuchen, diesen mehr als missglückten ersten Eindruck wieder zu kitten. Falls das nicht klappte, musste ich mich zumindest für all die Unannehmlichkeiten entschuldigen, die ich ihm bereitet hatte.

Ich zog die Zimmertür auf und machte einen Schritt in den Flur. Der bittere Geschmack in meinem Mund nahm rapide zu, doch ich schluckte ihn einfach hinunter. Ich war fest entschlossen, das Richtige zu tun.

»Oh, Rae, bevor du gehst …« Ich drehte mich um. Kate erhob sich vom Bett und deutete auf den Schreibtischstuhl. »Lass mich wenigstens deine Augenringe wegschminken.«

Ich dachte an mein Spiegelbild von vorhin und schloss die Zimmertür, bevor ich mit glühenden Wangen auf dem Stuhl Platz nahm.

11. KAPITEL

Hunter

Frustriert nahm ich die Kopfhörer ab und warf sie auf das große Mischpult. Wieso zur Hölle wollte dieser Track einfach nicht funktionieren? Warum klang er immer irgendwie falsch? Der Song an und für sich war wirklich gut. Samuel und Dwight hatten bei dem Songtext und den Noten ganze Arbeit geleistet. Nur harmonierte nichts wirklich miteinander. Ich legte den Kopf in den Nacken und starrte an die weiße Zimmerdecke. Dieses Album verlangte mir mehr ab, als ich gedacht hatte. Der Plan war eigentlich gewesen, es ganz nebenbei zu produzieren, als kleines Projekt zwischendurch, um den Jungs einen guten Start und eine bessere Verhandlungsposition bei den Plattenlabels zu verschaffen. Aber jetzt verschlang es meine ganze Zeit und auch meine Nerven.

Die Rückmeldung von Professor Lark, von der ich mir so viel versprochen hatte, war wenig hilfreich gewesen. Er hatte irgendetwas von Druck gefaselt und davon, dass ich zu viel wollte, während bei Rockmusik ja weniger mehr war, und all so einen Mist. Anstatt mir Techniken an die Hand zu geben, mit denen ich mein konkretes Problem lösen konnte, war der durchgeknallte Brite mir auf der emotionalen Schiene gekommen und hatte mir geraten, bei dem Track von vorn anzufangen. Klar. Als ob ich über fünfzig Arbeitsstunden einfach so zum Fenster rauswarf, nur weil er morgens zu viele New-Age-

Ratgeber beim Yoga gehört hatte. Insgeheim hoffte ich, dass er sich jetzt gerade an seiner Soja-Latte verschluckte, denn einen solchen Ratschlag hatte ich beim besten Willen nicht gebraucht.

Ich warf einen Blick auf die Uhr, die über der Studiotür hing, und fluchte leise. Es war zehn. Ich war also schon wieder seit zwei Stunden hier, obwohl ich Raelyn erst um vier Uhr früh bei Kate abgeliefert hatte. Gut, dass wenig Schlaf mir nichts ausmachte. Und der starke Kaffee von eben tat auch sein Übriges.

Unwillkürlich musste ich schmunzeln, als ich daran zurückdachte, wie Raelyn über meiner Schulter gehangen und lauthals, von jeglicher Tongenauigkeit befreit, die Lieder des Abends geträllert hatte. Eigentlich hatte ich sie huckepack tragen wollen, doch sie hatte sich so sehr gewehrt, dass ich sie mir kurzerhand wie einen Sandsack über die Schulter geworfen hatte. Für Raelyn war das jedoch kein Grund gewesen, ihre Performance zu unterbrechen, mit der man übrigens locker schlafende Hunde hätte wecken können. Den ganzen Weg von Delta zu Kappa hatte sie einen schrägen Song nach dem nächsten zum Besten gegeben, und auch wenn mein Trommelfell stellenweise kurz vorm Platzen gewesen war, hatte ich es irgendwie niedlich gefunden. Als ich sie auf Kates Bett gelegt hatte, war sie aufgesprungen, um noch einmal den Titelsong von *Frozen* zu singen, bevor sie sich verbeugt und es sich im Bett bequem gemacht hatte. Mit beiden Händen winkend, hatte sie mir dann noch einen sicheren Heimweg gewünscht und sich verabschiedet.

Das Ganze war die kurze Nacht eindeutig wert gewesen. Ich zog mein Handy aus meiner Hosentasche und sah mir die Fotos vom gestrigen Abend an. Je später es wurde, desto undeutlicher wurden auch die Fotos, die Tyler mir gestern Nacht noch zugeschickt hatte. Ich blieb an einem Foto hängen, auf dem Raelyn mit April einen Treffer beim Bier-Pong gefeiert hatte. Die Arme hatte sie in die Luft gerissen, und ihre Lippen zierte ein so strahlendes Lächeln, das absolut ansteckend war.

Diese Frau hatte etwas. Allein die Art, wie sie mich aus ihren großen blauen Augen angesehen hatte, sorgte dafür, dass ich mehr über sie erfahren wollte. Ich fragte mich, ob wohl das schüchterne Mädchen vom Anfang oder die laut trällernde Frau am Ende der Party ihrer eigentlichen Persönlichkeit entsprach. Das Lächeln auf meinen Lippen schwand, und ich steckte mein Handy zurück in meine Hosentasche, als mir klar wurde, was hier gerade passierte. Ich musste vollkommen den Verstand verloren haben. Ich hatte keine Zeit, über Raelyn nachzudenken. Ich musste mich auf meine Arbeit konzentrieren. Ich sollte mich einfach von ihr fernhalten. Das war das Beste für alle Beteiligten.

Ich nickte und griff nach meinen Kopfhörern. Ich hatte genug Zeit verschwendet. Der Track wurde sicherlich nicht davon fertig, dass ich an die wunderschöne Schwarzhaarige dachte, an die ich mich nicht näher heranwagen sollte. Also, zurück an die Arbeit, damit ich diesen verfluchten Track endlich hinter mich bringen konnte.

Gerade als ich die Kopfhörer aufsetzen wollte, um die feinen hohen Töne auch wirklich gut hören zu können, klopfte es an der Tür zu meinem Studio. Wer zur Hölle war das denn jetzt? An einem Samstagmorgen war ich meist der Einzige, der überhaupt arbeitete, denn die meisten anderen Musikproduktionsstudenten, die im Funktionsgebäude ein eigenes Studio bekommen hatten, kamen erst gegen Mittag oder Abend und blieben nur ein paar Stunden. Außer es standen Abgaben für die Mid-Terms an, und die waren erst wieder Ende des

Monats. Tyler lag, genau wie Kate, garantiert noch im Koma, und in letzter Zeit hatte ich auch kein neues Equipment bestellt, das jetzt hätte geliefert werden können.

Als es erneut klopfte, erhob ich mich und schlurfte zur Tür. Vermutlich war es tatsächlich nur einer meiner Kommilitonen, der sich irgendwas von mir leihen wollte, weil alle mit dem geliehenen Mist der Uni arbeiteten, anstatt etwas Geld in vernünftige Mikrofone und Boxen zu investieren. Ich legte meine Hand auf die Klinke, bereit, meinem Frust Luft zu machen, und riss die Tür auf.

»Raelyn?« Meine Stimme klang vor lauter Überraschung etwas zu hoch, und ich räusperte mich. »Was machst du denn hier?«

Raelyn hatte den Kopf gesenkt und trat von einem Fuß auf den anderen. »Kann ich vielleicht reinkommen?«

Eigentlich nicht, aber ich wusste genau, dass ich mir von Kate eine Standpauke anhören konnte, wenn ich sie jetzt wegschickte.

»Klar.« Ich trat zur Seite, um ihr Platz zu machen, und deutete auf das Ledersofa, das hinter dem Mischpult an der Wand stand. »Setz dich.« Ich warf einen Blick auf den Couchtisch, auf dem sich leere Energydrinkdosen und Verpackungen stapelten, und widerstand dem Drang, sie wegzuräumen. Wenn sie sich unwohl fühlte, würde sie vielleicht schneller wieder verschwinden. Ich setzte mich auf meinen Schreibtischstuhl auf der anderen Seite des Tisches. Als ich meine Hände faltete, zuckten meine Finger.

Raelyn nickte knapp und nahm auf dem Sofa Platz. »Danke«, murmelte sie leise. Sie wirkte völlig verkrampft und steif und sah vollkommen anders aus als gestern. Heute trug sie Jeans zu einem dunkelblauen Hoodie. Die Kapuze hatte sie aufgesetzt, und ihr Haar guckte darunter hervor. Ihr Gesicht war frei von jeglichem Make-up, doch das tat ihrer Schönheit keinen Abbruch. Eher im Gegenteil. Ihre Haut war noch blasser, als ich sie in Erinnerung hatte, und stand im starken Kontrast zu ihrem pechschwarzen Haar. Auch wenn ihre Augen etwas glasig waren, strahlten sie und erinnerten mich an Aquamarin. Ihre vollen Lippen hatten ein natürliches Rosa und unterstrichen diesen unbedarften Eindruck, den sie machte.

Ich schüttelte den Kopf und hielt mich davon ab, sie noch länger wie der letzte Volltrottel anzustarren. *So viel zum Vorsatz, dich von ihr fernzuhalten. Elender Heuchler.* Ich sprang auf und ging zum Mini-Kühlschrank, auf dem meine Kaffeemaschine stand, um etwas Abstand zwischen uns zu bringen. Ohne Kaffee überlebte ich die langen Nächte im Studio einfach nicht. »Willst du vielleicht einen Kaffee oder einen Energydrink? Du hattest gestern immerhin eine lange –«

»Es tut mir leid.«

Ich warf einen Blick über die Schulter. Deshalb war sie hergekommen? Wegen so einer belanglosen Scheiße? »Im Ernst?«

»Es tut mir leid, dass ich dir so viele Unannehmlichkeiten bereitet habe.« Raelyn sah mich so eindringlich mit ihren großen Augen an, dass klar war, *wie* ernst es ihr mit dieser Entschuldigung war. Ihre Worte überschlugen sich fast bei ihrem verzweifelten Versuch, sich zu erklären. »Ich meine, das soll jetzt keine Rechtfertigung sein, aber ich habe gestern das erste Mal im Leben Alkohol getrunken und konnte meine Grenzen nicht einschätzen, und deshalb habe ich mich total blamiert und danebenbenommen und hab Kate und dich auch noch da mitreingezogen und –«

Sie hatte gestern das erste Mal Alkohol getrunken? War sie denn nie auf einer Highschool-Party gewesen? Doch es ergab Sinn. Sie war ein braves Mädchen, und Mädchen wie sie waren nicht der Typ für diese Art von Partys. »Raelyn?«

Sie stoppte abrupt. »Ja?«

»Es ist okay.« Ich füllte Kaffeepulver in den Filter und stellte die Kaffeemaschine an. Dann ließ ich mich wieder auf meinen Bürostuhl fallen. Je schneller ich ihr versicherte, dass alles in Ordnung war, desto schneller würde sie wieder verschwinden. Hatte mir gerade noch gefehlt, dass ihr Geruch nach Magnolien und einem Hauch von Lavendel sich weiter in diesem Schuhkarton von Studio ausbreitete. »Es war nicht annähernd so schlimm, wie du vielleicht meinst.«

Raelyn sah auf ihre Hände hinab. Der Pullover war ihr zu groß, sodass ihre Finger erst ab den Knöcheln herausschauten. »Aber du musstest mich nach Hause tragen.«

»Na und?« Ich zuckte mit den Schultern. »Ich gehe zwei Mal die Woche ins Fitnessstudio.«

Raelyn biss sich auf die Unterlippe, während sich auf ihren Wangen ein tiefes Rot ausbreitete. Ich ballte die Hände zu Fäusten. »Und ich hab dir … also …«

»Ich bin nicht sauer auf dich.« Ich lehnte mich auf meinem Schreibtischstuhl nach vorn. Sie musste wirklich mal locker werden. Aber vor allen Dingen musste sie abhauen. Ihre großen Augen weiteten sich, und sie sah wie ein Reh im Scheinwerferlicht aus. Ihre Lippen formten ein stummes *Oh*, während das Rot auf ihren Wangen sich noch dunkler färbte.

»Es gibt nichts, wofür du dich entschuldigen müsstest.« Als der Kaffee durchgelaufen war, schnappte ich mir meine Tasse vom Mischpult und goss den Kaffee hinein, ehe ich eine zweite Tasse aus dem Schrank neben dem Kühlschrank holte. Ich stellte die beiden vollen Tassen auf dem Couchtisch ab und schob Raelyn eine davon hinüber. »Ich sollte mich wohl eher für die kostenlose Gesangseinlage bedanken.«

Raelyn zog die Beine an die Brust und nahm sich den Kaffee. Sie schüttelte den Kopf. »Du solltest dich für nichts bedanken, was dich vermutlich fast das Gehör gekostet hat.« Sie verzog das Gesicht. »Wie schlimm war es?«

Ich schmunzelte. »Na ja, zu einer Karriere als Sängerin würde ich dir jetzt nicht unbedingt raten.« Als sie ihren Kopf auf ihre Knie sinken ließ, presste ich die Lippen fest aufeinander, um nicht loszulachen. »Mach dir nichts draus. Kate hat mir letztes Jahr auf einer Freshman-Party mit einem Baseballschläger eins übergezogen, weil sie das mit dem Zielen auf die Piñata nicht mehr so einwandfrei hinbekommen hat. Dagegen ist deine Gesangseinlage gar nichts gewesen.«

Raelyn legte ihr Kinn auf den Knien ab und sah mich unter der Kapuze ihres Pullovers heraus an. »Das tut mir leid.«

»Ich hab's doch überlebt, oder?«

»Ja. Zum Glück.« Ihre Augen weiteten sich, und sofort mied sie meinen Blick. »Was machst du hier schon so früh?«

Ich lehnte mich auf meinem Stuhl zurück. »Ich arbeite«, antwortete ich kurz angebunden. Auch wenn ich für Kate die Regeln des Anstands wahren musste, so brauchte ich sie nicht weiter in meine Welt zu lassen als unbedingt notwendig.

Raelyn stellte ihre Kaffeetasse ab und kam um den Couchtisch herum zum Mischpult. »Woran?«

Ich rollte etwas weiter von ihr weg und merkte dann, dass ich ihr damit nur mehr Raum gegeben hatte, sich in Ruhe umzusehen. »Am Sound Design für einen Song.«

Verwirrt sah sie mich an. »Was ist ein Sound Design?«

Ich wandte mich meinem an das Mischpult angeschlossenen Laptop zu und drückte auf Play. »Hörst du das? Diesen hellen Unterton hier?«

Raelyn nickte. »Ja.«

»Das ist das Sound Design.« Ich zeigte auf meinen Laptop. »Es gibt dem Song eine neue Dimension.«

Sie trat einen Schritt näher an mich und das Mischpult

heran, in ihren Augen ein fasziniertes Funkeln. »Womit macht man das?«

»Das kann man mit allem Möglichen machen. Du kannst einfach ein Klatschen aufnehmen oder mit dem Synthesizer Töne erzeugen und sie bearbeiten.« Ich stieß mit den Fingerspitzen das Mikrofon an, das unweit von meinem Laptop am Mischpult angebracht war. »Es gibt auch vorgefertigte Samples, aber die benutze ich nicht gerne. Ich habe gerne meine eigene Handschrift, wenn man es so nennen möchte.«

Raelyn runzelte die Stirn. »So was gibt es auch für Produzenten?«

»Ja.« Eigentlich hatte ich nicht die Geduld, mit anderen über meine Arbeit zu reden. Warum also machte ich für sie gerade eine Ausnahme? »Nicht nur Musiker haben ihren eigenen Stil, auch Produzenten entwickeln ihren ganz eigenen Sound.«

Sie schob sich die Kapuze vom Kopf und deutete auf den Aufnahmeraum, der hinter dem Mischpult durch die große Glasscheibe zu sehen war. Er war sehr klein und ein Schlagzeug passte nicht hinein, doch für meine tägliche Arbeit reichte es völlig. »Kannst du auch Instrumente spielen?«

Bei ihrer Frage nickte ich. »Ich spiele Gitarre, Klavier, Geige und Trompete.« Ich kratzte mich am Hinterkopf, wir redeten die ganze Zeit nur über mich. »Was ist mit dir? Magst du Musik?«

»Ich liebe Musik, aber ich kann kein einziges Instrument spielen.« Raelyn sah mich ein wenig traurig an. »Ich bin eher so der Zuhörer.«

Ich fing ihren Blick auf und hielt ihn fest. »Also genau der Mensch, für den Musik gemacht wird.«

Raelyn öffnete den Mund, und automatisch fiel mein Blick auf ihre Lippen. Ich hatte gar nicht bemerkt, wie nah sie mir gekommen war. Sie stand nur noch knapp einen Meter von mir entfernt. Sie presste die Lippen zu einem schmalen Strich zusammen und deutete plötzlich auf meinen Laptop. »Das sieht kompliziert aus.«

Ich riss meinen Blick von ihrem Gesicht los und sah auf das Display. »Das sind die einzelnen Tonspuren.« Ich rollte mit meinem Schreibtischstuhl näher Richtung Laptop und zeigte auf die einzelnen Tonspuren, die angezeigt wurden. »Was du hier sehen kannst, sind die einzelnen Wellenformen. Es gibt unzählige, aber …« Ich hielt inne. Was zum Teufel tat ich hier eigentlich? Klar, ich liebte meine Arbeit, doch wenn ich sie loswerden wollte, musste ich aufhören, wie ein aufgeregtes Kind vor mich hin zu brabbeln. »Entschuldige. Das führt dann vielleicht doch etwas zu weit.«

»Nein, gar nicht.« Raelyn schüttelte schnell den Kopf, und ihre Kapuze fiel herunter. »Erklär es mir.«

Ich schaute sie verwirrt an. Bisher hatte sich niemand so für meine Arbeit interessiert, und es kribbelte mir in den Fingern, über das zu reden, was über die Jahre zu meiner Passion geworden war. »Sicher?«

Sie nickte. »Ganz sicher.«

»Okay.« Ich zog einen kleinen Hocker hervor, den ich für die Musiker immer unter meinem Mischpult hatte, und sie setzte sich neben mich.

Ich bemerkte kaum, wie die Zeit verging, während ich Raelyn die Basics des Sound Designs erklärte. Ihre Augen funkelten vor Interesse, und immer, wenn sie etwas nicht verstand, runzelte sie die Stirn und schob etwas die Unterlippe vor. Ich ließ sie an einem alten Song ein bisschen herumprobieren. Erst hatte sie einige Probleme, sich in dem Programm zurechtzufinden, doch sie lernte wahnsinnig schnell.

»Oh Gott.« Raelyns Augen weiteten sich, als ihr Blick auf die Uhr am unteren rechten Bildschirmrand fiel. Es war schon halb drei. Heilige Scheiße. Ich sah sie von der Seite an und rollte unauffällig ein Stückchen zurück, als ich bemerkte, wie dicht wir mittlerweile beieinandersaßen.

Raelyn sprang vom Hocker auf. »Ich muss los. Ich hab dieses Wochenende noch eine Abgabe.« Auf dem Weg zur Tür bremste sie sich kurz. »Tut mir leid, jetzt hab ich dich von deiner Arbeit abgehalten.«

»Kein Problem.« Ich stand von meinem Platz auf und öffnete die Tür für sie. »Außerdem hätte ich vermutlich eh nichts Vernünftiges zustande gebracht.«

Sie legte den Kopf schief, und ich begriff, dass ich den letzten Satz tatsächlich laut gesagt hatte. »Was?«

»Nichts.« Als sie an mir vorbeihuschte, kam es mir plötzlich fast so vor, als würde sich mein Studio in eine dunkle Besenkammer verwandeln. Dabei hatte ich das doch die ganze Zeit gewollt. »Viel Spaß in der Bibliothek.«

»Danke.« Raelyn strahlte mich an und setzte sich die Kapuze auf. »Hoffentlich bis bald, Hunter.« Und damit wandte sie sich ab und ging den Flur hinunter.

»Raelyn?« Ich hatte sie gerufen, bevor ich wirklich darüber nachdenken konnte.

Sie drehte sich zu mir um. »Ja?«

Frag sie nicht. Frag sie nicht. »Ich bräuchte für das Album vielleicht einen Testhörer. Würdest du mir da eventuell helfen?«

Ihr Lächeln schien nur noch breiter zu werden, und ich biss die Zähne fest aufeinander. »Sehr gerne.«

»Gut.« *Gut?! Bist du vollkommen wahnsinnig geworden?!* »Kannst du mir deine Nummer geben? Dann sag ich dir Bescheid, sobald das Album fertig ist.«

»Natürlich.« Mit schnellen Schritten kam sie zu mir zurück und tippte ihre Nummer in mein Handy ein, als ich es ihr reichte. Nachdem sie ihren Kontakt abgespeichert hatte, gab sie es mir zurück. Ich drückte auf den Anruf-Button, und kurz darauf klingelte Raelyns Handy in ihrer Hosentasche.

Mit einem Lächeln zückte sie es und speicherte meine Nummer. Dann hob sie die Hand und winkte mir zu. »Bis dann, Hunter.«

»Bis dann.« Ich sah ihr kurz nach, bevor ich wieder in mein Studio zurückging und die Tür hinter mir schloss. Ich lehnte meinen Rücken gegen die Tür und fluchte leise. Der neue Kontakt leuchtete mir vom Display entgegen. »Du bist ein verfluchter Lügner, Hunter.«

So etwas wie einen Testhörer hatte ich nämlich seit Jahren nicht mehr gebraucht.

12. KAPITEL

Raelyn

»Okay, Leute, das war's für heute.« Naziah klatschte in die Hände und beendete damit die Probe. »Gute Arbeit.«

Ich atmete erleichtert aus, als die Übung endete, ohne dass ich an der Reihe gewesen war. Zu meinem Glück standen bald die Winteraufführungen an, und der Cast bereitete sich unermüdlich auf ihre Version von *Almost, Maine* vor, die nur für wenige Tage vor den Wintersemesterferien laufen sollte, sodass Neuzugänge wie ich erst mal problemlos unter dem Radar bleiben konnten.

Seoyoung hatte mir erklärt, dass im Winter meist nur kleine Projekte, aufgrund des Semesterwechsels, liefen, während im Sommer dann die aufwendigeren Stücke gezeigt wurden, die viele Proben und eine Menge Arbeit erforderten. Dennoch schienen alle auch diese kleine Produktion wahnsinnig ernst zu nehmen, was ich persönlich sehr bewundernswert fand. Alle arbeiteten mit solch einer Leidenschaft daran, das Bestmögliche aus jedem Stück herauszuholen, dass es ansteckend war und ich mich dabei erwischte, wie ich die Szenen kritisch beäugte, während sich in meinem Kopf Verbesserungsvorschläge formulierten, die ich doch niemals aussprechen würde.

Ich folgte den anderen die Treppen von der Bühne herunter in den Zuschauerraum, wo meine Sachen in der zweiten Reihe auf einem der Stühle lagen.

»Raelyn?« Ich zog gerade meine Jacke an, als Naziah mich ansprach. »Könntest du mal nachsehen, ob du verpasste Anrufe hast?«

Verwirrt runzelte ich die Stirn und zog mein Handy aus der Jackentasche. »Klar.« Ich entsperrte mein Handy. Fünfzehn verpasste Anrufe. Einer von Kate. Die restlichen von meiner Mutter.

»Und?« Naziah verschränkte die Arme vor der Brust. »Hast du welche?«

Ich nickte schwach und presste mir das Handy an die Brust. Ich hatte es auf Vibration gestellt, doch Naziah musste es trotzdem gehört haben. »Tut mir leid.«

»Kein Problem, aber mach es das nächste Mal bitte aus oder schalte es auf stumm, okay?« Sie seufzte leise. »Wenn ich die Proben von hier unten beobachte, ist es schon recht störend, wenn es ständig irgendwo vibriert.«

Ich spürte, wie meine Kehle sich zuschnürte. »Es tut mir wirklich leid.«

Sie kam zu mir herüber und legte mir eine Hand auf die Schulter. »Zerbrich dir nicht den Kopf. Sorg einfach dafür, dass es nicht noch mal vorkommt, okay?«

Ich nickte, brachte aber kein Wort heraus.

Naziah nahm ihre Hand von meiner Schulter und lächelte mich an. »Dann bis nächste Woche.« Sie drehte sich um und ging zu Blake, vermutlich, um mit ihm über die letzte Szene zu sprechen, die er gemeinsam mit einem Mädchen gespielt hatte, dessen Namen ich mir leider beim besten Willen nicht merken konnte. Aber gerade war mein Kopf eh wie leer gefegt. Ich sah auf das Display meines Handys hinab und auf die Anrufzahl meiner Mutter.

Sie wusste genau, dass ich donnerstagsabends Proben hatte. Warum also hatte sie so oft angerufen? Ob zu Hause etwas passiert war? Vermutlich nicht. Es war nicht das erste Mal, dass meine Mom sich so benahm. Wenn sie mich nicht sofort erreichte, dann versuchte sie es wieder und wieder und wieder. Immer wieder, bis ich irgendwann ans Telefon ging.

Ich presste die Lippen fest aufeinander. Ob ich sie zurückrufen sollte? Eigentlich sträubte sich alles in mir dagegen, denn ich wollte jetzt nicht mit ihr sprechen. Ich spürte so etwas wie Wut in mir brodeln, als ich daran dachte, dass die ständigen Anrufe meiner Mutter mich auch diesmal wieder zum Sonderling machten. Schon auf der Highschool war ich der seltsame Bücherwurm mit der durchgeknallten Mutter gewesen, die wegen jedem noch so kleinen Vorfall in der Schule auftauchte. Sogar dann, wenn ich mich nur an Papier geschnitten hatte und mit einem Pflaster nach Hause gekommen war. Und auch hier fing es wieder an. Ich spürte genau, wie die anderen mich ansahen, wenn der Name meiner Mutter auf dem Display aufleuchtete. Ich hörte es in dem Tonfall meiner Freunde, wenn sie mich danach fragten. Und ich spürte es, wenn mein Magen sich mal wieder zusammenkrampfte, weil die leise Stimme in meinem Hinterkopf mir zuflüsterte, dass ich doch eigentlich ganz genau wusste, dass das Ganze alles andere als normal war.

»Ist alles okay?« Ambers Stimme drang so sanft an mein Ohr, dass es mir um ein Haar Tränen in die Augen trieb, und ich nickte schnell.

»Ja.« Sogar in meinen eigenen Ohren klang meine Stimme dünn und schwächlich. »Es ist alles okay.«

»Bist du dir sicher?« Sie schulterte die Baumwolltasche mit einem zarten, floralen Muster und guckte mich besorgt an. »Du siehst ein bisschen so aus, als hättest du ein Gespenst gesehen.«

»Nein, es ist wirklich alles okay.« Ich räusperte mich und nahm meinen Rucksack.

Amber sah nicht wirklich überzeugt aus, doch sie nickte nur, anstatt weiter nachzufragen. Ich ging die flachen Stufen hinauf Richtung Ausgang und spürte Amber direkt neben mir. Sie war etwas kleiner als ich, aber wegen ihrer geraden Haltung und ihrer Absätze fiel das kaum auf. Bisher hatte ich noch kaum Chancen gehabt, mich mit ihr zu unterhalten, weil sie als Kostümdesignerin häufig die verschiedensten Dinge mit den anderen Schauspielern besprechen musste, wenn sie nicht gerade selbst probte. Aber sie machte einen sehr netten Eindruck mit ihrem offenen und warmen Lächeln und ihrer wachsamen Art. Sie war etwas weniger quirlig als der Rest der Schauspieltruppe, doch irgendwie machte sie das für mich sogar noch ein bisschen sympathischer. Wenn ich mich mit ihr unterhielt, dann fühlte ich mich durch ihr ruhigeres Wesen etwas weniger überfordert.

»Und, hast du heute noch was vor?«, fragte Amber, und ich schüttelte den Kopf.

»Nein. Ich wollte noch etwas lesen und …« Das Handy in meiner Hand begann wieder zu vibrieren, und ich blieb abrupt stehen. »Entschuldige«, sagte ich an Amber gewandt, doch sie winkte nur ab und trat ein paar Schritte zurück, um mir etwas mehr Privatsphäre zu geben. Vorsichtig spähte ich auf das Display, und als ich sah, dass es nicht meine Mutter war, ging ich sofort dran.

»Kate«, sagte ich mit deutlicher Überraschung in meiner Stimme, da sie mich eigentlich so gut wie nie anrief, sondern mir eigentlich immer schrieb. »Ist alles okay?«

»Raelyn, gut, dass ich dich erreiche.« Kate klang müde und erschöpft. »Ich brauche deine Hilfe.«

»Klar, kein Problem.« Ich sah verwundert zu Amber, die scheinbar vorhatte, auf mich zu warten. Als unsere Blicke sich begegneten, lächelte sie mich an. »Was ist denn los?«

»Du hast doch gesagt, dass du gerne liest, oder?«

»Ja, schon«, antwortete ich zögerlich, während ich mich fragte, wie mein Status als Bücherwurm für irgendetwas nützlich sein konnte.

»Ich muss für einen meiner Kurse ein Buchcover designen und bräuchte wirklich eine zweite Meinung.« Ich konnte an ihrer Stimme hören, wie verzweifelt sie war. »Morgen ist die Abgabe, und wenn ich mir das hier so ansehe, dann kann ich damit wirklich nur durchfallen.« Ich hörte das Rascheln von Papier in der Leitung, beinah so, als würde sie einen Zettel wütend zusammenknüllen. »Ich würde ja April fragen, aber die liegt mit einer Grippe flach und –«

»Ich bin gleich da.«

Kate atmete erleichtert aus. »Du bist die Beste.«

»Gar kein Problem.« Ich lächelte. »Ich bin froh, wenn ich zur Abwechslung mal dir helfen kann, nicht immer nur andersherum.«

»Danke!« Kates Ausruf war so laut, dass ich das Handy ein Stück von meinem Ohr weghielt. »Ich hab Hunter gebeten, dich zu Fuß abzuholen und zu mir zu bringen.«

Hunter? Sofort begannen meine Wangen zu glühen. »Kate, warte! Ich kann auch allein zu dir –«

»Kommt nicht infrage. Und außerdem, sieh es einfach als kleines Dankeschön für deine Hilfe.« In der Leitung war ein leises Kichern zu hören. »Bis gleich.« Es folgte ein lang gezogenes Piepen in der Leitung. Kate hatte aufgelegt. Einfach so.

Ich ließ das Handy sinken und sah an mir herunter. Turnschuhe, Jeans und eine Softshelljacke. Nicht gerade das, was man tragen sollte, wenn man jemanden beeindrucken wollte. Aber Hunter hatte mich schon vollkommen betrunken und in einem Hoodie gesehen. Da gab es vermutlich also eh nicht mehr viel zu retten.

Mein Magen rumorte lautstark, und ich presste mir die Hand darauf, während das Herz in meiner Brust wilde Purzelbäume schlug. Es war das erste Mal, dass ich ihn nach unserem Gespräch im Studio wiedersehen würde, und auch wenn es mir noch immer ein bisschen unangenehm war, war da doch auch diese Vorfreude, die ich mir nicht richtig eingestehen mochte. Ich steckte mein Handy in meine hintere Hosentasche und strich meine Jacke glatt.

»Mit wem hast du gesprochen?«, fragte Amber mich, und ertappt zuckte ich zusammen. Mist, bei dem Gedanken, Hunter wiederzusehen, hatte ich völlig vergessen, dass sie ja auf mich wartete.

»Mit meiner Freundin Kate«, antwortete ich, und wir beide machten uns wieder auf den Weg Richtung Ausgang. Ich jetzt allerdings mit deutlich schnelleren Schritten als vorher. »Sie braucht eine zweite Meinung für ein Projekt und hat mich um Hilfe gebeten.«

Amber runzelte die Stirn. »Und du gehst heute noch zu ihr?«

Ich nickte. »Ja, die Abgabe ist morgen, uns bleibt also keine Zeit.«

Amber strich sich durch das schulterlange Haar und blickte stur geradeaus. »Schade.« Sie lächelte nichtssagend. »Ich hatte gehofft, wir könnten vielleicht irgendwo einen Kaffee trinken, damit ich dich ein bisschen besser kennenlernen kann. Dann vielleicht ein andermal.«

»Tut mir leid«, sagte ich kleinlaut, während mein schlechtes Gewissen sich lautstark meldete. Amber hatte extra auf mich gewartet, und jetzt gab ich ihr einen Korb. »Aber ich würde sehr gerne ein anderes Mal etwas mit dir trinken gehen.«

»Kein Problem. Freunde gehen vor.« Amber sah mich von der Seite an, während wir gemeinsam durch die große Vorhalle zur Tür gingen. »Vielleicht schaffen wir es ja nächste Woche.«

Ich legte die Hand an die Klinke, und wir traten hinaus in die milde Abendluft. »Ja, das wäre schön.« Sobald wir auf den kleinen Vorplatz vorm Auditorium traten, suchten meine Augen nach Hunters hochgewachsener Statur. »Wie wäre es mit nächstem –«

»Raelyn.« Hunters dunkle Stimme ließ meine Gedanken im Keim ersticken, und ich drehte mich in die Richtung, aus der sie gekommen war.

Hunter lehnte mit dem Rücken an einer der Straßenlaternen und sah zu mir herüber. Seine ozeanblauen Augen rissen mich sofort wieder in ihren Bann, und plötzlich kam mir die angenehme, milde Nachtluft viel zu schwül vor. Er trug ein schwarzes T-Shirt mit V-Ausschnitt, das den Blick auf seine Tattoos freigab. Sein Haar war heute offen, und es fiel ihm auf die breiten Schultern. Seine Beine steckten in einer zerschlissenen Jeans, die an den Knien aufgerissen war und die seine muskulösen Beine gut zur Geltung brachte. Dazu hatte er ein altes Paar Chucks an, das seine besten Zeiten auch schon längst hinter sich hatte. Als unsere Blicke sich trafen, hob er die Hand zum Gruß und stieß sich von der Laterne ab. Mit in den Hosentaschen vergrabenen Händen kam er zu mir herüber. Er hielt inne, als sein Blick auf Amber fiel. Sein Gesichtsausdruck verfinsterte sich, und er blieb einen großen Schritt von mir entfernt stehen.

»Amber.« Er nickte ihr knapp zu, doch seine Stimme klang so angespannt, als würde er dem Dekan gegenüberstehen.

»Hunter«, gab Amber unterkühlt zurück, »was machst du denn hier?«

Überrascht sah ich zu Amber. Die beiden kannten sich? Aber woher? Ich guckte verwirrt zwischen den beiden hin und her. Ah, sie waren im gleichen Jahr. Vielleicht waren sie sich damals bei einer der Freshman-Treffen begegnet. Unmöglich war es nicht, denn Amber studierte Design und gehörte damit auch eher zum kreativen Kreis, den die STU in den letzten Jahren zu forcieren begonnen hatte.

»Ich hole Raelyn ab.« Hunter blickte mich an und deutete in die grobe Richtung, in der Kates Verbindungshaus lag. »Können wir dann?«

»Ja.« Meine Antwort kam vielleicht etwas zu übereifrig. »Bis dann, Amber.«

Ich wollte einen Schritt auf Hunter zu machen, doch Amber hielt mich plötzlich am Arm zurück. Ich hörte, wie Hunter verächtlich schnaubte, und ich schaute sie fragend an.

Amber öffnete den Mund, und ihre Augen huschten auf dem Vorplatz umher, auf dem sich mittlerweile eine kleine Gruppe von anderen Mitgliedern des Schauspielclubs versammelt hatte, die uns anstarrten und tuschelnd die Köpfe zusammensteckten. Sie presste die Lippen fest aufeinander und ließ mich los, ehe sie sich ruckartig auf den Hacken umdrehte. »Bis nächste Woche, Raelyn.« Dann hastete sie mit schnellen Schritten davon.

»Bis nächste Woche«, murmelte ich leise, obwohl sie mich längst nicht mehr hören konnte. Ich steckte die Hände in meine Jackentaschen und sah ihr einen Moment lang hinterher. Sie schien wirklich wütend darüber zu sein, dass ich heute Abend keine Zeit für sie hatte. Ob ich mich noch mal bei ihr entschuldigen sollte, wenn ich sie nächste Woche bei den Proben sah?

»Lass uns gehen.« Hunter riss mich aus meinen Gedanken, und ich beeilte mich, ihm zu folgen, als er einfach so losging, ohne auf mich zu warten.

Schnell schloss ich zu ihm auf und versuchte, mich seinen

schnellen Schritten anzupassen, doch auch wenn ich lange Beine hatte, fiel mir das wirklich schwer. Hunter legte einen solchen Stechschritt vor, dass ich fast neben ihm her joggen musste, um mit ihm mithalten zu können.

»Danke, dass du mich abholst«, sagte ich völlig außer Atem nach einer Weile der Stille, die sich unangenehm zwischen uns ausgebreitet hatte. Zwanghaft suchte ich nach einem Small-Talk-Thema. »Es ist schöner, wenn ich nicht allein durch die Dunkelheit gehen muss.«

»Kate hat mich praktisch gezwungen. Außerdem lasse ich eine Frau nachts ungern allein irgendwohin«, grummelte Hunter vor sich hin und verengte die Augen. »Ich bin kein Unmensch. Auch wenn du vermutlich etwas völlig anderes gehört hast.«

»Was?« Panik stieg in mir auf. Warum war er so wütend auf mich? Was hatte ich getan, um ihn derartig zu verärgern? Meine Gedanken überschlugen sich in dem Versuch, eine Erklärung zu finden, doch auch wenn ich die letzten Minuten wieder und wieder vor meinem inneren Auge abspielte, kam ich auf keine Lösung.

»Nein, das habe ich auch gar nicht gedacht. Oder gehört. Ich wollte mich nur –« Ich stolperte über meine eigenen Füße und keuchte erschrocken auf. Gleich würde ich hart auf dem Boden aufschlagen.

Ich spürte, wie eine große Hand sich um meinen Oberarm legte, bevor ein Ruck mich zurückriss. Taumelnd kam ich zum Stehen und sah zu Hunter, der mich besorgt musterte.

»Alles okay?«

Mein Herz hämmerte wild in meiner Brust, als ich fühlte, wie die Wärme seiner Hand durch den Ärmel meiner Jacke hindurchsickerte. Mein Mund fühlte sich staubtrocken an, und ich nickte bloß, anstatt auch nur ein Wort herauszubringen.

Hunter ließ mich los und vergrub seine Hand sofort wieder in seiner Hosentasche. »Du solltest besser aufpassen, wo du hintrittst«, sagte er und deutete auf die Baumwurzel, die eine der großen Gehwegplatten einfach aufgebrochen hatte.

»Tut mir leid.« Ich biss mir auf die Unterlippe. Ich wusste nicht, wofür ich mich alles entschuldigte, doch ich hoffte, dass er verstand. Ich wollte nicht, dass Hunter wütend auf mich war. Allein die Vorstellung sorgte dafür, dass jeder Muskel in meinem Körper sich verspannte. Ich hatte nicht den blassesten Schimmer, was es war, aber Hunter hatte etwas, das mich anzog. Und obwohl ich wahnsinnige Angst davor hatte, war da auch dieses Kribbeln in meiner Magengegend, das ich nicht erklären konnte, dem ich aber unbedingt näher auf den Grund gehen wollte.

»Schon okay.« Hunter lief weiter, aber jetzt legte er nicht mehr so einen schnellen Schritt an den Tag. Vielmehr schlenderte er neben mir her. Langsam ging ich auf dem schmalen Gehweg neben ihm her, und wir verließen das Campusgelände und näherten uns der Wohngegend, in der sich Kates Verbindungshaus befand.

»Gefällt dir der Schauspielclub?«

»Ja«, platzte ich heraus. Hunters Frage kam völlig aus dem Nichts, und ich brauchte einen Moment, um meine Gedanken zu ordnen und eine etwas ausführlichere Antwort zu finden. »Es ist eine große Herausforderung, aber ich mag es auch irgendwie. Ich hab so was noch nie gemacht, und es ist spannend, mal etwas vollkommen Neues auszuprobieren. Aber ich bin froh, dass ich erst mal nur zuschauen darf.« Ich lächelte, als ich an die anderen dachte. Besonders an Connor und Seoyoung, die mich wie ein rohes Ei behandelten und auf ihre Art versuchten, mir den Einstieg so leicht wie möglich zu machen. »Außerdem sind die Leute sehr nett.«

Hunter nickte, so als würde er verstehen, doch ich bemerkte, wie der Ausdruck auf seinem Gesicht sich verfinsterte. So wie eben bei dem Zusammentreffen mit Amber.

»Du magst den Schauspielclub nicht besonders, kann das sein?«, fragte ich kleinlaut.

»Das ist es nicht.« Hunter strich sich fahrig durchs Haar. Scheinbar suchte er nach den richtigen Worten, denn er öffnete ein paarmal die Lippen, nur um sie dann wieder zu schließen, ohne einen Ton gesagt zu haben. Er schüttelte den Kopf. »Es hat nichts mit dem Club zu tun. Keine Sorge.« Er sah mich an, und etwas in seinem Blick sorgte dafür, dass mein Magen sich schmerzhaft zusammenzog. »Ich hatte heute nur einen schlechten Tag.«

Ich glaubte ihm nicht. Nicht ein einziges Wort. Aber warum sollte Hunter mich anlügen? Dafür gab es keinen Grund, und wenn ich seine Worte hinterfragen würde, dann würde er vielleicht wirklich wütend werden, und das wollte ich auf gar keinen Fall.

»Okay.« Ich konnte Kates Haus schon sehen und ging etwas langsamer. Ich wollte noch etwas mehr Zeit mit Hunter verbringen. Nur noch einen kleinen Augenblick mehr. »Wie läuft es mit dem Album?«

»Nicht so, wie es sollte, aber das ist leider normal.« Hunter lachte trocken. »So ist das halt mit der Kreativität. Die lässt sich leider echt beschissen planen.«

»Das stimmt wohl leider.« Ich erinnerte mich an meine Mutter, und meine Hand krampfte sich in meiner Jackentasche um mein Handy. »Meine Mom kann auch nicht an jedem Tag gleich gut malen. Mal schafft sie ganz viel und beendet ein Gemälde an einem einzigen Tag, und manchmal schafft sie es nicht mal, den Pinsel an die Leinwand zu bewegen.«

»Deine Mutter ist Malerin?«

»Ja.« Ich spürte, wie mir der kalte Schweiß ausbrach. Ich wollte nicht über meine Mom reden. Ich wusste, wie die Leute mich dann anguckten. Ich hatte es schon zu häufig erlebt. Wenn man ständig über seine Mutter sprach, wurde man schief angesehen. Aber sie war nun mal leider der einzige Mensch, den ich wirklich kannte. Sie war der Mittelpunkt meiner Welt. Sie und meine Bücher.

»Ist sicher nicht leicht, mit einer Künstlerin zusammenzuleben.«

Bei seinen Worten blickte ich überrascht auf. Er war der erste Mensch, der das jemals zu mir gesagt hatte. Die Kommentare, die ich sonst zu hören bekam, waren meistens *Oh, wie cool!* oder *Das ist doch bestimmt wahnsinnig spannend, oder?*. Niemand wusste, wie es wirklich war, mit jemandem zusammenzuleben, der durch kreative Schaffensphasen ging, in denen ihnen die Welt zu Füßen lag, bevor eine Blockade alles ruinierte und man unzählige Tränen trocknen musste. Niemand wusste, dass der Geruch von Acrylfarbe einem auf Dauer den Magen umdrehen konnte und dass es schwer war, jemanden aus einer Flow-Phase zu holen und ihn zum Essen zu bewegen. Aber Hunter schien es tatsächlich zu verstehen.

»Nein«, gab ich zu. »Nein, es ist nicht immer einfach.«

Hunter nickte und blieb vor Kates Haus stehen, das mit seiner gelben Fassade und den griechischen Buchstaben über der Tür leider nur sehr schwer zu verfehlen war. »Da wären wir.«

Traurig sah ich die Fassade hinauf. Ich hätte gerne noch etwas mehr Zeit mit ihm verbracht, aber das war wohl jetzt vorbei. Und wer wusste schon, wann ich das nächste Mal die Chance haben würde, mit ihm zu reden? Er kam nie in die Mensa, und obwohl er so eng mit Kate befreundet war, ließ er sich nie bei uns blicken. Woran das wohl lag?

»Danke fürs Bringen.« Ich lächelte Hunter zaghaft an. »Gute Nacht.«

»Kein Problem.« Hunter sah mich auf eine Art und Weise an, die ich nicht zu deuten vermochte, die aber dafür sorgte, dass mir am ganzen Körper warm wurde. »Gute Nacht.«

Ich drehte mich um und stieg die Treppenstufen hinauf. Ich drückte auf die Klingel, und während ich darauf wartete, dass jemand aufmachte, stand Hunter noch immer auf dem Gehweg und schaute mich an. Erst als der Summer erklang und ich den ersten Schritt in den Flur trat, wandte er sich ab und verschwand mit langen Schritten in die Nacht.

13. KAPITEL

Raelyn

»Hier ist dein Schokoladenmokka, Schätzchen.«

Ich hob den Blick von meinen Lernmaterialien und sah Brenda zu, wie sie die große duftende Tasse direkt neben meinen Laptop stellte. Ich griff sofort danach und zischte leise, als ich die Hitze der Tasse an meinen Fingerspitzen spürte.

»Langsam, langsam.« Brenda klemmte sich ihr Tablett unter den Arm. »Der Mokka läuft dir schon nicht davon.« Sie deutete auf die Tasse, dann schien ihr etwas einzufallen. »Warte kurz.« Sie trippelte zum Tresen, und ihre blonde Dauerwelle wippte bei jedem Schritt mit. Als sie zurückkam, hielt sie etwas in der Hand, das aussah wie ein viel zu groß geratener Salzstreuer. Sie zog meinen Mokka zu sich heran und streute Kakaopulver über den Milchschaum.

»Danke, Brenda.« Ich fischte mein Handy aus der Tasche und schoss ein Foto. Brenda war in den letzten zwei Tagen wirklich mein Schutzengel gewesen. Ihr gehörte *The Saint's Café*, und ohne sie wäre ich sicherlich beim Lernen verhungert.

»Kein Problem, Schätzchen.« Sie tätschelte mir die Schulter, und das Lächeln in ihrem leicht untersetzten Gesicht war so echt und ansteckend, dass einem das Herz aufging. »Bleibst du heute wieder den ganzen Tag?«

»Ich denke schon.« Ich streckte mich, und meine Wirbelsäule gab ein lautes Knacken von sich. »Entschuldige, dann blockiere ich wieder den ganzen Tag einen deiner Tische.«

Brenda winkte ab. Der goldene Ehering an ihrem Finger blitzte im seichten Sonnenlicht, das durch die Fenster hineinfiel, auf. »Mach dir darum mal keinen Kopf. Ich bring dir nachher wieder ein Stückchen Kuchen, okay? Immerhin muss man beim Lernen bei Kräften bleiben.« Sie zeigte auf die Kühlvitrine neben dem Tresen, in der sich wieder vier lecker aussehende Kuchen befanden. »Womit kann ich dir denn heute eine Freude machen?«

Ich nahm den kleinen Keks, der auf der Untertasse neben dem Mokka lag, und biss ein Stückchen davon ab. »Hast du etwas mit Schokolade?«

Brenda zog eine Augenbraue hoch. »Was wäre ich für eine Bäckerin, wenn ich nichts mit Schokolade hätte?« Sie steckte die Hände in ihre altmodische Schürze, die zu dem Vintage-Style des gesamten Cafés passte, und zwinkerte mir zu. »Also einmal Death by Chocolate. Kriegst du nachher.« Sie tätschelte meine Schulter und ließ mich mit dem Stapel Bücher und Notizen auf meinem Tisch allein.

»Danke, Brenda«, rief ich ihr nach und betrachtete dann wieder das Chaos aus Zetteln vor mir. Ich hatte mich extra an einen der Tische im hintersten Teil des Cafés verzogen, um mich ausbreiten zu können, ohne gleich alle Blicke auf mich zu ziehen. Eigentlich war ich nicht der Typ, der einen Tisch für einen ganzen Tag besetzte, aber in der Bibliothek hatte ich es einfach nicht mehr ausgehalten. Jeden Tag war es dort voller und voller geworden und somit auch immer lauter, und irgendwann hatte es mir gereicht. Jetzt saß ich hier, den dritten Tag in Folge, aß Kuchen und trank ein süßes Getränk nach dem nächsten, während ich, mit Kopfhörern bewaffnet, versuchte, mich irgendwie aufs Lernen zu konzentrieren. Zum Glück hatte Brenda mich noch nicht zum Teufel gejagt, aber das Café war die letzten paar Tage auch recht leer gewesen, was vermutlich daran lag, dass fast alle Studenten der Uni sich in der Blackwell-Bibliothek aufhielten.

Ich knabberte weiter an dem Keks und genoss den zitronigen Geschmack auf der Zunge, ehe ich zu meinem Schokoladenmokka griff. Koffein und eine extra Portion Schokolade war genau das, was ich jetzt brauchte. Ich wusste, ich würde es bitterlich bereuen, wenn ich das nächste Mal auf eine Waage stieg, aber im Augenblick war mir das egal. Die letzten paar Tage waren anstrengend gewesen. Und das nicht nur wegen der Lernerei.

Ich linste zu meinem Handy hinüber, das jetzt an der Tischkante lag, damit ich mich nicht damit ablenkte, und fuhr mit den Fingern über den Rand der dunkelblauen Hülle. Seit unserer Begegnung am vorletzten Donnerstag hatte ich nichts mehr von Hunter gehört. Eigentlich hatte ich darauf gehofft, dass er mir mal eine Nachricht schrieb, aber bisher war das nicht passiert. Auf dem Campus hatte ich mich immer wieder dabei erwischt, wie ich nach ihm Ausschau gehalten hatte, und es hatte mich eine Menge Selbstbeherrschung gekostet, Kate nicht zu fragen, wo Hunter steckte. Wieso war mir das Ganze überhaupt so wichtig? Klar, wir hatten uns wirklich nett unterhalten, aber das war ja auch schon alles.

Ich seufzte leise und drehte mein Handy um. Das Display leuchtete auf, und ich stellte fest, dass ich ein paar verpasste Anrufe von meiner Mutter hatte. Ich würde sie später zurückrufen. Ich löschte die Mitteilung und öffnete stattdessen den Gruppenchat, den Kate für uns eröffnet hatte. Ich schmunzelte, als ich das GIF von einer auf einem Buch schlafenden Katze sah, welches April zuletzt geschickt hatte. Sie hatte nämlich in letzter Sekunde auch noch eine Abgabe reingedrückt bekommen und schlug sich jetzt in der kleineren Woolf-Bibliothek die Nächte um die Ohren. Ich sendete ihnen ein Foto von meinem chaotischen Tisch im Café und tippte eine schnelle Nachricht, in der ich Kate viel Erfolg für ihren heutigen Test wünschte, bevor ich mein Handy wieder an die Tischkante verbannte. Ich sollte wirklich weiterlernen, wenn ich irgendeine Chance haben wollte, die Mid-Terms einigermaßen erfolgreich hinter mich zu bringen.

Als ich nach meinen Kopfhörern griff, die an meinem Laptop angeschlossen waren, erklang das laute Röhren eines Motors. Selbst mit meinen In-Ear-Kopfhörern würde ich das nicht ausblenden können. Frustriert warf ich sie zurück auf den Tisch und sah aus dem Fenster nach draußen. Gerade jetzt, wo ich wieder anfangen wollte. Ich trank einen Schluck von meinem Mokka und rollte mit den Schultern. Vermutlich fuhr das Auto nur vorbei. Ich konnte also gleich in Ruhe –

Mein Blick richtete sich auf ein Motorrad, das auf die Strandpromenade auffuhr. Der Fahrer lenkte das laute Ungetüm direkt vor das Café, ehe er den Motor abschaltete und abstieg. Durfte er da überhaupt parken? Und durfte er überhaupt auf die Strandpromenade mit seinem Motorrad? War das nicht eine reine Fußgängerzone?

So oder so würde ich mich sicherlich nicht mit dem Fahrer anlegen. Durch das Fenster des Cafés erkannte ich, dass er groß war. Die Lederjacke betonte seine Schultern, und die Lederhandschuhe ließen seine Hände wie Pranken wirken. Ich rutschte etwas tiefer in meinen Stuhl und senkte den Blick.

Kein Grund, irgendwie aufzufallen. Er wollte wahrscheinlich nur einen Kaffee trinken und dann wieder verschwinden. Und solange sein Motorrad aus war, konnte ich auch in Ruhe lernen. Ich nahm meine Kopfhörer und wählte einen ruhigen

Track, ehe ich mir meinen Lernzettel wieder zur Hand nahm. Es war ein Wunder, dass die Buchstaben nach all den Stunden des Lernens noch nicht vor meinen Augen verschwammen. Mir kam mittlerweile jedenfalls alles wie Buchstabensalat vor, denn auch wenn ich fast jeden Satz auf dem Lernzettel auswendig konnte, schienen sie für meinen trägen Verstand doch gerade keinen Sinn zu ergeben. Sollte ich vielleicht doch erst mit einem meiner Kurse in Radioproduktion weitermachen?

Ich rieb mir die Augen und blickte verstohlen auf. Wo der Motorradfahrer wohl hin war? Als ich den Mann am Tresen erkannte, blinzelte ich überrascht. »Hunter?«

Er drehte sich um, und ich winkte ihm schüchtern zu. Ich versuchte, etwas mutiger zu sein nach den längeren Gesprächen, die wir in seinem Studio und auf dem Weg zu Kate gehabt hatten.

Hunter kam zu mir herübergeschlurft. Der Zettel aus meiner Hand verschwand ebenso plötzlich wie die Musik in meinen Ohren, und ich erstarrte.

»Was liest du da?«, fragte er mich mit seiner dunklen Stimme, die einen so unverkennbaren Florida-Akzent hatte.

»Hey, Hunter.« Mein Blick schnellte zur Seite. Hunter zog sich einen Stuhl heran und ließ sich darauf fallen, während seine Augen über meinen Lernzettel glitten. Ich lächelte leicht verkrampft und schlug mir innerlich vor die Stirn. Hey? Was Besseres war mir nicht eingefallen?

Hunter runzelte die Stirn und legte meinen Zettel zurück auf den Tisch. »Hey.« Als sein Blick meinen traf, zuckten seine Mundwinkel. »Was machst du denn hier?«

»Ich musste aus der vollen Bibliothek raus.« Ich setzte mich etwas gerader hin. »Die Mid-Terms machen scheinbar alle völlig verrückt, also habe ich die Flucht ergriffen.«

Hunter nickte, wirkte aber selbst vollkommen gelassen, auch

wenn ich dunkle Schatten unter seinen Augen erkennen konnte. »Wann ist deine erste Klausur?«

»Donnerstag um acht.«

»Also übermorgen.« Er zog seine Handschuhe aus und legte sie auf den Tisch. »Was lernst du grade?«

Wie gebannt starrte ich auf die Lederhandschuhe. War Hunter wirklich der Motorradfahrer? Verstohlen ließ ich meine Augen über ihn gleiten. Er trug eine schwarze, sehr dicke Lederjacke über einem weißen T-Shirt. Seine Schultern kamen darin fantastisch zur Geltung, und ich musste schlucken. Seine Beine steckten in Bluejeans, und an den Füßen trug er ein so massives Paar Boots, dass ich mich fragte, ob es Spezialanfertigungen waren. Als ich ihm wieder in die Augen sah, bemerkte ich seinen fragenden Blick. Mist, ich hatte ihm noch gar keine Antwort gegeben. »Wirtschaftstheorien.«

Hunter murrte leise. »Klingt ja spannend.«

Ich lächelte und sah auf meine Hände hinab, die ich um meine Tasse legte. »Dein Sarkasmus ist genauso unverkennbar wie der von Kate.«

»Sie hat alles von mir gelernt. Verrat es aber keinem.« Das jungenhafte Grinsen auf seinen Lippen brachte mich etwas aus dem Konzept, doch so schnell es gekommen war, war es auch wieder verschwunden. Stattdessen sah er mich ernst an. »Du siehst müde aus.«

Ich legte mir die Hände an die leicht brennenden Wangen und seufzte. »Ich hab die letzten zwei Tage vielleicht etwas zu viel gelernt.«

»Ein Eiskaffee zum Mitnehmen!«

Hunter stand auf und ging zum Tresen, kehrte jedoch direkt zu mir zurück. Er nahm einen Schluck, und sehr zu meinem Bedauern setzte er sich nicht hin, sondern blieb vor dem Tisch stehen. Er deutete auf meinen Lernzettel. »Nachtschichten?«

»Mehr als nur eine.« Ich trank den letzten Rest von meinem Mokka und fuhr mit den Fingerspitzen über den Rand der Tasse.

»Kommst du nicht gut mit dem Stoff voran?«

»Doch, eigentlich schon, aber ich kann einfach nicht riskieren, durchzufallen.« Als ich seinen fragenden Blick bemerkte, hatte ich plötzlich das Gefühl, mich für mein ganzes Lernen rechtfertigen zu müssen. »Ich habe gehört, die Klausuren von Professor Kim sind echt hart, und ich will einfach diesen Kurs auf keinen Fall wiederholen müssen, und die Stoffmenge ist auch so umfangreich, dass ich mich frage, wie ich da Herrin der Lage werden soll.« Mit jedem Wort hatte ich schneller und schneller geredet. »Außerdem setzt er keine richtigen Schwerpunkte und –«

Hunter seufzte so tief, als wäre er derjenige, der sich die Nächte beim Lernen um die Ohren schlug. »Ist dein Kaffee leer?«

Ich blinzelte verwirrt, als Hunter mich so abrupt unterbrach. »Ja.«

»Gut.« Er legte alle meine Zettel auf einen Stapel und klappte meinen Laptop zu, ehe er mein Handgelenk packte und mich vom Stuhl zog. »Komm mit.«

Mit großen Augen sah ich dabei zu, wie er meinen Rucksack schnappte und all meine Sachen reinstopfte. Er warf ihn sich über die Schulter, nahm meine Hand, und ehe ich mich versah, stolperte ich schon hinter ihm her Richtung Ausgang. »Hunter, warte! Was –«

»Kate bringt mich um, wenn sie erfährt, dass wir uns zufällig getroffen haben und ich dich in dem Zustand da habe sitzen lassen.« Hunter führte mich hinaus in die warme Oktobersonne. Sofort roch ich das Meer, das heute nur seichte Wellen an den Strand spülte. »Magst du Eis?«

Bei dieser Frage runzelte ich die Stirn. »Es ist Oktober.«

»Und?« Hunter schleifte mich ein Stück die Promenade herunter. Vor einem Laden mit einem kleinen Fensterverkauf blieb er stehen. Ich sah zu dem Schild hoch. *Masters – The best ice cream in town* stand in roten Lettern auf weißem Untergrund. Hunter ließ meine Hand los und nickte dem älteren Herrn im Fenster zu.

»Was möchtest du?«, fragte Hunter mich.

Ich schüttelte schnell den Kopf. »Du brauchst mir wirklich kein Eis –«

Er warf mir einen abschätzenden Blick zu. »Einmal Schokolade, bitte.«

Der ältere Mann formte mit seinem Eisportionierer eine große Kugel und setzte sie auf eine Waffel, ehe er sie Hunter reichte, der in seine hintere Hosentasche griff und mit einem Fünfdollarschein bezahlte. Er hielt mir die Waffel hin.

Zaghaft nahm ich sie an. »Danke.« Als er mir sanft die Hand zwischen die Schulterblätter legte und mich von der Eisdiele wegführte, wunderte ich mich. »Willst du gar nichts?«

Kommentarlos hob Hunter seinen To-go-Becher aus dem Café und lenkte mich die wenigen Treppen zum Strand hinunter. Wir gingen ein paar Meter, dann hielt Hunter plötzlich an und zeigte auf den Sand. »Setz dich.«

Skeptisch sah ich zum Café. So verlockend das hier auch klang, ich durfte nicht nachgeben. Wenn ich in San Teresa bleiben wollte, dann musste ich die Mid-Terms schaffen. Komme, was wolle. »Hunter, ich sollte wirklich zurück und weiterlernen.«

»Iss erst mal das Eis. Dann kannst du weiterlernen.« Er ließ sich in den Sand fallen und deutete auf den Platz neben sich. »Wofür lernst du eigentlich so viel?«

Ich sah auf mein Eis. Damit konnte ich tatsächlich nicht

einfach zurück ins Café. Ob er es mir genau deshalb gekauft hatte? Nein, vermutlich nicht. Ich setzte mich neben Hunter in den trockenen Sand. »Um zu bestehen.«

»Dafür reicht ein D«, sagte Hunter trocken.

Ich schnaubte leise. »Ein D reicht vielleicht zum Bestehen, aber sicherlich nicht für einen Job.«

»Dann lernst du aber nicht, um zu bestehen, sondern für ein konkretes Ziel.« Hunter stellte seinen Becher in den Sand und ließ sich nach hinten sinken. Er stützte sich auf seinen Unterarmen ab und überkreuzte die Beine an seinen Knöcheln. »Was willst du denn nach deinem Abschluss machen?«

Seine Frage erwischte mich eiskalt. »Keine Ahnung.«

»Okay.« Er sah mich an, und seine ozeanblauen Augen raubten mir wieder für einen kurzen Augenblick den Atem. »In welche Richtung soll es denn gehen?«

Ich konnte nicht anders, als ehrlich zu sein. »Keine Ahnung.«

»Okay.« Er richtete seinen Blick aufs Meer. »Wieso hast du Kommunikation als Hauptfach gewählt?«

»Weil …« Ich zog meine Knie an die Brust und folgte seinem Blick auf die Wellen, damit ich ihn nicht ansehen musste. Wer wusste schon, was er sonst in meinen Augen hätte erkennen können. »Ich wollte sehen, ob ich es schaffen kann. Das Ganze über mich hinauswachsen und so.« Ich betrachtete mein Eis, das langsam zu schmelzen begann, und lachte freudlos auf. »Dämlich, oder?«

»Ein bisschen.« Die Welt verschwamm kurz vor meinen Augen, und ich legte schnell den Kopf in den Nacken. »Macht es dir Spaß?«

Ich blinzelte ein paarmal, um sicherzugehen, dass ich nicht gleich in Tränen ausbrechen würde, ehe ich nickte. »Ja. Also natürlich nicht alles, aber das ist ja ganz normal.«

»Was gefällt dir bisher am besten?«

»Radioproduktion.« Ich probierte mein Eis. Der süße und schwere Geschmack der Schokolade war tröstlich und vertraut, aber irgendwie auch neu. »Schade, dass es ein sterbendes Medium ist.«

»Ist das denn wichtig, wenn es etwas ist, das dir Spaß macht?« Hunter setzte sich wieder auf und strich sich den Sand von den Ärmeln. »Trends verändern sich ständig. Und das Radio ist allgegenwärtig.« Als er mich wieder anguckte, fiel mir auf, wie müde er aussah. Er wirkte abgekämpft und hatte glasige Augen. »Lass dich nicht von was abhalten, das dir Spaß macht, nur weil der Rest der Welt denkt, es wäre die Mühe nicht wert.«

Die Wellen rollten rhythmisch an den Strand, und das Kreischen der Möwen mischte sich in die Stille, die jetzt zwischen uns herrschte, als wir einander ansahen. Mein Blick glitt wieder zu dem Tattoo an seinem Hals. Der Kompass war groß genug, um die rechte Seite seines Halses einzunehmen. Das Glas war gebrochen, die Nadel zeigte noch immer nach Norden, auch wenn das Gehäuse stark beschädigt war. Die Schattierungen waren perfekt gesetzt und gaben dem Tattoo etwas so Plastisches, dass man es berühren wollte. Es passte perfekt zu Hunter. Er schien stark und selbstbewusst, als würde er niemals seinen Weg verlieren, egal was für Hindernisse auch vor ihm lagen. Ich beneidete ihn darum. Ich wusste nämlich noch nicht einmal, was mein Weg eigentlich überhaupt sein sollte.

»Hast du auch Tattoos?« Bei Hunters Frage zuckte ich ertappt zusammen. Natürlich hatte er bemerkt, dass ich mir sein Tattoo angesehen hatte. Ich hatte ja auch unverhohlen hingestarrt.

»Nein.« Ich spürte, wie sehr meine Wangen glühten, und leckte schnell an meinem Eis. Vielleicht brachte das die nötige

Abkühlung. Denn die brauchte ich jetzt. Dringend. »Aber ich wollte schon immer eins.«

»Warum hast du dir bisher keins stechen lassen?«

»Weil man sich erst mit achtzehn in New York tätowieren lassen kann.« Ich sah auf das Eis. Schokolade. Die Sorte, die ich schon seit meiner Kindheit am liebsten gegessen hatte.

»Hätte deine Mom dir keine Erlaubnis geben können?« Hunter fuhr sich mit einer Hand durch das lange Haar, das er heute offen trug.

»Doch, wahrscheinlich schon.« Ich seufzte leise. »Aber ich hab sie nie danach gefragt.« Ich wusste nämlich genau, dass meine Mutter dann in Tränen ausgebrochen wäre, und das brauchte keiner von uns beiden. Ich würde einfach noch ein bisschen warten und es als mein kleines Geheimnis bewahren.

Ich erwartete, dass er nachhakte, warum, doch Hunter tat nichts dergleichen. Er nickte einfach nur, so als würde er verstehen, und überließ mich meinen Gedanken. Die Stille, die wieder eintrat, war keinesfalls unangenehm. Sie musste nicht mit Erklärungen oder leeren Worten gefüllt werden. Und dieses Gefühl allein sorgte dafür, dass sich ein Kloß in meinem Hals bildete. Ich aß mein Eis auf und legte meine Wange auf die Knie, den Blick auf den Horizont gerichtet. Und mit jeder Welle, die am Strand ankam, merkte ich, wie sehr ich diese Pause gebraucht hatte.

»Komm.« Ich fuhr erschrocken hoch, als Hunter plötzlich die Stille unterbrach. Er stand auf und hielt mir die Hand hin. »Ich bringe dich zurück ins Café.«

Ich sah auf seine ausgestreckte Hand und legte meine, ohne auch nur eine Sekunde zu zögern, hinein. Er zog mich auf die Füße, und ich fühlte mich irgendwie befreit, konnte endlich wieder richtig atmen.

14. KAPITEL

Raelyn

»Endlich frei!« April riss bei ihrem Ausruf die Arme in die Luft und stieß ein triumphierendes Jubeln aus. Ich konnte es wirklich verstehen. Die Mid-Terms hinter sich zu haben, fühlte sich wirklich wahnsinnig gut an. Jetzt wo alles vorbei war, hatte man endlich wieder etwas mehr Zeit für die schönen Dinge im Leben. Ich seufzte zufrieden und wandte mein Gesicht der Sonne zu. Ihr goldenes Licht kam mir heute besonders warm und schön vor, was daran liegen konnte, dass ich heute um acht Uhr meine letzte Klausur hinter mich gebracht hatte.

Wir hatten uns um zehn Uhr zum gemeinsamen Frühstück verabredet und mit etwas Glück einen der letzten Plätze auf der Terrasse der Beauvoir-Mensa ergattert. Es war noch warm genug, um draußen zu sitzen, und wir genossen die Herbstsonne auf unserer Haut. Die Bäume auf dem Campus färbten sich langsam in allen Schattierungen von Braun, Orange und Gelb, und ihr farbenfrohes Zusammenspiel war so schön, dass man sich gar nicht daran sattsehen konnte. Ich hob ein Blatt von dem leeren Stuhl am anderen Tisch auf und drehte es lächelnd in meiner Hand.

Kate schnitt ihren Bagel auf und schmierte etwas Frischkäse darauf, ehe sie mit dem Messer auf April zeigte. »Du hattest nur eine Abgabe. Was soll Rae denn sagen?« Sie beäugte mich von der Seite. »Wie lief es überhaupt?«

Ich zog mein Lehrbuch aus dem Rucksack, der neben mir auf dem Boden stand, und legte das Blatt zwischen die Seiten, dann steckte ich das Buch wieder in den Rucksack. Ich nahm einen Schluck von meinem Filterkaffee und verzog das Gesicht. Die letzten Tage im *The Saints Café* hatten mich eindeutig zu sehr verwöhnt, denn nach den unzähligen Schokoladenmokkas von Brenda schmeckte dieser Kaffee wie Spülwasser. »Ich glaube, ganz gut.«

Kate nickte zufrieden und träufelte etwas Honig auf ihren mit Frischkäse bestrichenen Bagel. »Auch Wirtschaft?«

»Ja.« Ich lächelte glücklich, als ich an die Klausur heute Morgen dachte. Davor hatte ich gezittert wie Espenlaub, doch als ich die Fragen vor mir liegen hatte, war plötzlich alle Nervosität von mir abgefallen, da ich auf alle eine Antwort gewusst hatte. »Die Aufgaben waren leichter, als ich angenommen hatte.«

April schüttelte den Kopf und nahm einen Löffel von ihrem Müsli. Wie gut, dass das Frühstücksmenü der Mensa so umfangreich war, so hatte jeder etwas finden können, das er gern mochte. »Die Fragen waren vermutlich nicht einfach. Du hast einfach zu viel gelernt.«

»Wie lief es eigentlich bei dir, Kate?« Schnell wechselte ich das Thema und aß etwas von meiner weniger gesunden Frühstückswaffel, die beinah in Ahornsirup ertrank. Aber heute hatte ich mir das verdient.

Kate nickte zufrieden. »Die Tests liefen gut. Ich habe jetzt noch zwei Abgaben in den nächsten zwei Wochen, aber auch das sollte machbar sein.«

April sah sie mitleidig an und legte ihr eine Hand auf die Schulter. »Also kein freies Wochenende für dich?«

»Dieses Wochenende sowieso nicht.« Kate winkte ab und biss in ihren Bagel. Etwas Honig tropfte auf den Teller. »Meine

Verbindung hilft dieses Wochenende beim Umbau eines Kinderheims in Los Angeles.«

April nahm sich eine Banane von Kates Tablett, schnitt sie in Scheiben und warf diese in ihr Müsli. »Ach ja. Solche Sachen sind ja Pflicht in einer Verbindung, oder? Philanthropie und der ganze Kram.«

Ich zupfte noch ein Stück von meiner Waffel ab und versuchte Aprils Unterton zu ignorieren. Sie hatte offensichtlich wirklich ein Problem mit Studentenverbindungen.

»Ja. Aber mir macht das nichts aus.« Kate lächelte. Entweder überging sie Aprils Unterton einfach oder sie hatte ihn tatsächlich nicht wahrgenommen. »Ich mach es irgendwie gerne.«

April verdrehte die Augen und kaute laut knackend ihr Müsli. »Bist du eine Heilige oder tust du nur so?«

»Sie tut nur so.« Ein Lächeln breitete sich auf meinem Gesicht aus, als Hunter mit großen Schritten auf unseren Tisch zukam und sich einen Stuhl heranzog. Sein langes Haar hatte er locker auf seinem Hinterkopf zusammengebunden, und das dunkelrote Langarmshirt, das er trug, hatte er bis zu den Ellenbogen hochgeschoben, sodass man die unzähligen Tattoos auf seinen Unterarmen sehen konnte. Er stellte seinen Stuhl direkt zwischen Kate und April und ließ sich darauffallen. Es war das erste Mal, dass ich ihn hier in der Mensa sah. »Eigentlich ist sie der Teufel.«

Kate begrüßte Hunter mit einem Lächeln und schob ihm ihre Kaffeetasse zu. Sie tat etwas Zucker hinein, obwohl sie ihn selbst eigentlich schwarz trank. »Na sieh mal einer an, wer da aus seiner Höhle gekrochen kommt und gleich wieder mit Nettigkeiten um sich wirft.«

Hunter trank einen Schluck Kaffee und schnappte sich die Orange, die auf dem Tisch lag. »Sag doch einfach, dass du mich vermisst hast.«

Kate stieß ihn an der Schulter an, und Hunter ließ um ein Haar die Orange fallen. »Ich hab dich vermisst, du Vollidiot.«

Hunters Mundwinkel zuckten, zu einem Lächeln ließ er sich allerdings nicht hinreißen, während er die Orange schälte. Kate sah auf die Orange und murrte leise etwas vor sich hin, das wie *Verdammter Dieb* klang, ehe sie in ihren Bagel biss.

April lehnte sich auf ihrem Stuhl zurück und schlug die Beine übereinander. »Hattest du Mid-Terms, Hunter?«

Hunter aß die erste Orangenspalte und legte Kate die zweite auf den Teller. »Ja, aber zum Glück nur einen Test, und ich hab drei Abgaben, aber die haben noch Zeit bis Thanksgiving.«

»Das sind nur noch knapp vier Wochen.« Kate deutete warnend mit dem Zeigefinger auf Hunter. »Schieb es nicht wieder bis eine Nacht vorher auf.«

Hunter schnaubte. »Bist du meine Mutter?«

»Nein, aber ich hab ihre Nummer.« Mit einem triumphierenden Grinsen steckte Kate sich die Orangenspalte in den Mund, während Hunter nur mit dem Kopf schüttelte.

April deutete mit dem Löffel zwischen Hunter und Kate hin und her. »Seid ihr zwei eigentlich zusammen aufgewachsen?«

»Nein. Wir haben uns letztes Jahr hier kennengelernt.« Kate riss in gespielter Panik die Augen auf und schlug sich eine Hand vor den Mund. »Wieso? Klinge ich schon wie dieser Hinterwäldler?«

Hunter verschluckte sich an dem Obststück, und ich reichte ihm mein Wasserglas. Er sah für einen Moment zögernd darauf, trank dann einen großen Schluck und schlug sich hustend auf die Brust. Wütend funkelte er Kate an. »Sagt die Frau aus Louisiana.«

Auch wenn Kate mir erzählt hatte, woher sie kam, überraschte es mich doch immer wieder. Leute aus den Südstaaten hatten nämlich eigentlich einen sehr starken und schweren Akzent, doch Kate klang eher wie aus dem Mittleren Westen. Ich lächelte sie aufmunternd an. »Das hört man gar nicht.«

»Sie gibt sich ja auch größte Mühe.« Tyler tauchte plötzlich hinter uns auf, und ich zuckte überrascht zusammen. Er stellte sich hinter April und stützte seine Unterarme auf ihrer Rückenlehne ab. Sein Haar war akkurat zurechtgemacht, und er hatte ein schwarzes Hemd an, das ihm wie auf den Leib geschneidert war. »Lass sie mal ein oder zwei Bierchen zu viel trinken, und schon hörst du ihre Wurzeln ganz genau heraus.«

Kate schnalzte missbilligend mit der Zunge. »Wer hat dich eigentlich gefragt? Und was machst du überhaupt hier? Musst du nicht arbeiten oder so was?«

Tyler begrüßte Hunter mit einem Handschlag und schaute interessiert auf das ganze Essen auf unserem Tisch. »Willst du mich loswerden?«

»Richtig geraten.«

Tyler drückte auf die Home-Taste von Aprils Handy, das neben ihrem Teller lag, und fluchte, als er einen Blick auf die Uhr warf. »Ich muss tatsächlich gleich los. Kann ich was von deinem Bagel haben?«

»Bediene dich.« Kate schob ihren Teller zu April hinüber, die ihn dann Tyler reichte.

»Krümel mir ja nicht auf den Kopf«, sagte April mit mahnender Stimme, und Tyler lachte auf.

»Ich kann mich auch auf deinen Schoß setzen, wenn dir das lieber ist.« Er ging um den Stuhl herum und sah April abwartend an. »Du musst nur ein Stück zurückrücken.«

»In deinen Träumen vielleicht.« April schubste ihn weg,

doch auch wenn ihr Tonfall giftig klang, umspielte ihre Lippen ein Schmunzeln und ihre Ohren färbten sich rot.

Kate nahm sich eine Scheibe Toast von Aprils Teller und schmierte etwas Erdbeermarmelade darauf. »Also, was habt ihr alle dieses Wochenende vor?«

»Ich muss arbeiten«, antwortete Tyler kauend.

»Mit vollem Mund spricht man nicht.« Kate hielt ihm eine Serviette hin und schüttelte den Kopf, als Tyler sich damit nachlässig über den Mund wischte. »Wie sieht's bei dir aus, April?«

April widmete sich wieder ihrem Müsli, das jetzt vermutlich längst völlig aufgeweicht war. »Ich fahre dieses Wochenende nach Hause. Ich wollte noch die eine oder andere Sache holen.«

Tyler leckte sich den Honig von den Fingern und stellte den leeren Teller auf den Tisch. »Ist es weit bis zu dir?«

»Nein.« April pustete sich eine verirrte Locke aus der Stirn. »Ich bin aus Three Rivers.«

Ich hatte keinen blassen Schimmer, wo das sein sollte, aber Tyler nickte wissend. »Das ist ja hier um die Ecke.«

»Sozusagen.« April sah zu Tyler auf und schirmte ihre Augen mit der Hand gegen die Sonne ab. »Wo arbeitest du überhaupt?«

Tyler griff nach Kates Kaffeetasse, doch sie schlug ihm auf die Finger. Grinsend reichte ich ihm meine. Es war offensichtlich, dass er nur auf der Durchreise war und nur kurz an unseren Tisch gekommen war, um Hallo zu sagen. Außerdem bekam ich diesen Kaffee heute eh nicht herunter.

Tyler nickte mir dankend zu und trank einen großen Schluck, bevor er mir die Tasse wieder hinhielt. »Im Reisebüro von Mrs Clarke. Hauptsächlich kümmere ich mich um Busreisen für Rentner, aber es bringt gutes Geld.«

»Hast du eigentlich schon was wegen Tokio und deinem Auslandssemester gehört?«, fragte Hunter, und interessiert blickte ich Tyler an. Er wollte nach Japan? Das war schon irgendwie spannend. Ich würde mich das im Leben nicht trauen. Allerdings hätte ich auch niemals gedacht, dass ich auf der Uni Freunde finden würde. Und hier saß ich nun, als Teil einer Gruppe, und fühlte mich tatsächlich unglaublich wohl. Diese Menschen machten irgendetwas mit mir, sie veränderten mich. Stück für Stück. Schritt für Schritt. Und auch wenn es mir ein bisschen Angst machte, war ich ihnen auch dankbar dafür.

Tyler nickte. »Ja, das geht klar. Ich halte zurzeit Ausschau nach günstigen Flügen.«

Kate sah auf ihre Hände hinab und richtete einen der unzähligen Ringe, die sie an ihren schmalen Fingern trug. »Frag doch einfach deinen Dad.«

»Ja, ich wollte ihn morgen mal anrufen.« Tyler fluchte, als er auf seine Armbanduhr sah. »Scheiße, ich muss los. Bis später, Leute.«

»Was machen wir nur mit diesem wandelnden Chaos?« Kate sah Tyler noch einen Moment lang nach, wie er davonhastete und dabei beinah über seine eigenen Füße stolperte. Sie schüttelte den Kopf, so als wollte sie ein paar lästige Gedanken vertreiben, und richtete ihre Aufmerksamkeit dann wieder auf Hunter. »Was ist mit dir, Hunter? Was hast du für dieses Wochenende geplant?«

»Ich fahre hoch nach San Francisco.« Hunter aß die letzte Orangenspalte und legte die Schalen auf Kates Tablett. »Ich muss hier einfach mal raus.«

»Finde ich sehr gut.« Ein Funkeln war in Kates Augen zu erkennen. »Fährst du mit dem Motorrad?«

»Natürlich.«

Ich dachte an unsere Begegnung im Café zurück und daran, wie Hunter von seinem Motorrad gestiegen war. Es passte zu ihm. Zu seinem ganzen eher wilden Look, und ich fragte mich, ob Hunter überhaupt ein Auto besaß oder ob er sich darin vielleicht zu eingeengt fühlte. Ich wusste noch nicht viel über ihn, aber es war offensichtlich, dass er ein Freigeist war.

»Punkt für dich.« Kate sah mich an und aß eine Weintraube. »Was ist mit dir, Rae?« Sie verengte die Augen. »Wehe, du lernst schon wieder.«

Ich lachte nervös. Eigentlich hatte ich das tatsächlich vorgehabt. Aber Kates Blick sagte mir, dass ich es besser nicht erwähnen sollte. »Nein. Ich wollte einfach mal ausspannen.«

»Willst du mit mir nach L.A.?«, bot Kate an.

»Nimm es mir nicht übel, aber lieber nicht.« Ich dachte an den Tag zurück, an dem ich meiner Mutter geholfen hatte, in ihrer Galerie neue Gemälde aufzuhängen. Nur mit Glück hatte einer der Kuratoren noch ein fünftausend Dollar teures Bild auffangen können, das mitsamt dem von mir eingeschlagenen Nagel von der Wand herunterkam. »Was handwerkliche Sachen angeht, habe ich leider zwei linke Hände.«

April verzog das Gesicht ein wenig und stellte ihre leere Müslischale zurück auf den Tisch. »Ich würde dir ja vorschlagen, mit nach Three Rivers zu kommen, aber meine ganze Familie kommt übers Wochenende, und das will ich echt niemandem zumuten.«

»Schon gut. Ich komm schon klar.« Wie die beiden sich um mich sorgten, wärmte mir das Herz, hielt mir allerdings gleichzeitig vor Augen, wie wenig Freunde ich tatsächlich hatte. »Ich schau einfach ein bisschen Netflix oder telefoniere mit meiner Mom.«

»Hast du nicht vorhin erst mit ihr gesprochen?«, fragte April mich, und ich legte den Kopf schief. Bei ihr klang es schon wieder so, als wäre es nicht normal, wie häufig ich mit meiner Mom sprach.

»Ja, schon.« Ich guckte auf meine Hände. »Ich dachte nur, wenn ich eh Zeit habe, dann könnte ich vielleicht … also …« Ich biss mir auf die Unterlippe. Ich wusste, dass sie recht hatte. Niemand von ihnen sprach so oft mit seinen Eltern wie ich. April hatte ich vielleicht ein oder zwei Mal mit ihrem Vater sprechen hören, während Kate nicht mal über ihr Zuhause sprach.

Kate räusperte sich leise und rückte ein Stückchen näher zu mir heran. »Du kannst doch nicht das ganze Wochenende allein verbringen.« Sie musterte mich besorgt. »Sicher, dass du nicht mit nach L.A. willst?«

»Ja, wirklich.« Ich wich ihrem prüfenden Blick aus. »Auf Baustellen bin ich immer nur eine Gefahr für mich und alle anderen.« Ich fuhr erschrocken zusammen, als der Tisch wackelte und Hunter plötzlich laut fluchte. Ich hielt meine Tasse gerade noch rechtzeitig fest, damit sie nicht umkippte, und blickte verdattert in die Runde. Was war das denn gewesen?

»Warst du schon mal in San Francisco?«, fragte Hunter.

Ich schüttelte den Kopf. »Nein, nie.« Ich kam von der ganz anderen Seite des Landes, und wenn meine Mutter und ich verreisten, dann nach Europa, um uns die Museen dort anzusehen und neue Ideen für die Galerie zu sammeln.

Hunter verzog das Gesicht und warf Kate einen Seitenblick zu, den ich nicht deuten konnte. »Willst du dann mit mir mit?«

Mein Gehirn setzte für einen Moment aus. Ein Wochenende mit Hunter allein auf seinem Motorrad? Meine Mutter würde ausflippen, wenn sie jemals davon Wind bekäme.

»Mit dir? Also auf dem Motorrad? Nach San Francisco?«, hakte ich ungläubig nach.

Hunter nickte. »Ja.«

Mir wurde etwas flau im Magen. »Ich weiß ja nicht.«

»Wieso nicht?« Kate klang wahnsinnig enthusiastisch. »So ein Trip würde dir guttun.«

Ich sah auf meine Hände hinab und faltete sie im Schoß, um sie nicht wieder vor Nervosität zu kneten, bis sie ganz rot waren. »Ich bin noch nie auf einem Motorrad mitgefahren.«

»Na und?« Kate zuckte mit den Schultern. »Ich bis letztes Jahr auch nicht, und jetzt geh ich Hunter ständig auf die Nerven, wann wir endlich die nächste Tour machen.« Sie legte Hunter eine Hand auf den Arm und sah mich eindringlich an. »Er ist ein wirklich guter Fahrer. Probier's doch einfach mal aus.«

Meine Gedanken fuhren Achterbahn. Ich wollte zusagen. Ich wollte wirklich. Ich wollte einmal spontan und verrückt sein und einfach auf ein Motorrad steigen und davonfahren. Ich wollte eine Stadt erkunden, die ich noch nie zuvor gesehen hatte, ohne von Museum zu Museum zu hasten. Ich wollte kleine Gassen entlangflanieren und alles um mich herum vergessen und mich in der Schönheit des Moments verlieren, ohne mir über irgendetwas Gedanken zu machen.

»Wenn du dich nicht sicher fühlst, dann musst du nicht mitkommen.« Hunters tiefe und dunkle Stimme drang an mein Ohr. Ich sah ihm direkt in seine ozeanblauen Augen, wusste aber nicht so recht, was ich von dem Blick halten sollte, den er mir zuwarf.

»Du kannst Hunter vertrauen«, schaltete Kate sich wieder ein. »Er fährt Motorrad, seitdem er sechzehn Jahre alt ist.« Sie stieß mich mit dem Ellenbogen an. »Was hast du schon zu verlieren?«

»O-Okay.«

Hunter guckte mich überrascht an. »Okay?«

Ich nickte zaghaft. »Okay.«

»Gut. Ich hole dich morgen gegen acht Uhr vor deinem Studentenwohnheim ab.« Hunter erhob sich ruckartig von seinem Stuhl und blickte auf Kate hinab. »Ich muss los. Samuel kommt gleich, um das Album zu besprechen.«

»Bis dann.« Kate nickte und winkte ihm zum Abschied. »Und viel Spaß in San Francisco.«

»Danke. Dir auch in L.A.« Hunters Stimme klang wie ein dunkles Grollen. Dann wandte er sich noch mal mir zu. »Bis morgen, Raelyn.«

»Bis morgen, Hunter.«

15. KAPITEL

Raelyn

Am nächsten Morgen stand ich um zehn vor acht vor meinem Wohnheim und hatte das Gefühl, mich auf der Stelle übergeben zu müssen. Meine Hände krallten sich in die Trageriemen des kleinen Rucksacks, den ich für dieses Wochenende gepackt hatte, und es fehlte nicht viel, dass meine Nägel abbrachen, so doll bohrte ich sie in den Stoff.

Was hatte ich mir dabei nur gedacht? War ich jetzt vollkommen übergeschnappt? Ich konnte doch nicht einfach so auf das Motorrad eines praktisch Fremden steigen. Was, wenn wir einen Unfall bauten? Bei einem Motorrad gab es keine Knautschzone. Im besten Fall würde ich im Krankenhaus landen. Im schlechtesten Fall in einer Holzkiste oder einer Urne, je nachdem, wofür meine Mutter sich entscheiden würde. Ich presste die Augen fest zusammen, als ich an meine Mutter dachte.

Gott, wenn sie jemals davon erfuhr, würde sie mir die Hölle heißmachen oder mich direkt eigenhändig an den Ohren zurück nach Hause schleifen. Und ich konnte es ihr nicht verübeln. Meine Familie hatte schon genug Verkehrstote. Da musste ich mich nicht auch noch in dieses traurige Verzeichnis einreihen. Sollte ich vielleicht doch besser einen Rückzieher machen? Er hatte ja gesagt, dass ich nicht mitfahren musste, wenn ich mich nicht sicher fühlte. Hunter würde es sicher verstehen. Er würde keine Szene machen, sondern es einfach akzeptieren und allein nach San Francisco fahren. Aber warum zog sich allein bei dem Gedanken mein Herz schmerzhaft zusammen?

Mein Gedankenkarussell stoppte abrupt, als ich das Dröhnen eines Motors hörte, und mein Mund wurde staubtrocken, während mein Herz sich nicht entscheiden konnte, ob es nun vor Schreck stehen bleiben oder vor Aufregung zu stolpern beginnen sollte. Ich ließ meinen Blick über das Motorrad schweifen, und irgendwie kam es mir gleichermaßen groß wie gefährlich vor. Der Lack war nachtschwarz, und der einzelne große runde Scheinwerfer vorne unterhalb des Lenkers verlieh dem Ganzen einen Touch längst vergangener Tage. Das Chrom blitzte, und unter all den Metallteilen konnte ich auch einen grellgelben Farbklecks in Form einer Spirale erkennen. Am hinteren Teil des Motorrads waren zwei große Taschen befestigt, und der Yamaha-Schriftzug zog sich in silbernen Lettern über den Tank. Als meine Augen an den großen Auspuff gelangten, wurde mir etwas schummerig. Das hier war eine ganz bescheuerte Idee. Warum hatte ich überhaupt zugestimmt?

Hunter lenkte die Maschine auf den Parkplatz, der vor dem Wohnheim lag, und hielt direkt neben mir. Instinktiv trat ich einen Schritt zurück und umfasste die Schulterriemen meines Rucksacks noch fester. Das laute Grollen des Motorrads erstarb, und Hunter klappte das Visier seines schwarzen Helms auf.

»Guten Morgen«, sagte er, ehe er den Helm abnahm. Sein Haar fiel in langen Strähnen über seine Schultern, und im milden Licht der Morgensonne wirkten seine Augen noch blauer, als ich sie in Erinnerung hatte. Er hängte den massiv aussehenden Helm an den Spiegel. Selbst durch den Nebel der aufkochenden Panik konnte ich noch wahrnehmen, dass Hunter in seiner Lederjacke einfach nur fantastisch aussah. »Hast du gut geschlafen?«

Ich überlegte einen Moment, da ich es mit reichlich Concealer geschafft hatte, meine Augenringe verschwinden zu lassen, aber irgendwie sträubte sich alles in mir dagegen, dieses Wochenende mit einer Lüge zu beginnen. »Nicht wirklich.«

»Wieso nicht?« Hunter stieg von seinem Motorrad und stellte es vorsichtig ab, ehe er seine Handschuhe auszog und sie in die hintere Hosentasche seiner schwarzen Jeans steckte. »Bist du nervös?«

Ich wippte von einem Fuß auf den anderen und versuchte, das Motorrad nicht anzuglotzen, als wäre es ein blutrünstiges Raubtier, das mir nach dem Leben trachtete. »Ein bisschen.«

Hunter lehnte sich gegen das große Ungetüm. »Ein bisschen?«, hakte er ungnädig nach.

»Ja.« Ich zögerte. »Nein, das war gelogen.« Ich fuhr mir mit beiden Händen durchs Haar und starrte die Yamaha an. Hatte ich wirklich den Mut, dort aufzusteigen? »Ich bin wahnsinnig nervös.«

Hunter legte eine Hand auf der Sitzbank ab, während er die andere am Tank abstützte. »Warum?«

»Was, wenn uns etwas passiert?«, platzte ich plötzlich heraus und verfluchte mich bereits im nächsten Moment dafür. Hätte ich es nicht zumindest etwas weniger panisch hervorbringen können? Nicht wie eine vollkommen Irre?

»Raelyn, dir kann auch etwas passieren, wenn du einfach den Bürgersteig entlangläufst.« Hunter öffnete den Reißverschluss seiner Jacke und schüttelte sie etwas aus. Vermutlich war es, trotz der sehr milden Temperaturen an diesem Oktobermorgen, sehr warm unter all dem Leder. »Unfälle können immer passieren.«

Ich verzog das Gesicht. »Das beruhigt mich jetzt nicht wirklich.«

Hunter zuckte mit den Schultern, aber er wirkte weder genervt noch resigniert. Stattdessen strahlte er eine solche Ruhe und Gelassenheit aus, dass ich mich fragte, wie er bei all meiner nervösen Energie so entspannt bleiben konnte. »Soll ich dich lieber anlügen?«

»Nein, das auch nicht.« Ich war ihm irgendwie dankbar für seine schonungslose Ehrlichkeit, auch wenn sie den faustgroßen Knoten in meinem Magen nicht zu lösen vermochte. Ich war lieber auf die Dinge vorbereitet, die auf mich zukamen, als mich von süßen Lügen einlullen zu lassen, die dann zu etwas abscheulich Bitterem wurden.

»Na also.« Hunter sagte es so nonchalant, dass ich mich auf einmal selbst fragte, wovor ich eigentlich eine solche Angst hatte. Dabei wusste ich es ganz genau. »Ich kann dir nur sagen, dass ich, seit ich sechzehn bin, unfallfrei fahre. Also jetzt ungefähr fünf Jahre.«

»Unfallfrei?«

»Ja, unfallfrei.« Hunter stieß sich von seinem Motorrad ab, es wackelte kein bisschen. »Nicht mal ein einziger Kratzer beim Ausparken. Aber du kannst auch hierbleiben. Ich würde es verstehen.«

Irgendwie beruhigte mich das. »Also kannst du Auto fahren?«

Hunter nickte und trat einen Schritt auf mich zu. Seine Hände vergrub er in seinen Hosentaschen. »Ja, ich fahre nur lieber Motorrad.«

»Wieso?« Wieso brachte man sich freiwillig in solch eine Gefahr? Ein Motorrad bot keinen Schutz. Zwischen einem selbst und dem Asphalt war nichts, was einen Sturz abmildern würde. Und wenn es zu einem Unfall käme, gäbe es keine

Airbags, die einem unter Umständen das Leben retten konnten.

Hunter richtete seinen Blick auf das Motorrad, und ein wehmütiges Lächeln umspielte seine Lippen, als er seine Hand auf den Scheinwerfer der Maschine legte. »Weil es nichts auf der Welt gibt, bei dem ich mich glücklicher und freier fühle.«

»Auch nicht, wenn du einen Song produzierst?« Ich dachte daran, wie seine Augen geleuchtet hatten, als er mir in seinem Studio alles über Sound Design erklärt hatte, und suchte die gleiche Begeisterung auch jetzt in seinem Gesicht. Doch der Ausdruck in seinen Augen war anders. Es war ein Ausdruck, den ich bisher noch nicht bei ihm gesehen hatte. Während er im Studio wie ein übereifriger Junge gewirkt hatte, der es nicht erwarten konnte, seinen Freunden sein tolles neues Spielzeug zu präsentieren, machte er jetzt einen eher sehnsüchtigen Eindruck, als er sein Motorrad betrachtete.

Hunter schüttelte den Kopf. »Auch dann nicht.« Er hielt einen Moment inne. »Wobei das zugegebenermaßen verdammt nah drankommt.« Hunter drehte sich zu mir und musterte mich einen Moment lang, ehe er zu den Taschen am hinteren Ende der Maschine ging. »Wie wäre es, wenn du die Schutzkleidung anziehst, die ich dir mitgebracht habe, und wir drehen einfach probehalber mal eine Runde auf dem Parkplatz?« Er öffnete die Tasche und kam mit einem Stapel Sachen zurück. »Wenn du dann noch vor Angst umkommst, dann blasen wir die ganze Sache ab.«

»Okay.« Ich setzte meinen Rucksack ab und streckte die Hände nach den Klamotten aus. Er legte sie mir in die Arme, und ich ächzte unter ihrem Gewicht. Ich hielt einen Moment inne, als ich die Lederjacke wiedererkannte. War das nicht dieselbe, die Kate mir für die Party geliehen hatte? Ich sah auf ein schwarz-rotes Tuch und einen Gurt aus einem merkwürdigen Schaumstoff. Wozu der wohl gut sein sollte? Dazwischen steckten schwarze Lederhandschuhe mit roten Nähten, und ganz obenauf lag ein Paar Boots.

Ich wirkte wohl etwas hilflos, denn Hunter nahm mit einem Seufzen das Tuch und den Gurt an sich. Den Gurt schlang er mir um die Hüften und machte ihn mit einem Klettverschluss fest, dann legte er mir das Tuch um den Hals. Als er mir plötzlich so nah war, konnte ich mich auf nichts anderes als seine ozeanblauen Augen konzentrieren. Ich sah, wie lang und dicht die Wimpern eigentlich waren, die seine einzigartigen Augen so schmeichelhaft einrahmten. Sein Geruch nach Meersalz und Holz mischte sich mit dem Duft der Lederjacke, und ich hatte Schwierigkeiten damit, irgendetwas anderes um mich herum wahrzunehmen. Hunter nahm mir die Jacke aus der Hand und half mir hinein. Als er so dicht hinter mir stand, glitt ein heißkalter Schauer meinen Rücken hinab. Ich räusperte mich und trat einen großen Schritt nach vorn, ehe ich mein Haar aus der Jacke befreite. Ich schlüpfte aus meinen Chucks und zog die Boots an. Meine Schuhe verstaute ich im Rucksack.

»Sehr gut.« Hunter deutete auf die Montur. »Passt alles? Kate meinte, ihr habt wahrscheinlich die gleiche Größe, und hat mir ihre Sachen für dich mitgegeben.«

»Es passt.« Ich schloss die Jacke und bemerkte, dass sie an der Brust etwas zu eng war. Auf der Party war mir das nicht aufgefallen, da ich sie die ganze Zeit offen getragen hatte. Aber sie war nicht so viel zu eng, als dass ich nicht mehr atmen konnte. Es ließ sich also problemlos aushalten. Ich würde Kate nachher eine Nachricht schreiben und mich bei ihr bedanken.

Hunter ging zu seinem Motorrad und klappte die Sitzbank hoch. »Also, beim Motorradfahren gibt es zwei Grundregeln, die du beachten musst.« Er nahm einen roten Helm heraus und reichte ihn mir. »Erstens: Halt dich immer gut an mir fest und achte auf den Straßenverkehr, damit du weißt, was kommt. Es kann gut sein, dass ich mal etwas schärfer bremsen muss, und du erschreckst dich weniger, wenn du die Situation vorher selbst gesehen hast.« Er klappte die Sitzbank wieder herunter und hob Zeige- und Mittelfinger. »Zweitens: Beweg dich immer mit mir und niemals gegen mich. Wenn ich mich nach rechts oder links lehne, lehnst du dich immer mit mir in diese Richtung. Niemals dagegen.«

Ich versuchte, mir vorzustellen, was er meinte, scheiterte jedoch kläglich. »Was passiert, wenn ich mich in die andere Richtung lehne?«

Hunter zog eine Augenbraue hoch. »Wir verlieren das Gleichgewicht und stürzen.«

Vor meinem inneren Auge sah ich mich schon von seinem Motorrad stürzen und über den Asphalt schlittern, der mir mit roher Gewalt die Haut aufriss. »Das wäre nicht gut«, würgte ich hervor.

»Nein, nicht wirklich.« Er setzte sich auf die Maschine und löste den Ständer. »Steig auf.«

Ich sah auf das Motorrad und hielt inne. Ich sollte das hier wirklich nicht tun. Das Risiko war zu groß. Vielleicht hatte ja jemand ein Auto, das wir uns ausleihen konnten. Oder vielleicht fuhr ja auch ein Zug. »Hunter, ich weiß nicht, ob –«

Hunter klopfte auf den Sitz hinter sich. »Steig auf.«

Wieso zögerte ich? Wieso nahm ich mir nicht einfach meinen Rucksack und ging wieder hinein? Ich könnte diesen gescheiterten Trip einfach als eine weitere verpasste Gelegenheit in meinem verzweifelten Versuch, mich zu ändern, verbuchen. Niemand würde dadurch zu Schaden kommen. Außer vielleicht mein eigener Stolz. Und dennoch war da diese leise Stimme in meinem Hinterkopf, die mir sanft zuwisperte, dass man nichts gewann, wenn man nicht auch ein Wagnis einging.

Doch die Art, wie er mich ansah, mit diesem erwartungsvollen und auch leicht herausfordernden Ausdruck in den Augen, ließ meine Bedenken in sich zusammensinken.

»Okay.«

Hunter grummelte etwas vor sich hin und wartete, bis ich hinter ihm Platz genommen hatte. »Setz deinen Helm auf.« Mit zitternden Fingern kam ich seiner Aufforderung nach, während meine Füße panisch nach den Fußstützen suchten. Hunter griff nach hinten und legte seine Hand an meine Wade, um mich sicher zu den Stützen zu führen, bevor er sich seinen eigenen Helm aufsetzte.

Als das Motorrad unter mir zum Leben erwachte, stieß ich ein lautes Quietschen aus. Sofort schlang ich meine Arme um seine Taille und hielt mich so sehr an ihm fest, als würde mein Leben davon abhängen. Und irgendwie tat es das ja auch. Hunter fuhr ganz langsam los. Nachdem wir die erste Reihe Autos hinter uns gelassen hatten, lehnte er sich nach links, um in die nächste Reihe hineinzufahren. Ich erinnerte mich an seine Worte und lehnte mich mit ihm in die Kurve. Hunter beschleunigte langsam und Stück für Stück. Er bremste mal sanft, mal scharf, und jedes Mal war ich in der Lage, mich abzufangen. Mit jeder Runde, die wir auf dem Parkplatz drehten, beruhigte sich mein Herzschlag, und auch meine Arme, die ich um Hunter geschlungen hatte, entkrampften sich langsam.

Hunter wandte sich mir leicht zu und öffnete sein Visier. »Alles halb so wild, oder?«, sagte er laut genug, damit ich ihn auch über den Motorenlärm hinweg verstehen konnte.

Zaghaft nickte ich an seiner Schulter. »Ja, schon.«

Ich konnte sein Lächeln im Seitenspiegel sehen, als er um die nächste Kurve bog und wir den Ort ansteuerten, wo ich auf ihn gewartet hatte. »Willst du es auf einen richtigen Versuch ankommen lassen?«

»Ja.« Mein Herz begann bei meiner Antwort zwar direkt wieder zu galoppieren, doch ich beschloss, es zu ignorieren. Hunter hatte schließlich recht. Unfälle passierten immer wieder, und wenn ich nicht mein Leben wegwerfen wollte, dann musste ich lernen, mit dieser Ungewissheit umzugehen. »Ja, ich denke, ich will es versuchen.«

»Okay.« Hunter stoppte, und ich stieg ab, um meine Beine auszuschütteln. Die Sitzbank war zwar unfassbar bequem, aber ich hatte so steif darauf gehockt, dass meine Beine sich ein wenig taub anfühlten. »Eine Sache noch: Wann immer du dich unsicher fühlst oder du Angst hast, sag es mir, okay? Nur wenn du mit mir redest, kann ich meine Fahrweise dir anpassen.«

Verwundert sah ich Hunter an. »Warum solltest du dich mir anpassen?«

Er klappte mein Visier hoch und klopfte mir seicht gegen den Helm, so als würde er mir einen Schlag auf den Hinterkopf verpassen. »Weil man das als guter Fahrer so macht.«

Für einen Moment glaubte ich, die Zeit würde stillstehen. Alles um mich herum trat in den Hintergrund, als ich mich wieder in diesen ozeanblauen Augen verlor, in denen ich eine Lüge oder Täuschung suchte, aber nichts fand. Er nahm Rücksicht auf mich, lachte mich nicht wegen meiner Ängste aus oder hetzte mich mit ungeduldiger Stimme. Er wartete einfach. Er nahm tatsächlich Rücksicht auf mich und meine Fehler. Vermutlich tat er es nicht bewusst. Und trotzdem machte mein dummes Herz einen kleinen Satz.

»Startklar?«, fragte Hunter, und ich nickte nur, nicht in der Lage, ein einziges Wort zu sagen. »Gut, dann schnapp dir deinen Rucksack und steig auf.«

16. KAPITEL

Hunter

»Ich hätte wirklich nie gedacht, dass Motorradfahren so viel Spaß macht!« Raelyns Augen strahlten, als sie wild mit den Händen gestikulierte und ich schon befürchtete, dass sie ihre Essstäbchen gleich fallen lassen würde. Sie sprach so hastig, dass sie über ihre eigenen Worte stolperte, und rutschte auf ihrem Sitz herum, als würde sie sich in Gedanken in die Kurven legen, die wir heute alle gefahren waren.

»Als wir da diese Küstenstraße entlang sind, weißt du noch? Da, wo es so steil die Klippen runterging? Das war so wahnsinnig schön. Das Meer sah so blau aus und –« Abrupt brach sie ab, und die Haut auf ihren Wangen färbte sich dunkelrot, als sie mich mit großen Augen ansah. »Entschuldige, ich rede zu viel, oder?«

Ich deutete mit meinen Stäbchen auf das Essen auf dem Tisch. »Die Dim Sum werden kalt.«

Raelyn schlug die Augen nieder, und ich versuchte, den Stich in meiner Brust zu ignorieren, als das Funkeln in ihren Augen zu einem Glimmen wurde und dann ganz erlosch. Ich wandte den Blick ab und ließ ihn stattdessen durch das Restaurant wandern, in das wir vor Kurzem eingekehrt waren.

Der Gastraum war recht klein, so wie auch das gesamte Restaurant, das in einer kleinen Gasse unweit von unserem Motel in China Town lag. Die Wände hatten ein sattes Dunkelrot und waren mit chinesischen Malereien verziert worden. Aus der Küche konnte man die lauten Rufe der Köche hören, und die Kellner eilten zwischen den Tischen umher, um ihren Gästen so schnell wie möglich das Essen zu bringen. Denn auch wenn das Restaurant abgelegen lag, war es doch mehr als gut besucht. Jeder Tisch war voll besetzt, und die Stimmen mischten sich mit der Musik und dem Klappern der Teller zu einer eigenwilligen Symphonie. Ich aß eine gedämpfte Teigtasche und knurrte zufrieden. Genau deshalb kam ich so gern ins *Lucky Dim Sum*. Das Essen war günstig und ausgezeichnet.

»Warst du schon häufig in San Francisco?«, unterbrach Raelyn die Stille zwischen uns und trank einen Schluck vom Tee, der zum Essen serviert worden war.

»Das eine oder andere Mal.« Raelyn sah mich erwartungsvoll an, und ich räusperte mich. Warum hatte ich das Gefühl, mich erklären zu müssen? »Es ist eine schöne Stadt, und ich kenne hier einen guten Tätowierer.«

Sie lächelte mit einem Nicken, so als würde sie verstehen, dabei hatte sie bisher kaum etwas von San Francisco gesehen. Da sie eine unerfahrenere Beifahrerin war, war ich langsamer gefahren und hatte deutlich mehr Pausen eingelegt, sodass die Fahrt hierher länger als sonst gedauert hatte.

Raelyn nahm eine Frühlingsrolle und tauchte sie in reichlich Sojasoße. »Was ist mit Los Angeles?«

Ich verzog das Gesicht. Ein Wochenende in L.A.? Freiwillig? Niemals. »Da erinnert mich alles an die Arbeit.«

»Wegen der ganzen Plattenlabels?«

Ich nickte wortlos. Los Angeles war für mich nicht die Stadt, in der ich meinen eigenen Dämonen entkommen konnte. Dafür sah ich dort zu viele gescheiterte Träume, die die Straßen zu pflastern schienen. An jeder Ecke konnte man gescheiterte

Musiker, Produzenten oder Schauspieler treffen, die im besten Fall mit einem falschen Lächeln im Gesicht Drinks servierten oder die, im schlechtesten Fall, ihre Probleme in Alkohol oder Drogen ertränkten. Es war die Stadt, in der zwar Stars gemacht wurden, in denen aber auch Tausende Hoffnungen und Träume ihr jähes Ende fanden. Ich war wild entschlossen, nicht Teil der Gescheiterten zu werden. Wenn meine ersten Versuche, mir als Produzent einen Namen zu machen, so weitergingen, konnte ich mir wohl schon mal meinen Platz in der Wohnwagensiedlung reservieren.

Raelyn legte ihre Essstäbchen beiseite und widmete sich dem Mangopudding. »Wo bist du sonst so schon überall gewesen?«, murmelte sie und seufzte zufrieden, als sie einen weiteren Löffel Pudding aß, der mir persönlich viel zu süß war.

»Überall und nirgends.« Ich schluckte die letzte gedämpfte Teigtasche herunter und legte meine Essstäbchen neben mich. »Mein Dad und ich sind früher mal mit den Motorrädern von Tampa bis nach San Teresa gefahren. Da habe ich die eine oder andere Stadt gesehen.«

Der Ausdruck in Raelyns Augen wurde beinah schon sehnsüchtig. »Das klingt schön.« Ihre Stimme war wehmütig.

Der Bildschirm von Raelyns Handy, das sie wie ich auf den Tisch gelegt hatte, leuchtete auf, ehe es lautstark zu vibrieren begann. Ich erhaschte einen schnellen Blick auf das Display und fluchte. Raelyns Mutter. Schon wieder. Kate hatte mir erzählt, dass sie ständig anrief. Das war doch seltsam. Raelyn linste auf ihr Handy, und ein Schatten zog sich über ihr Gesicht, bevor sie es umdrehte. Offensichtlich war ihre Mom gerade kein willkommener Anrufer. Verwirrt runzelte ich die Stirn. Ich hatte ihr Handy schon während der Fahrt mehrfach an meinem Rücken vibrieren gespürt. Ob das etwa auch immer ihre Mutter gewesen war?

Ich griff über den Tisch und nahm mir Raelyns Handy, das genau in dem Moment aufhörte zu vibrieren, als ich lange genug auf den Aus-Knopf drückte. Der Bildschirm wurde schwarz.

»Lass es aus«, sagte ich. »Deine Mom stirbt nicht, wenn sie dich mal einen Abend lang nicht erreichen kann.« Ich legte es wieder vor Raelyn hin und knüpfte an unser Gespräch von vorhin an. »Bist du noch nie mit deinen Eltern verreist?«

Raelyn starrte auf ihr Handy und fuhr mit der Hand über den Rücken. Ihre Stirn legte sich in Falten, und sie seufzte leise, schließlich steckte sie es in ihre Jackentasche. Sie brauchte einen Moment, um auf unser Gespräch zurückzukommen, doch dann schüttelte sie den Kopf. »Nicht so.«

Wieso musste sie immer so ausweichend antworten? Ich griff nach meiner Cola, und meine Knöchel traten weiß hervor, als ich die Hand darum schloss. Warum musste sie meine Neugierde wecken? Warum musste sie dafür sorgen, dass sie für mich mehr und mehr zu einem Rätsel wurde, das ich um jeden Preis lösen wollte? Wenn ich zurück in San Teresa war, würde ich Kate eine gottverfluchte Standpauke halten. Wäre sie nicht gewesen, hätte ich Raelyn niemals auf diesen Trip mitnehmen müssen. Ich hätte nicht während der langen Fahrt hierher ihre Wärme im Rücken spüren müssen oder wie sie sich vertrauensvoll an mir festgehalten hatte. Ich hätte ihr helles Lachen nicht hören müssen, das vom Wind fortgetragen wurde, als wir die erste kurvige Küstenstraße befahren hatten. Und ich hätte mich nicht mit diesem traurigen und verlorenen Ausdruck in ihren Augen befassen müssen, den sie jetzt gerade hatte während sie in ihre Teetasse blickte.

Ich lehnte mich auf meinem Platz auf der Sitzbank zurück und trank einen Schluck. »Wie dann?«

»Wir sind das eine oder andere Mal nach Europa geflogen.« Raelyn fuhr mit den Fingerspitzen über den Rand ihrer flachen traditionellen Teetasse. »Meine Mutter fährt nicht gerne mit dem Auto.«

»Was ist mit deinem Dad?« Kaum hatte ich die Frage ausgesprochen, wusste ich, dass ich einen dummen Fehler gemacht hatte. Mit einem Mal verdunkelte sich ihr Gesicht, und ihre Mundwinkel sanken herab. Aus dem schüchternen Mädchen wurde so urplötzlich ein verletztes Reh, dass ich kaum mit dem Wechsel umzugehen vermochte. Abwehrend hob ich die Hände, in der Hoffnung, das Thema schnell wechseln zu können. »Sorry, wenn ich da einen Nerv getroffen habe, dann –«

»Mein Dad ist tot.«

Ich sog die Luft scharf ein und schloss für einen kurzen Moment die Augen. *Du taktloser, dämlicher Bastard.* »Das tut mir leid.«

Raelyn lächelte traurig. »Muss es nicht. Es ist schon lange her.« Ihre Finger stoppten auf ihrer unaufhörlichen Reise auf dem Rand der Teetasse. »Ich erinnere mich kaum an ihn, wenn ich ganz ehrlich sein soll.«

Ich fuhr mit dem Daumen über das Etikett der Colaflasche und fand eine lose Ecke. Sofort begann ich daran zu ziehen. Stückchen für Stückchen riss ich das Papier ab. »Wie alt warst du?«

»Fünf.« Raelyn blinzelte hektisch und räusperte sich, ehe ihre Fingerspitzen ihre Reise wieder aufnahmen. »Er starb bei einem Autounfall.« Sie lachte auf, aber es klang falsch und hölzern. »Jetzt habe ich uns mit meiner tragischen Geschichte den Tag versaut.«

Ich zuckte mit den Schultern. »Haben wir nicht alle eine?«

Laute Rufe und das Klappern von Tellern waren zu hören, doch ich blendete es vollkommen aus. Stattdessen tauchte ich in das helle Aquamarin von Raelyns Augen ein, das mich von der ersten Sekunde an fasziniert hatte. Die vielen Emotionen, die sich in ihren Augen spiegelten, zogen mich völlig in ihren Bann.

Neugierde. Interesse. Vorsicht. Unsicherheit.

Ob sie sich bewusst war, wie offen sie ihre Gefühle preisgab? Wie einfach es war, in ihren Augen zu lesen, was sie bewegte? Unwillkürlich fragte ich mich, ob man sie deshalb je ausgenutzt hatte. Ob es jemand gegeben hatte, der ihr offensichtlich schwaches Herz ausgebeutet hatte. Ob es Narben gab, die sie verzweifelt versuchte zu verstecken, oder ob sie doch nichts weiter war als ein verschüchtertes Mädchen, das in einem goldenen Käfig aufgewachsen war.

Mein Atem stockte, als ein Ausdruck auf Raelyns Gesicht trat, den ich bisher noch nicht bei ihr gesehen hatte: Entschlossenheit.

»Was ist deine?«

Meine Welt wechselte vom Stillstand in einen schwindelerregenden Kreisel, und in meinem Magen bildete sich eine Kälte, die sich in meinem ganzen Körper ausbreitete. »Meine was?«

»Deine tragische Geschichte.«

Ich rupfte das letzte Stück vom Etikett der Cola ab und warf es zu den anderen Papierfetzen auf den Tisch. »Wir sollten gehen, immerhin sind wir nicht nur für das chinesische Essen hier.« Ich stand ruckartig auf, und als ich meine Lederjacke anzog, sorgte der Windhauch dafür, dass die Schnipsel sich auf dem Boden verteilten. Ich ließ sie einfach liegen. »Das Essen geht auf mich.«

Ich hatte die Hände in den Taschen vergraben, während wir am späten Abend über die noch immer vollen Straßen von China Town liefen. Raelyn ging ein Stückchen vor mir, und ich hatte Probleme damit, auf überhaupt etwas anderes zu achten als sie. Ihre Hände hatte sie hinter dem Rücken gefaltet, und sie wich den entgegenkommenden Passanten mit beinah tänzelnden Schritten aus. Die Schultern hatte sie zwar hochgezogen, aber immerhin hatte sie aufgehört, die ganze Zeit kleinlaut Entschuldigungen vor sich hin zu murmeln. Raelyns Kopf stand keine Sekunde lang still, ihr Blick huschte unstet von einem Laden zum nächsten. In ihren großen Augen spiegelten sich die vielen verschiedenen Farben der Neonlichter, die die Schilder vor den Läden zum Strahlen brachten. Mal hielt sie an, um vor der Auslage stehen zu bleiben, obwohl das meiste davon nichts weiter war als touristischer Schrott. Wir hatten den ganzen Tag auf den Beinen verbracht und uns San Francisco angesehen. Von der Golden Gate Bridge über den Union Square bis hin zum Palace of Fine Arts. Raelyn hatte jede Sehenswürdigkeit staunend betrachtet und mich mit ihrem unerschöpflichen Enthusiasmus beinah angesteckt. Auch wenn ich in den letzten zwei Jahren häufig nach San Francisco gekommen war, hatte ich heute doch das Gefühl gehabt, die Stadt durch Raelyns Augen noch einmal neu zu entdecken. Ich war eigentlich nicht der Typ dafür, für irgendjemanden den Tourguide zu mimen, aber heute hatte es mir nichts ausgemacht. Sie hatte so aufmerksam zugehört und sich so leicht selbst für die kleinsten Dinge begeistern lassen, dass ich nicht einmal bemerkt hatte, wie spät es mittlerweile geworden war.

Jetzt war es fast Mitternacht, und so langsam begann ich zu merken, wie die Erschöpfung mit gierigen Fingern nach mir griff. Und das nicht nur allein wegen des ganzen Sightseeings. Den ganzen Tag hatte ich versucht, jeglichen Gesprächen mit Raelyn aus dem Weg zu gehen. Hatte verzweifelt versucht, die Neugierde in mir nicht die Überhand gewinnen zu lassen. Versucht, eben nicht auf jede noch so kleine Bewegung oder das

Rot ihrer Lippen zu achten. Scheiße, ich würde Kate wirklich die Hölle heißmachen, sobald ich zurück war.

Als Raelyn an einer Kreuzung geradeaus gehen wollte, packte ich ihren Unterarm und zog sie nach links.

»Die Erkundungstour ist für heute vorbei«, sagte ich, und sogar in meinen eigenen Ohren klang meine Stimme müde und etwas träge. »Wenn du morgen noch die Energie haben willst, dir auch nur irgendetwas anzusehen, dann sollten wir es für heute gut sein lassen.«

»Oh.« Raelyn sah mich mit großen Augen an. »Entschuldige.«

Ich ließ ihren Unterarm los und fuhr mir mit einer Hand übers Gesicht. Dieses Wort hatte ich heute entschieden zu häufig gehört. »Könntest du aufhören, dich ständig für alles zu entschuldigen?«

Raelyns Wangen nahmen wieder diesen leichten Rotschimmer an, den ich heute schon oft gesehen hatte. »Entschuldigung.«

Ich stoppte mitten in der Bewegung und verengte die Augen. »Ich habe absolut keine Ahnung, wer dir eingeredet hat, dass du dich für jeden Scheiß entschuldigen musst, aber wenn du nicht willst, dass die ganze beschissene Welt auf dir herumtrampelt, solltest du mit dem dämlichen Mist aufhören.« Ich schüttelte den Kopf und bog in eine weitere Seitengasse. Die Wut erfasste mich, und ich konnte nicht dagegen ankämpfen. Sie stieg weiter und weiter in mir hoch, und ich hatte keine Chance, sie zu bremsen. In meinem Magen tat sich ein Loch auf. Ging es etwa schon wieder los? »Das ist doch lächerlich. Am Ende entschuldigst du dich noch dafür, dass du atmest.« Ich ging ein paar Schritte weiter, blieb aber stehen, als ich nichts als Stille hinter mir wahrnahm. Ich wandte mich um und sah Raelyn am Ende der Gasse.

Sie hatte den Kopf gesenkt und starrte auf ihre Hände, so als würde sie darin die Antwort auf den Welthunger finden können. Ihr Haar fiel wie ein Vorhang vor ihr Gesicht, und sie wirkte auf mich wie eine undurchdringliche Mauer, die mich draußen hielt. Es juckte mich verdammt noch mal in den Fingern, diese Mauer mit Gewalt einzureißen. Ich ballte die Hände zu Fäusten und ging zu Raelyn zurück.

»Kommst du?«, presste ich zwischen zusammengebissenen Zähnen hervor und atmete einmal tief durch, bevor ich leise murmelnd *Bitte* hinzufügte.

»Ich wollte dir keine Umstände machen«, sagte sie so leise, dass ihre Worte beinah im Lärm der Hauptstraße untergingen. »Das ist alles.« Sie hatte den Kopf noch immer gesenkt und versteckte sich hinter dem schwarzen Vorhang. Sie sah mir nicht ins Gesicht. Mied die Konfrontation.

Der Frust riss mich wie eine Welle mit, und ich legte meine Hand unter Raelyns Kinn. Ich zwang ihren Kopf in den Nacken, und ihr Haar fiel zurück und gab endlich ihr Gesicht frei. Das Gesicht, das den ganzen Tag vor Freude gestrahlt hatte. Das Gesicht, das sich verzogen hatte, als sie ihr Eis zu schnell gegessen hatte. Das Gesicht, das meinen Entschluss, mich von ihr fernzuhalten, mit jeder Sekunde in ihrer Nähe bröckeln ließ.

»Du machst keine Umstände, nur weil du ein beschissenes Mal sagst, was du denkst oder willst.« Sie versuchte, mir ihr Gesicht zu entziehen, doch ich legte meine Hände an ihre Wangen und hielt sie fest. Ihre Augen weiteten sich vor Schreck, und ihre Lippen öffneten sich. »Wie lange hast du noch vor, dich zu verkriechen und zu allem *Ja* und *Amen* zu sagen? Dein ganzes Leben lang? Willst du dein ganzes Leben auf den verfluchten Boden starren und irgendwelche Entschuldigungen vor dich hin murmeln, für Dinge, für die du nichts kannst?« Ich grollte leise, während ich blindlings mit meinen Worten um mich schlug, die meinen Mund schneller verließen, als dass ich wirklich über sie nachdenken konnte. »Wenn du das vorhast, dann wird das ein verflucht trauriges Leben, Raelyn.«

Sie legte ihre zierlichen Hände um meine Handgelenke und zog daran, doch ich bewegte mich keinen Millimeter. Mit jedem Ziehen wurde sie schwächer, bis sie ihre Hände irgendwann sinken ließ. Sie blinzelte hektisch, und ihre Augen wichen meinen aus, doch das verräterische Glänzen darin sah ich trotzdem. Ruckartig ließ ich ihre Wangen los.

Verdammte Scheiße, was hatte ich da gerade eigentlich getan? Ich trat einen großen Schritt von Raelyn zurück, und sofort richtete sie ihren Blick wieder gen Boden.

Na, kommt uns das nicht wahnsinnig bekannt vor? Meinst du immer noch, dass du einfach so klarkommst? Sieh sie dir doch an, und stell dich der Scheiße, die du schon wieder angerichtet hast.

Ich fuhr mir mit beiden Händen durchs Haar und fluchte leise, doch eine Entschuldigung brachte ich nicht über die Lippen. »Komm mit. Ich bring dich zu deinem Zimmer.« Ich griff mir ihr Handgelenk und zog sie mit mir tiefer in die Gasse hinein. Meine Schritte wurden immer länger, je näher wir dem Motel kamen, und unweigerlich fragte ich mich, wovor ich jetzt eigentlich davonlief. Vor Raelyn. Vor meiner Schuld. Oder doch eher vor mir selbst.

Wir erreichten das in die Jahre gekommene Motel, und ich hetzte mit ihr über den großen Parkplatz bis zu ihrer Tür. Das Licht flackerte über unseren Köpfen, und ich ließ sie los. Meine Hand fühlte sich kalt und taub an, und ich steckte sie zurück in meine Jackentasche.

»Hast du deine Schlüsselkarte?«, fragte ich, und Raelyn nickte zaghaft. Sie fischte sie aus ihrer hinteren Hosentasche. »Gut.« Meine Stimme klang blechern. »Ich warte, bis du in deinem Zimmer bist.«

Wieder nickte sie nur. Sie öffnete mit der Schlüsselkarte ihre Zimmertür und huschte mit hochgezogenen Schultern hinein. Ich drehte mich auf dem Absatz um und eilte über den Parkplatz zurück in Richtung Hauptstraße, anstatt auf mein eigenes Zimmer direkt neben Raelyns zu gehen. Ich konnte jetzt nicht hier sein. Konnte nicht in ihrer Nähe sein. Konnte sie nicht durch die dünnen Wände des Motels weinen hören.

Ich lief immer schneller, ohne auf die Leute um mich herum oder auf meinen Weg zu achten. Ich sprintete blind durch die verwinkelten dunklen Gassen, verzweifelt auf der Flucht vor der Wahrheit, die mich doch so laut und deutlich anschrie.

Raelyn ging mir unter die Haut. Und egal, wie sehr ich auch versuchen würde, ihr aus dem Weg zu gehen, ich wusste genau, dass ich bei jedem Versuch kläglich scheitern würde. Sie hatte einen Schalter in mir umgelegt, und ich hatte Angst, herauszufinden, was das mit mir machen würde.

17. KAPITEL

Raelyn

Es war fast Mitternacht, als ich mein Wohnheim betrat. Meine Finger fühlten sich taub an, und ich zitterte wie Espenlaub. Während die Hinfahrt nach San Francisco warm und sonnig und einfach wunderschön gewesen war, war die Rückfahrt dunkel, beängstigend und kalt gewesen. Ich hatte mich an Hunter geklammert, als wir durch die Finsternis gefahren waren, und nur auf den hellen Lichtkegel gestarrt, der die Straße unmittelbar vor uns erleuchtet hatte. Alles andere war von der Dunkelheit verschluckt worden.

Die Küstenstraße hatte er diesmal nicht genommen, sondern den Highway, der noch furchterregender gewesen war als die Düsternis um uns herum. Immer wieder waren Autos an uns vorbeigerast, oder wir hatten Lkws überholt oder hatten uns durch den stockenden Verkehr um San Francisco hindurchgeschlängelt. Hunter war zwar sehr sicher gefahren, aber ich hatte trotzdem wahnsinnige Angst gehabt. Und dennoch hatte ich es nicht gewagt, auch nur ein Wort zu sagen. Nicht nach dem, was gestern Abend zwischen uns passiert war.

Ich zog die Handschuhe aus und rieb meine Hände aneinander, während ich die Stufen in den vierten Stock hochstieg. Meine Bewegungen waren steif und ungelenk, und ich schien nur noch aus Kälte und verkrampften Muskeln zu bestehen. Mein Körper war wie erstarrt, dafür arbeitete mein

Verstand noch immer auf Hochtouren. Die Erinnerung daran, wie Hunter mein Gesicht umfasst hielt und mit seinen Worten meine Welt in Stücke riss, hatte sich in mir eingebrannt. Wie eine offene Wunde schmerzte sie, und ich versuchte zu begreifen, was in diesem Moment eigentlich passiert war.

Wieder und wieder spielte ich den gestrigen Abend wie einen Film ab, ließ zu, dass meine Gedanken mich wie Krallen durchbohrten und an mir rissen, nur um zu verstehen. Doch egal wie sehr ich mich auch bemühte, ich konnte aus den Teilen kein Puzzle zusammensetzen. Ich sah mich Fragmenten gegenüber, die kein Ganzes ergeben wollten. Wieso hatte er heute den ganzen Tag mit mir verbracht, wenn er doch gestern so deutlich gemacht hatte, was er eigentlich von mir hielt? Wieso hatte er heute Morgen mit mir gefrühstückt und mich über den Fisherman's Wharf geführt und war mit mir im Golden Gate Park gewesen, bevor wir etwas gegessen hatten? Wieso war er mit mir die Twin Peaks hinaufgefahren und hatte mit mir dabei zugesehen, wie die Sonne über der Bucht unterging, bevor wir uns auf den Rückweg gemacht hatten? Warum hatte er nicht einfach morgens seine Sachen genommen und war mit mir zurückgefahren? Warum hatte er nicht die ganze Zeit beharrlich geschwiegen? Wieso hatte er einfach so getan, als wäre nichts passiert? Hunderte Fragen schwirrten in meinem Kopf umher, doch ich wusste genau, dass ich mich niemals trauen würde, ihm auch nur eine einzige davon zu stellen.

Ich nahm eine Stufe nach der nächsten, und das Leder von Kates Jacke knarrte leise in der Stille, die im Wohnheim herrschte. Als ich den Flur betrat, auf dem mein Zimmer lag, sprangen die Lichter an und vertrieben die Dunkelheit der Nacht. Während ich sonst immer dankbar für jeden Lichtschein war, wäre es mir gerade lieber gewesen, ich hätte mich in den Schatten verkriechen können, weil ich kurz davor war, in Tränen auszubrechen.

Vorsichtig schob ich die Tür zu meinem Zimmer auf und spähte hinein. Alles war ruhig. Meine Mitbewohnerinnen schliefen bereits. Klar, die Mid-Terms lagen hinter uns, und morgen würden wieder die regulären Vorlesungen beginnen. Ich trat ein und entsperrte mein Handy. Das gedämpfte Licht des Displays leuchtete mir den Weg, und ich schlich zu meiner Kommode. Mechanisch zog ich den Pyjama, Handtücher und meine Kulturtasche heraus. Ich musste definitiv duschen. Anders würde ich niemals die Kälte aus meinem Körper vertreiben. Ich zog die schweren Boots aus, stellte sie sorgfältig neben meine Kommode und schlüpfte in meine Badelatschen. Ich klemmte mir meine Sachen unter den Arm und ging auf Zehenspitzen zurück hinaus auf den Flur. Als ich die Tür hinter mir schloss, bemerkte ich erst, dass ich die Luft angehalten hatte, und stieß sie mit einem leisen Seufzen aus. Zum Glück hatte ich niemanden geweckt.

Willst du dein ganzes Leben lang auf den verfluchten Boden starren und irgendwelche Entschuldigungen vor dich hin murmeln, für Dinge, für die du nichts kannst?

Schnell schob ich die Erinnerung beiseite und ging zum Gemeinschaftsbad der Frauen. Jetzt, um diese Zeit, hatte ich es ganz für mich allein. Es war groß, aber sehr trist, mit den beigefarbenen Fliesen und den schlichten weißen Duschvorhängen. Vor den Duschkabinen waren die Waschbecken an der Wand angebracht, und ich legte meine Sachen auf die Bank, die gegenüber von den Waschbecken stand. Ich nahm meine Zahnbürste und meine Zahnpasta aus der Kulturtasche und schlurfte zu den Waschbecken. Der große Spiegel hatte einen Riss und war an der oberen rechten Ecke gebrochen.

Ich spürte die warmen Tränen auf meinen Wangen, bevor ich überhaupt realisierte, dass ich weinte. Die Welt um mich herum verschwamm, und ich presste mir die Hand auf den Mund, um das Schluchzen zu ersticken.

Wie lange hast du noch vor, dich zu verkriechen und zu allem Ja und Amen zu sagen? Dein ganzes Leben lang? Willst du dein ganzes Leben auf den verfluchten Boden starren und irgendwelche Entschuldigungen vor dich hin murmeln, für Dinge, für die du nichts kannst? Wenn du das vorhast, dann wird das ein verflucht trauriges Leben, Raelyn.

Es waren nicht die Worte, die wie eine gesprungene Platte wieder und wieder in meinem Kopf herumkreisten, die so wehtaten. Es war die Wahrheit, die in ihnen steckte, die schmerzte. Nichts hatte sich verändert. Absolut gar nichts. Ich war noch immer das farblose Mädchen, das nicht sagen konnte, was es dachte oder wollte. Ich versteckte mich noch immer vor der Welt, zog die Schultern hoch und hoffte, dass mich niemand fand. Noch immer war ich in einem Käfig eingesperrt, unfähig daraus auszubrechen. Ich war noch immer diese gebrochene Version von mir selbst. Und Hunter hatte es direkt durchschaut.

Ich legte die Zahnbürste auf den Rand des Waschbeckens, schlug die Hände vors Gesicht und weinte. Ich ertrug es nicht, mein eigenes Spiegelbild zu sehen. Ich konnte nicht in diese aquamarinblauen Augen schauen und die Verzweiflung und den Schmerz darin erkennen. Ich konnte es einfach nicht. Meine Beine fühlten sich schwach an, und ich ging in die Hocke. Ich machte mich so klein, wie ich konnte, während ich dem Schmerz Tür und Tor öffnete. Ich ließ ihn wüten, ließ ihn durch mich hindurchspülen, in der Hoffnung, dass er alles mit sich forttragen würde. Die Anspannung. Die Wut. Die Verwirrung. Er sollte alles mit sich nehmen, bis nichts mehr davon übrig blieb. Es war das erste Mal, dass ich den Tipp meiner damaligen Therapeutin annahm. Dass ich den Tränen erlaubte, alles wegzuwaschen, anstatt sie zurückzuhalten und damit dem Schmerz eine Chance gab, weiter zu wachsen.

Ich wusste nicht, wie lange ich auf dem Boden kauerte und weinte. Ich hatte jegliches Zeitgefühl verloren, und als die Tränen endlich versiegten, fühlte ich mich so erschöpft und müde, dass ich nicht einmal wusste, ob ich die Dusche überhaupt noch hinter mich bringen konnte, ohne im Stehen einzuschlafen. Ich richtete mich auf und griff wieder nach meiner Zahnbürste. Ich putzte mir die Zähne und mied mein Spiegelbild. Als ich fertig war, drehte ich mich zu meinen Sachen um und sah, wie das kleine Lämpchen am oberen linken Rand meines Handys violett blinkte. Eine Nachricht.

Ich steckte meine Zahnputzsachen zurück in die Kulturtasche und setzte mich auf die Bank. Ich nahm mein Handy in die Hand und entsperrte es. Die hohe Anzahl an Anrufen ignorierte ich und öffnete stattdessen meine Nachrichten.

*Kate [0:03]: Hey, Rae! Hunter hat mir gerade gesagt, ihr seid zurück. Wie war Frisco? Was habt ihr so gemacht? Aus dem alten Studio-Eremit war ja nichts rauszukriegen ^^*
Kate [0:15]: Rae? Ist alles okay?
April [0:16]: Vielleicht schläft sie schon.
Kate [0:17]: Meinst du? Sie sind doch gerade erst zurück.
April [0:21]: Weiß nicht. Hab irgendwie ein blödes Gefühl. Hat Hunter irgendwas gesagt?
Kate [0:22]: Nein, nichts. Sie hatte versprochen, dass sie sich meldet, wenn sie zurück ist. Ist nicht ihre Art, das zu vergessen.
Kate [0:48]: Rae?
April [0:51]: Melde dich bitte. Wir machen uns Sorgen.

Mit dem Daumen fuhr ich übers Display und sah auf den Nachrichtenverlauf. Sofort überkam mich ein schlechtes Gewissen, das sich auf verwirrende Art und Weise mit einer angenehmen Wärme in meiner Brust vermischte. Ich scrollte etwas zurück und las die Nachrichten, die wir in den letzten Tagen ausgetauscht hatten. Die GIFs, die belanglosen abendlichen Texte und die Essensverabredungen, auf die Worte der Unterstützung und die Glückwünsche nach den abgeschlossenen Prüfungen.

Nicht alles war gleich geblieben. Ich war nicht mehr allein. Ich hatte Freunde, die für mich da waren und die sich um mich sorgten. Die mir sagten, wenn ich zu viel lernte, oder die mich wegen meiner Schüchternheit liebevoll aufzogen. Freunde, die mich manchmal an den Rand meiner Komfortzone schoben und mir hin und wieder einen Schubs darüber hinaus gaben.

Nicht alles war gleich geblieben. Es hatte sich etwas verändert. Und an diesen Gedanken würde ich mich einfach klammern. Ich klickte auf das Nachrichtenfeld und begann, meine Nachricht zu tippen.

Raelyn [1:01]: Hallo, ihr beiden. Entschuldigt die verspätete Rückmeldung. Auf der Rückfahrt war es sehr kalt, also habe ich heiß geduscht, um mich aufzuwärmen. Hab dabei wohl die Zeit vergessen. Mir geht es gut, und ich erzähle euch alles morgen Abend bei DVD und Pizza. Okay?
April [1:01]: Mach das bitte nie wieder. Ich bin vor Sorge fast umgekommen!
April [1:02]: Aber geht klar. Bei dir dann, Kate?

Ich war wenig überrascht, als mein Handy klingelte. Ein Name erschien auf dem Display, und ich musste lächeln. Ich nahm sofort ab.

»Tut mir leid. Ich hab völlig vergessen –«

Kate unterbrach mich sofort. Ihre Stimme klang angespannt und unruhig. »Ist wirklich alles in Ordnung?«

Für eine Sekunde erwog ich den schönen Schein zu wahren, aber dann fiel mein Blick auf den tiefen Riss im Badezimmerspiegel. »Nein«, gab ich leise murmelnd zu. »Nicht wirklich.«

Kate fluchte leise. »Dieser gottverfluchte Vollidiot. Was hat er gemacht? Ich reiß ihm den Arsch auf, wenn er –«

Ich schüttelte den Kopf, und meine Hand umklammerte das Handy etwas fester. »Kate, es ist okay. Er hat nichts gesagt, was nicht wahr wäre.« Ich seufzte leise. »Du solltest deshalb nicht sauer auf ihn sein.«

Für einen Augenblick hörte ich nichts weiter als Kates Atmen. Dann endlich sprach sie wieder. »Was ist passiert?«

»Um ehrlich zu sein, weiß ich es nicht so wirklich.« Ich rieb mit meiner Hand über meinen noch immer eiskalten Oberschenkel. »Er ist gestern Abend plötzlich wütend geworden und hat …« Ich hielt inne und atmete einmal tief durch. »… ein paar Dinge gesagt, die nicht besonders nett, dafür aber wahr sind.«

»Willst du drüber reden?«

»Nicht wirklich.« Ich sah auf meine blasse Hand. Meine Fingerspitzen waren nicht mehr blau, sondern feuerrot. »Zumindest jetzt noch nicht.« Ich stand auf und betrachtete mein Spiegelbild. Die roten Augen. Die blasse Haut. Das zerzauste Haar. »Außerdem bin ich ziemlich müde. Ich will einfach nur noch schlafen.«

»Du klingst auch ziemlich fertig.« Kates Stimme war so warm und beruhigend wie immer, und die Enge in meiner Brust löste sich etwas. »Stell für morgen den Wecker aus und bleib im Bett liegen, okay? Ich glaube, du kannst ein wenig Schlaf gut brauchen.«

Vermutlich hatte sie recht. »Okay.« Ich wandte meinem Spiegelbild den Rücken zu. »Bis morgen, Kate.«

»Bis morgen.« Am anderen Ende der Leitung wurde es still. Dann stieß Kate einen langen, schweren Atemzug aus. »Rae?«

Ich hatte schon auflegen wollen, doch als ich Kates Stimme hörte, hielt ich mir das Handy wieder ans Ohr. »Ja?«

»Es tut mir leid.«

Die Worte trafen mich unvorbereitet. »Wofür entschuldigst du dich? Nichts davon ist deine Schuld.« Ich räusperte mich, als ich den Kloß in meinem Hals bemerkte. »Außerdem, was Hunter gesagt hat, war nicht gelogen, und abgesehen von dieser einen Sache hatte ich dank ihm ein schönes Wochenende.«

»Wenn du irgendwann darüber reden willst, lass es mich wissen, okay?« Kates Stimme war nur noch ein leises Murmeln.

»Mach ich.« Ich lächelte. Ich wusste nicht, wann ich so weit sein würde, aber ich nahm mir fest vor, Kate und April irgendwann davon zu erzählen. »Versprochen.«

»Schlaf gut, Rae.«

»Du auch.« Ich lächelte. »Bis morgen.«

»Bis morgen.«

Ich ließ das Handy sinken und legte auf. Mit einer Hand strich ich über meine Brust und versuchte, das Engegefühl darin zu ignorieren, als ich an Kates Entschuldigung dachte. Sie hatte so mitgenommen und traurig geklungen, dabei war nichts davon ihre Schuld gewesen. Niemand konnte etwas dafür, dass Hunter und ich uns offensichtlich nicht vertrugen. Ich schien irgendwelche Schalter in ihm umzulegen, und er war vermutlich einfach zu nett, um Kate zu sagen, dass ich ihm auf die Nerven ging, und ich konnte es verstehen. Kate war mit uns beiden befreundet, und er hatte wohl einfach nicht für böses Blut sorgen wollen.

Ich steckte das Handy unter meine Handtücher, zog mich aus und stellte mich unter die Dusche. Als das heiße Wasser auf meine kalte Haut traf, zischte ich leise auf. Es tat weh. Aber ich brauchte diese heiße Dusche. Ich musste die Kälte vertreiben. Ich wusste, es würde nicht lange wehtun. Meine Haut würde sich aufwärmen und sich an die Hitze des Wassers gewöhnen, und nach nur wenigen Sekunden würde ich zufrieden seufzen und mich in der Wärme des Wassers verlieren. Ich schloss die Augen und stellte mich vollständig unter den Wasserstrahl. Der Schmerz schoss durch mich hindurch, aber dann begann die Wärme, sich gut anzufühlen. Sie verjagte die Kälte und entkrampfte meine schmerzenden Muskeln. Ich ließ mich vollständig in dieses Gefühl hineinsinken und vom Wasser das vergangene Wochenende davonspülen. Ich legte den Kopf in den Nacken, und die warmen Tropfen trafen auf mein Gesicht.

Ich würde Hunter von nun an aus dem Weg gehen. Das war das Beste für alle. Es war offensichtlich, dass ich mich an dem Gedanken, wir könnten Freunde sein, festgehalten hatte, ohne darauf zu achten, wie Hunter womöglich darüber dachte. Ich würde mich von ihm fernhalten und Abstand wahren, wie er es offensichtlich wollte.

Ich ignorierte, wie mein Herz sich zusammenzog, und drückte die Schultern durch. Dieses Stechen in meiner Brust war wie das heiße Wasser. Ich musste nur die ersten paar Sekunden aushalten, dann würde es verschwinden, und innerhalb weniger Minuten würde ich vergessen, dass es überhaupt da gewesen war.

18. KAPITEL

Raelyn

»Also, was wollen wir uns ansehen?« Kate saß neben mir auf der großen Couch im Gemeinschaftsraum ihres Verbindungshauses und zog die flauschige graue Decke, die auf der Armlehne gelegen hatte, über uns. »Oder wollen wir doch ins Kino?«

»Wenn ich das Haus nicht verlassen muss, dann tu ich das auch nicht.« April ließ sich mit einer vollen Schüssel Chips neben mich fallen und kuschelte sich zu uns unter die Decke. »Lass doch mal gucken, was es bei Netflix so gibt.«

Kate nickte und schaltete den großen Fernseher an, der an der Wand hing, und warf April ihr iPhone zu. »Bestellst du dann schon mal Pizza?«

Während April mit dem Lieferservice sprach und Kate sich bereits durch das breite Angebot von Netflix klickte, richtete ich mir mein Lager zwischen den beiden gemütlich ein und ließ mich gegen die Rückenlehne sinken. Ich hatte heute zum allerersten Mal meine Vorlesungen geschwänzt und hatte ausgeschlafen. Doch anstatt mich nach dem Aufstehen frisch und ausgeruht zu fühlen, hatte mich sofort das schlechte Gewissen geplagt. Ich hatte mich dennoch gezwungen, den Tag im Bett zu verbringen, so wie Kate es mir geraten hatte, und versucht, mich mit Lesen und Musikhören abzulenken, das hatte allerdings mehr schlecht als recht funktioniert. Ich musste dieselben zehn Seiten im Buch wieder und wieder lesen und wusste dennoch nicht, worum es überhaupt ging. Mit meinem Handy hatte ich mich auch nicht befassen können. Es hatte den ganzen Vormittag geklingelt, bis ich es einfach irgendwann abgeschaltet hatte. Dafür hatte mein Hirn anscheinend beschlossen, mir den Samstagabend wieder und wieder in Erinnerung zu rufen. Wie Hunter meine Wangen umfasst hatte. Wie er mir mit seiner tiefen und rauen Stimme schonungslos die Wahrheit gesagt hatte. Wie er mich zu meinem Zimmer gebracht hatte, ohne mich wirklich noch einmal anzusehen. Ich schüttelte den Kopf. Wir waren Fremde und würden es auch immer sein. Warum also hatten seine Worte mich so sehr getroffen?

»Also.« Ich hob den Kopf, als April mich plötzlich ansprach. Sie hatte ihre Ellenbogen auf der Rückenlehne abgestützt und sah mich abwartend an. »Willst du darüber reden?«

Ich blickte mich hastig um, doch außer uns war niemand hier. Aus der Küche hörte man das leise Klappern von Geschirr, und ich konnte Schritte auf dem Flur hören, aber zu sehen war niemand. Ich entschied trotzdem, mich dumm zu stellen. »Worüber?«

April schnaubte. »Warum du so aussiehst, als hätte jemand deinen Hamster ermordet.«

Meine Mundwinkel zuckten, als ich zu meiner Antwort ansetzte. »Ich hatte nie Haustiere.«

April lachte auf und stieß mich an. »Du weißt genau, was ich meine.«

»Ja, ich weiß, was du meinst.« Ich sah auf meine Hände, die den Rand der Decke umfasst hielten. »Aber ich möchte nicht wirklich darüber reden.«

»Das musst du auch nicht.« Kate lächelte mich verständnisvoll an. »Wir können auch warten.«

April zog skeptisch eine Augenbraue hoch. »Können wir?«

Kate nickte feierlich. »Ja, können wir.«

Ich schaute zwischen den beiden hin und her und schmunzelte. Ich hatte keine Ahnung, was ich ohne diese beiden nur tun würde. Seit ich nach San Teresa gekommen war, hatten sie mein Leben so bereichert. Sie unterstützten mich und stärkten mir den Rücken, und auch wenn es naiv war, vertraute ich den beiden bereits jetzt wie niemandem sonst auf der Welt.

»Danke«, murmelte ich leise, und April wuschelte mir mit einem breiten Grinsen durchs Haar.

»Kein Thema«, sagte sie und griff sich eine Handvoll Chips. »Du wirst schon drüber reden, wenn du so weit bist.« Sie verzog das Gesicht. »Wobei es mich schon in den Fingern juckt, Hunter einen ordentlichen Arschtritt zu verpassen.« Bevor ich etwas sagen konnte, schnitt sie mir das Wort ab. »Und jetzt behaupte nicht, dass es nichts mit ihm zu tun hat. Ich kann Lügen nicht ausstehen.«

Ich schwieg und konnte an den Gesichtern der beiden ablesen, dass das mehr sagte als tausend Worte.

Kate räusperte sich und deutete auf den Fernseher. »Wie wäre es mit *Wie ein einziger Tag*?«

»Eine Schnulze? Wirklich?« April klang wenig begeistert.

»Ich kann grade ein bisschen Herzschmerz vertragen.« Kate sah mich an. »Was ist mit dir, Rae?«

Ich zuckte nur mit den Schultern. Ich kannte den Film nicht. Als er rausgekommen war, war ich gerade einmal fünf Jahre alt gewesen. »Mir egal.«

»Gut. Dann ist es entschieden.« Kate startete den Film, und ich lehnte meinen Kopf an ihre Schulter. Wir sahen uns den Film an und aßen Pizza. Zwischen den beiden fühlte ich mich sicher und geborgen. Es war der Platz, an dem mir nichts passieren konnte. Hier konnte ich meine Wunden heilen, ohne für sie verurteilt zu werden. Das am Wochenende war nur ein kleiner Kratzer gewesen. Nichts weiter. Und ich war fest entschlossen, einfach ein Pflaster draufzukleben und ihn zu ignorieren, bis er verheilt war.

Nachdem ich meine Pizza aufgegessen hatte, sank ich tiefer in die Kissen hinein und ließ mich von dem Film in die Vierzigerjahre entführen. Ehe ich mich versah, hatte die Geschichte mich so sehr in ihren Bann gezogen, dass ich um mich herum nichts mehr wahrnahm.

Mir stockte der Atem, als es zum großen Streit zwischen den Protagonisten kam. Ryan Gosling stellte Noah so lebensecht dar, dass es mich völlig mitriss. Seine schauspielerische Leistung war außergewöhnlich, und genau das brachte mich jetzt gerade in Schwierigkeiten, denn die schonungslose Ehrlichkeit seiner Figur erinnerte mich an jemanden, an den ich jetzt gerade nicht denken wollte. Wütend konfrontierte er Allie mit ihrer Unfähigkeit, eine Entscheidung zu treffen, bevor er sie fragte, was sie selbst von ihrem Leben wollte, wenn sie mal nicht darüber nachdachte, was alle anderen von ihr erwarteten.

Ich drückte auf Pause, ohne es wirklich zu wollen, und starrte auf den Bildschirm. Meine Hand umklammerte die Fernbedienung so sehr, dass die Kanten vom Plastik sich in meine Haut gruben.

April, die sich neben mir auf dem Sofa zusammengerollt hatte, setzte sich abrupt auf. »Rae?«

Kate sah mich besorgt an. »Hey, ist alles okay?«

Ich hatte das Gefühl, nicht mehr atmen zu können. Alles, was ich wollte, war, vor Frust laut zu schreien, als die Erinnerungen sich mit dem Film mischten und ein hässliches Bild zeichneten. War ich nicht ganz genau wie Allie? Hatte ich nicht auch mein Leben in einem Käfig verbracht, unfähig, daraus auszubrechen, bis ich ihn einfach als meine Welt akzeptiert hatte? Meine Haut fühlte sich mit einem Mal zu eng an, und ich sog zitternd die Luft ein, den Blick noch immer auf den Fernseher gerichtet. Nein, ich war nicht wie Allie, denn ich hatte nie für das gekämpft, was ich wirklich wollte. Nicht ein einziges Mal.

Kate ergriff meine Hand. »Rae?«

»Ich …« Ich brachte kein Wort heraus. Die Welt drehte sich. »Ich …«

»Du brauchst es nicht zu erklären.« April legte einen Arm um meine Schultern und zog mich näher zu sich heran. Sie wiegte mich sanft hin und her, und ich hörte auf, hektisch nach Luft zu schnappen. »Beruhig dich erst mal.«

»Ein- und wieder ausatmen.« Kate hielt meine Hand fest, während ich ihren Anweisungen folgte und versuchte, tief durchzuatmen. »Alles wird gut.«

Würde wirklich alles wieder gut werden? War überhaupt jemals alles gut gewesen? Und war es nicht meine Aufgabe, selbst dafür zu sorgen, dass alles besser wurde? Wenn ich jemals ich selbst sein wollte, dann musste ich mich verändern. Ich musste endlich anfangen, für mich selbst einzustehen. Musste anfangen, mich nicht mehr zu verstecken, in der Hoffnung, in der Masse zu verschwinden. Ich wollte mehr sein als eine unbedeutende Randnotiz. Wollte mehr sein als das schüchterne Mädchen, das sein Leben damit verbracht hatte, täglich auf die Risse im Gehweg zu starren. Denn Hunter hatte recht. Wenn ich so weitermachte, dann würde mein Leben ein verdammt trauriges sein. Ich musste etwas ändern. Und wenn es nur etwas Kleines und Unbedeutendes war.

»Kate, hast du Haarfarbe?« Die Frage platzte so plötzlich aus mir heraus, dass ich nicht einmal selbst wusste, wo sie hergekommen war.

Kate runzelte die Stirn und sah etwas hilflos zu April. »Was?«

»Hast du Haarfärbemittel?«

»Nein.« Sie schüttelte den Kopf und hielt meine Hände etwas fester. »Ich lasse mir immer beim Friseur die Haare färben.« Sie guckte mich so verwirrt an, dass ich mich schlecht fühlte. »Was ist los?«

»Ich …« Ich wusste nicht, wie ich es erklären sollte. Wie ich diesen Drang, mir selbst zu entkommen, in Worte fassen sollte. Wie ich anderen begreiflich machen konnte, was ich selbst nur bedingt verstand. Sie mussten beide glauben, dass ich völlig den Verstand verloren hatte, und ich konnte es ihnen nicht verübeln, denn ich war beim besten Willen nicht der Typ für impulsive Ausbrüche.

April tätschelte mir beruhigend die Schulter. »Du brauchst einfach eine Veränderung?«

Ich nickte stumm.

Sie sah mich eindringlich an. »Bist du dir sicher?«

»Ja«, antwortete ich, ohne auch nur eine Sekunde zu zögern.

»Okay.« April nahm den Arm von meinen Schultern und stand auf. Sie zog die Decke weg und faltete sie zusammen. »Mitkommen. Alle beide.«

Wenige Sekunden später stand sie schon im Flur und zog sich ihre Schuhe an. »Wohin gehen wir?«, fragte ich und sprang auf, um ihr zu folgen.

»Zu mir«, gab sie zurück, während Kate in ihre Sneakers schlüpfte. »Ich habe Haarfarbe.«

Kate reichte mir meine Jacke und warf sich dann ihre eigene über. »Aber ihre Haare sind schwarz.«

»Meine eigentlich auch.« April zog die Haustür auf und trat hinaus in den recht kühlen Novemberabend. »Wir kriegen das schon hin.«

Wir huschten über den Gehweg Richtung Campus.

»Danke, April«, sagte ich leise.

»Kein Thema.« April steckte ihre Hände in die Taschen ihrer dunkelbraunen Softshelljacke. »Aber es braucht mehr als nur eine neue Haarfarbe, um sein Leben zu ändern.«

»Ich weiß«, presste ich hervor, als Kate sich bei mir unterhakte und wir mit langen Schritten die Wohnheime ansteuerten. Zum Glück war es nicht weit von Kates Verbindungshaus bis zu unserem Wohnheim. »Aber es ist ein guter erster Schritt.«

April nickte, und wir passierten den Campus. Die Laternen spendeten seichtes Licht und ließen die dunklen Straßen weniger Furcht einflößend wirken. Wir erreichten Avila Hall nach nicht einmal zehn Minuten, und April steuerte direkt die Treppe an. Wir gingen hoch in den fünften Stock und in ihr Zimmer. Aprils Mitbewohnerinnen schienen noch alle ausgeflogen zu sein.

»Da deine Haarfarbe schwarz ist, werden wir erst mal nur einen Braunton hinbekommen. Ist das okay für dich?« April zog ihre Schuhe aus und warf sie achtlos unter ihren Schreibtisch, ehe sie den Stuhl hervorzog. Sie deutete mir an, mich zu setzen, und ich schlüpfte aus meiner Jacke, die ich auf Aprils Bett legte, das wie immer mit Bettwäsche in Erdtönen bezogen war.

»Klingt gut«, antwortete ich kleinlaut und wartete, was wohl als Nächstes passieren würde. Ich war eigentlich ganz dankbar, dass April nicht vorhatte, mir die Haare gleich zu blondieren oder sie mir rot zu färben. Ich wollte zwar eine Veränderung, wusste aber nicht, ob ich für etwas so Drastisches schon bereit sein würde.

Kate nahm sich Aprils Kopfkissen vom Bett und ließ es auf den Boden fallen. Sie zog Schuhe und Jacke aus und setzte sich im Schneidersitz darauf. Ihr Rücken lehnte an dem Schränkchen, das unter Aprils recht chaotisch aussehendem

Schreibtisch stand, und griff sich eine der daraufliegenden Zeitschriften.

April ging währenddessen zu ihrer Kommode, auf die sie ein paar Aufkleber geklebt hatte, die nach Videospiellogos aussahen, und kramte ein fleckiges Handtuch und eine Packung Haarfarbe sowie einen Kamm und eine seltsam aussehende Schüssel heraus. Auch der Pinsel kam mir komisch vor. Sie nahm zwei große Flaschen aus der Schublade und sah bei beiden prüfend auf das Etikett.

»Hast du dir schon mal die Haare gefärbt?«, fragte sie mich, und ich schüttelte den Kopf. Daraufhin stellte sie eine der beiden Flaschen zurück. Sie legte mir das Handtuch um die Schultern und fixierte es mit einer Klammer, ehe sie mein Haar mit dem Kamm durchbürstete. »Na dann, lass uns loslegen.«

Kate sah skeptisch dabei zu, wie April die Haarfarbe mit allem Möglichen vermischte. Der chemische Geruch stieg mir in die Nase, und mir wurde ein wenig übel. »Weißt du wirklich, was du da tust?«

»Ich mache das selbst, seit ich vierzehn bin.« Sie zog ein paar schwarze Latexhandschuhe an und nahm den Pinsel zur Hand. Ich konnte spüren, wie sie mit dem Stiel des Pinsels eine meiner Haarsträhnen abteilte, und verspannte mich. Als die kühle Farbe meine Kopfhaut berührte, hielt ich den Atem an. »In Three Rivers gibt es genau einen einzigen Salon, und wenn du da mehr willst als einen einfachen Haarschnitt, bricht direkt das Chaos aus.«

Ich klemmte meine zitternden Hände zwischen meine Oberschenkel und ließ April einfach machen. »Wie war das so?«, fragte ich, um mich abzulenken. Ich freute mich zwar auf die neue Haarfarbe, aber jetzt, wo es wirklich geschah, machte es mich auch irgendwie nervös.

»Was?« Als ich mich zu ihr umdrehen wollte, fluchte sie. »Halt den Kopf still.«

»Entschuldige.« Es war eigenartig, April nicht ansehen zu können, während ich mit ihr sprach. »Wie war es, in einer Kleinstadt aufzuwachsen?«

»Langweilig. Mein Bruder und ich haben uns früh in Videospiele gestürzt, um uns zu beschäftigen. Irgendwann hatte ich einfach keine Lust mehr, meine Mutter auf die Arbeit zu begleiten oder mich mit den ständig wechselnden Gästen zu befassen«, erzählte sie freiheraus, während Kate weiter in dem Magazin blätterte, auf der eine Videospielfigur abgebildet war, die ich nicht kannte.

»Was macht deine Mom?«

»Meine Mom ist Park Ranger. Mein Dad führt eine Lodge für Wanderer«, antwortete April und trug weiter die Farbe auf.

Kate schlug die Zeitschrift zu und deutete auf den Schreibtisch. »Hey, April, macht es dir was aus, wenn ich dein komisches Ding da ausprobiere?« Sie zeigte auf einen rechteckigen Bildschirm mit zwei verschiedenfarbigen Enden. Ich konnte Knöpfe erkennen. Waren das Controller? Seit wann interessierte Kate sich denn für Videospiele?

»Das ist eine Nintendo Switch«, sagte April mit einem leisen Seufzen. »Und nein, es macht mir nichts aus. Lösch nur keine Spielstände.«

Kate schnappte sich die Nintendo Switch und schaltete sie ein. Der Bildschirm leuchtete sofort auf. »Ich weiß nicht mal, wie das geht.«

»Was genau der Grund ist, warum du garantiert etwas löschen wirst«, hörte ich April leise murmeln, und ich schmunzelte.

Kate sah uns beide an. »Was?«

»Nichts«, beeilte April sich zu sagen und kam dann wieder auf das Gespräch mit mir zurück. »Was ist mit dir? Wie war es, in New York aufzuwachsen?«

»Einsam«, antwortete ich wie aus der Pistole geschossen, als ich an meine Heimatstadt dachte, die ich hinter mir gelassen hatte. »In einer so großen Stadt ist man nichts weiter als eine Apartmentnummer. Meine Mom und ich wohnen in einem Apartmentkomplex in SoHo, und ich kenne nicht mal einen unserer Nachbarn.«

»Was macht deine Mom?«

Ich holte tief Luft. Es war das erste Mal, dass ich mit den beiden wirklich über meine Familie und mein Zuhause sprach. Das Thema hatte ich bisher gemieden wie die Pest. Vor allem, weil sie die ständigen Anrufe meiner Mutter eh eigenartig fanden. Aber irgendwie wollte ich sie jetzt daran teilhaben lassen. Ich wollte mich ihnen öffnen. Ehrlich zu ihnen sein. Auch wenn mich das eine Menge Überwindung kostete. »Meine Mom ist Künstlerin. Aber sie hat auch eine Galerie und verkauft dort ihre eigenen und die Werke von befreundeten Künstlern.«

»Kannst du auch malen?«

»Leider nicht.« Ich dachte daran, dass meine Mutter locker als Cinderella hätte durchgehen können, während ich aussah wie Schneewittchen. »Meine Mom und ich haben nicht sonderlich viel gemeinsam.«

»Schlägst du dann mehr nach deinem Vater?«, wollte April wissen. Kate starrte auf den Bildschirm vor sich und schien dem Spiel zu folgen. Ihre Lippen hatte sie fest aufeinandergepresst.

»Ich weiß es nicht«, gab ich zögerlich zu. »Ich kann mich kaum an ihn erinnern. Aber meine Mutter sagt, ich sei ihm sehr ähnlich. Ich sehe auf jeden Fall aus wie er.«

April zögerte einen Moment, vermutlich besorgt, die Gefühle eines vermeidlichen Scheidungskindes zu verletzen. »Was macht dein Vater beruflich?«

Ich schluckte leise. Sollte ich es ihnen sagen? Wollte ich es ihnen sagen? Was, wenn sie mich dann anders behandelten? Wenn sie mich bemitleideten? Ich sah zu Kate. Ihre Finger schwebten über den Knöpfen, aber sie spielte offensichtlich nicht mehr. Ich nahm all meinen Mut zusammen und sagte: »Mein Vater war Journalist.«

Unsere Blicke begegneten sich, und ich bemerkte, wie Kate sofort begriff. April hatte aufgehört, die Farbe aufzutragen, ich spürte ihre Hände nicht mehr an meinem Kopf. Stille trat ein, und mein Magen fühlte sich tonnenschwer an. Keine von beiden stellte mir die eine Frage. Niemand entschuldigte sich stammelnd oder murmelte irgendwelche Beileidsbekundungen. Stattdessen teilte April nun eine weitere Strähne meines Haars ab und pinselte die Farbe darauf, dessen chemischer Geruch sich immer mehr in dem kleinen Zimmer ausbreitete. Kate legte die Konsole beiseite und rückte etwas näher zu mir heran. Sie legte mir eine Hand aufs Knie und drückte kurz sanft zu. Ich ergriff ihre Hand, hielt sie fest, während das Ziehen in meiner Brust abebbte.

»Kate, öffnest du bitte mal das Fenster?«, unterbrach April die Stille. Als Kate mich mit großen Augen ansah, nickte ich kurz. Erst dann ließ sie meine Hand los. Sie ging zum Fenster und öffnete es. Als die kalte Nachtluft mit einem Stoß hineingeweht wurde und den chemischen Geruch mit sich hinauszog, wagte ich einen tiefen Atemzug. Und das erste Mal, seitdem ich in Kalifornien angekommen war, fühlte es sich wirklich so an, als würde sich langsam etwas verändern.

19. KAPITEL

Raelyn

»Irgendwas ist anders.« Connor stand direkt vor mir, den Kopf schief gelegt, während seine Augen über mich wanderten. Ich senkte den Blick und nahm eine der langen, nun kastanienbraunen Strähnen zwischen die Finger. Als ich heute Morgen aufgewacht war, hatte ich mich selbst kaum wiedererkannt, aber ich hatte dem Drang widerstanden, mein Haar unter einer Mütze zu verstecken, wofür ich mich in diesem Moment verfluchte. Denn auch wenn mir die neue, wärmere Haarfarbe gefiel, war ich es nicht gewöhnt, so viel Aufmerksamkeit auf mich zu ziehen.

Seoyoung trat vor mich und schubste Connor unsanft weg. »Verdammt, Connor, hör auf, sie so anzustarren.«

Connor stolperte, fiel aber zum Glück nicht und deutete mit dem Zeigefinger auf mich. »Aber ich habe recht!« Er schob schmollend seine Unterlippe vor. »Irgendwas hast du verändert.«

»Sie hat sich die Haare gefärbt, du grenzdebiler Vollidiot.« Blake verschränkte die Arme vor der Brust und verdrehte die Augen. »Das sieht man ja wohl. Es ist viel heller als vorher.«

Connor musterte mich eingehend, ehe er nickte. »Stimmt.« Er grinste schief. »Steht dir echt gut, Schneewittchen. Macht dich weniger gespenstisch.«

»Sehr charmant, Connor«, fauchte Seoyoung und drehte sich zu mir um. Sie nahm meine Hand, mit der ich meine Strähne mehrmals um den Finger gewickelt hatte und zwang mich loszulassen. Aufmunternd lächelte sie mich an. »Jetzt erinnerst du mich eher an Belle.«

Von der Haushaltshilfe zur Prinzessin mit Stockholm-Syndrom. Ob das nun ein Upgrade war?

Connor lachte und wackelte mit den Augenbrauen. »Wann bringst du denn das Biest mit?«

Ich spürte, wie mir die Hitze in die Wangen stieg, und sah unauffällig zu Amber hinüber. Seit ihrer Auseinandersetzung mit Hunter hatten wir noch nicht wieder miteinander gesprochen. Sie kam mir irgendwie angespannt vor. Ihre ganze Körperhaltung wirkte steif und ihr Lächeln völlig verkrampft. Ich wusste, es war nicht unbedingt fair, aber ich erwischte mich dennoch dabei, wie ich versuchte, ihr aus dem Weg zu gehen. Ich wollte bei den beiden wirklich nicht zwischen die Fronten geraten. Aber Amber schien auch nicht mit mir reden zu wollen, denn als ich hereingekommen war, hatte sie mir nur kurz zugenickt und mich seitdem gemieden. Ob wir vielleicht trotzdem Freunde sein konnten, auch wenn die Situation zwischen Hunter und ihr so angespannt war? Ein bisschen hoffte ich schon darauf.

Zum Glück konnte ich Connor eine Antwort schuldig bleiben, denn Naziah trat, mit dem Skript unter dem Arm und einem bunten Tuch in ihrem Haar verflochten, auf die Bühne, auf der wir uns schon alle versammelt hatten.

»Ich weiß, dass neue Haarfarben hier immer ein Highlight sind, vor allem bei dir, Connor, aber könnten wir bitte zur Tagesordnung übergehen?« Naziah klatschte in die Hände, um die Gruppe wieder auf Kurs zu bringen, und ein bisschen bemitleidete ich sie, denn ihre Aufgabe als Leitung war alles andere als einfach. In meinen wenigen Wochen beim Schauspielclub war mir schnell klar geworden, dass Naziah es hier mit einer bunt gemischten Gruppe aus Menschen zu tun hatte, die unter Umständen sehr explosiv sein konnte. Besonders Blake und Connor waren ein echtes Pulverfass. Mal waren sie die besten Freunde, und mal gingen sie einander ungebremst an die Gurgel. Mit so etwas umzugehen und solche Situationen so gezielt entschärfen zu können, wie Naziah es tat, verlangte einen ganz bestimmten Charakter und ein Maß an innerer Stärke, von der ich nur zu träumen wagte.

Mein Blick folgte ihr, als sie zum rechten Flügel schritt, der durch den Vorhang vor den Augen der Zuschauer verborgen blieb. Gespannt wartete ich, womit sie uns heute überraschen würde. Bei jedem Treffen hatte Naziah eine neue Übung im Gepäck, mit der wir uns aufwärmten, bevor wir die Rollen diskutierten und ausarbeiteten. Bisher hatte ich zwar immer nur zugesehen, aber schon allein das machte Spaß. Ich reckte den Hals, als ich das Schaben von Holz auf Holz hörte. Naziah trat hinter dem Vorhang hervor und zog einen roten Stuhl hinter sich her. Den stellte sie mitten auf die Bühne. »Also«, sagte sie und klopfte auf die Sitzfläche, »wer hat Lust auf eine Runde auf dem heißen Stuhl?«

Seoyoung machte einen großen Schritt rückwärts, und ich runzelte die Stirn. Heißer Stuhl? Was sollte das denn sein?

Connor hob die Hand und trat vor. »Ich fang wohl an.« Er ging zu Naziah hinüber und ließ sich auf den Stuhl sinken. Lässig schlug er die Beine übereinander, so wie er es immer tat, und seine Lippen umspielte ein Lächeln. Er schien sich eindeutig auf diese Übung zu freuen.

»Alles klar.« Naziah legte ihm die Hände auf die Schultern und warf einen Blick in die Runde. »Ihr wisst alle noch, wie es funktioniert?«

Manche sagten laut Ja, andere nickten nur stumm, und ich blieb ratlos. Ich lehnte mich zu Amber hinüber, vielleicht gelang es mir, die angespannte Situation zwischen uns irgendwie ein wenig zu entschärfen. Doch bevor ich sie etwas fragen konnte, verschlug es mir die Sprache. Connor setzte sich plötzlich breitbeinig hin und ließ sich tiefer in den Stuhl sinken. Er zog ein Kaugummi aus seiner Hosentasche und begann, laut darauf herumzukauen, während in seinen Augen etwas Angsteinflößendes und Herausforderndes lag. Ihn umgab eine dermaßen düstere Aura, dass sich mir die Nackenhaare aufstellten. Mein Blick war fest auf den sonst so quirligen und freundlichen Connor gerichtet. Was ging hier gerade vor?

Blake schnaubte leise. »Wie heißt du?«

Connor zog eine Augenbraue hoch. »Muss ich dir das beantworten?«

»Wenn du kein totales Arschloch bist, dann ja.«

Connor grinste schief. Das schmatzende Kauen auf seinem Kaugummi hallte laut in der Stille des Auditoriums wider. »Und wenn ich das doch bin?«

Ich sah besorgt zwischen den beiden hin und her. Mein Blick schnellte zu Naziah, doch sie hatte ihren Platz hinter Connor verlassen und sich zu den anderen gesellt. Der Ausdruck auf ihrem Gesicht wirkte keineswegs alarmiert. Stattdessen schien sie ziemlich zufrieden zu sein.

»Keine Panik«, beruhigte Seoyoung mich belustigt, als sie meinen Blick bemerkte. »Connor spielt nur eine Rolle. Das ist alles. Er ist gut, oder?« Er spielte nur eine Rolle? Aber was für eine sollte das sein? Ich verstand noch immer nur Bahnhof. »Heißer Stuhl ist eine Übung, bei der man sich einen Charakter ausdenkt und sich völlig in ihn hineinversetzt. Die anderen stellen einem Fragen, und man antwortet aus der Perspektive dieser Figur. So lernt man sie immer besser kennen und wird mehr und mehr zur Rolle.« Seoyoung sah zu Connor. »Es ist Connors Lieblingsübung.«

»Wie alt bist du?«, fragte jemand aus der Gruppe, und Connor zog erneut eine Augenbraue hoch.

»Älter, als ich sein sollte«, gab er zurück, und ich konnte hören, wie er seinen Akzent veränderte. Etwas Raues trat hervor, und er klang plötzlich um Jahre gealtert. »Ich bin dreiundfünfzig.«

Fasziniert beobachtete ich, wie die gezielten Fragen der anderen nach und nach das Bild eines Gangsters aus der Zeit der Prohibition zeichneten, der in seinem Leben nichts weiter kennengelernt hatte als Gewalt und Geld. Es stand in so einem starken Kontrast zu dem Connor, den ich kannte, doch seine Performance war so glaubwürdig, dass ich seine Geschichte keine Sekunde lang anzweifelte.

»Okay, das reicht für heute.« Naziah beendete das Spiel abrupt. »Starke Leistung, Connor.«

Connor wechselte wieder zu seinem quirligen Selbst mit dem Dauergrinsen im Gesicht und sprang vom Stuhl auf. »So macht man das, Kinder«, sagte er gönnerhaft, und Blake nahm ihn dafür in den Schwitzkasten.

»Lehn dich mal nicht zu sehr aus dem Fenster, Mr Method Acting.« Blake rieb mit den Knöcheln über seinen Kopf, und Connor jaulte auf.

»Aua.« Er entwand sich Blakes Griff und fluchte. »Scheiße Mann, das tut weh.«

»Geschieht dir recht.«

Naziah warf den beiden einen eindeutigen Blick zu, und sofort hielten sie den Mund. Es war beeindruckend, wie sehr alle Naziah respektierten. »Wer will als Nächstes?«, fragte sie an die Gruppe gewandt.

»Wie wäre es mit dir?« Amber, die heute noch kein einziges Wort mit mir gewechselt hatte, sah mich erwartungsvoll an. »Du hast bisher an noch keiner Übung teilgenommen, oder?

Ich schüttelte schnell den Kopf. »Nein, noch nicht, aber das hier …« Ich spähte zu Connor hinüber. Ich wollte mich beim besten Willen nicht lächerlich machen. Nicht nach so einer Darbietung. »Ich denke, ich kann das nicht.«

»Aber du weißt es nicht, bis du es nicht probiert hast.« Seoyoung stieß mich mit der Schulter an. »Ist es nicht irgendwie reizvoll, mal jemand völlig anderes sein zu können? Ohne Skript. Ohne Vorgaben. Du könntest wie jemand sein, den du bewunderst, oder wie jemand, dem du nicht mal in deinen schlimmsten Albträumen begegnen möchtest.«

Ich sah zu dem roten Stuhl auf der Bühne.

Meine Füße bewegten sich, bevor ich sie aufhalten konnte, und ohne ein weiteres Wort zu sagen, setzte ich mich auf den Stuhl. Nur einmal wollte ich so jemand sein. Nur ein einziges Mal. Ich schlug die Augen nieder und klemmte meine Handflächen zwischen die Oberschenkel, während alle um mich herum leise zu tuscheln begannen. Ich presste die Augen zusammen, versuchte, alles auszublenden und zu jemandem zu werden, der nicht so war wie ich. Jemand völlig anderes. Ich konnte es schaffen. Ich konnte es bestimmt schaffen. Ich musste es nur versuchen. Mein Herz schlug mir bis zum Hals, und die Übelkeit, die mich immer auf der Bühne überkam, verschlimmerte sich um ein Tausendfaches. Ich glaubte, mich auf der Stelle übergeben zu müssen. Ich atmete durch die Nase ein und durch den Mund aus. Ruhig. Kontrolliert. Immerhin hatte ich gelernt, damit umzugehen. Mit der blanken Panik vor jedem Vortrag, jedem Referat und jeder mündlichen Prüfung.

»Wie heißt du?« Seoyoungs sanfte Stimme drang durch das laute Pochen meines Herzschlags, und ich war dankbar, dass sie die Erste war, die eine Frage stellte.

Ich brauchte einen Moment für meine Antwort, doch dann sah ich sie vor mir. Die Person, die ich sein wollte, aber niemals sein konnte. Ich drückte meine Schultern durch. Doch, ich konnte so sein. Zumindest für dieses eine kleine Spiel.

»Pheonix«, sagte ich leise. Nein, das war so nicht richtig. Ich räusperte mich. »Mein Name ist Pheonix.« Diesmal klang meine Stimme etwas lauter. Etwas weniger ängstlich.

»Wie alt bist du?« Die Frage kam von Connor. Ich konnte den Blick noch nicht heben, doch ich kannte seine Stimme gut genug, um ihn sofort zu erkennen.

»Ich bin fünfundzwanzig.«

»Wo bist du geboren?«, fragte mich Amber.

»In New Jersey.« Ich kratzte mich am Hinterkopf und blickte jetzt in die Runde. Meine Hände zitterten noch immer, aber der bittere Geschmack in meinem Mund, der immer mit der Übelkeit einherging, ebbte ab. »Aber ich lebe in New York.«

Ein weiteres Mitglied aus dem Schauspielclub musterte mich interessiert. »Was machst du beruflich?«

»Alles und nichts.« Ich sah in ihre Gesichter, aber niemand lachte. Stattdessen betrachteten sie mich alle aufmerksam und hörten mir zu. Niemand machte Witze oder zeigte mit dem Finger auf mich. »Ich mache das, worauf ich gerade Lust habe.«

»Kann man davon leben?« Naziah bedachte mich mit einem Blick, den ich nicht zu deuten vermochte und um den ich mir jetzt gerade auch keine Gedanken machen wollte. Raelyn hätte sich darüber den Kopf zerbrochen, aber Pheonix nicht. Ihm waren solche Dinge egal. Er war anders als ich. Weniger von den Zwängen und Erwartungen einer Gesellschaft abhängig, die nichts anderes kannte als Leistungsdruck.

Ich zuckte steif mit den Schultern. »Nicht wirklich, aber das macht mir nichts aus.«

Blake runzelte die Stirn. »Warum nicht?«

»Weil ich frei bin, das zu tun, was ich will.« Sehnsucht durchfuhr mich. Frei sein. Ob ich das wohl jemals sein würde? Ich dachte an all die unbeantworteten Anrufe auf meinem Handy. Ich sah wieder hinab auf meine Hände. »Ist das nicht mehr wert als alles Geld der Welt?«

»Klingt so, als wäre dir deine Freiheit sehr wichtig.«

»Wichtiger als alles andere.« Ich nickte. Hier ging es nicht um mich. Das hier waren nicht meine Worte. Hier ging es um Pheonix. Jemanden, der gar nicht existierte. Er konnte keine Gefühle anderer verletzen, weil er nicht real war.

»Wer hat dich eingesperrt?« Blakes Frage traf mich unvorbereitet, und ich sah ihn mit großen Augen an. »Wenn du die Freiheit so liebst, dann musst du auch wissen, wie es ist, eingesperrt zu sein. Also, wer hat dich eingesperrt?«

Er existiert nicht. Er existiert nicht. Er existiert nicht.

»Niemand.« Ich lächelte angespannt. Das Zittern kehrte zurück und damit auch der bittere Geschmack auf meiner Zunge. Ich würde mich gleich übergeben. Ich spürte es genau. Den bekannten Druck in meinem Magen. Der kalte Schweiß, der mir ausbrach. Das schwere Schlucken. Plötzlich konnte ich sie wieder fühlen, die Blicke, die auf mir lagen. Hörte wieder das leise Wispern, obwohl doch niemand sprach. Ich ballte die Hände zu Fäusten und versuchte, ruhig zu atmen, so wie ich es gelernt hatte. Doch die Übelkeit verschwand nicht. »Niemand«, murmelte ich leise.

Niemand außer dir selbst.

Ich presste mir eine Hand vor den Mund und stand vom

Stuhl auf. Ich hatte es schon deutlich länger im Fokus der Aufmerksamkeit ausgehalten, als ich jemals für möglich gehalten hätte.

»Das reicht für heute«, sagte Naziah und eilte an meine Seite. »Bist du okay?«

»Ja. Alles okay.« Ich schluckte schwer. »Würdest du mich bitte kurz entschuldigen?«

Naziah sah mich besorgt an. »Klar, kein Problem.«

»Danke.« Ich eilte mit langen Schritten von der Bühne. Als ich die Toiletten erreichte, erbrach ich sofort mein Abendessen. Mir wurde schwindelig von all den Gedanken, die wie wild in meinem Kopf herumspukten. Ich war mutig gewesen, hatte mich aus meiner Komfortzone gewagt und etwas Neues probiert. Leider nicht ohne die Nebenwirkungen, die mich schon seit Kindertagen begleiteten, aber ich hatte einen großen Schritt gewagt. Hatte an den Stäben meines eigenen Käfigs gerüttelt. Jetzt musste ich es nur immer wieder wagen, es immer wieder versuchen. So lange, bis sie endlich nachgaben. Mir war klar, es würde dauern, aber ich musste es einfach versuchen. Das hier war Teil der Heilung. Wie nach einer Lebensmittelvergiftung. Sobald alles raus war, würde es mir besser gehen.

Mein Handy vibrierte in der Hosentasche, und mein Magen krampfte sich sofort zusammen. Ich zog es heraus und starrte auf die Nummer. Mom. Zum fünften Mal heute. Die Übelkeit kam zurück. Wie immer, wenn ich absolut überfordert war. Mein Finger schwebte über dem Display. Doch dann schaltete ich das Handy auf stumm und erbrach mich direkt noch einmal. Eine Herausforderung am Tag musste reichen. Ich konnte mich nicht noch einer weiteren stellen.

20. KAPITEL

Hunter

Sechs Tage. Sechs verdammte Tage war es jetzt her, und dennoch hatte ich Raelyn seitdem nicht mehr zu Gesicht bekommen. Ich war mir mittlerweile sicher, dass sie mir aus dem Weg ging, denn egal, wo ich auch nach ihr suchte, sie war nicht zu finden. Nicht in der Mensa. Nicht in der Bibliothek. Scheiße, nicht mal im *The Saints Café*. So langsam gingen mir echt die Ideen aus. Ich hatte sogar Kate gefragt, doch die hatte mich lediglich zum Teufel gejagt und gesagt, dass sie mir diesmal nicht helfen würde. Und verübeln konnte ich es ihr nicht. Ich hatte mich wirklich wie ein absoluter Vollpfosten benommen. Eigentlich hatte ich so tun wollen, als wäre nichts passiert, aber nach vier schlaflosen Nächten hatte ich mein schlechtes Gewissen einfach nicht mehr ignorieren können.

Ich zog mein Handy aus der Hosentasche und öffnete die Kontakte. Sollte ich ihr vielleicht doch einfach eine Nachricht schreiben? Wenn ich das tat, dann war ich nicht nur ein Arschloch, sondern auch noch ein feiger Bastard ohne jegliches Rückgrat. Nein, ich musste mich persönlich bei ihr entschuldigen. Das war ich ihr und vor allem mir selbst schuldig. Ich würde auf keinen Fall zulassen, dass diese gottverdammte Störung mir schon wieder alles ruinierte. Ich würde nicht wieder vor einem Scherbenhaufen stehen. Nicht dieses Mal. Dieser Scheiß hatte mich damals schon Amber gekostet. Von Tyler und Kate mal ganz zu schweigen, die diesen Mist auch nur aushielten, weil sie als Einzige davon wussten. Und dabei wollte ich es auch belassen. Ich war stärker als das hier. Außerdem hatte Raelyn etwas Besseres verdient. Es musste sie viel Überwindung gekostet haben, mich vor ein paar Wochen nach der Party in meinem Studio aufzusuchen, da würde ich es ja wohl schaffen, sie irgendwo auf dem Campus abzupassen und mich aufrichtig bei ihr zu entschuldigen. Leider war es keine Option, vor ihrem Wohnheim auf sie zu warten. Da konnte ich mir auch gleich mit einem roten Edding das Wort STALKER auf die Stirn schreiben.

»Hunter!« Vor Schreck fiel mir beinah das Handy aus der Hand, und ich fluchte. Dieser miese Scheißer. Wütend funkelte ich den Kerl an, der sich so plötzlich neben mich auf die Bank hatte fallen lassen, auf der ich den halben Morgen wie ein verlorener Köter auf Raelyn gewartet hatte. Samuel klopfte mir mit seiner großen Hand auf die Schulter, das Grinsen auf seinem Gesicht war ein deutliches Zeichen dafür, dass er von Anfang an vorgehabt hatte, mich zu erschrecken. »Hey, Mann, wie geht's dir?«

»Ich lebe noch, trotz des Herzinfarkts, den du gerade verursacht hast, du durchgeknallter Irrer.« Ich behielt das Vorlesungsgebäude der Kommunikationsstudenten weiterhin im Auge. Ich hatte nicht die ganze Zeit hier gesessen, um Raelyn jetzt in letzter Sekunde zu verpassen. »Du auf dem Campus? Was ist passiert? Ist deine Wohnung abgefackelt?«

Samuel, den ich sonst eigentlich nur in meinem Studio oder in der Bar im Ort traf, lachte auf. »Das musst du gerade sagen.«

Unrecht hatte er nicht, aber ich zuckte nur mit den Schultern. Ich wusste ja, dass meine Anwesenheit zu wünschen übrigließ. »Ich gehe wenigstens noch ab und an zu den Vorlesungen.«

Samuel boxte mir gegen den Oberarm, und ich zuckte zusammen. Als Tight End unseres Footballteams hatte er eine Menge Kraft. »Ich bin im letzten Jahr, also piss mir nicht ans Bein.« Er verschränkte die Arme vor der breiten Brust. »Ich muss was mit meiner Professorin klären. Geht um meine Hausarbeit.«

»Bist du durchgefallen?«

Samuel grinste schief. »Das werden wir noch sehen.«

Ich rieb mir über die noch immer schmerzende Stelle am Arm. »Ich hab vergessen, dass du dich aus jedem Scheiß rausreden kannst.«

»Hey, einen Vorteil muss es haben, aus einer Anwaltsfamilie zu stammen«, sagte er mit kaum verhohlenem Stolz in der Stimme. Dieser Kerl war nicht zu fassen. Eigentlich mochte ich Typen wie ihn nicht, die aus stinkreichen Familien kamen und das zu ihrem Vorteil zu nutzen wussten, doch Samuel war anders. Er nahm nicht den leichten Weg und studierte irgendwo an einer privaten Uni Jura, um dann bei seinem Vater mit einzusteigen. Stattdessen hatte er sich dazu entschieden, Musik zu studieren und hart für den Durchbruch seiner Band zu kämpfen, die er in der Highschool gegründet hatte. Dafür respektierte ich diesen blonden Sonnyboy irgendwie.

Ich steckte das Handy zurück in meine Hosentasche, um nicht wie die letzten Tage dauernd draufzustarren und zu hoffen, sie würde sich vielleicht melden. »Was hat dein alter Herr eigentlich zur neuen Single gesagt?«

Samuels Grinsen wurde noch breiter. »Fand er geil.«

»Schade nur, dass man einen Scheiß auf das geben kann, was dein Vater sagt.« Dwight, der Gitarrist der Band und ein guter Freund von Samuel, kam zu uns herübergeschlurft und blieb vor der Bank stehen. Die Zigarette zwischen seinen Lippen und die Gitarre auf dem Rücken waren seine ständigen Begleiter.

Samuel zog die blonden Augenbrauen verwirrt zusammen. »Wieso?«

»Weil der Mann glaubt, dass dir die Sonne aus dem Arsch strahlt.« Dwight zog den Qualm der Zigarette tief in seine Lungen und legte wie üblich los, ohne jeglichen Filter zwischen Hirn und Mund. »Der würde auch sagen, dass ein Song geil ist, wenn du plötzlich mit dem Rappen anfangen würdest. Und dafür hast du mal so gar kein Talent.«

»Fick dich, Dwight.« Samuel zeigte Dwight den Mittelfinger, der nur ein Schmunzeln dafür übrighatte, bevor er mich fragend ansah. »Da wir gerade beim Thema Rapper sind, hast du schon mit Malik über einen Termin für die Aufnahme gesprochen?«

»Scheiße, hab ich vergessen.« Ich kratzte mich am Hinterkopf. Das ganze Chaos mit Raelyn hatte mir eindeutig das Hirn verbrannt. »Ich spreche gleich mit ihm. Ich seh ihn eh in einer meiner Vorlesungen.«

»Macht ja nichts. War ja auch viel los in letzter Zeit«, sagte Samuel und winkte ab, so als wäre es vollkommen egal, dass ich vergessen hatte, einen Termin mit Malik auszumachen, obwohl das Album schon längst hätte fertig sein sollen. »Seitdem ich ihn beim Homecoming live gesehen hab, hab ich noch mehr Bock auf diesen Track.«

Leise meldete sich mein schlechtes Gewissen. Es war eigentlich überhaupt nicht meine Art, meine Arbeit zu vernachlässigen, und ich hatte mindestens genauso viel Lust, diesen Track zu produzieren, der Rock und Rap in sich vereinen sollte, wie Samuel. Schon allein deshalb musste ich diesen Kram mit Raelyn aus der Welt schaffen. »Ich frage ihn, ob er dieses Wochenende Zeit hat.«

»Alles klar, dann halte ich mir das Wochenende frei.« Samuel legte seine Ellenbogen auf der Rückenlehne der Bank ab, und ein Schmunzeln umspielte seine Lippen. »Hätte ja nie gedacht, dass dieser stille Typ mit Brille so abgehen kann.«

Dwight verdrehte die Augen und schnippte seine Zigarette auf den Boden, die er mit der Hacke seines Schuhs austrat. »Was daran liegt, dass du ein engstirniger Scheißkerl sein kannst, Anwaltssohn.«

»Na, vielen Dank auch.« Samuel sah mich Hilfe suchend an, aber ich hatte schon vor einer ganzen Weile gelernt, dass es besser war, mich da nicht einzumischen. »Warum bin ich noch mal mit ihm in einer Band?«

Dwight zuckte nur die Schultern. »Weil ich ein grandioser Gitarrist bin und du einen Scheiß auf den Charakter gibst.«

Samuel seufzte leise. »Einer meiner vielen Fehler.«

»Wenn du meinst.«

Ich sah zwischen den beiden hin und her und war froh, dass der Rest der Band nicht hier war. Wenn die fünf erst mal anfingen, einander anzustacheln, dann war es schwer, zum Punkt zu kommen. »Seid ihr zwei dann damit fertig, euch gegenseitig auf den Sack zu gehen?«

»Damit sind wir nie fertig.« Dwight stellte seine Gitarre ab, die sicher in einer Tasche verpackt war, und lehnte sie gegen die Bank. »Wie kommst du mit dem finalen Mix voran, Mr Perfektionist?«

Ich verspannte mich. »Es wird.«

Samuel ließ sich nicht von mir aufs Glatteis führen. »Was heißt, dass du dich wieder an Kleinigkeiten aufhängst.«

»Wollt ihr, dass das Album gut wird?«, fragte ich mit einem leisen Grollen in der Stimme.

»Natürlich.«

»Gut.« Ich sah beide abwechselnd an. »Dann geht mir nicht auf die Nüsse.«

»Du bist zu angespannt.« Dwight, der nie wusste, wann es

besser war, die Klappe zu halten, deutete mit seinem Feuerzeug in der Hand auf mich. »Wird echt Zeit, dass du mal wieder flachgelegt wirst.«

Ich hatte ganz vergessen, dass das seine universelle Lösung für alles war. Schlechten Tag gehabt? Lass dich flachlegen. Grippe? Lass dich flachlegen. Bein gebrochen? Scheiß egal, lass dich flachlegen. »Als wäre das mein einziges Problem.«

»Was ist es dann?« Samuel setzte sich auf, die wachsamen braungrünen Augen direkt auf mich gerichtet. Der Typ mochte mit seinen fast zwei Metern zwar aussehen wie ein bissiger Dobermann, aber innerlich war er eher ein Golden Retriever. »Willst du drüber reden?«

Ich lachte freudlos. »Wann hätte ich je drüber reden wollen?« Ich richtete meinen Blick wieder auf das Vorlesungsgebäude und sprang auf, als ich einen abgewetzten braunen Rucksack entdeckte, der mir verdammt bekannt vorkam. Schnell griff ich mir meine Umhängetasche und joggte los. »Sorry, ich muss.«

»Was zur Hölle? Du unhöflicher Scheißkerl!«, brüllte Dwight mir hinterher, aber mir war es vollkommen egal, was dieser durchgeknallte Gitarrist von mir hielt. Jetzt gerade gab es Wichtigeres. Sechs verdammte Tage. Da würde ich sicherlich nicht zulassen, dass die beiden mich aufhielten.

Ich behielt den abgewetzten Lederrucksack genau im Auge, als ich über die große Wiese vor dem Gebäude rannte. Raelyn lief den Gehweg entlang, offensichtlich in Gedanken versunken. Den Blick hatte sie mal wieder auf den Boden gerichtet, doch ihre Schritte waren etwas größer und schneller. Sie trug einen dünnen braunen Trenchcoat zu einer schlichten Jeans und einem weißen Shirt.

»Raelyn«, rief ich. Sie blieb kurz stehen, beschleunigte ihre Schritte dann allerdings. Verdammte Scheiße. »Warte.« Ich rannte schneller. Bevor sie einen Fuß auf den gepflasterten Vorplatz des Vorlesungsgebäudes setzen konnte, hatte ich sie eingeholt. Sie war so schmal, dass ich problemlos meine Hand um ihren Unterarm schließen konnte. Der Trenchcoat fühlte sich von der Novembersonne warm an. »Hey.«

Raelyn blickte mich an, doch dann schlug sie die Augen nieder, so als könne sie nicht ertragen, mir ins Gesicht zu sehen. »Hey.«

»Wie geht's dir?« Ich zögerte einen Moment, ließ sie dann aber los. Ich hatte nicht wirklich das Recht, sie aufzuhalten, wenn sie mich einfach stehen lassen wollte.

Ihre Antwort war einsilbig und klang steif. »Gut.«

Ich betrachtete sie genau. Ihre Augen fixierten meine Schuhspitzen, und ihre Hände zuckten, als würde sie den Impuls unterdrücken, davonzulaufen. »Was hast du die letzte Woche so gemacht?«

Auch diese Antwort kam prompt, fast wie einstudiert. »Gelernt.« Wieder einsilbig. Wieder keine Gelegenheit für mich, das Gespräch fortzuführen. Natürlich wollte sie nicht mit mir reden. Wenn ich an ihrer Stelle gewesen wäre, würde es mir vermutlich nicht anders gehen.

Es war seltsam. Ihr Schweigen machte mir mehr aus, als wenn sie mich einfach angeschrien hätte.

»Du hast eine neue Haarfarbe«, stellte ich geistreich fest und streckte die Hand nach einer der nun kastanienbraunen Strähnen aus. Die Farbe ließ sie weniger blass wirken und nahm ihr etwas von der kühlen Ausstrahlung. Sie wirkte wärmer. Weicher. Meine Fingerspitzen berührten ihr seidiges Haar. Als ich bemerkte, was ich da eigentlich tat, ließ ich sie sofort wieder sinken.

»Ja.« Raelyn presste die vollen Lippen fest aufeinander. »April und Kate haben mir dabei geholfen.« Also wussten die beiden vermutlich, was zwischen uns vorgefallen war. Natürlich. Das erklärte auch, warum Kate mich zum Teufel wünschte, während April mir auf dem Flur Blicke zugeworfen hatte, bei denen man sich lebhaft vorstellen konnte, was für Mordmethoden sie sich wohl gerade in ihrem Kopf ausmalte.

»Steht dir«, sagte ich und steckte die Hände in meine Hosentaschen.

»Danke.« Das Rascheln der Blätter war zu hören, als ein Student an uns vorbeiging. »Ich muss dann jetzt auch –«

»Es tut mir leid.« Ich wusste, ich fiel mit der Tür ins Haus, aber ich konnte nicht riskieren, dass Raelyn mir jetzt davonlief. Ich musste mich irgendwie von dem schlechten Gewissen befreien, das mir Nacht für Nacht den verletzten Ausdruck in ihren Augen vorspielte, wann immer ich versuchte zu schlafen. Leider war ich nicht sonderlich gut darin, mich zu entschuldigen, was wohl daran lag, dass ich es so verdammt selten tat. »Was in San Francisco passiert ist, tut mir leid. Ich hätte dich nicht so anfahren dürfen. Ich war von meiner Arbeit gestresst, war müde und ein bisschen von den ganzen Touristen genervt, und irgendwie ist dann alles aus mir rausgeplatzt. Ich hätte mich besser im Griff haben müssen.«

Raelyn murmelte etwas vor sich hin, aber es war so leise, dass ich sie nicht verstehen konnte.

Ich trat einen Schritt näher an sie heran. »Was?«

»Nichts.« Raelyn machte einen großen Schritt rückwärts. »Ist schon okay, Hunter. Lass uns die ganze Sache einfach vergessen. Es ist ja nicht so, als wären wir Freunde oder so was.«

Autsch. Das hatte gesessen. »Raelyn –«

Sie sah auf, und ihr Blick fand meinen. »Danke, dass du mich an dem Wochenende mitgenommen hast.« Sie sagte es mit so einer Endgültigkeit in der Stimme, dass mein Herz sich zusammenzog. »Bis irgendwann, Hunter.«

»Warte.« Als sie sich abwenden wollte, hielt ich sie an der Schulter fest, nicht bereit, sie gehen zu lassen. War das nicht das, was ich gewollt hatte? Dass sie verschwand? »Es tut mir wirklich leid.«

Sie seufzte leise. »Schon okay.«

»Nein, ist es nicht.« Ich trat einen Schritt auf sie zu, sodass ich ihr Parfüm wieder riechen konnte, das mich seit unserer Fahrt nach San Francisco in meinen Erinnerungen verfolgt hatte. »Wenn sich jemand wie ein Arsch benommen hat, dann solltest du ihm das auch sagen.« Sie sah mich an, als würde sie nicht verstehen, was ich eigentlich von ihr wollte. Ich ließ meine Hände von ihren Schultern sinken und stellte mich etwas gerader hin. »Also, versuch es. Sag mir, dass ich ein Arschloch war.«

Raelyn starrte mich an, als hätte ich völlig den Verstand verloren. Und vielleicht hatte ich das auch. »Was?«

»Versuch es einfach. Du wirst dich danach besser fühlen.«

Verunsichert blickte sie sich um und schüttelte dann den Kopf. Ihre Knöchel traten weiß hervor, und ihre Arme begannen zu zittern, als sie die Hände um die Schulterriemen ihres Rucksacks schloss.

Wieso konnte sie mir nicht einfach lauter Beleidigungen an den Kopf werfen? Es wäre für mich leichter, damit umzugehen, als mit diesem Schweigen. »Du musst diesen Frust und den Ärger loswerden.«

Sie holte tief Luft. »Ich bin nicht wütend auf dich.«

Das war eine glatte Lüge. »Doch, bist du.« Ich zeigte auf ihre Hände, die den Rucksack fest umklammert hielten. »Du bist nur zu nett, um das zuzugeben.«

»Okay, gut.« Sie sah mir in die Augen. In dem wunderschönen Aquamarin tobte ein Sturm, und ich hielt den Atem an. »Ich bin wütend auf dich.«

Ich nickte zufrieden. Nicht gerade ein Schlag, aber immerhin ein Anfang. »Geht doch.«

Die Linie ihres Kiefers trat stärker hervor, weil sie die Zähne aufeinanderbiss. »Du warst ein totales Arschloch.«

Schon besser. »Ja, war ich.«

»So, jetzt habe ich es gesagt.« Sie klang erschöpft, der Sturm in ihren Augen blieb. Warum zum Teufel konnte sie nicht einfach mal ausflippen? Dann würde ich mich nicht mehr ganz so beschissen fühlen müssen. »Zufrieden?«

»Sehr.« Ich sah dabei zu, wie ihre Hände sich von dem Rucksack lösten, an den sie sich so geklammert hatte. »Fühlst du dich jetzt besser?«

Raelyn schüttelte den Kopf. »Nein. Ich glaube nicht daran, dass es guttut, andere zu verletzen, nur damit man selbst sich besser fühlt. Das ist einfach nicht richtig.« Ihre Worte waren ungefähr so schmerzhaft, wie angeschossen zu werden. Sie seufzte. »Ich muss los.«

»Lass es mich wiedergutmachen.« Ich wusste nicht, warum ich mich so an sie klammerte, doch die Stimme in meinem Kopf sagte mir, dass ich sie nicht gehen lassen konnte. Zumindest nicht so. »Im Ort gibt es ein gutes Ramenrestaurant. Wir könnten diesen Samstag hingehen.«

»Hunter, ich denke nicht, dass das eine gute Idee ist.«

»Warum nicht?«

»Weil du nicht so tun solltest, als würdest du mich mögen. Das ist nicht fair.« Sie rieb sich mit einer Hand über die Brust, und die Welt um mich herum verschwamm. Ich nahm nur noch Raelyn wahr. »Lass uns die ganze Sache einfach vergessen.«

»Ich tu nicht so.« Ich hatte die Worte ausgesprochen, bevor ich sie aufhalten konnte. »Ich mag dich tatsächlich. Irgendwie.«

Raelyn öffnete den Mund, um etwas zu sagen, doch es kam kein Ton heraus. Sie räusperte sich und versuchte es noch einmal. »Was?«

»Ich hole dich Samstagabend vor deinem Wohnheim ab. So gegen sieben.« Ich hatte mich von ihr fernhalten wollen. Aber ich war es leid, so zu tun, als wäre da nicht irgendetwas. Raelyn faszinierte mich. Das hatte sie schon vom ersten Moment an. Warum konnte ich also nicht mit ihr befreundet sein? »Okay?«

Raelyn zögerte, doch dann nickte sie. »Okay.«

»Gut. Dann bis Samstag.« Ich nickte kurz und drehte mich auf den Hacken um und ging, bevor einer von uns es sich anders überlegen konnte. Und mit jedem Schritt, den ich tat, fragte ich mich mehr und mehr, was zur Hölle da eigentlich gerade in mich gefahren war. Nur mit ihr befreundet sein? Klar. Als ob das tatsächlich funktionieren würde.

21. KAPITEL

Raelyn

Zögerlich stellte Seoyoung den Koffer auf der Bühne ab und sah Connor mit gerunzelter Stirn an. Sie öffnete den Mund, zögerte dann aber erst einen Moment, bevor sie zu sprechen begann.

Ich tat mein Bestmögliches, mich auf die Proben zu konzentrieren und der emotionalen Szene zu folgen, die Seoyoung und Connor für die Winteraufführung probten, doch es gelang mir einfach nicht. Wieder und wieder dachte ich an heute Morgen zurück. Daran, wie Hunter hinter mir hergelaufen war. Wie er sich entschuldigt hatte. Wie er mich zum Essen eingeladen hatte.

Ich sah auf meine Hände und biss mir auf die Unterlippe, in dem verzweifelten Versuch, das Grinsen zu verbergen, das sich auf mein Gesicht schlich, wann immer ich an Hunter dachte. Die Szene erreichte gerade ihren traurigen Höhepunkt, da sollte ich nun wirklich nicht wie ein Honigkuchenpferd vor mich hin grinsen.

»Da hatte wohl heute jemand einen schönen Tag.«

Ertappt sah ich zu Amber, die mit elegant übereinandergeschlagenen Beinen neben mir saß und mich mit einem wissenden Lächeln beäugte. Sie hatte heute ihr Haar zusammengebunden, und ein paar einzelne Strähnen fielen ihr in die Stirn. Ihre Finger waren mit bunten Pflastern übersät. Es war das erste Mal seit dieser Sache mit Hunter, dass sie wieder mit mir sprach.

»Entschuldige«, murmelte ich schuldbewusst. Ich wusste, ich sollte aufpassen, um etwas von den beiden zu lernen und später vielleicht konstruktive Kritik anbringen zu können, doch meine Gedanken schienen heute ein Eigenleben zu besitzen, denn sie drifteten dauernd ab, ohne dass ich etwas dagegen tun konnte.

»Dafür musst du dich doch nicht entschuldigen«, flüsterte Amber, um die Proben nicht zu stören, während sie sich näher zu mir herüberlehnte. »Schön, dich mal so glücklich zu sehen, anstatt immer nur total angespannt.« Sie zwinkerte mir zu. »Darf man denn nach dem Grund fragen?«

Ich zögerte, als ich an die letzte Begegnung zwischen Hunter und Amber dachte. Ob ich ihr davon erzählen sollte? Irgendetwas war offensichtlich zwischen den beiden vorgefallen, und auch wenn ich keine Ahnung hatte, was es war, wollte ich nicht zwischen die Fronten geraten. Vielleicht sollte ich einfach warten und später Kate und April von allem erzählen, immerhin hatten die beiden versprochen, mich heute Abend abzuholen, da meine Vorlesung morgen früh ausfiel und April versprochen hatte, Kate und mich von unserer Videospiel-Unwissenheit zu befreien. Doch die blinde Freude und der Funken nervöser Aufregung machten es beinah unmöglich, diese ganze Sache noch länger für mich zu behalten. Es war okay, wenn ich nicht seinen Namen erwähnte, oder?

»Mich hat heute jemand zum Essen eingeladen.« Ich konnte mir kaum vorstellen, wie ich gerade aussehen mochte, denn ich spürte genau, wie breit mein Grinsen sein musste. Es spannte an meinen Mundwinkeln, doch ich konnte nicht damit aufhören. »Vermutlich ist es vollkommen unbedeutend, aber ich freue mich einfach darauf, Zeit mit ihm zu verbringen.«

Nervös begann ich, den Ring an meinem Zeigefinger zu drehen. »Bescheuert, oder?«

»Überhaupt nicht.« Amber stützte ihren Ellenbogen auf der Lehne zwischen uns ab und legte ihr Kinn auf den Handrücken. »Dich hat es ganz schön erwischt, oder?«

Meine Wangen brannten wie Feuer, und ich wandte mich der Bühne zu, wo Seoyoung gerade mit Tränen in den Augen ihren Koffer nahm und davoneilte. Als alle zu klatschen begannen, schloss ich mich an, auch wenn ich die Hälfte der Probe überhaupt nicht mitbekommen hatte.

»Komm schon«, versuchte Amber, mich aus der Reserve zu locken, als Naziah die Stufen zur Bühne hinaufging und mit Connor und Seoyoung die Szene besprach. »Erzähl mir ein bisschen von ihm. Wie alt ist er? Was studiert er?«

Ich presste die Lippen fest aufeinander, unsicher, was ich antworten sollte. »Er ist zwei Jahre älter als ich und studiert irgendetwas mit Musik«, erwiderte ich ausweichend. Ich wusste nicht, warum ich so eine Angst vor ihrer Reaktion hatte, wenn sie herausfand, dass es um Hunter ging. Auf keinen Fall wollte ich wieder diese feindselige Kälte spüren, die bei dem Aufeinandertreffen vor ein paar Wochen zwischen den beiden geherrscht hatte.

Amber musterte mich prüfend. Kurz schwand das Lächeln auf ihren Lippen, und ich hielt den Atem an. Hatte ich schon zu viel verraten? Doch so schnell, wie ihr Lächeln verschwunden war, war es auch wieder zurück, wenn auch diesmal etwas weniger strahlend als zuvor.

»Das klingt doch nicht schlecht.« Sie schlug ihre Beine übereinander, und mein Blick blieb an den schwarzen Ankle Boots hängen, die sie an den Füßen trug und die mich an meine erste Motorradfahrt mit Hunter erinnerten. »Was magst du an ihm?«

Mit der Frage erwischte sie mich eiskalt. Was mochte ich an Hunter? Meine Gedanken wurden plötzlich mit Erinnerungen geflutet, und ich versuchte, irgendwie in Worte zu fassen, was ich fühlte. Ich wusste nicht, warum ich überhaupt mit Amber darüber sprach. Sie stand mir ja keineswegs so nah wie Kate oder April, und Freundinnen waren wir auch nicht. Amber und ich waren bisher eigentlich nur flüchtige Bekannte. Aber vielleicht war es genau das, was mich zum Reden brachte. Ich musste keine Angst davor haben, dass sie zu tief in mich hineinsehen würde, dafür kannte sie mich nicht genug. Ihre schlichte Frage schien die Schleusen zu einem Staudamm geöffnet zu haben, der kurz vor dem Überlaufen gestanden hatte, denn die Worte sprudelten aus mir hervor, ohne dass ich sie zurückhalten konnte.

»Ich habe das Gefühl, er versteht mich«, sagte ich so leise, dass ich mir nicht sicher war, ob Amber mich verstanden hatte. »Wenn er mich ansieht, dann habe ich das Gefühl, dass er nicht durch mich hindurchsieht. Dass er mehr sieht als alle anderen und dass er … *versteht.*« Ich erinnerte mich an Hunters Wutausbruch in San Francisco, und auch wenn es wehgetan hatte, wusste ich doch, dass er mit seinen Worten recht gehabt hatte. Er hatte die hässliche Wahrheit hinter meinen ständigen Entschuldigungen gesehen, als wüsste er genau, wie ich mich fühlte, und hatte mir dann den ungnädigen Spiegel vorgehalten, in den ich nie hatte sehen wollen. Er war der Erste, der vermutet hatte, dass es eben nicht leicht war, mit einer Künstlerin zusammenzuleben, und dass es einem manchmal alles abverlangte, und der mich davon abgehalten hatte, meiner Mutter zum wiederholten Male nachzugeben. Unwillkürlich lächelte ich. »Er packt mich nicht mit Samthandschuhen an wie die anderen. Er sagt mir, was er denkt. Das ist irgendwie schön.«

Ich strich mit meiner Hand über meinen Oberarm, als ich versuchte, die passenden Worte zu finden, doch nichts schien dieses Gefühl beschreiben zu können, das ich hatte, wenn ich in Hunters Nähe war. Immer wenn ich ihm begegnete, war da diese Faszination, die ein Kribbeln in mir auslöste und mich fesselte, auch wenn ich nicht in Worte fassen konnte, warum. Seine Augen zogen mich in ihren Bann, und ich erwischte mich dabei, wie ich mehr über ihn erfahren wollte. Wie ich dem Ozean auf den Grund gehen wollte, bis in die tiefsten und dunkelsten Ecken. Ich wollte mich in dem Blau verlieren und in ihm versinken, bis ich keine Luft mehr bekam.

Ich wusste nicht, warum. Und es machte mir auch irgendwie Angst. Und doch konnte ich es nicht stoppen. Ich wollte in seiner Nähe sein, und das, obwohl ich ihn kaum kannte. Ich wollte alles über ihn wissen, was er bereit war, mit mir zu teilen, und ich wollte diesem Ziehen in meiner Magengegend nachgehen, welches ich spürte, wann immer er in meiner Nähe war.

Ich wusste nicht, was das zwischen uns war. Ob es eine rein platonische Freundschaft war oder ob diese Essenseinladung vielleicht mehr zu bedeuten hatte. Ich wusste nur, dass ich mich darauf einlassen wollte, auch wenn mich das all meinen Mut kosten würde.

»Klingt ja so, als wäre dieser Kerl ziemlich umwerfend.« Irgendetwas in Ambers Tonfall sorgte dafür, dass ich mich verspannte. »Vergiss bei der ganzen Bewunderung nur nicht, dass du den Leuten immer nur vor den Kopf gucken kannst.«

»Was meinst du damit?«

Amber seufzte leise. »Ich will nur sagen, dass dir jeder Mann erst mal wie ein totaler Traumprinz vorkommen kann, bis er dann das Biest in sich zeigt.« Sie schnalzte mit der Zunge. »Sei also besser vorsichtig, auf wen du dich einlässt.« Sie warf mir einen Seitenblick zu, der mir eine Gänsehaut verursachte.

»Nicht jeder ist so nett, wie du glaubst. Hunter Johnsen ist dafür das beste Beispiel.«

Mein Magen zog sich schmerzhaft zusammen. »Hunter?«

Amber nickte und richtete ihren Blick auf die Bühne. »Ich hab ja gesehen, dass er dich abgeholt hat.« Ihre Hand ballte sich zur Faust. »Ich kann dir nur raten, dich von ihm und seinen Freunden fernzuhalten.«

Ich dachte an Tyler und Kate, beides Menschen, die ich mittlerweile gut zu kennen glaubte und deshalb nicht verstand, warum Amber mich vor ihnen warnen wollte.

»Ich war mit ihm zusammen. Mit Hunter.«

Mit geweiteten Augen sah ich Amber an. Sie war Hunters Exfreundin? Ich dachte an die Begegnung vor dem Auditorium zurück. Daran, wie feindselig die beiden einander angesehen hatten. Wie unterkühlt sie zueinander gewesen waren. Ich wollte sie fragen, wie lange es her war und wie lange das zwischen ihnen gedauert hatte. Ob sie einander geliebt hatten und was vorgefallen war, doch ich brachte kein einziges Wort heraus. Ich fühlte mich, als würde jemand mit beiden Händen meine Kehle zudrücken, während sich etwas so Hässliches und Brennendes in mir rührte, dass ich nicht wusste, wohin mit mir. Wie gelähmt saß ich neben Amber, unfähig etwas zu sagen oder einfach zu gehen, während meine Gedanken wild taumelnd ein einziges Chaos in mir veranstalteten.

»Ich dachte auch, dass er ein guter Kerl ist, aber dann war doch alles ganz anders.« Amber schüttelte den Kopf. »In einem Moment war er der liebste und fürsorglichste Mann, den du dir vorstellen konntest, und im nächsten hat er mich wütend angeschrien oder ist einfach aus dem Raum gestürzt. Manchmal hatte ich wirklich Angst vor ihm.«

Zweifel regten sich in mir, als ich an unseren Ausflug nach San Francisco zurückdachte. Wie er in der Gasse aus dem

Nichts heraus diesen Streit angefangen hatte, der mich völlig überrumpelt hatte. Wie er wütend vorausgestürmt war. Aber er hatte dann ja irgendwann gewartet und mich zum Hotelzimmer begleitet. Er hatte mich nicht einfach so zurückgelassen.

Amber seufzte laut. »Er ist unberechenbar, und das macht ihn gefährlich.« Sie sah mich so eindringlich an, dass ich den Blick nicht abwenden konnte. »Du solltest dich wirklich von ihm fernhalten, Raelyn.«

Du solltest dich von ihr fernhalten, Schätzchen.

Das erste Mal hatte ich diesen Satz in der Grundschule gehört. Kurz nachdem ich aus dem Krankenhaus entlassen worden war. Und ich hatte ihn seitdem nie wieder vergessen. Auf einmal war ich wieder sechs Jahre alt, und ich schluckte schwer, als all die Erinnerungen auf mich einprasselten, die ich mit aller Macht tief in mir vergraben hatte.

Raelyn Miller? Du meinst die mit dem toten Dad? Die ist total durchgeknallt, genau wie ihre Mom. Hast du die mal gesehen? Totale Spinnerin. Und Raelyn, die sagt entweder gar nichts oder stottert sich einen zurecht. Ich weiß echt nicht, was bei der falsch läuft. Bleib lieber weg von der.

Plötzlich hörte ich wieder das Quietschen von Schuhen auf Linoleum, das sich mit hämischem Lachen mischte. Ich spürte wieder die Blicke, die sich durch meine Haut zu bohren schienen, während sich ein bitterer Geschmack in meinem Mund ausbreitete und meine Augen brannten.

Setz dich nicht zu ihr. Das ist gesellschaftlicher Selbstmord.

Ich ballte meine Hände zu Fäusten und bemühte mich mit aller Macht, die Erinnerungen von mir zu schieben, die ihr hässliches Haupt hoben und mich mit roten Augen und weit aufgerissenem Maul anstarrten, bereit, mich zu verschlingen.

Keine Sorge, BunBun. Vergiss, was alle anderen sagen. Wir brauchen nur einander, hörst du?

»Seine Freunde sind genauso.« Ich sah Amber an, doch ihr Gesicht, das ich vorher so hübsch gefunden hatte, kam mir jetzt vor wie das einer schuppigen Schlange, der Gift von den Zähnen tropfte. »Tyler versucht alles zu vertuschen, und diese Kate.« Amber rümpfte die Nase. »Wenn du mich fragst, ist sie eine pathologische Lügnerin.«

Ambers Worte hallten tief in mir wider und trafen auf einen Nerv, von dem ich nicht einmal gewusst hatte, dass er blank gelegen hatte. Wie ein Stromstoß erfasste es mich, und Zweifel und Wut explodierten in meinem Kopf. Ich versuchte, ihrem Gerede die Tür vor der Nase zuzuknallen, doch ehe ich mich versah, war es tief in mich hineingekrochen und breitete sich wie ein Virus in mir aus, der alles erkranken ließ.

Hatte sie recht? War alles, was ich über Hunter zu wissen glaubte, nichts weiter als eine Illusion, die ich mir gesponnen hatte? Ein verzweifelter Hoffnungsschimmer, an den ich mich klammerte, weil ich mich auf unerklärliche Weise zu ihm hingezogen fühlte? Was, wenn sie recht hatte und er wirklich gefährlich war? Ich hatte einen hässlichen Blick auf seine andere Seite werfen können, und auch wenn seine Worte die Wahrheit gewesen waren, hatte er mir in dem Moment doch tatsächlich ein wenig Angst gemacht.

Mit einem Mal fühlte mein Mund sich staubtrocken an, und ich hatte Probleme zu schlucken. Amber plapperte weiter, doch ihre Worte kamen nicht bei mir an. Das Chaos in meinem Kopf war zu laut. Mit wütendem Brüllen zerrte es an meinen Gedanken und malte mit gewaltsamen Pinselstrichen dunkle Striche in meine glänzenden und farbenfrohen Erinnerungen, die ich mir so mühsam geschaffen hatte. Eine nach der anderen riss es von der Staffelei, auf der ich sie hübsch ausgestellt hatte, und hinterließ auf allen einen dunklen Farbschleier, von dem ich nicht wusste, wie ich ihn entfernen sollte.

Hektisch schüttelte ich den Kopf. Ich durfte nicht zulassen, dass Amber mich mit ihren Worten derart beeinflusste. Ich wusste doch, dass solche Gerüchte meist nichts weiter waren als Lügen, die gesponnen wurden, um andere zu isolieren. Ich wusste es doch besser. Und trotzdem hinterließen ihre Worte einen bitteren Beigeschmack auf meiner Zunge.

Als Naziah die Probe offiziell für beendet erklärte, sprang ich von meinem Platz auf und schulterte schnell meinen Lederrucksack. Ich wollte nur noch weg.

»Du solltest wirklich über das nachdenken, was ich dir grad erzählt habe«, sagte Amber mit mahnendem Unterton, als ich mich wortlos an ihr vorbeischob, um zum Gang zu gelangen.

Ich wusste doch eigentlich, wie viel man auf solches Gerede geben konnte. Ich hatte es am eigenen Leib erfahren, wie es war, die Hauptrolle in einem Stück aufgezwungen zu bekommen, in dem man nie hatte mitspielen wollen. Dennoch war da jetzt dieser kleine Funke in meinem Hinterkopf, der nur darauf wartete, auf den passenden Zündstoff zu treffen und meine ganze Welt in Brand zu setzen.

»Bis nächste Woche«, murmelte ich kleinlaut und ging mit schnellen Schritten in Richtung Ausgang, ohne mich wie sonst von den anderen zu verabschieden. Ich wusste nicht, ob ich mich so beeilte, um schneller bei Kate und April zu sein, die vermutlich schon längst draußen auf mich warteten, oder ob ich vor mir selbst weglaufen wollte.

22. KAPITEL

Raelyn

»Der Teilnehmer ist zurzeit nicht erreichbar. Versuchen Sie es –«

Frustriert legte ich auf und würgte die Stimme der mechanischen Ansage ab. Ich sah aufs Display, und meine Augen glitten automatisch zur Uhrzeit. Viertel vor acht. Ich öffnete meine Nachrichten, erneut auf der Suche nach ein paar Worten von Hunter. Nichts. Eigentlich hatte er mich gegen sieben abholen wollen, aber er war noch immer nicht aufgetaucht. Ob ihm was passiert war?

Ich öffnete meine Anrufliste und biss mir auf die Unterlippe. Ich hatte es bereits zehnmal bei ihm versucht, bisher ohne Erfolg. Sein Handy war offensichtlich abgeschaltet, denn ich erhielt nicht mal ein Freizeichen, bevor die Mailbox ansprang. Ich schlang die Arme um mich, in meinem dünnen Mantel fror ich mittlerweile ganz schön. Die Sonne war gegen sechs untergegangen, und die Wärme ihrer letzten Strahlen hatte sich längst verflüchtigt. Da ich schon seit einer Weile draußen auf dem Parkplatz stand, sickerte die Kälte allmählich durch meine Kleidung hindurch und ließ mich erschaudern.

Wo war Hunter? Hatte ich mich vertan und er hatte von nächste Woche Samstag gesprochen? Nein, er hatte Samstag gesagt, und damit konnte er ja nur diesen meinen. Ich überprüfte wieder die Uhrzeit, und meine Hand krampfte sich um das Handy. Konnte es sein, dass er mich versetzt hatte? Hatte er es sich vielleicht anders überlegt und wollte jetzt doch nichts mehr mit mir zu tun haben? Sofort stoppte ich diesen Gedanken und dachte an vorgestern zurück. Daran, wie er mich angesehen hatte, als er mir gesagt hatte, dass er mich gegen sieben abholen würde. Mein Herz machte einen Satz, wenn ich ihn wieder so vor mir sah, mit diesem ernsten und entschlossenen Ausdruck in seinen ozeanblauen Augen. Das konnte man nicht spielen, oder? Er hatte wirklich mit mir essen gehen wollen. Wo also war er? Ich wählte noch einmal seine Nummer, doch auch dieses Mal landete ich direkt wieder bei der automatischen Ansage.

Er ist unberechenbar, und das macht ihn gefährlich.

Sofort schob ich Ambers Worte weit von mir, unwillig, irgendetwas auf ihr Gerede zu geben. Was sollte ich tun? Sollte ich zurück auf mein Zimmer gehen und warten, bis er sich meldete? Aber was, wenn ihm etwas passiert war? Würde ich wirklich einfach warten können? Nein, das würde mich um den Verstand bringen. Ich hatte also eigentlich nur eine Möglichkeit. Ich wählte die einzige Nummer, die mir in dieser Situation noch einfiel, und wartete angespannt, während das Freizeichen in der Leitung erklang.

Bitte, geh ran. Bitte, geh ran. Bitte, geh ran.

»Hey, Raelyn.« Als ich Kates Stimme hörte, stieß ich ein erleichtertes Seufzen aus. »Was gibt's?«

»Hey, Kate.« Ich ging auf dem Parkplatz auf und ab, um die Kälte zu vertreiben. »Tut mir leid, dich bei deinem Videodreh zu stören, aber weißt du zufällig, wo Hunter ist?«

Kurz herrschte Stille in der Leitung. Dann ein leises Klicken, so als würde sie eine große Lampe ausschalten. »Wieso?«

Mist. Ich hatte ganz vergessen, dass ich Kate nichts von diesem, was auch immer es eigentlich war, erzählt hatte. »Wir … Also … Er wollte mich abholen und …«

Kate sog scharf die Luft ein. »Habt ihr etwa ein Date?«

»Nein. Nein, kein Date.« Ich sagte die Worte so schnell, dass ich beinah über sie stolperte. »Also, ich denke nicht, dass es eins ist.«

»Spuck's aus. Was ist los?« Kate schnalzte leise mit der Zunge, und sofort überkam mich das schlechte Gewissen. Ich hätte ihr davon erzählen sollen.

»Hunter ist vorgestern vor meiner Vorlesung zu mir gekommen und hat gefragt, ob wir heute Abend essen gehen wollen.« Ich blieb unter einer der Laternen stehen und lehnte mich mit dem Rücken dagegen. »Praktisch als Wiedergutmachung für San Francisco.«

»Ja. Klar.« Kates Stimme klang so sarkastisch, dass ich zusammenzuckte. »Dieser gerissene Mistkerl.«

Verwirrt blinzelte ich. »Was?«

Kate lachte trocken auf. »Hunter entschuldigt sich nur sehr selten und versucht auch so gut wie nie, irgendetwas wiedergutzumachen. Das ist nichts weiter als eine Ausrede.« Sie hielt inne, und die Sekunden schienen sich in Minuten zu verwandeln, während ich darauf wartete, dass sie weitersprach. »Ich kenne Hunter. Es ist ein Date, Raelyn.«

»Oh.« Mein Herz setzte kurz aus, nur um danach doppelt so schnell zu schlagen. Mein Magen fühlte sich flau an, und ich presste die Hand darauf, in der Hoffnung, ihn damit beruhigen zu können.

»Aber wenn ihr essen gehen wolltet, warum fragst du mich dann, wo er ist?«

»Wir waren um sieben verabredet, aber er ist nicht aufgekreuzt. Ich habe schon mehrfach angerufen, aber sein Handy scheint aus zu sein.« Ich lehnte den Kopf gegen die Laterne und sah in den Nachthimmel hinauf, an dem ich vereinzelt Sterne erkennen konnte. »So langsam mache ich mir Sorgen.«

»Jemanden zu versetzen ist eigentlich nicht seine Art.« Ich hörte, wie Kate ihr Telefon auf Lautsprecher stellte. »Warst du schon bei seinem Studio?«

»Nein.« Meine Wangen brannten. »Ich wollte nicht weggehen, für den Fall, dass er doch noch kommt.«

»Warte, hast du etwa die letzte Stunde draußen auf ihn gewartet?« Die Stille, die folgte, schien Kate Antwort genug zu sein, denn sie stieß ein lang gezogenes Seufzen aus. »Gott, du bist wirklich ein hoffnungsloser Fall.« Ich hörte das leise Rascheln von Papier. »Ich weiß nur, dass er heute Aufnahmen mit Samuel und Malik machen wollte. Wahrscheinlich hat er beim Arbeiten wieder die Zeit vergessen.«

Ich stieß mich von der Laterne ab und begann wieder, auf und ab zu gehen. »Was soll ich jetzt machen?«

»Geh zu seinem Studio. Wenn er nicht dort ist, rufst du mich noch mal an«, sagte Kate in einem Tonfall, der klarmachte, dass die Lösung für mein Problem für sie absolut offensichtlich war. Ich konnte mir vorstellen, wie sie mich gerade ansah, nämlich so, als wäre ich vollkommen begriffsstutzig.

Ich hielt das Handy etwas fester. »Ich will ihn aber nicht bei seiner Arbeit stören«, murmelte ich leise.

»Raelyn, ihr hattet eine Verabredung.« Kates Stimme hatte so viel Nachdruck, als wollte sie mir die Worte ins Gehirn hämmern. »Ich bin mir sicher, dass er es nicht so sehen wird, als würdest du ihn stören.«

»Sicher?«

»Ganz sicher.« Sie schaltete den Lautsprecher wieder ab, und ihre Stimme klang wieder so nah, als würde sie direkt neben mir stehen. »Geh schon. Und melde dich bei mir, auch wenn er im Studio war, okay?«

»Okay.« Ich lächelte. »Danke, Kate. Entschuldige, dass ich dich gestört habe.«

»Du hast mich nicht gestört, und wenn irgendein Video wichtiger ist als meine Freunde, dann stimmt etwas nicht mit mir.« Ich konnte das Schmunzeln in ihrer Stimme hören. »Viel Spaß heute.«

Ich nickte. »Danke.«

»Ach, und Rae?«

Angespannt hielt ich inne. »Ja?«

Kate lachte leise. »Dir ist schon klar, dass ich alles über dieses Date wissen will.«

Wieder begannen meine Wangen zu glühen. »Ja.«

»Dann ist ja gut.« Kate zögerte einen Moment. »Ich hab dich lieb. Bis dann.«

Ehe ich etwas sagen konnte, hatte sie schon aufgelegt. Ich nahm das Handy vom Ohr und sah auf das Display, das mir noch immer Kates Kontakt anzeigte. Ich hatte wirklich keine Ahnung, was ich ohne Kate machen würde. Oder ohne April. Ich war es nicht gewöhnt, Freundinnen zu haben, und jetzt hatte ich gleich zwei, auf die ich mich vollkommen verlassen konnte und die immer für mich da waren.

»Ich hab dich auch lieb«, flüsterte ich in die Stille hinein. Ich blinzelte hektisch, ehe ich das Handy zurück in meine Manteltasche steckte. Mein Herz schlug mir bis zum Hals, als ich den ersten Schritt in Richtung von Hunters Studio tat. Ich würde nur schnell nach ihm sehen und dann wieder gehen. Nicht mehr und nicht weniger.

Ich kenne Hunter. Es ist ein Date, Raelyn.

Meine Wangen glühten wieder, und ich beschleunigte meine Schritte. Um Hunter entgegen oder um vor mir selbst davonzulaufen, wusste ich nicht.

Ich hielt angespannt die Luft an, als ich meine Hand hob und vorsichtig an die Tür von Hunters Studio klopfte. Hinter der Tür konnte ich laute Musik hören, was mich irgendwie erleichterte. Er war also hier. Das war gut. Somit konnte ich zumindest sicher sein, dass ihm nichts passiert war. Die Tür wurde geöffnet, und ich trat einen Schritt zurück, als ich mich plötzlich dem riesigen Tight End der San Teresa Saints gegenübersah. Ich hatte ihn in der letzten Ausgabe der Unizeitung gesehen. Wie war sein Name noch gleich? Samuel Peters? Was machte er hier? Verwirrt guckte ich den Flur herunter. Hatte ich mich in der Tür geirrt?

»Kann ich irgendwie helfen?« Samuels tiefe Stimme klang rau, und er sah ziemlich erschöpft aus. In der Zeitung hatte er ein Interview über das Homecomingspiel gegeben. Auf dem Foto hatte er deutlich weniger abgekämpft ausgesehen.

Die Musik brach abrupt ab. »Noch mal«, bellte eine mir sehr vertraute Stimme, und ich versuchte, an dem massigen Footballspieler vorbei in den Raum zu spähen, jedoch ohne Erfolg.

»Ich wollte zu Hunter«, sagte ich leise. Nervös drehte ich den Ring an meinem Zeigefinger. Hätte ich vielleicht besser nicht herkommen sollen?

»Hunter, Besuch für dich.« Samuel wandte mir den Rücken zu und ging zurück ins Studio. Zaghaft folgte ich ihm und blickte auf das Chaos, das sich vor meinen Augen ausbreitete. Unzählige leere Getränkedosen lagen auf dem Couchtisch zusammen mit einer großen Packung Doughnuts, aus der nur ein einziger übrig war. Servietten lagen zusammengeknüllt herum, und zwischen den Dosen und Krümeln konnte ich Zettel erkennen, auf denen jemand wild herumgekritzelt hatte. Ich zog die Tür hinter mir zu und lehnte mich mit dem Rücken dagegen. Das hier war Hunters Welt, und ich hatte absolut keine Ahnung, ob ich hier willkommen war.

Hunter grummelte irgendetwas vor sich hin und drehte sich dann endlich zu mir um. Als seine Augen meine trafen, wurde er kreidebleich. Er warf einen Blick auf seine Armbanduhr. »Fuck!« Bei seinem lauten Ausruf zuckte ich zusammen. Hunter sprang von seinem Stuhl auf und kam sofort zu mir herüber. »Oh Gott, Raelyn, es tut mir so leid.« Er fuhr sich mit beiden Händen durchs Haar. »Fuck. Ich bin echt so ein Idiot.«

Ich hob abwehrend die Hände. »Nein. Es ist schon okay«, sagte ich leise und musterte besorgt sein Gesicht. Er sah müde aus. Der Zug um seinen Mund war verkrampft, und in seinen ozeanblauen Augen lag ein unzufriedener Ausdruck. »Ich bin nicht wütend oder so. Ich wollte nur nachsehen, ob alles okay bei dir ist.« Ich sah auf meine Hände hinab. »Dein Handy war aus, also konnte ich dich leider nicht erreichen. Sonst wäre ich gar nicht hergekommen.«

Hunter runzelte die Stirn und zog sein Handy aus der Hosentasche. Er versuchte, es einzuschalten, doch der Bildschirm blieb schwarz. »Verfluchter Akku«, murrte er. »Scheiße, es tut mir so leid, Raelyn.«

»Das wollte ich nicht.«

»Was?«

»Dir ein schlechtes Gewissen machen.« Meine Wangen brannten wie Feuer, und ich zog die Schultern etwas hoch. »Ich hab mir nur Sorgen gemacht.«

Hunter sah mich einen Moment lang an, ehe er leise seufzte. »Was mache ich nur mit dir?«

Ich sah auf meine Schuhe. »Entschuldige.« Ich warf einen schnellen Blick in Richtung Sofa, auf dem Samuel saß und mit gerunzelter Stirn auf die vollgekritzelten Zettel starrte. Es war offensichtlich, dass sie beschäftigt waren, und ich hatte sie bei ihrer Arbeit gestört. »Ich wollte euch nicht stören.«

»Ich bin der, der sich entschuldigen muss.« Hunter biss die Zähne fest aufeinander. »Nicht du.«

Die Tür zum Aufnahmeraum wurde geöffnet, und ein junger Afroamerikaner mit einer großen Hornbrille steckte den Kopf heraus. »Sollen wir eine kurze Pause machen?«

»Klingt gut«, sagte Samuel und lehnte sich auf dem Ledersofa zurück. Er warf einen Blick in meine Richtung, und schnell sah ich weg. »Sollen wir euch einen Moment allein lassen?«

Ich schüttelte sofort den Kopf. »Nein, nicht nötig.« Ich räusperte mich leise. »Ich sollte gehen.« Ich wandte mich um, doch plötzlich spürte ich warme Finger, die sich um mein Handgelenk schlossen. Ich sah über die Schulter, und mir stockte der Atem, als ich Hunter in die Augen sah. Der schuldbewusste Ausdruck in seinen Augen zerriss mir fast das Herz. Was Amber gesagt hatte, war vollkommen absurd. Hunter mochte vieles sein, aber sicherlich nicht gefährlich.

»So war das nicht geplant«, sagte er mit gesenkter Stimme. »Ich hatte wirklich vor, heute mit dir essen zu gehen.«

Mein Herz machte einen erleichterten Hüpfer. Er hatte mich also nicht absichtlich versetzt. Es war wirklich nur ein Versehen gewesen. »Schon okay.« Ich lächelte, um Hunter zu beruhigen. »Wir können ja vielleicht an einem anderen Tag gehen.«

Hunter zog die Augenbrauen zusammen. »Würdest du das denn wollen?«

Ich nickte, ohne zu zögern. »Ja.«

»Obwohl ich dich versetzt habe?«

Ich wich seinem intensiven Blick aus. »Es war ja nicht mit Ab –«

»Scheiße, Mann, ich sterbe vor Hunger.« Samuels Stimme ertönte, und ich riss die Augen auf. Ich hatte völlig vergessen, dass wir nicht allein waren. Ich entzog Hunter mein Handgelenk und widerstand dem Drang, mir die Hände vors Gesicht zu schlagen.

»Wie spät ist es eigentlich?«, fragte der Mann, der aus dem Aufnahmeraum gekommen war, und sah mich an. Er lächelte freundlich. »Eine Freundin von dir, Hunter?«

Hunter räusperte sich leise. »Das ist Raelyn.«

Der Mann winkte mir zu. »Hey. Ich bin Malik, und das ist Samuel.« Er lachte. »Aber das weißt du sicherlich schon.«

Ich legte mir eine Hand in den Nacken und nickte. »Ja«, sagte ich zögerlich. »Ich hab in der Unizeitung über ihn gelesen.«

»Hattet ihr zwei heute Pläne?« Samuel lehnte sich vor und sah zwischen Hunter und mir hin und her.

»Ja«, antwortete Hunter.

»Nein«, murmelte ich zeitgleich.

Stille trat ein, und ich wollte einfach nur im Erdboden versinken. Ich konnte die Blicke von allen dreien spüren, und mir wurde übel. Ich sollte wirklich verschwinden.

»Entschuldige, dass wir Hunter so lange aufgehalten haben.« Malik kratzte sich am Hinterkopf. »Das war irgendwie anders geplant.« Er stand auf und streckte sich. »Sollen wir dann für heute Schluss machen?«

»Nein!« Die drei sahen mich überrascht an, als ich so laut mit meinem Widerspruch herausplatzte. »Ich will euch wirklich nicht bei der Arbeit stören.«

»Tust du nicht. Wir können alle eine Pause gebrauchen«, entgegnete Samuel und legte die Füße auf dem Couchtisch ab. Sein Magen knurrte so laut, dass ich es sogar von meinem Platz an der Tür hören konnte.

Unsicher sah ich zu Hunter, der mit den Schultern rollte. »Soll ich euch etwas zu essen holen?«, fragte ich in die Stille hinein.

»Dein Ernst?« Samuel setzte sich auf und sah mich mit großen Augen an. »Das würdest du machen?«

Ich holte tief Luft. Dann nickte ich. »Ja.«

»Scheiße, du bist eine Heilige.« Samuel hustete etwas und stand auf. »Hast du einen Wasserkocher? Ich könnte einen Tee vertragen. Meine Stimme ist total im Arsch.«

»Nein, habe ich nicht.« Hunter sah mich an. »Und du brauchst uns nichts zu essen zu holen. Du bist kein Dienstmädchen.«

»Ich weiß. Ich möchte nur helfen.« Ich drehte wieder den Ring an meinem Finger. »Ihr drei seht alle recht müde aus.«

Hunter massierte seinen Nacken und nickte. »Wir sind seit heute Mittag hier.« Er deutete auf das Zettelchaos. »Wir mussten die Lyrics überarbeiten, und dann hat das mit dem Einsingen nicht hundertprozentig geklappt und …« Er hielt inne. »Na ja, es lief auf jeden Fall nicht so, wie es sollte.«

Ich blickte zu dem großen Mischpult, hinter dem Hunter normalerweise saß, und ich glaubte zu verstehen. Ich kannte es von meiner Mom. Kreativität war schwer zu kontrollieren. Mal lief alles wie am Schnürchen, und mal kam es zum Stillstand. Ich konnte mich gut an die Tage erinnern, an denen meine Mutter mit einem frustrierten Aufschrei die Leinwand von der Staffelei gerissen hatte.

Schnell vertrieb ich den Gedanken an zu Hause und konzentrierte mich wieder auf das Hier und Jetzt. Ich zog mein Handy hervor und warf einen Blick auf die Uhr. Es war halb neun. Ich hatte also noch knapp eineinhalb Stunden, bevor die Mensa schloss. »Ich hole euch was aus der Mensa«, schlug ich schüchtern vor und wandte mich an Malik und Samuel. »Was möchtet ihr?«

Malik sah unsicher zu Hunter, doch als dieser nickte, begann er zu sprechen. »Ich bin mit einem Burger zufrieden«, sagte er mit einem Lächeln. »Und vielen Dank, dass du das machst, Raelyn.«

»Für mich das Gleiche.« Samuel ging zu dem kleinen Kühlschrank und nahm sich eine Energydose heraus. »Du bist echt ein Engel.« Er warf Hunter einen Blick zu, den ich nicht zu deuten vermochte, dann ließ er sich wieder neben Malik aufs Sofa fallen.

»Okay.« Ich drehte mich zu Hunter. »Und du?«

Er rieb sich über die Stirn und seufzte leise. »Für mich tut es ein Sandwich.«

Ich verzog das Gesicht. Er hatte offensichtlich länger nichts gegessen. Ich würde auch ihm einen Burger mitbringen.

Ich zog die Tür auf. »Bis gleich.«

Hunter trat mit mir hinaus auf den Flur, doch bevor ich ihm sagen konnte, dass er mich nicht begleiten musste, legte er mir schon die Hand an die Wange. Träge strich sein Daumen über meinen Wangenknochen. Mein Kopf war wie leer gefegt. Ich wusste nicht, was ich hatte sagen wollen. Ich wusste nicht mal mehr, wo ich eigentlich hingehen wollte. Ich wusste nichts mehr, außer dass ich nicht wollte, dass Hunter seine Hand sinken ließ.

»Danke.« Er brachte die Worte mit so einer Ernsthaftigkeit hervor, genauso wie bei seiner Entschuldigung. Er nahm die Hand runter, doch meine Wange brannte, als würde er mich noch immer berühren. Er fixierte mich mit einem durchdringenden Blick und trat einen Schritt auf mich zu. Ich war wie erstarrt. Ich legte den Kopf in den Nacken, unfähig, seinen Augen auszuweichen. Sie glitten über mein Gesicht, als suchte er darin eine Antwort auf eine komplexe Frage. Doch dann schüttelte er plötzlich nur den Kopf und wandte sich abrupt ab.

»Bis gleich«, sagte er rau.

Nachdem er die Tür zum Studio hinter sich zugezogen hatte, lehnte ich mich gegen die Wand.

Ich presste die Hand auf meine Brust und atmete zitternd ein. Ich hatte absolut keine Ahnung, was da gerade passiert war. Ich wusste nur, dass die Welt für einen Augenblick lang stillgestanden hatte und ich mich dabei erwischte, wie ich mir heimlich wünschte, sie hätte sich nie weitergedreht.

23. KAPITEL

Hunter

Ich nickte zufrieden, während ich der finalen Version des Songs zuhörte, die laut über die Boxen dröhnte. Nach Stunden harter Arbeit war der Song endlich fertig. Jetzt musste ich nur noch etwas am Sound Design feilen und er konnte aufs Album. Ich stoppte den Song und drehte mich zu Samuel und Malik um. »Gute Arbeit, Jungs.«

Malik, der auf dem Couchtisch saß, legte den Kopf in den Nacken und ballte triumphierend die Faust. »Na endlich.«

»Der Track ist echt geil geworden.« Samuel hielt mir die Hand hin, und ich schlug ein. »Danke, Mann.«

»Ich hab den Song nur produziert.« Ich zuckte mit den Schultern. »Ihr beide habt ihn geschrieben. Bedank dich also bei dir selbst.«

Samuel machte eine Grimasse und schüttelte den Kopf. »Das klingt immer so nach Selbstbeweihräucherung.«

Ich boxte ihm gegen den Oberarm. »Passt doch zu dir.«

»Fick dich, Hunter.« Samuel zeigte mir den Mittelfinger. Dafür war er offensichtlich noch nicht zu müde, obwohl er echt beschissen aussah und es mitten in der Nacht war.

Ich trat gegen den Hocker, und Samuel lachte auf. »Sieh zu, dass du verschwindest, bevor ich dir noch eine verpasse.«

»Immer gleich so gewalttätig.« Er stand auf und streckte sich. Seine Wirbelsäule gab ein dumpfes Knacken von sich, und Samuel verzog das Gesicht. Autsch, das klang auch so, als hätte es ordentlich wehgetan.

Malik erhob sich ebenfalls, und ich tat es ihm gleich. Scheiße, ich merkte echt die letzten Stunden, die ich auf diesem beschissenen Schreibtischstuhl verbracht hatte. »Anders kommt man mit Vollpfosten wie dir ja auch nicht klar.«

»Ich lieb dich auch, Arschloch.« Samuel schnappte sich seine Jacke und zog sie an, ehe er in Richtung Sofa zeigte. »Also, was ist das zwischen dir und ihr?«

Ich sah zu Raelyn, die zusammengerollt auf dem Sofa lag und tief und fest schlief. Malik und Samuel hatten sie überredet, nach dem Essen noch zu bleiben. Irgendwann gegen zehn war sie dann eingeschlafen.

»Was?« Ich stellte mich dumm und schmiss den leeren Becher weg, in dem Raelyn Samuel extra einen Ingwertee mit Honig vom Coffeeshop um die Ecke mitgebracht hatte.

Samuel schnaubte leise. »Glaubst du, ich hab nicht mitbekommen, wie du sie ansiehst?«

Ich zerdrückte die leere Dose in meiner Hand und warf sie ebenfalls in den Müll. »Keine Ahnung, was du meinst.«

»Ist klar.« Samuel verdrehte die Augen und verschränkte die Arme vor der Brust. »Wenn ich du wäre, würde ich sie nicht mehr aus den Augen lassen.« Er betrachtete Raelyn und grinste schief. Die beiden hatten sich gut verstanden. Etwas zu gut, für meinen Geschmack. Er hatte es sogar geschafft, sie zum Lachen zu bringen. »Das ist eine von den Guten. Von den richtig Guten. Die findest du nicht überall.«

Malik, der sich sonst aus allem raushielt, nickte bekräftigend. »Übersetzt heißt das: Versau es nicht.«

Samuel gab Malik ein High five, und ich hätte ihm am liebsten das dämliche Grinsen mit einem Kinnhaken aus dem Gesicht gewischt. »Genau.«

»Wir sind nur Freunde«, entgegnete ich, doch irgendetwas in mir wusste, dass das sowieso niemals funktionieren würde.

»Komisch, du siehst Kate nicht so an, als wäre der Boden, auf dem sie läuft, heilig.« Samuel sah mich ernst an, und ich knirschte mit den Zähnen. »Wenn du echt vorhast, nur mit ihr befreundet zu bleiben, dann bist du wirklich ein absoluter Vollidiot.«

Ich deutete ungeduldig in Richtung Tür. Der Typ wollte mir heute scheinbar wirklich auf den Sack gehen. »Sieh zu, dass du nach Hause kommst, anstatt hier Hitch zu spielen.«

»Ich mein ja nur.« Samuel lehnte sich mit der Schulter gegen die Wand und sah zu Raelyn. »Aber wenn du nicht willst, dann kannst du mir auch einfach ihre Nummer geben. Ich bin sicherlich nicht so dämlich wie du.«

Ich verengte die Augen. Das hatte dieser Mistkerl nicht wirklich gerade gesagt, oder? »Fahr zur Hölle.«

Malik schubste Samuel zur Tür, und das, obwohl er fast zwei Köpfe kleiner war als der massige Tight End. »Lass uns abhauen, Sam.«

»Mit dem größten Vergnügen«, sagte Samuel und schlenderte an mir vorbei. Als er mich ansah, lachte er leise. »Ich halt dann solange deinen Thron für dich frei, Fürst der Finsternis.«

Überrascht hielt Malik inne und hob die Hand. »Der war nicht schlecht.« Als Samuel ihm ein High five gegeben hatte, winkte er mir zum Abschied und schob den Sänger mit ausgestrecktem Arm vor sich her auf den Flur. »Bis dann, Hunter.«

»Bis dann, Malik.«

Nachdem die beiden endlich verschwunden waren und die Tür hinter sich zugezogen hatten, schloss ich die Augen und atmete tief durch. Ich war vollkommen fertig. Ich hatte den ganzen Tag im Studio verbracht und fühlte mich ausgebrannt. Während die anderen erst gegen Nachmittag gekommen waren, hatte ich den ganzen Morgen damit zugebracht, das Instrumental für den Song fertigzustellen, damit wir sofort mit den Aufnahmen beginnen konnten. Doch dann war das Problem mit den Lyrics aufgetreten und hatte meinen ganzen Zeitplan zerschossen.

Ich fuhr mir mit beiden Händen übers Gesicht und sah dann zu Raelyn. Sie schlief noch immer tief und fest. Mich hatte es gewundert, dass sie bei dem ganzen Lärm überhaupt hatte einschlafen können, aber diese ganze Situation musste sie ziemlich ausgelaugt haben. Das dauerhafte Lächeln, das viele Reden hatte sie mit Sicherheit echt Überwindung gekostet. Ich räumte die Reste von unserem Abendessen weg, setzte mich auf den Couchtisch und betrachtete Raelyn. Wenn sie schlief, sah sie noch jünger aus als so schon. Sie wirkte friedlich und entspannt, völlig anders als sonst, wenn sie mit hochgezogenen Schultern und herumhuschenden Augen vor mir stand. Ihre Wimpern waren so lang, dass sie fast auf ihren Wangen auflagen, und ihre rosigen Lippen waren ein wenig geöffnet, während sie ruhig ein- und ausatmete. Ich legte ihr die Hand auf die Schulter. Zeit, sie aufzuwecken.

»Raelyn?« Ich ruckelte vorsichtig an ihr und sprach mit gedämpfter Stimme. »Hey, Raelyn, aufwachen.«

Raelyn verzog das Gesicht und schlug langsam die Augen auf. Sie blinzelte ein paarmal und atmete tief ein, ehe sie mich träge anlächelte. »Hunter?«

Ihr Lächeln presste mir die Luft aus den Lungen. Fuck. Konnte sie mich jeden Morgen so anlächeln? Dann wäre jeder Tag gleich viel weniger beschissen. Ich schmunzelte über den verschlafenen Klang ihrer Stimme. »Hey.«

»Hey.« Sie streckte sich und kuschelte sich tiefer in ihren

Mantel, mit dem ich sie gegen elf zugedeckt hatte. Sie schloss die Augen und seufzte leise. Dann plötzlich riss sie sie wieder auf. Sie starrte mich an, wurde knallrot und setzte sich ruckartig auf. Mit fahrigen Händen versuchte sie, ihre Haare in Ordnung zu bringen. »Oh Gott! Das tut mir so leid.«

Ich lachte leise. »Wenn du dich weiter für alles entschuldigst, dann fühle ich mich erst recht wie ein Arschloch.«

»Entschul-« Sie brach ab, als sie meinen Blick auffing.

»Schon besser.« Ich räusperte mich und stützte meine Ellenbogen auf den Knien ab. Das schlechte Gewissen überkam mich sofort. Scheiße, sie hätte gar nicht hier auf diesem unbequemen Sofa schlafen sollen. »Es tut mir wirklich leid, Raelyn. So hatte ich mir den heutigen Abend nicht vorgestellt.«

»Ist schon okay.« Raelyn rieb sich die Augen und lächelte mich zaghaft an. »Du hast ja gesagt, dass es ein Versehen war. So was passiert schon mal.«

Ich schüttelte den Kopf. Sie musste wirklich aufhören, immer für alles und jeden Entschuldigungen zu suchen. »Trotzdem, ich hätte auf die Zeit achten müssen.«

Sie zuckte mit den Schultern. »Wir sind alle nur Menschen.« Sie sah mich an und presste die Lippen aufeinander, als ich nichts erwiderte. »Es ist schon spät. Ich sollte gehen.«

Ich nickte. »Ich bring dich zum Wohnheim.«

Schnell winkte sie ab. »Brauchst du nicht. Es ist ja nicht weit von hier.«

Ich lachte freudlos. »Du willst echt, dass ich mich wie ein totales Arschloch fühle, oder?«

»Was?« Entsetzt riss sie die Augen auf. »Nein! Wirklich nicht. Ich will nur nicht, dass du dir meinetwegen irgendwelche Umstände machst.«

Gott, diese Frau war echt zu viel für mich. »Und was ist, wenn ich das will?«

Raelyn runzelte verwirrt die Stirn. »Was?«

»Mir deinetwegen Umstände machen.« Ich kratzte mich am Hinterkopf und seufzte leise. »Scheiße, so hatte ich mir das echt nicht vorgestellt.« Ich ließ die Hand sinken und dachte an den Abend, den ich mir eigentlich ausgemalt hatte. »Ich hatte gedacht, ich würde den Abend damit verbringen, mich bei gutem Essen vernünftig bei dir zu entschuldigen. Stattdessen habe ich dich dazu gebracht, einen Burger aus der Mensa zu essen und Cola zu trinken.«

Raelyn faltete ihre Hände im Schoß und sah darauf hinab. »Mir macht das nichts aus«, murmelte sie so leise, dass ich sie kaum verstehen konnte.

»Sollte es aber.«

Raelyn legte den Kopf schief. »Wieso?«

Weil du was Besseres verdient hast.

Ein leichter Rotschimmer breitete sich auf ihren Wangen aus, den Blick noch immer auf ihre Hände gerichtet. Doch ihre Mundwinkel umspielte ein Lächeln. »Ich konnte ja trotzdem Zeit mit dir verbringen.«

Mein Herz zog sich zusammen. »Verflucht, Raelyn.«

»Entschuldige.« Sie zog die Schultern wieder ein Stück weit hoch und versuchte, sich vor mir zu verstecken, aber dafür war es längst zu spät. »Hab ich wieder was Falsches gesagt?« Meine Augen hingen an ihren Lippen, als sie weiter vor sich hin brabbelte. »Ich wollte dich wirklich nicht verärgern. Was ich eigentlich meinte, war –«

Ich wusste nicht, was in mich gefahren war, als ich ihr Kinn zwischen meinen Daumen und meinen Zeigefinger nahm. Noch weniger wusste ich, was ich tat, als ich sie zu mir zog. Und als ihre Lippen auf meine trafen, war eh alles andere egal. Ich spürte ihre Wärme, ihre Lippen waren unfassbar weich und bewegten sich nur zögerlich an meinen, beinah so, als würde sie einzig und allein meiner Führung folgen. Ich löste mich von ihr und fluchte leise in mich hinein. Ich sah sie an, ihre Wangen waren von einem Rotschimmer überzogen, der ihre Nasenspitze miteinschloss und bis zu ihrem Hals hinunterreichte. Sie atmete durch geöffnete Lippen, und ihre großen blauen Augen sahen mich überrascht an. Sie hatte diesen Kuss wohl ebenso wenig kommen sehen wie ich.

»Das hier ist deine Schuld«, grollte ich und lehnte mich ihr wieder entgegen. Meine Lippen fuhren sanft über ihre, und als sie zitternd die Luft einsog, schoss mir ein heißer Schauer den Rücken hinab. Scheiße, diese Frau hatte mich wirklich um ihren kleinen Finger gewickelt.

»Was?« Sie klang heiser, und ich verspürte augenblicklich den Drang, herauszufinden, wie sich ihre Stimme wohl anhören würde, wenn ich sie erst mal richtig küsste.

»Vergiss es.«

Ich ließ ihr Kinn los und legte stattdessen die Hand in ihren Nacken. Ich rutschte ihr etwas mehr entgegen, sodass ich auf der Kante vom Tisch saß, ehe ich meine Lippen wieder auf ihre legte. Erschrocken atmete sie ein und öffnete dabei die Lippen. Ich nahm das als Einladung, und als ihr süßer Geschmack sich auf meiner Zunge ausbreitete, fühlte es sich an wie ein Stromstoß. Sie seufzte in den Kuss, und mir wurde schwindelig. Wie sollte ich da aufhören, sie zu küssen? Sie legte die Hände auf meine Oberarme, und ich spürte, wie ihre Finger sich in die Ärmel meines T-Shirts krallten, als ich den Kuss vertiefte. Sie kam mir entgegen, und ich vernahm ihr leises Keuchen. Scheiße, wenn ich das hier nicht sofort stoppte, dann wäre ich wirklich ein absolutes Arschloch. Atemlos löste ich mich von ihr, und als ich den verhangenen Ausdruck in ihren Augen sah, presste ich die Lippen aufeinander, um sie nicht sofort wieder zu küssen.

»Komm«, ich fuhr mit dem Daumen über ihre Unterlippe, die ein wenig geschwollen aussah, und verfluchte mich dafür, dass ich nicht sanfter zu ihr gewesen war. »Ich bring dich nach Hause.«

Ihr Atem ging schnell, und ihre Augenlider flatterten. Verdammte Scheiße, machte sie das mit Absicht? »Aber –«

Ich legte meine Lippen wieder auf ihre, diesmal allerdings nur kurz, um ihren Widerspruch im Keim zu ersticken. Für heute hatte ich meine Selbstbeherrschung schon mehr als genug ausgereizt. Und doch wollte ich sie wieder und wieder küssen. Ich wollte mehr von diesem süßen Geschmack, wollte mehr von ihrer Wärme und ihrem Atem, der auf meine Lippen hauchte, während ihr Duft nach Magnolien mich umgab und ich mich völlig in ihr verlor. Aber nicht heute. Auf gar keinen Fall heute.

Ich ließ sie los und stand schnell auf. Mit hölzernen Bewegungen brachte ich etwas Abstand zwischen uns, und erst als ich das Mischpult erreichte, hatte ich das Gefühl, mich wieder halbwegs unter Kontrolle zu haben. Ich verschränkte die Arme vor der Brust und klemmte mir die Hände unter die Achseln, um gar nicht erst in Versuchung zu geraten, zu ihr hinüberzugehen und sie noch mal zu berühren.

Raelyn saß noch immer auf dem Sofa, mit geröteten Wangen und geöffneten Lippen. Ihre Hände krallten sich in das Leder des Sofas, und ihre sonst so hellen Augen wirkten fast so dunkel wie meine. Verfluchte Scheiße, ich steckte wirklich in Schwierigkeiten.

»Na komm.« Ich räusperte mich, als ich bemerkte, wie rau meine Stimme klang. »Es ist schon spät.«

Raelyn nickte nur sehr zögerlich, doch dann stand sie auf. »O-Okay.« Sie zog ihren Mantel an. Ich bemerkte, wie ihre Hände zitterten, während sie einen Knopf nach dem anderen zumachte, und als sie die Tür erreichte, sah sie mich unsicher an.

Ich griff mir meine Lederjacke und schlüpfte schnell hinein. Dann öffnete ich die Tür und ließ ihr den Vortritt, bevor auch ich auf den Flur hinausging, die Tür hinter mir zuzog und abschloss. Ich steckte den Schlüssel zurück in die Jackentasche und nahm Raelyns zitternde Hand in meine.

Kurz darauf trotteten wir schweigend nebeneinander durch die kühle Nachtluft, ihre Finger fest mit meinen verflochten. Nur das leise Rascheln der Blätter unter unseren Füßen war zu hören, während wir langsam über den menschenleeren Campus spazierten. Ich wollte irgendetwas sagen, aber ich wusste, dass ich vermutlich nichts Vernünftiges zustande bringen würde. Alles, woran ich denken konnte, war, wie ihre Zunge sich an meiner angefühlt hatte und wie sie sich an mich geklammert hatte, als würde sie ertrinken. Verflucht, ich hatte schon viele Frauen geküsst, aber Raelyn ließ sie in meiner Erinnerung alle verblassen. Warum hatte ich sie nur geküsst? Und warum verlor ich bei ihr jegliche Selbstbeherrschung? Wie schaffte sie es bloß, dass meine Vernunft so vor ihr kapitulierte?

Sie knipste mir einfach das gottverdammte Hirn aus.

Als wir ihr Wohnheim erreichten, blickte ich auf unsere ineinander verflochtenen Hände. Scheiße, ich wollte sie nicht gehen lassen. Was zur Hölle war nur los mit mir? Ich zwang mich dazu, sie loszulassen, und trat einen großen Schritt zurück. Sofort steckte ich meine Hände in meine Jackentaschen. »Schlaf gut, Raelyn.«

»Danke.« Sie schob sich eine Strähne hinters Ohr und lächelte zaghaft. »D-Du auch.«

Raelyn zögerte noch einen Moment, doch dann wandte sie sich um und ging langsam davon. Wie angewurzelt blieb ich stehen, mein Blick fest auf sie gerichtet, während alles in mir danach schrie, sie nicht einfach so ziehen zu lassen. Sie sah über ihre Schulter, zog die Tür auf, und als sie mich anlächelte, wusste ich, dass ich hoffnungslos verloren war.

24. KAPITEL

Raelyn

Frustriert schob ich mein Lehrbuch weg und schlug es mit einem dumpfen Knall zu. Eigentlich hätte ich mich schon längst mindestens durch die Hälfte des neuen Kapitels gequält haben müssen, doch egal, wie sehr ich mich auch bemühte, ich konnte mich absolut nicht konzentrieren. Die Worte wollten sich in meinem Kopf einfach nicht zu zusammenhängenden Sätzen zusammenfügen lassen. Ich las sie wieder und wieder, doch es blieb immer bei diesem Strudel aus Gedanken, der doch nur ein einziges Ziel kannte.

Meine Lippen brannten, und ich fuhr mit den Fingerspitzen darüber, als ich mich in meinen Erinnerungen verlor. Ich spürte seine Lippen wieder auf meinen, roch seinen Duft nach Leder und Holz und fühlte die Hitze seiner Haut in meinem Nacken.

Mein Herz galoppierte wie verrückt, und frustriert warf ich meine Kopfhörer auf meinen Schreibtisch. Ich hatte morgen meine nächste Vorlesung bei Professor Kim und sollte mich eigentlich vorbereiten, doch das war heute unmöglich. Ich presste meine Hände auf meine Wangen, sie waren glühend heiß. Wie gut, dass meine Mitbewohnerinnen heute alle ausgeflogen waren, denn sonst hätte ich mich wohl irgendwie erklären müssen, und ich wusste ja nicht einmal selbst, was eigentlich mit mir los war oder was da gestern passiert war. Ich wusste nur, dass Hunter mich geküsst hatte und dass ich wollte, dass er nie wieder damit aufhörte. Ich schüttelte den Kopf über mich selbst und seufzte leise. Ich sollte nicht so aus dem Häuschen sein, oder? Ich sollte das alles völlig cool sehen. Sollte abgeklärter sein. Aber ich konnte nicht. Unaufhörlich kreisten meine Gedanken um diesen Kuss und was er zu bedeuten hatte. Hatte er überhaupt etwas zu bedeuten? Ich hatte in unzähligen Shows und Büchern völlig unterschiedliche Dinge gesehen und gelesen. Mal war der erste Kuss etwas Monumentales, der alles veränderte, und mal war er vollkommen unbedeutend und wie ein Handschlag.

Unter welche Kategorie fiel also dieser Kuss?

Ich schloss die Augen, riss sie aber direkt wieder auf, als ich Hunter vor mir sah, wie er mich mit dunklem Blick betrachtete, während sein Daumen über meine Unterlippe fuhr. Die Berührung war so sanft gewesen, und doch ging ein Ruck durch meinen Körper, wenn ich es mir jetzt nur vorstellte. Ich fühlte mich wie unter Strom, und es schien in meinen Fingerspitzen zu knistern. Ich presste die Lippen aufeinander und versuchte, an etwas anderes zu denken. An irgendetwas anderes. Aber ich konnte nicht. Ich spürte förmlich, wie sein heißer Atem meine Lippen berührte, bevor er mich küsste. Wie er mich an sich zog und den Kuss vertiefte. Wie seine Finger sich in meine Haut gruben, als wurde er mich ganz nah bei sich haben wollen.

Ich stand auf und lief im Zimmer auf und ab. Was hatte das alles zu bedeuten? Mochte er mich? Mochte er mich nicht? Allein bei dem Gedanken nahm ich einen unangenehmen Druck in der Magengegend wahr. Was, wenn Hunter mich tatsächlich nicht mochte? Wenn er mich nur aus einer Laune heraus geküsst hatte, ohne die Absicht, es zu wiederholen? Das gab es ja auch, oder? Warum hatte er aber dann auf dem Weg zurück zum Wohnheim meine Hand gehalten? Oder hatte er nur den Anstand wahren wollen?

Ich sah zu meinem Handy, das still und mit schwarzem Display auf dem Schreibtisch lag, da ich es zum Lernen abgeschaltet hatte, um mich nicht ablenken zu lassen. Dabei hatte ich das heute auch recht gut selbst hinbekommen. Ob ich es einschalten sollte? Und was dann? Sollte ich Hunter schreiben und ihn fragen, was der Kuss zu bedeuten hatte? Ich schüttelte sofort den Kopf. Nein, das konnte ich nicht. Aber genau so wenig konnte ich mich weiter so verrückt machen. Irgendwie musste ich dieses Chaos in meinem Kopf entwirren. Ich ging zum Schreibtisch und schaltete mein Handy ein. Ich würde einfach Kate fragen. Ich würde ihr von gestern erzählen und …

Meine Wangen glühten, und ich schlug mir die Hände vors Gesicht. Das konnte ich auch nicht! Wie sollte ich ihr bitte erklären, dass ihr bester Freund mich geküsst hatte, ohne vor Scham im Erdboden zu versinken? Und selbst wenn ich das irgendwie hinbekam, wie sollte ich erklären, wie ich mich dabei fühlte? Ich wusste es ja nicht einmal selbst.

Mein Handy begann wie wild in meiner Hand zu vibrieren, und ich sah darauf. Unzählige Anrufe und Nachrichten. Meine Augen weiteten sich, als ich den Absender der letzten Nachricht sah. Sofort öffnete ich sie.

Hunter [09:15]: Guten Morgen. Bist du wach?
Hunter [09:31]: Was hast du heute vor?
Hunter [10:27]: Würde dich gerne sehen, wenn du Zeit hast? Könnte dich um zwölf Uhr abholen. Zieh dir was Warmes an.

Mein Blick schnellte zum oberen Bildschirmrand, und ich fluchte laut. Es war kurz vor zwölf. Ohne einen Blick auf die anderen Nachrichten zu werfen, hastete ich zu meiner Kommode und zog die Schubladen auf. Ich wühlte durch den Stapel Klamotten und versuchte, irgendetwas zu finden, in dem ich zumindest halbwegs passabel aussah. Ich entschied mich hektisch für einen rostroten Pullover mit Wasserfallkragen und eine schwarze Weste, die ziemlich gut zu meiner schwarzen Jeans passte. Ich zog meine Jogginghose und mein viel zu großes T-Shirt aus und schlüpfte in die Sachen, ehe ich einen prüfenden Blick in den Spiegel warf. Schell kämmte ich mir meine leicht zerzausten Haare und sah auf die Uhr. Für Mascara hatte ich keine Zeit mehr. Ich nahm mir meine Chucks und band sie schnell zu, bevor ich mir mein Portemonnaie schnappte und hinaus auf den Flur stürmte.

Ich rannte beinah die Stufen hinunter, während mein Herz einen verräterischen kleinen Satz machte, als ich realisierte, dass ich Hunter in weniger als einer Minute wiedersehen würde. Kurz vor dem Ausgang hielt ich inne.

Was, wenn er mich nur wiedersehen wollte, um mir zu sagen, dass ich den Kuss nicht ernst nehmen sollte? Ich schluckte schwer. Hunter war bestimmt nicht der Typ, der solche Dinge mit einer Nachricht per Handy klärte, und genau das bereitete mir Sorgen. Ich wollte nicht, dass er das zu mir sagte. Ich wollte, dass er mich küsste. Wieder und wieder, bis ich keine Luft mehr kriegte.

Ich sammelte all meinen Mut und trat hinaus in die Novembersonne, die sich warm auf meiner Haut anfühlte. Sie stand tief am Himmel. Ich schirmte meine Augen mit einer Hand ab und nahm sie erst herunter, als ich mich etwas an das blendende Sonnenlicht gewöhnt hatte.

Mir stockte auf der Stelle der Atem. Hunter hatte seine Yamaha auf dem Gehweg vor dem Wohnheim geparkt und lehnte mit vor der Brust verschränkten Armen dagegen. Er sah auf sein Handy herunter, sodass sein langes Haar über seine Schultern nach vorne fiel. Im Sonnenlicht hatte es einen wunderschönen goldbraunen Schimmer, und ich ertappte mich bei dem Gedanken, es berühren zu wollen. Heute trug er blaue Jeans und eine dicke schwarze Lederjacke, die sich an seinen Schultern etwas spannte. Die Yamaha sah etwas anders aus als beim letzten Mal, denn diesmal hatte Hunter keine Taschen dabei. Sie wirkte weniger breit und windschnittiger, und alles in mir schrie danach, aufzusteigen und den Fahrtwind zu spüren. Hunters schwarzer Helm baumelte wie beim letzten Mal vom Spiegel, und hoffnungsvoll spähte ich auf die Sitzbank. Ob er mit mir irgendwohin fahren wollte?

Hunter sah von seinem Handy auf, und als er mich entdeckte, steckte er es sofort in seine Jackentasche. Ich zögerte, als ich seinen verschlossenen Gesichtsausdruck bemerkte, und blieb ein paar Meter von ihm entfernt stehen. War er vielleicht doch nur gekommen, um mir zu sagen, dass er den Kuss von gestern nicht wiederholen wollte?

Hunter richtete sich auf und gab den Blick auf eine Lederjacke frei, die er hinter sich versteckt gehalten hatte. Er nahm sie und kam mit langsamen Schritten auf mich zu.

»Hallo, Raelyn.« Er blieb direkt vor mir stehen, und ich legte den Kopf in den Nacken, um in seine ozeanblauen Augen zu sehen. Ich spürte das heiße Glühen meiner Wangen und wollte weggucken, doch es gelang mir nicht.

Ich ballte die Hände zu Fäusten und atmete tief durch. »Hallo, Hunter«, begrüßte ich ihn leise. Sein Blick brannte sich in meinen und hielt mich so fest wie schon am gestrigen Abend. Ich blinzelte, konnte aber den Bann nicht brechen, der mich dazu zwang, ihn anzusehen, auch wenn ich mich innerlich vor Unbehagen sträubte. »Was machst du hier?«

Hunters Mundwinkel zuckten, und meine Hände lockerten sich. »Ich schulde dir ein Date, schon vergessen?«

Wie ein Echo hallten seine Worte in meinem Kopf, und ich spürte ein Flattern in der Magengegend. »Ein Date?«

»Ja, ein Date.« Hunter hob die Hand, und ich hielt den Atem an, als er mit seinen Fingerspitzen eine verirrte Strähne zurück hinter mein Ohr strich. Allein diese kleine Berührung reichte aus, um ein loderndes Feuer in mir zu entfachen. Er legte seine Hand seitlich an meinen Hals und bog mit dem Daumen an meinem Kiefer meinen Kopf nach hinten, ehe er seine Lippen langsam auf meine legte.

Für einen Moment war ich wie erstarrt, unfähig, zu begreifen, was hier gerade geschah, doch dann schloss ich meine Augen und ließ mich gegen ihn und in diesen unendlich süßen Kuss sinken, der viel zu schnell vorbei war, mich aber mit vernebelten Gedanken und rasendem Herzen zurückließ.

Hunter strich mit seinem Daumen die Linie meines Kiefers entlang. »Also, hast du Zeit?«

Es gab nur eine Antwort. »Ja.«

Der Ansatz eines Lächelns zeichnete sich auf Hunters Lippen ab. Er trat einen Schritt zurück und reichte mir die Lederjacke. »Dann zieh die hier an und steig auf.«

»Hunter, ich glaube, das ist keine gute Idee.«

»Stell dich nicht so an.« Ich hörte Hunters tiefe und samtige Stimme direkt an meinem Ohr, und eine Gänsehaut breitete sich auf meinem ganzen Körper aus, als sein heißer Atem über meine Haut strich. Das Ziehen in meiner Magengegend schien mit jeder Sekunde schlimmer zu werden, und ich hatte das Gefühl, nicht atmen zu können. »Kennst du nicht das Sprichwort *Wer nicht wagt, der nicht gewinnt*?«

»Doch, schon.« Ich fuhr mir mit der Zunge über die trockene Unterlippe und öffnete den Mund, um frische Luft in meine Lungen zu bekommen. »Aber ich denke nicht, dass damit gemeint war, ein Motorrad ohne Führerschein zu fahren.«

»Alles reine Auslegungssache.« Hunter schob sich auf der Sitzbank etwas näher zu mir heran. Seine Brust war jetzt an meinen Rücken gepresst, er streckte die Arme aus und legte seine Hände auf meine, die ängstlich die Lenkstange umklammerten. »Außerdem bin ich ja auch noch da, und wir sind hier so weit ab vom Schuss, dass garantiert niemand sonst zu Schaden kommen kann.«

Ich sah mich um und seufzte leise. Hunter hatte recht. Auf diesem Rastparkplatz direkt an den Klippen war wirklich weit und breit kein Mensch. Neben ein paar Parkbänken, zwei Mülleimern und einem Toilettenhäuschen gab es hier nichts außer der fantastischen Aussicht auf den Pazifik.

Wir waren eine Weile durch die Gegend gecruist, und ich hatte die Fahrt auf der Landstraße genossen, die uns tiefer und tiefer Richtung Süden geführt hatte. Als Hunter auf den Parkplatz gefahren war, hatte ich gedacht, wir würden kurz eine Pause einlegen. Meine Beine hatten sich schon etwas taub angefühlt, darum hatte ich nichts dagegen gehabt, aber Hunters Absicht war eine ganz andere gewesen.

Denn jetzt saß ich vorn auf der Bank, so dicht am Tank, wie es ging, hatte die Händen am Lenker und nicht den blassesten Schimmer, wie um alles in der Welt ich hier reingeraten war. Ich hatte mir nur ganz kurz die Beine vertreten, und als ich zum Motorrad zurückgekommen war, hatte Hunter sich plötzlich auf den hinteren Teil gesetzt und mich vor sich auf die Bank gezogen.

»Hunter …« Ich bewegte meine Finger, die sich vor Angst völlig verkrampft hatten, und seine rutschten wie von selbst in die Zwischenräume.

»Leichtsinnig zu sein kann sich verdammt gut anfühlen.« Hunter hielt mich fest, während seine Lippen über meine Wange strichen. Rau kratzte sein Bart über meine Haut, und ich atmete zitternd aus. Es war mir unmöglich, auch nur einen einzigen klaren Gedanken zu fassen. Hunter war mir noch nie so nahe gewesen, und ich verlor mich völlig in seiner Wärme, dem Gefühl seiner starken Brust an meinem Rücken und dem Geruch von Leder, der sich mit dem holzigen Duft seines Aftershaves mischte. Mein Herz pochte so sehr, dass ich fürchtete, es würde mir gleich aus der Brust springen, und mein Mund war so trocken, dass ich glaubte, kein Wasser der Welt würde meinen Durst jemals stillen können.

»Vertrau mir einfach.« Hunter stützte sein Kinn auf meiner Schulter ab und legte seine Wange an meine. Er war mir so nah. Und während ich damit vollkommen überfordert war, schien Hunter sich damit absolut wohlzufühlen. Die Distanz, die ich vorher noch gespürt hatte, schien wie weggefegt.

»O-Okay.« Ich nickte, unfähig, ihm zu widersprechen. Seine Stimme hüllte jeden meiner ängstlichen Gedanken ein und ließ sie einfach wie eine Wolke im Wind davonziehen. Ich wusste zwar nicht, wieso, aber ich vertraute Hunter blind, auch wenn das vielleicht die dümmste Idee meines ganzen Lebens war.

»Also, das hier ist die Kupplung.« Er führte meine Finger zu dem silbernen Hebel auf der linken Seite direkt über dem Griff. Seine Hand lag auf meiner, als er vorsichtig zupackte. Er drückte sie vollständig durch und griff um mich herum zur Zündung. Der Motor erwachte zum Leben, und die ganze Maschine begann unter mir zu vibrieren.

»Lass sie einfach ganz langsam kommen, und gib ein bisschen Gas.« Seine Hand steuerte meine, als er vorsichtig die Kupplung losließ und das Motorrad langsam losrollte. Mit seiner Hand auf meiner drehte er ein wenig am rechten Griff, und das Motorrad fuhr ein weiteres Stück vor. Ich konnte hören, wie die Umdrehungszahl sich änderte, doch dann ließen wir auch schon das Gas los und bremsten gemeinsam mit dem silbernen Hebel auf der rechten Seite.

»Versuch es mal alleine«, sagte Hunter optimistisch und nahm seine Hände von meinen.

Eisern hielt ich die Kupplung fest. Ich wagte nicht, meine Finger zu lösen. Was, wenn ich etwas falsch machte und das Motorrad kaputtging? Ich wusste, wie viel es ihm bedeutete, und ich wollte auf keinen Fall riskieren, es zu beschädigen. Mit einem Mal fiel mir auf, dass unsere Helme noch immer auf der Parkbank ein paar Meter entfernt lagen. Was, wenn wir hinfielen und unsere Schädel auf dem Asphalt –

Meine Hand rutschte vom Hebel, und ich schrie auf, als das Motorrad einen Satz nach vorn machte. Hunters Hände schnellten hervor, und er umfasste den Lenker, während seine Beine gleichzeitig verhinderten, dass wir umkippten, als der Motor mit einem Ächzen erstarb.

Ich spürte das Blut in meinen Ohren pulsieren, und das Adrenalin schoss in meinen Körper, und mir wurde schwindelig. Was war gerade passiert?

Hunter lachte laut auf, und ich fühlte das Beben seiner Brust an meinem Rücken. »Ich sagte, langsam.« Seine Stimme klang eindeutig belustigt und überhaupt nicht wütend. »Die Kupplung einfach fliegen zu lassen ist keine gute Idee.«

»Entschuldige.« Hektisch suchte ich nach der Zündung, doch erstarrte, als ich Hunters Lippen auf der Haut direkt unter meinem Ohr spüren konnte. Mehr brauchte es nicht, und meine Welt stand augenblicklich in Flammen. Meine Haut glühte, und ich war mir nicht sicher, ob ich rot angelaufen war oder ob diese Hitze ganz tief aus meinem Inneren drang.

Hunter hob den Kopf von meinem Hals, und ich konnte sein jungenhaftes Schmunzeln im Seitenspiegel erkennen. In seinen Augen lag etwas Verschmitztes, aber auch Dunkles, das ich nicht deuten konnte. »Was hatte ich zum Thema sinnlose Entschuldigungen gesagt?«

Ich öffnete den Mund, um mich erneut zu entschuldigen, schloss ihn dann jedoch schnell wieder. Ich hätte eh kein einziges Wort zustande gebracht, und gerade kam mir das sehr gelegen.

»Versuchen wir es noch mal.« Hunter legte seine Hand wieder auf meine, und gemeinsam zogen wir die Kupplung, während er mit der anderen Hand den Motor startete. Er half mir dabei, die Kupplung kommen zu lassen und Gas zu geben. Mit ruhiger Stimme erklärte er mir jeden einzelnen Schritt, bis ich es tatsächlich selbst schaffte, anzufahren. Mehrmals hintereinander ließ er es mich versuchen, und schließlich klappte es einwandfrei. Er war so unfassbar geduldig mit mir, dass mein Herz vor Freude hüpfte.

Amber tat ihm unrecht. Ausgeschlossen, dass ein so sanfter und geduldiger Mann wie Hunter gefährlich sein sollte. Was auch immer sie sich dabei dachte, diese Lügen zu verbreiten, ich würde mich davon nicht beeinflussen lassen.

Hunter löste solche unglaublichen Gefühle in mir aus. Was mir zuvor eine Heidenangst eingejagt hatte, machte jetzt sogar tatsächlich Spaß. Auch wenn ich im Schneckentempo über den Parkplatz kroch, versetzte mich das leise Grollen der Maschine beim Drehen des Gasreglers in eine Art Rausch. Es kam mir vor, als würde ich dieses unberechenbare Monster kontrollieren, es sich unter meinen Händen in ein Schmusekätzchen verwandeln, während ich langsam, aber sicher all meine Furcht hinter mir ließ.

»Bereit zu schalten?«, fragte Hunter, der eine Hand locker auf seinem Oberschenkel abgestützt hatte, die andere lag an meiner Hüfte.

Ob ich bereit war? Kein bisschen.

Ob ich es trotzdem versuchen würde, solange er nur bei mir war? Auf jeden Fall.

»Gut. Du musste die Kupplung ziehen und mit dem kleinen Hebel an deinem Fuß schalten. Wenn du den Hebel nach oben schiebst, dann …«

Ich hörte ihm aufmerksam zu und folgte jeder seiner Anweisungen. Mir schlug das Herz bis zum Hals, doch ich blieb ganz ruhig, als ich erst in den zweiten und dann sogar in den dritten Gang schaltete. Hunters Wärme in meinem Rücken zu spüren und seine Stimme leise an meinem Ohr zu hören, gaben mir solch eine Sicherheit, wie ich sie schon lange nicht mehr in meinem Leben gekannt hatte. Ich fuhr langsame Kurven, lernte von ihm das Bremsen und Schalten, während die Sonne am Horizont immer tiefer in Richtung Ozean sank. Ich stoppte das Motorrad, als der Himmel sich orange verfärbte, und schaltete die Zündung ab, ehe Hunter und ich vorsichtig abstiegen.

Ich hatte gar nicht bemerkt, wie sehr meine Beine vor lauter Anspannung gezittert hatten. Ich realisierte es erst, als ich abstieg und sie beinah unter mir nachgaben.

Hunter lachte leise und legte mir eine Hand unter den Unterarm, um mich aufrechtzuhalten. »Alles okay?«

Ich betrachtete meine Beine, die sich wie Gummi anfühlten, und schüttelte zögerlich den Kopf. »Nicht so richtig.« Ich sah zu Hunter auf und konnte das Grinsen nicht aufhalten, das sich auf meinen Lippen ausbreitete. »Danke. Es hat wirklich Spaß gemacht.«

Hunter lehnte sich zu mir herunter. Als seine Lippen über meine strichen, hielt ich den Atem an.

»Kein Thema.« Er schlang einen Arm um mich und zog mich an sich. »Wie wäre es, wenn wir uns auf den Rückweg machen und bei *Ikigai* noch was essen gehen?«

Ich nickte eifrig. Die Aussicht auf noch mehr Zeit mit Hunter versetzte mein kleines Herz in helle Aufregung. Es war schon seltsam, ich hatte den ganzen Tag mit ihm verbracht, und doch schien es mir nicht annähernd genug zu sein.

»Gut.« Hunter grinste mich schief an, und ich konnte meinen Blick nicht von ihm abwenden, als die untergehende Sonne wunderschöne Schatten auf sein Gesicht warf. Er wackelte schelmisch mit den Augenbrauen. »Also, fährst du zurück?«

Lachend warf ich den Kopf in den Nacken und schlang die Arme fester um ihn. »Auf gar keinen Fall.«

25. KAPITEL

Raelyn

»Wenn du weiter so den Hals reckst, brichst du ihn dir noch.« Ertappt zuckte ich zusammen und blickte zu Kate, die mich mit einem Schmunzeln betrachtete. Sie saß mir an dem großen Tisch in der Mensa gegenüber, den wir an diesem Mittwochabend noch so gerade hatten ergattern können, und legte ihre Essstäbchen auf dem Tellerrand ihrer gebratenen Nudeln ab, während in ihren Augen dieses wissende Funkeln lag, das mir die Hitze in die Wangen trieb. Sie sah mich schon seit dem Wochenende so an. Oder eher, seitdem sie von der Sache zwischen mir und Hunter wusste. Wieso hatte ich ihr nur von unserem Date erzählt? Wieso hatte ich es nicht einfach für mich behalten? Nein, ich hatte ja direkt zu ihr laufen müssen.

Ich strich mir mit einer Hand durchs Haar und seufzte leise. »Das …« Ich versuchte, mir irgendeine plausible Ausrede zu überlegen, scheiterte jedoch kläglich. Sie wusste genau, wonach meine Augen in der überfüllten Mensa Ausschau hielten. Oder vielmehr, nach wem. »Also …«

Kate lehnte sich zu mir herüber und senkte die Stimme, sodass April und Tyler sie nicht bei dem ganzen Lärm in der Mensa verstehen konnten. »Die anderen werden es auch bald merken, wenn du dich weiterhin die ganze Zeit nach ihm umsiehst.« Sie lächelte mich sanft an. »Du weißt doch, dass er hier nie isst.«

Ja, das wusste ich, aber ich verstand es nicht. Die letzten paar Tage hatte ich Hunter immer wieder mit Kates Hilfe subtil zu den Abendessensverabredungen eingeladen, um ihn sehen zu können, ohne mich zu sehr aufzudrängen, doch bisher war er nie aufgetaucht. Ob er mir aus dem Weg ging? Unmöglich war es nicht, denn auch wenn unser Date wirklich schön gewesen war, konnte es ja durchaus sein, dass Hunter es sich anders überlegt hatte. Solche Dinge geschahen am laufenden Band, richtig? Ich rieb mir mit den Händen über die Oberschenkel und gab mir alle Mühe, das unruhige Flattern in meiner Magengegend zu ignorieren. Aber das war leichter gedacht als getan, denn ich hatte keine Ahnung, was Hunter und ich jetzt eigentlich genau waren. Ein Paar? Einfach nur Freunde? Konnte man das, was wir hatten, nicht mit einem Wort klassifizieren? Aber er hatte mich geküsst. Wieder und wieder. Das hatte doch irgendetwas zu bedeuten, oder nicht?

Ich versuchte, mir nicht die ganze Zeit den Kopf darüber zu zerbrechen, aber es gelang mir nicht, und ich drehte mich gedanklich im Kreis wie eine Ballerina, die Pirouetten übte, bis ihr schlecht wurde.

Tyler rückte näher zu mir heran und lehnte sich Kate entgegen. »Was tuschelt ihr zwei denn da?«

April zog eine Tomate aus ihrem Taco und legte sie mit einem angewiderten Gesichtsausdruck auf den Tellerrand. »Hat vermutlich damit zu tun, dass Raelyn ziemlich offensichtlich ungeduldig auf jemanden wartet«, sagte sie und biss demonstrativ von ihrem Taco ab, dessen knusprige Schale laut unter ihren Zähnen knackte.

»T-Tu ich gar nicht.« Gequält schloss ich die Augen, als mir bewusst wurde, wie dämlich meine gestotterte Antwort klang. Ich war wirklich nicht gut darin, mich aus Situationen herauszureden. Ich war sogar wahnsinnig schlecht darin.

Kate trank einen Schluck Wasser und kicherte leise. Offensichtlich genoss sie es ein wenig, dass ich nun mit dem Rücken zur Wand stand. »Ich hab dir ja gesagt, dass sie es merken werden.«

Tyler schwang einen Arm um meine Schulter, und das so plötzlich, dass ich erschrocken auf meinem Stuhl schwankte und froh war, dass ich meine Suppe schon vor einer Weile aufgegessen hatte. »Darf ich raten, auf wen du wartest?«

April verdrehte die Augen und legte ihren Taco auf den Teller. »Musst du das denn wirklich?«

Tyler verzog unzufrieden das Gesicht und murrte leise »Spielverderber« vor sich hin.

April nahm sich eine Serviette und wischte sich damit die Hände sauber, die zuvor voll Chilisoße gewesen waren. »Du könntest auch falschliegen, immerhin weiß Raelyn, dass er so gut wie nie in diese Mensa geht.«

Ich spürte, wie meine Ohren zu glühen begannen, und abwehrend hob ich die Hände. »Ich warte gar nicht auf Hunter.«

Stille breitete sich an unserem Tisch aus, und ich blinzelte wie ein Reh im Scheinwerferlicht.

»Niemand hat seinen Namen gesagt, Schätzchen.« April grinste zufrieden, und mir entglitten alle Gesichtszüge. Als Tyler und April einander ein High five gaben, begriff ich. Die beiden hatten mich mit Absicht aufs Glatteis geführt.

Kate versteckte ihr Lachen hinter ihrer Hand, jedoch ohne Erfolg, denn auch wenn ich ihre strahlend weißen Zähne nicht sehen konnte, das Beben ihrer Schultern schon. »Jetzt haben sie dich.«

April legte ihre Serviette beiseite und widmete sich wieder ihrem Taco. »Wieso kommt Hunter eigentlich nie hierher?«, fragte sie, und mir fiel auf, wie Kate sich verspannte.

»Weil sein Studio auf der anderen Seite vom Campus liegt und er deshalb meist einfach zur Williams-Mensa um die Ecke geht«, sagte Kate und klang dabei etwas defensiv, so als wollte sie absolut nicht darüber reden. Klar ergab es für Hunter Sinn, nicht extra zum anderen Ende des Campus zu laufen, aber sein Wohnheim lag nicht weit von hier. Zumindest zum Frühstück und zum Abendessen sollte er dann doch hierherkommen, oder? Ich schüttelte den Kopf über mich selbst. Das war nur meine eigene dumme kleine Hoffnung, weil ich ihn häufiger sehen wollte. Hunter würde schon seine Gründe haben, nicht in die Beauvoir-Mensa zu gehen, obwohl seine ganzen Freunde hier regelmäßig gemeinsam aßen.

»Ich hab aufgehört zu zählen, wie oft der Kerl mittlerweile auf dieser billigen Couch in seinem ach so heiligen Studio übernachtet.« Tyler ließ mich los und seufzte leise. »Außerdem hat er keinen Bock auf das ganze Gerede hier.«

Ich dachte an Ambers Worte und daran, wie sie über ihn gesprochen hatte. Wieder meldeten sich Zweifel in mir. Ob ich ansprechen sollte, was Amber zu mir gesagt hatte? Aber wie genau sollte ich das bitte anstellen?

Tyler warf mir einen eigenartigen Blick zu, den ich nicht zu deuten wusste. »Wenn du wissen willst, was los ist, dann wirst du ihn schon selbst fragen müssen«, sagte er mit ernster Miene, die sich aber gleich darauf so schnell aufhellte, dass ich verwirrt die Stirn runzelte. »Wenn man vom Teufel spricht.«

Ich setzte mich ruckartig auf und sah über die Schulter, als Kate freudig in diese Richtung winkte. Hunter kam mit langen Schritten auf uns zu, und ich spürte, wie sich ein Lächeln auf meinen Lippen ausbreitete, während das Flattern in meiner Magengegend zunahm. Heute hatte er sich das Haar zu einem lockeren Dutt zusammengebunden, und er trug ein schwarzes Longsleeve mit einem runden Kragen zu einer zerschlissenen

Jeans mit Löchern an den Knien. Die Hände hatte er in den Hosentaschen vergraben. Er hatte kein Tablett dabei. Wollte er nichts essen?

»Hey, Hunter«, begrüßte Kate ihn in einem zuckersüßen Tonfall, als Hunter unseren Tisch erreichte. »Was führt dich denn her?«, fragte sie ihn in dem unschuldigsten Tonfall, den ich je bei ihr gehört hatte, und blickte unsicher zu Hunter. Das konnte nichts Gutes bedeuten, oder?

Hunter warf ihr einen eindeutigen Blick zu und drückte sich dann an mir vorbei. Er tippte Tyler auf die Schulter. »Rutsch rüber.«

Tyler grinste schief. »Sag Bitte.«

Hunter grummelte leise etwas vor sich hin, das nach einer schlimmen Beleidigung klang, ehe er sich doch breitschlagen ließ. »Bitte.«

»Geht doch.« Tyler schob sein Tablett weiter und rutschte dann auf den freien Platz zu seiner Linken. Als mir klar wurde, was das bedeutete, sah ich überrascht zu Hunter auf, doch der zog nur den Stuhl hervor und setzte sich auf Tylers ehemaligen Platz direkt neben mir.

»Hey.« Hunter hatte die Stimme gesenkt und schaute mir direkt in die Augen.

»Hey«, gab ich geistreich zurück und wich seinem Blick aus. Ich spürte, wie Hunter seinen rechten Arm auf meine Stuhllehne legte, und sah ihn verstohlen von der Seite an. Unsere Blicke trafen sich, und als er sich zu mir vorlehnte, hielt ich den Atem an. Seine Lippen berührten meine nur für den Bruchteil einer Sekunde, doch das allein reichte aus, um mein Herz Purzelbäume schlagen zu lassen. Ich sah ihn überrascht an, doch Hunter lehnte sich nur entspannt auf seinem Stuhl zurück, während April ihn kritisch beäugte.

Sie deutete mit dem Taco auf Hunters rechten Arm, und

etwas Salat und Soße fielen daraus und klatschten auf ihren Teller. »Also hast du doch endlich beschlossen, den Kopf aus deinem Arsch zu ziehen.«

Erschrocken sog ich die Luft ein. »April!«

Sie ließ Hunter nicht aus den Augen. »Tust du ihr weh, dann …«

Hunters Mundwinkel zuckte. »Brichst du mir alle Knochen?«

Sie verengte die Augen. »Korrekt.«

»Ich gebe keine Versprechen, die ich nicht halten kann, aber ich werde mein Bestes tun.«

April nickte zufrieden. »Das reicht mir schon.«

Der Rest der Welt trat für einen winzigen Augenblick in den Hintergrund, als Hunter mich wieder ansah. Die Mensa schien mit einem Mal wie leer gefegt, es gab nur noch uns beide. Die Frage, die mir seit Sonntag auf der Zunge brannte, hatte endlich eine Antwort erhalten. Meine Wangen glühten, und mein Herz tanzte vor Glück. Hunter war also tatsächlich mein fester Freund. Oder hatte zumindest vor, mich zu daten. In meinem Kopf schwirrten tausend Gedanken umher, und meine Gefühle fuhren Achterbahn. Ich konnte sie nicht wirklich beschreiben, war völlig überfordert, aber wahnsinnig erleichtert? Vielleicht sogar glücklich? Ich wusste es wirklich nicht.

Tyler ging als Erster wieder zur Tagesordnung über. »Wie läuft's mit dem Album?«

»Langsam, aber sicher wird es.« Hunter rollte mit den Schultern, um sie zu lockern. Bestimmt hatte er wieder den ganzen Tag im Studio verbracht, und jetzt fühlten sich seine Muskeln steif an und schmerzten. »Ich denke, ich kann den letzten Feinschliff nächste Woche abschließen.«

Ich lächelte. »Dann hast du ja auch noch genug Zeit, um für die Finals zu lernen.«

April sah mich an und schüttelte lachend den Kopf. »Natürlich denkst du wieder nur daran.«

Kate schob ihr Tablett von sich, so wie immer, wenn sie fertig war. Diesmal hatte sie allerdings eine ganze Menge übrig gelassen. »Vielleicht gehen deine Noten ja jetzt steil nach oben, wo du einen Bücherwurm datest.«

Hunter grinste mich schief an, und mir wurde heiß und kalt zugleich. »Eigentlich hatte ich mehr darauf gehofft, sie mal vom Lernen abzuhalten.«

Ich merkte, wie ich knallrot anlief, und senkte den Blick rasch auf meinen leeren Teller, in der Hoffnung, dass es nicht jedem sofort auffiel.

Tyler klopfte Hunter lachend auf die Schulter. »Du machst deinem Ruf als schlechter Einfluss echt alle Ehre.« Er sah in die Runde. »Was habt ihr eigentlich alle an Thanksgiving vor?«

»Ich werde nach Hause fahren, denke ich.« April zuckte mit den Schultern. »Three Rivers ist ja nur einen Katzensprung entfernt.«

Kate nickte. »Ich werde an meinem Blog arbeiten und lernen. Bin mit beidem im Rückstand.« Als Tyler die Hand ausstreckte, gab Kate ihm ihren noch halb vollen Teller. Er machte sich sofort über die gebratenen Nudeln her. »Du fliegst wie immer nach Hause, Ty?«

»Ja, meine Eltern bestehen drauf.« Wie immer schlang er das Essen schnell runter, ein Wunder, dass er sich nicht daran verschluckte. »Was ist mit dir, Raelyn?«

»Ich bleibe hier«, sagte ich schnell und versuchte, das Handy zu ignorieren, das in meiner Hosentasche steckte und über eine Tonne zu wiegen schien. Ich hatte den Anruf meiner Mutter heute Morgen ignoriert und sie erst kurz vor meiner Mittagspause angerufen. Sie hatte so enttäuscht geklungen, dass ich mich noch immer schlecht fühlte.

»Direkt am ersten Thanksgiving?« Tyler zog eine Augenbraue hoch. »Du bist echt knallhart.«

Ich verspannte mich. »New York City ist sehr weit weg, und die Flüge sind teuer.« Sogar in meinen eigenen Ohren klang meine Stimme abwehrend und fast schon angriffslustig, doch Tyler schien davon keine Notiz zu nehmen.

»Sind sie?«, fragte er zwischen zwei Bissen.

»Ja.« Ich schämte mich dafür, ihn so angekeift zu haben, und vermied es, ihn anzusehen. »Also zu teuer, um mehrfach im Semester hin und her zu fliegen.«

»Ich fliege auch nicht über Thanksgiving nach Hause«, sagte Hunter.

Verstohlen betrachtete ich ihn. Flog er wirklich nicht nach Hause oder war er mir jetzt gerade nur zur Hilfe gekommen?

»Außerdem ist das auch nicht gut für die Umwelt.« April schaltete sich ein und schlug Tyler mit der freien Hand gegen den Unterarm. »Also, geh Raelyn nicht länger auf den Wecker.«

Tyler verschluckte sich und hustete, ehe er die Nudeln mit reichlich Wasser herunterspülte. »Ist ja gut.«

April verwickelte Tyler in ein Gespräch über Umweltschutz, in das auch Kate mit einstieg, und ich faltete die Hände in meinem Schoß. Wieso hatte ich Tyler so angefahren? Er hatte mir eine einfache Frage gestellt. Es war nicht seine Schuld, dass allein der Gedanke, nach New York City zurückzukehren, mir Übelkeit verursachte.

Hunter lehnte sich zu mir herüber und senkte die Stimme. »Alles okay?«

Ich wagte nicht, ihn anzusehen. »Ja.«

Hunter murrte. »Du siehst nicht so aus.«

Ich atmete tief durch und zwang mich zu einem Lächeln,

bevor ich mich Hunter zuwandte. »Es ist wirklich alles in Ordnung. Aber danke, dass du dir Sorgen um mich machst.« Ich hasste es, ihn anzulügen. Hasste es mehr, als ich dachte. Aber ich war einfach noch nicht so weit, darüber zu reden, und wenn ich ganz ehrlich war, wusste ich nicht einmal, ob ich überhaupt jemals so weit sein würde.

»Wenn du es sagst.« Hunter musterte mein Gesicht und seufzte, dann strich er mir beruhigend mit der Hand über den Rücken. So plötzlich, wie seine warme Berührung gekommen war, so schnell war sie auch schon wieder vorbei. Hunter stand auf und hob die Hand zum Gruß. »So, Leute, ich muss leider los.«

Tyler runzelte die Stirn. »Schon?«

Hunter nickte, und ich rückte ein Stück nach vorn, um ihn vorbeizulassen, während mein Magen sich zusammenzog. War es egoistisch von mir, nicht zu wollen, dass er ging?

Hunter schob sich an mir vorbei und steckte die Hände in die Hosentaschen. »Das Album produziert sich leider nicht von allein.«

»Du hast ja nicht mal was gegessen.« Tyler klang alles andere als begeistert, und ich verstand es leider nur zu gut.

»Deswegen war er auch nicht hier.« Kate sprach so leise, dass nur ich sie hören konnte, und ich runzelte die Stirn. Weswegen denn dann?

»Wir sehen uns.« Hunter lehnte sich zu mir herunter und küsste mich noch einmal flüchtig, ehe er sich umdrehte und in die gleiche Richtung verschwand, aus der er gekommen war.

Kate sah ihm mit einem Schmunzeln nach. »Der Kerl ist genauso ein hoffnungsloser Fall wie du.«

Ich lehnte mich zu Kate herüber, unsicher, ob ich sie richtig verstanden hatte. »Was?«

»Nichts.«

Ich warf einen Blick über meine Schulter und beobachtete, wie Hunter sich durch die anderen Studenten hindurch zur Treppe schlängelte.

»Ich kann nachvollziehen, warum er keinen Bock darauf hat, herzukommen.« April steckte den letzten Bissen von ihrem Taco in den Mund und schüttelte missbilligend den Kopf. »Das ist ja wirklich penetrant, wie die ihn alle anstarren.«

Ich hatte zuvor nur auf ihn geachtet und die ganzen Blicke nicht bemerkt. Aber April hatte recht. Ungeniert glotzten sie ihn an, steckten die Köpfe zusammen und tuschelten. Ich ballte die Hände zu Fäusten. Ich wusste genau, wie sich das anfühlte. Und es war eines der schrecklichsten Dinge, die man sich nur vorstellen konnte.

»Menschen sind leider so. Sie urteilen über die Dinge, die sie nicht verstehen, und glauben den erstbesten Mist, ohne sich auch nur eine Sekunde lang wirklich damit zu befassen.«

Ich öffnete den Mund, um Kate zu fragen, was sie damit meinte, doch als ich den verkniffenen Ausdruck in ihrem Gesicht bemerkte, schloss ich ihn wieder.

Kate strich sich mit einer Hand durchs Haar und setzte ein Lächeln auf, das nicht besonders überzeugend rüberkam. »Also, will jemand nächste Woche mit zum Poetry-Slam?«

26. KAPITEL

Raelyn

Ich wippte mit dem Fuß, während ich den Gitarren lauschte, die den Schmerz des Sängers über den Druck der Gesellschaft perfekt unterstrichen, ohne den Song in einer trostlosen Hoffnungslosigkeit ertrinken zu lassen. Die großen Kopfhörer schirmten mich von dem Geschehen um mich herum ab, und ich ließ mich von der Stimme des Sängers davontragen, weit weg von allem, das mir auf der Seele lag.

Ich lehnte mich gegen das Kopfteil von Hunters Bett und tauchte so tief in die Musik ein wie noch nie zuvor. Ich spürte, wie Hunter mir gegen den Oberarm tippte, und sah zu ihm hinunter, sein Kopf ruhte auf meinen Oberschenkeln. Eindringlich blickte er mich an und deutete auf seinen Mund. Ich erinnerte mich an seinen Rat und kniff angestrengt die Augen zusammen, um von seinen Lippen abzulesen.

Und? Hunter tippte gegen das Cover der Schallplatte, die er für mich in seinen Plattenspieler eingelegt hatte. *Hörst du den Unterschied?*

»JA! ES KLINGT IRGENDWIE VOLLER.« Ich riss mir hektisch die großen Kopfhörer von den Ohren und ließ sie neben mir aufs Bett fallen. »Entschuldige, hab ich geschrien?«

Hunter nahm die Kopfhörer und legte sie auf das kleine Regal neben seinem Bett, auf dem auch der Plattenspieler lag, und zog das Kabel raus. Sofort erfüllte die Musik sein Zimmer, und ich hatte das Gefühl, dass Queen direkt vor mir standen und an diesem Samstagabend nur für uns spielte. Mein Blick blieb an dem durchsichtigen orangen Pillendöschen hängen, dass neben dem Plattenspieler stand. Ich kannte solche. Meine Mutter hatte auch ein paar davon zu Hause. War er in letzter Zeit krank gewesen? Ich schüttelte den Kopf. Es musste schon länger her gewesen sein. Vielleicht am Anfang des Semesters?

»Ja, aber das ist normal, also mach dir keinen Kopf.« Hunter schloss die Augen und genoss die Musik. »Ich bin zwar ein absoluter Freund vom digitalen Zeitalter, doch was den Klang angeht, schlägt nichts das gute, alte Vinyl.« Er wirkte ruhig und vollkommen entspannt, und das beruhigte mich. Als ich ihn vorhin in seinem Studio abgeholt hatte, war er völlig verkrampft gewesen.

Ich hob die Hand und zögerte kurz. Meine Wangen wurden zwar ganz heiß, aber ich gab dem Impuls trotzdem nach und begann, ihm sanft durchs Haar zu streichen. Als ich sein zufriedenes Brummen hörte, lächelte ich. »Du liebst Musik wirklich, oder?«

Er nickte. »Ja.«

»Das merkt man.«

Ich sah mich in seinem Zimmer um, in dem ich heute das erste Mal war, während meine Hand weiter durch Hunters Haar strich. Ich schmunzelte, als mir das große Regal neben seinem kleinen Schreibtisch auffiel, in dem sich unzählige Platten und CDs stapelten, während von Büchern jede Spur fehlte. Seine Prioritäten waren offensichtlich völlig anders als meine. Oben auf dem Regal standen ein Drucker und ein Foto. Zum Glück war Hunters Zimmer so klein, dass ich die Gesichter der Leute ausmachen konnte, obwohl ich mit Hunter auf dem Bett gegenüber von seinem Regal saß.

Hunter erkannte ich sofort. Er schaute mit einem schmalen Lächeln auf den Lippen in die Kamera. Ein hochgewachsener Mann mit einem schwarzen Schnauzbart stand neben ihm und hatte den Arm um Hunters Schultern gelegt. Ob das sein Vater war? Die beiden sahen sich auf jeden Fall sehr ähnlich. Auf der anderen Seite des Mannes stand ein junger Mann mit militärischem Kurzhaarschnitt und einem offenen Lächeln. Er wirkte wie ein Teenager. Seine Statur war schmaler als Hunters und glich mehr der Frau, die auf der anderen Seite von Hunter stand und so herzlich in die Kamera lachte, dass ich den Blick nicht von ihr abwenden konnte. Sie hatte langes Haar, und es hatte die gleiche Farbe wie Hunters. Auch ihre Lippen erinnerten mich an ihn.

Neugierde überkam mich. Verstohlen betrachtete ich sein entspanntes Gesicht. Ob ich ihr nachgeben konnte? Zumindest ein bisschen?

»Ist das deine Familie?« Ich deutete auf das Bild, als er ein Auge öffnete.

Hunter sah in die Richtung und nickte, ehe er die Augen wieder schloss. »Ja.«

»Sind alle in deiner Familie so musikalisch wie du?«, fragte ich vorsichtig.

Anders, als ich erwartete hatte, verspannte Hunter sich nicht oder warf mir einen düsteren Blick zu. Er hielt seine Augen einfach weiterhin geschlossen und lauschte der Musik. »Nein. Meine Granny hat Klavier gespielt, aber das war's dann auch.« Ich konnte genau sehen, wie seine Mundwinkel zuckten, so als würde er sich an etwas Schönes erinnern. »Mein Dad steht nur auf David Bowie und Queen, was er auch ständig in seiner Bar spielt. Manche der Gäste haben sich schon beschwert. Meine Mom hört nur Musik, wenn sie zeichnet, und Caleb kann nicht mal Noten lesen.«

Ich war überrascht, wie offen Hunter über seine Familie sprach. Ob es daran lag, dass er sich wohlfühlte? So oder so sah ich es als Chance, ihn besser kennenzulernen. Denn eigentlich wusste ich nichts über Hunter, außer dass ich mich auf unerklärliche Weise zu ihm hingezogen fühlte. »Caleb?«

»Mein kleiner Bruder.« Hunter tastete nach meiner freien Hand und verschränkte unsere Finger miteinander, ehe er sie sich auf die Brust legte. »Er ist siebzehn. Beschissenes Alter.«

»Vermisst du deine Familie?«

»Manchmal.« Hunter strich mit dem Daumen über meinen Handrücken und seufzte leise. »Was ist mit dir? Magst du Musik?«

Ich überlegte einen Moment. Ich hatte es gehasst, im Schulorchester spielen zu müssen, aber Musik hatte mich eigentlich immer begleitet. Ob zu Hause, in der Galerie oder von meinem Handy in der U-Bahn. »Ja, allerdings verstehe ich nicht viel davon.«

»Das muss man auch nicht.« Hunter öffnete die müden Augen und sah mich an. »Musik ist zwar eine Wissenschaft für sich, aber eigentlich ist sie dazu da, um gespürt zu werden.« Mit dem Knöchel klopfte er wieder gegen die Verpackung der Schallplatte, die wir gerade hörten. »Musik drückt Dinge aus, die wir sonst nicht in Worte fassen können. Es ist wie eine universelle Sprache, die unabhängig von Zeit, Muttersprache oder Bildungshintergrund für jeden verständlich ist.«

Ihm zuzuhören faszinierte mich gleichermaßen wie es mich einschüchterte. Hunter war anders. So unglaublich anders. Aber nicht auf eine schlechte Art und Weise. Ich wusste es nur nicht besser auszudrücken. »Willst du deshalb Musik machen?«

»Ja.« Er zwinkerte mir zu. »Und wegen des vielen Geldes natürlich.«

Ich wandte schnell den Blick ab, als ich bemerkte, wie meine Ohren heiß wurden. »Du wirkst auf mich jetzt nicht unbedingt wie der materielle Typ.«

»Wie wirke ich denn auf dich?«

Ich hörte auf, durch sein Haar zu streichen, und meine Gedanken überschlugen sich. Abwehrend schüttelte ich den Kopf. »Ich weiß nicht …«

»Sag es mir.« Hunter hob unsere ineinander verschlungenen Hände an seinen Mund und drückte einen Kuss auf meinen Handrücken. Diese kleine Geste reichte aus, um mein Herz mit Wärme zu erfüllen. »Oder willst du jedes Mal, wenn ich dich was frage, verschüchtert den Kopf einziehen?«

Die Antwort darauf wusste ich sofort. »Nein.« Ich wollte offen zu ihm sein. Wollte alles mit ihm teilen, völlig egal, was es sein mochte.

»Na also.« Er legte unsere Hände zurück auf seine Brust und sah mich an. »Wie wirke ich auf dich, Raelyn?«

»Unabhängig. Stark.« Ich begann wieder, durch sein Haar zu streicheln, in dem verzweifelten Versuch, mich damit abzulenken und ruhiger zu werden. Dabei brannte sein Blick genauso sehr wie seine Berührungen. »Vielleicht ein wenig mürrisch.«

»Nur ein wenig? So ein Mist aber auch.«

»Du wirkst sehr selbstbewusst, so als wüsstest du immer genau, was du willst.« Ich schluckte schwer und zwang mich weiterzusprechen. Ich wollte noch mehr in Hunters Welt eindringen, wollte ihn besser kennenlernen, jetzt, wo er mich dazu eingeladen hatte. Aber es fiel mir wahnsinnig schwer. »Das finde ich sehr bewundernswert.«

»Da ist nichts Bewundernswertes dran. Ich gehe nur davon aus, dass jeder gleichwertig ist, bis er mir das Gegenteil bewiesen hat. Das schließt mich mit ein.« Überrascht sah ich auf Hunter hinab, der seinen Blick auf etwas an der Decke gerichtet hatte. »Außerdem habe ich früh gelernt, dass es wichtig ist, zu wissen, was man will, damit man auch dafür kämpfen kann.«

Da war er wieder, dieser Sog, dem ich mich nicht entziehen konnte. »Das könnte ich nicht.«

Hunter sah mich an. »Was?«

Schnell schlug ich die Augen nieder. »Für das kämpfen, was ich will.«

»Tust du das nicht schon?«

Ich runzelte die Stirn. »Inwiefern?«

»Du studierst Kommunikation, obwohl du Probleme damit hast, mit anderen zu reden. Du kämpfst also dafür, dir selbst etwas zu beweisen.«

Ich dachte über das nach, was er gerade zu mir gesagt hatte. Stimmte das? Kämpfte ich wirklich für die Dinge, die mir wichtig waren? Ich dachte an den wochenlangen Streit, den ich mit meiner Mutter über die STU ausgefochten hatte, und hielt inne. »Oh.«

Hunter betrachtete mich mit diesem intensiven Blick, den er mir nur schenkte, wenn wir allein waren, und bei dem ich mich jedes Mal so fühlte, als wären wir die einzigen Menschen auf der ganzen Welt. »So hast du das noch nie gesehen, richtig?«

»Nein.«

Hunter zuckte mit den Schultern. »Das liegt daran, dass du so bist, wie du bist.«

»Wie denn?«, fragte ich ihn, nicht sicher, ob ich die Antwort überhaupt hören wollte.

»Zaghaft und beinah krankhaft bescheiden«, antwortete Hunter, ohne zu zögern, und setzte sich auf. Unsere Hände waren noch immer miteinander verschränkt, trotzdem fühlte ich mich seiner Nähe beraubt, jetzt, wo er auf der Bettkante saß.

So dachte er also über mich. Meine Augen glitten über die

unzähligen Poster an seiner Wand von den verschiedensten Musikern aus unterschiedlichsten Genres.

»Entsch–«

Als ich Hunters leises Grollen hörte, brach ich ab und presste die Lippen fest aufeinander.

»Du lernst dazu.« Hunter legte sanft eine Hand unter mein Kinn und zwang mich, ihn anzusehen. »Hast du irgendwann mal von irgendjemandem etwas eingefordert?« Er sah mich prüfend an, ehe er weitersprach. »Von deiner Mom vielleicht?«

»Nein.« Ich schüttelte den Kopf. »Nicht wirklich.«

»Nicht wirklich?« Die Skepsis in seiner Stimme war unverkennbar.

Ich wand mich innerlich. Ich wollte wirklich nicht darüber reden, wollte nicht einmal daran denken. Ich hatte meine Mutter heute noch nicht angerufen und wusste, dass sie deswegen wütend auf mich sein würde. Aber ich war es einfach leid, jeden Morgen zum Handy zu greifen und meinen Pflichtanruf auszuführen. Ich war es leid, jeden ihrer Anrufe entgegennehmen oder zurückrufen zu müssen. Ich hatte jetzt mein eigenes Leben hier. Das war doch nicht verkehrt, oder? »Ich wollte unbedingt an die STU, also habe ich so lange gebettelt, bis sie mich hat gehen lassen.«

Natürlich ließ Hunter das Thema nicht einfach so fallen. »Klingt so, als hättest du sie lange überreden müssen.«

»Ja.«

»Warum?«, wollte Hunter wissen, und ich biss mir auf die Unterlippe.

Wieso hatte ich auch davon anfangen müssen? Wieso hatte ich nicht einfach –

»Deine Mom ist ein ziemlicher Kontrollfreak, oder?« Er sah mich ernst an. »Wenn meine Mutter mich so oft anrufen würde wie dich deine, würde ich durchdrehen.«

»Sie macht sich nur Sorgen.« Ich wollte ihm zustimmen. Ich wollte es wirklich. Aber ich konnte nicht. Der Reflex, Ausreden und Rechtfertigungen für sie zu finden, war nach wie vor da. Dabei wusste ich, dass irgendetwas mit ihr nicht stimmte. Ich spürte es tief in mir, wann immer mein Handy klingelte. Wann immer die anderen mich komisch beäugten, weil sie schon wieder anrief. Wann immer sie mich fragte, wann ich denn vorhatte, endlich nach Hause zu kommen und mich an der NYU zu bewerben. Ich wusste es. Und doch …

»Raelyn.« Hunter seufzte leise. »Das geht weit über die normale Sorge einer Mutter hinaus.« Er nickte in die Richtung meines Handys, das ich auf lautlos geschaltet und mit umgedrehtem Display auf seinen Schreibtisch gelegt hatte, als ich vor einer Stunde angekommen war. »Wie oft am Tag ruft sie dich an?«

»Ich zähle nicht mit.« Warum log ich? Ich wollte nicht lügen. Am allerwenigsten wollte ich Hunter anlügen. Ich holte zitternd Luft. »Vielleicht fünf Mal«, sagte ich vage.

Hunter sah mich einen Moment lang an. »Weißt du.« Sein Daumen strich über meine Wange und holte mich ins Hier und Jetzt zurück. Er rückte ein Stück näher an mich heran und war mir mit einem Mal so nahe, dass ich seine Wärme spüren konnte. Sein Geruch hüllte mich ein, und mir wurde leicht schwindelig. »Es ist vollkommen okay, dass es Dinge gibt, über die du nicht reden willst. Aber du solltest dir zumindest für dich Gedanken darüber machen, wie lange du das noch aushältst.«

Er hatte mich durchschaut? Ich blickte Hunter an und fragte mich, ob diesen ozeanblauen, immer wachsamen Augen überhaupt jemals etwas entging. Der Ausdruck darin war stets aufmerksam, so, als würde er nur darauf warten, dass irgendetwas um ihn herum geschah.

»Danke«, sagte ich leise.

»Kein Thema.« Hunter räusperte sich. »Also, gibt es irgendetwas, das du willst?«

Seine Frage traf mich vollkommen unvorbereitet. »Jetzt gerade?«

Hunter nickte. »Ja.«

Mein Blick fiel automatisch auf seine Lippen, und ich sah hastig weg, als ich es bemerkte. »E-Eine Cola. Hast du vielleicht eine?«

»Eine Cola?«

»Ja«, antwortete ich etwas zu schnell und fluchte innerlich. Was war denn heute nur los mit mir?

»Nur das?«, erkundigte sich Hunter und rückte ein Stück näher zu mir heran. Ich versuchte, zurückzuweichen, aber er schlang mir einen Arm um die Taille, und ich erstarrte. Die Welt schien wieder stillzustehen, während mein Herz so rasend schnell schlug, dass ich befürchtete, es würde mir gleich aus der Brust springen.

»J-Ja«, brachte ich stotternd hervor.

Hunter zog mich an seine Brust, und als seine Lippen auf meine trafen, sog ich überrascht die Luft ein. Wie immer schmeckte er nach einer Mischung aus Pfefferminz und Kaffee, die erfrischend und gleichzeitig bitter war. Seine Lippen brannten auf meinen, und sein Bart kratzte ein wenig auf meiner Haut. Ich legte die Hände auf seine Schultern, in der Hoffnung, ihn länger bei mir halten zu können. Doch so schnell, wie der Kuss begonnen hatte, war er auch schon wieder vorbei. Hunter strich mit einer Hand über meinen Rücken, und ich erschauderte. Ein schiefes Grinsen breitete sich auf seinen Zügen aus, als wüsste er ganz genau, was in mir vorging.

»Wenn du mich küssen willst, dann sag es einfach«, murmelte er leise an meinen Lippen. »Du musst lernen, zu sagen, was du willst. Niemand wird es dir einfach so geben, wenn du es dir nicht nimmst.«

Mein Kopf war wie leer gefegt, und ich wusste nicht, was ich darauf erwidern sollte. Alles, woran ich denken konnte, war, dass ich ihn noch mal küssen wollte. Und noch mal … Und noch mal, bis alles andere verblasste.

Ich sah wieder auf seine Lippen, und er lächelte.

»Soll ich dich noch mal küssen?«

Bevor ich darüber nachdenken konnte, wie sehr ich später deshalb sicherlich im Erdboden versinken wollte, nickte ich.

Hunter legte seine Lippen wieder auf meine. Das Ziehen in meiner Magengegend, das ich immer spürte, wenn er in meiner Nähe war, nahm so schnell an Intensität zu, dass es mir die Luft aus den Lungen presste und mich vollkommen gefangen nahm.

Hunter ließ meine Hand los und hob seine zu meinem Nacken. Seine Finger gruben sich in meine Haut, so wie damals im Tonstudio, und alles in mir schien zu vibrieren, als seine Zunge in meinen Mund glitt. Der Kuss war so intensiv, dass ich an nichts anderes mehr denken konnte als an ihn, und das war genau das, was ich jetzt gerade wollte. Ich schlang meine Arme um Hunters Nacken und ließ mich von seinem Kuss davontragen.

Dieser Kuss war anders als alle vorherigen.

Er war eindringlich und hatte etwas so Drängendes und Hungriges, dass ich nicht anders konnte, als seinen Lippen mit dem gleichen Eifer zu begegnen. Hunter löste sich von mir und ich stieß ein enttäuschtes Seufzen aus, doch dann schlang er den Arm um meine Taille und zog mich rittlings auf seine Beine, die das Einzige waren, was mich davor bewahrte, von der Bettkante zu fallen.

Als er mich ansah, keuchte ich überrascht auf. Seine ozeanblauen Augen erinnerten mich an unruhige Wellen, die in der Nacht an den Strand rollten. Dunkel, unheilvoll, und trotzdem wollte man sich hineinstürzen.

Seine Hände strichen über meine Taille hinauf, meine Oberarme entlang, bis hin zu meinen Wangen, bevor er sie in mein Haar gleiten ließ. Sein Griff war zwar fest, aber er schmerzte nicht. Und selbst wenn, hätte ich es wahrscheinlich nicht einmal mehr bemerkt, denn als seine Lippen ungebremst auf meine trafen, verlor ich sowieso jedes Gefühl für die Realität.

Ungestüm eroberten seine Lippen meine, und bereitwillig öffnete ich sie, während ich die Hände in seine Schultern krallte, auf der verzweifelten Suche nach Halt, und die Welt um mich herum verlor an Bedeutung.

Alles, was für mich jetzt noch wichtig war, war Hunters Geschmack auf meiner Zunge, seine Brust an meiner und diese Hitze, die mich zu verschlingen drohte.

Hunter nahm seine Hände aus meinen Haaren und strich über meinen Rücken. Unweigerlich bog ich mich ihm entgegen, um der Hitze seiner Finger zu entkommen, die sich selbst durch den Stoff meines Longsleeves noch in meine Haut zu brennen schien.

Seine Lippen lösten sich von meinen und wanderten über meine Wangen, ehe sie der Linie meines Kiefers folgten. Ich seufzte leise und legte den Kopf in den Nacken. Hunters Lippen hefteten sich an die Haut an meinem Hals, und er saugte leicht daran. Es fühlte sich so wunderschön an, und ich war kurz davor, endgültig den Verstand zu verlieren.

Seine Hände glitten weiter meinen Rücken hinab, und als sie sich unter mein Shirt stahlen und ich die Hitze seiner Haut auf meiner spürte, krallte ich meine Hände fester in den Stoff seines Hemdes.

Millimeter für Millimeter schob er das Shirt nach oben und –

Narbe.

Entsetzt riss ich die Augen auf, und instinktiv griff ich nach seinen Händen, um sie aufzuhalten.

Hunter hob den Kopf von meinem Hals und sah mich an.

Ich öffnete den Mund, brachte jedoch kein Wort heraus. Ich rang nur verzweifelt nach Atem, nicht imstande, zu erklären, was in mich gefahren war.

Hunters Augen wanderten über mein Gesicht, als würde er darin eine Antwort suchen, die er, seinem Stirnrunzeln nach zu urteilen, aber nicht fand.

Ob er jetzt sauer war? Ob er mich rausschmeißen und –

Hunter löste seine Handgelenke sanft und behutsam aus meinem Griff und schlang die Arme um mich. Er verteilte federleichte Küsse auf meinen Wangen, und ich wusste nicht, warum, aber plötzlich hatte ich das Bedürfnis, in Tränen auszubrechen. Meine Augen brannten, und ich versuchte krampfhaft, sie zurückzuhalten. Hunter sah mich an.

»Komm.« Er drückte mir einen Kuss auf die Lippen. »Holen wir dir die Cola, die du so unbedingt wolltest.«

Ich nickte wortlos und stand von seinem Schoß auf. Als Hunter sich vom Bett erhob, legte er mir sofort den Arm um die Schultern und zog mich an sich heran.

27. KAPITEL

Raelyn

Die kalte Böe, die vom Ozean zu uns herüberwehte, ließ mich frösteln, und ich schlang meine Jacke etwas fester um mich, während ich die Strandpromenade entlangschlenderte. Es war kurz vor Thanksgiving, die Temperaturen waren weiter gefallen, und dieser Mittwoch schien besonders kühl zu bleiben. Morgen begannen die Thanksgiving-Ferien, und die ganze Uni würde für vier Tage wie ausgestorben sein, da viele nach Hause fuhren. April war heute Vormittag direkt nach ihrer letzten Vorlesung mit ihrem klapprigen alten Jeep davongebraust, und Tyler brach gleich nach Los Angeles auf, um von dort seinen Flug nach Michigan zu erwischen. Wir alle konnten die freien Tage wirklich gut gebrauchen. Vor allem Hunter.

Ich sah auf seinen breiten Rücken und betrachtete sein Profil, als er am Rand der Promenade stehen blieb und Richtung Ozean sah. Die letzten zwei Wochen waren hart gewesen. Die Abgaben hatten länger gedauert, als er eingeplant hatte, und auch die abschließenden Arbeiten am Album liefen nicht so, wie sie sollten. Ich hatte ihn die letzte Woche jeden Tag im Studio besucht, um sicherzugehen, dass er auch etwas aß und zumindest fünf oder sechs Stunden Schlaf bekam. Wenn ich daran dachte, wie er auf dem Sofa gelegen hatte, friedlich schlafend mit dem Kopf auf meinem Schoß, setzte mein Herz einen Schlag lang aus. Ich fühlte mich ihm so nah, und doch schien da noch diese Distanz zwischen uns zu sein, die ich nicht erklären konnte und die ich auch nicht in Worte zu fassen vermochte.

»Danke.« Ich wurde aus meinen Gedanken gerissen, als Hunter mich plötzlich ansprach. Er hielt seinen Kaffeebecher in einer Hand und hatte die andere in seiner Jackentasche vergraben, während sein Blick noch immer auf den Ozean gerichtet war, der heute hohe Wellen an den Strand spülte.

»Wofür?« Ich trat etwas näher an ihn heran, um ihn besser verstehen zu können, und als ich so dicht neben ihm stand, war der Drang, ihn zu berühren, so stark, dass ich die Arme vor der Brust verschränken musste, um nicht nachzugeben. Da wir außer unseren kleinen Motorradfahrten noch keine Dates außerhalb der Uni gehabt hatten, wusste ich nicht, ob es okay war, wenn ich hier seine Hand hielt. Generell wusste ich nicht, was eigentlich okay war. Ich hatte noch nie einen Freund gehabt, und das alles war absolutes Neuland für mich. Vom Brennen meiner Lippen, wenn er mich küsste, über meinen stockenden Atem, wenn ich ihn sah, bis hin zu meinem schmerzenden Herzen, wann immer ich mich von ihm verabschieden musste. War es normal, derartig von jemandem eingenommen zu sein? War es normal, jeden Morgen aufzuwachen und zu hoffen, eine simple Nachricht auf seinem Display zu finden? War es normal, sich völlig in jemand anderem zu verlieren, und das auch noch zu wollen? Ich wusste es nicht, doch ich war mir vollkommen bewusst, dass dies alles bei mir zutraf.

Hunter wandte sich mir zu und betrachtete mich wieder mit diesem Ausdruck in seinen Augen, den ich nicht zu deuten vermochte, an den ich mich aber langsam zu gewöhnen begann. Er war sanft, aber darunter konnte ich etwas anderes erkennen. Ich wusste nur leider nicht so richtig, was. »Danke dafür, dass du mich aus meinem Studio gezerrt hast.«

Ich lächelte. »Kein Problem.« Ich sah wieder auf seine Hand, die noch immer in seiner Jackentasche steckte, und presste die Lippen fest aufeinander. Ob ich ihn einfach fragen sollte? »Hunter?«

»Ja?«

Ich erinnerte mich an das, was er neulich in seinem Zimmer zu mir gesagt hatte, doch mich verließ der Mut, und ich suchte schnell nach etwas anderem, worüber ich mit ihm sprechen konnte. Ich drehte mich um und schlenderte weiter die Strandpromenade entlang. Ich dachte an das, was mich die letzte Zeit beschäftigt hatte und blickte auf die Holzbretter unter mir, die zwar immer noch ihren Dienst taten, aber bei jedem Schritt knatschten und tiefe Risse aufwiesen. Manchmal fürchtete ich, dass jeder weitere Schritt von mir dafür sorgen würde, dass eines von ihnen in Tausende kleine Teile zersplitterte.

»Du musst übrigens nicht in die Mensa kommen, wenn dir das unangenehm ist«, platzte ich heraus.

Hunter schloss zu mir auf und passte sich meinen Schritten an. »Was genau sollte mir denn unangenehm sein?«

Ich hielt inne und suchte nach den richtigen Worten, doch ich wusste nicht, wie ich es ausdrücken sollte, ohne es harsch klingen zu lassen. »Dass die Leute dich anstarren«, gab ich ausweichend zurück, um nicht sofort auf Amber kommen zu müssen, und sah vorsichtig zu Hunter hinüber. Auch wenn ich ihn in den letzten zwei Wochen besser kennengelernt hatte, war ich noch immer in Sorge, ihn mit meinen Worten oder Taten zu verscheuchen. Ich wusste, dass Ambers Worte und die Zweifel, die sie in mir gesät hatten, einen Keil zwischen uns treiben könnten, wenn ich es zuließ. Und das wollte ich auf keinen Fall, denn ich mochte Hunter wirklich. Mehr als ihm bewusst war.

Hunter zog seine Hand aus seiner Jackentasche. »Raelyn, das ist mir vollkommen egal.«

Wie konnte ihm das wirklich egal sein? »Sicher? Ich weiß, wie solche Blicke sich anfühlen. Und sie sind alles andere als schön.« Allein die Erinnerung an all diese Augen, die mich anglotzten, ließ die Übelkeit in mir aufsteigen. Die meiste Zeit war ich unsichtbar gewesen, aber es hatte auch Phasen gegeben, in denen aus dem armen stummen Mädchen das perfekte Opfer geworden war. Das hatte nie lange angehalten, doch ich erinnerte mich in aller Deutlichkeit an die feindseligen Blicke und an das Tuscheln hinter meinem Rücken, das häufig von gehässigem Lachen begleitet gewesen war. »Ich möchte nicht, dass du dir das antust, nur um mich zu sehen.«

Hunter seufzte leise und legte mir die Hand an die Wange. »Was mache ich nur mit dir?«

Er fühlte sich so warm an, dass ich meine Wange automatisch in seine Hand schmiegte. »Wieso?«

»Nichts.« Er ließ seine Hand sinken, und ich presste die Lippen fest aufeinander. Ich wollte mehr von seiner Wärme. Aber es war grad weder der richtige Ort noch der richtige Zeitpunkt dafür. »Raelyn, es geht mir wirklich vollkommen am Arsch vorbei, was andere über mich denken oder sagen. Mir ist nur wichtig, was die Menschen über mich denken, die mir was bedeuten.« Hunter legte seinen Arm um meine Schulter und zog mich nah an seine Seite, ehe wir weiter die Promenade entlangschlenderten.

»Ich –« Er zögerte einen Augenblick, dann räusperte er sich und sprach weiter. »Ich weiß, dass Amber Gerüchte über mich in die Welt setzt.« Er sah mich an, so eindringlich, als würde er in meinem Gesicht nach einer Antwort suchen, obwohl ich die Frage nicht einmal kannte. Scheinbar fand er, was er suchte, denn er drückte mir einen Kuss auf die Nasenspitze, bevor er tief durchatmete. »Ich habe beschlossen, dass mir die Meinung anderer nicht wichtig genug ist, um danach mein Leben auszurichten. Die Leute lieben es nun mal, sich das Maul zu zerreißen. Das war immer schon so, und das wird vermutlich immer so sein.« Er lachte trocken und freudlos. Es war ein Lachen, das ich jetzt schon häufig von ihm gehört hatte und das mir jedes Mal einen Stich versetzte. »Die Leute stigmatisieren dich nun mal, wenn du nicht in ihr schönes Schema F passt. Am Anfang hat es mich noch verletzt, weil ich geglaubt hatte, ich könnte ihr vertrauen. Aber ich hab mich in ihr getäuscht, und mittlerweile hab ich mich längst an die wilden Storys gewöhnt, die über mich kursieren. Mir ist nur wichtig, dass du nichts davon glaubst, also mach dir um so einen Schwachsinn wie die Meinung anderer Leute keinen Kopf.«

Ich zögerte einen Moment, hob dann aber meine Hand und verflocht sie mit seiner. Ich wusste, ich sollte ihr nicht glauben. Nicht ein Wort. Das hier zwischen Hunter und mir war echt, und das war alles, was zählte. Ich schlang meinen anderen Arm um seine Taille und ging nun so dicht neben ihm, wie ich konnte. Ich spürte genau, wie er mich ansah, doch ich konnte ihm jetzt nicht in die Augen blicken. Nicht, wenn mein ganzes Gesicht wie Feuer brannte.

»Ich möchte nur nicht, dass du dich unwohl fühlst«, sagte ich nach einer Weile der Stille, in der nur das Rauschen des Meeres und das Kreischen der Möwen zu hören gewesen war, die all die Dinge übertönten, die ich nicht sagte.

»Tu ich nicht.« Hunter drückte mir einen Kuss auf die Schläfe, und die Wärme, die sich in mir ausbreitete, sorgte dafür, dass ich lächeln musste. »Es gibt wirklich schlimmere Dinge, als angestarrt zu werden.« Er sah mich an. Ja, da hatte er recht. Es gab Schlimmeres, als wie ein Zirkustier begafft zu werden, nur weil man anders war. Schlimmer waren Dinge, die man nicht als Böswilligkeit erkannte, bis es zu spät war. Ich spürte das Handy in meiner Hosentasche bei jedem Schritt, aber ich ignorierte es. Es war abgeschaltet. Es konnte nicht plötzlich klingeln und mich mit meiner Heimat konfrontieren. Es konnte mich nicht aus diesem Moment herausreißen und mich in die beängstigende Welt zerren, in der ich wieder mit gestutzten Flügeln in meinem Käfig hockte. Auch wenn ich noch nicht bereit war, meine Flügel auszubreiten und zu fliegen, hatte ich doch genug an meinen Gitterstäben gerüttelt, damit mehr Licht hineinströmte. Und das würde ich mir nicht kaputt machen lassen.

Ich lehnte meinen Kopf an seine Schulter. »Was ist eigentlich damals zwischen euch passiert?«

»Das Übliche, denke ich.« Hunter sah aufs Meer hinaus. »Wir haben uns geliebt, und irgendwann war es dann vorbei.« Er seufzte leise. »Zum Schluss haben wir so viel gestritten, dass ich mich gefragt habe, wie ich es überhaupt mit ihr ausgehalten habe. Bei einer unserer Streitereien hat sie sich dann Hals über Kopf von mir getrennt und ist für ein paar Tage zu ihren Eltern abgehauen.« Er schnaubte leise. »Als sie zurückkam, hat sie dann überall erzählt, ich wäre ein gemeingefährlicher Irrer.« Hunter suchte meinen Blick, und ich glaubte, so etwas wie Unsicherheit in seinen Augen zu erkennen, als er zögerlich weitersprach, offensichtlich besorgt, was seine Worte wohl in mir auslösen würden. »Die Leute haben ihr sofort geglaubt, und schnell hat sich alles fürchterlich aufgebauscht.« Hunter klang so verbittert, dass sich mein Herz schmerzhaft zusammenzog. »Schnell ist alles fürchterlich aus dem Ruder gelaufen, und die wildesten Gerüchte gingen herum. Meine Tattoos haben da dann ihr Übriges erledigt, und ich war der gewalttätige Verrückte. Mich haben echt viele Leute fallen gelassen, von denen ich dachte, sie seien meine Freunde. Aber immerhin haben Tyler und Kate zu mir gehalten, und das, obwohl ich Kate damals erst zwei Monate kannte. Das war im zweiten Jahr, aber mir kommt es vor, als wäre es schon viel länger her.« Hunter schluckte. »Ich weiß, das klingt jetzt wahnsinnig hohl, aber ich habe ihr wirklich nie ein einziges Haar gekrümmt. Das würde ich auch niemals, völlig egal, wie wütend ich wegen dem ganzen Mist auf sie bin.« Er rieb sich mit der Hand über den Kiefer. »Es ist wahrscheinlich schwer, mir das zu glauben, und wenn du möchtest, kannst du gerne mit Tyler und Kate darüber sprechen.« Er räusperte sich. »Ich würde es dir nicht übel nehmen, wenn du bei so einer Sache nicht allein auf mein Wort vertraust.«

Ich hörte seiner Geschichte zu und dachte daran, wie Amber versucht hatte, auch mir diese Gerüchte einzuflüstern. Wie sie versucht hatte, mich auf ihre Seite zu ziehen. Ich war froh, dass ich ihr seitdem bei den Proben hatte aus dem Weg gehen können, denn ich wusste nicht, wie ich reagieren würde, wenn sie noch einmal davon anfangen würde.

»Ich glaube dir«, sagte ich, als ich einen Moment lang in mich hineinhorchte, und lächelte Hunter an, als er mich überrascht ansah. Auch wenn Ambers Worte noch immer in mir widerhallten, überwog das sichere Gefühl, dass ich ihm vertrauen konnte. »Und danke, dass du es mir erzählt hast.« Ich vertrieb die dunklen Gedanken, die jetzt hier keinen Platz mehr hatten. »Was war eigentlich dein erstes Tattoo?«, fragte ich, um das Thema zu wechseln.

Hunter atmete schwer aus, augenscheinlich erleichtert über den Themenwechsel, und löste seine Hand aus meiner. Er nahm seinen Arm von meiner Schulter und krempelte seinen Ärmel hoch. Bewundernd betrachtete ich die verschlungenen Muster, die sich über seinen Unterarm zogen und bis auf seinen Handrücken reichten. Sie waren wunderschön und bildeten ein harmonisches Ganzes, und ich fragte mich, ob sie wohl alle an einem Tag gestochen worden waren. Hunter drehte den

Arm und deutet auf die Worte auf seinem Unterarm, die so kunstvoll in das Gesamtbild aus Schwarz und Rot eingearbeitet waren. *Nothing and no one can rule over me.* Die Schrift wirkte wie mit der Schreibmaschine geschrieben, und ich fuhr mit den Fingerspitzen darüber. Ob es sehr schmerzhaft gewesen war? Die Haut dort war sehr dünn, also musste es zumindest sehr unangenehm gewesen sein.

»Das war dein erstes?«

Hunter nickte. »Ja. Danach konnte ich nicht mehr aufhören. Manche sagen ja, dass Tattoos süchtig machen.« Er schmunzelte. »Hat mich ein halbes Vermögen gekostet, aber ich würde es immer wieder machen.« Er zog den Ärmel herunter und legte mir den Arm um die Schulter. Sofort verflocht ich meine Finger wieder mit seinen. »Es ist zu meiner Art geworden, mich auszudrücken, und damit irgendwie auch zu einem Teil meiner selbst.«

»Ich wollte immer ein Tattoo.« Ich hatte so viele Ideen und so viele Dinge, die ich auf meiner Haut verewigt haben wollte, doch ich konnte nicht. Zumindest noch nicht jetzt. Und ich wusste nicht, ob ich jemals wirklich den Mut dazu aufbringen würde. Schmerzen waren etwas, vor dem ich panische Angst hatte. Sie erinnerten mich an Dinge, die ich lieber vergessen wollte. Schon eine einfache Impfung endete bei mir meist in einer kleineren Panikattacke, gepaart mit einer Menge Tränen. Wie ich da ein Tattoo aushalten sollte, konnte ich mir nicht vorstellen. Doch der Wille war immer da gewesen, und die wunderschönen Kunstwerke auf Hunters Armen ließen diesen lang unterdrückten Wunsch nur noch lauter werden.

»Was würdest du denn haben wollen?«

»Blumen.« Ich wich seinem Blick aus. »Ich weiß, es ist mädchenhaft und ein Klischee, aber sie sind für mich ein Zeichen dafür, dass alles vergeht. Das Gute wie das Schlechte.« Ich lehnte mich gegen Hunter, und er drückte mich an sich, während wir weitergingen. »Die schönen Blüten von Blumen sind zwar meist nur kurzlebig, aber wenn es Frühling wird, vertreiben die Blumen den kalten Winter.« Als Hunter nichts dazu sagte, sah ich zu ihm auf. »Albern, oder?«

»Nein. Überhaupt nicht.« Wir bogen ab und entfernten uns vom Strand in Richtung Uni. »Tattoos sind dazu da, um Dinge auszudrücken, die du fühlst. Es ist deine Entscheidung, auf welche Art und Weise du das tust.« Er zwinkerte mir zu. »Außerdem bin ich eh ein großer Verfechter des Grundsatzes *Mein Körper, meine Entscheidung*. Weißt du schon, an welcher Stelle?«

Ich nickte. »Ich habe nur Angst vor den Schmerzen.«

Hunter trank seinen mittlerweile kalt gewordenen Kaffee aus und warf den leeren Pappbecher in den nächsten Mülleimer. Wir schlenderten durch die Straßen vor der Universität, ehe wir den Campus durch das kleinere Tor auf der Westseite betraten. Eigenartig. Die Bäume, die jetzt fast alle ihre Blätter verloren hatten, würden nie von Schnee bedeckt sein. Ich dachte an zu Hause und daran, wie der Central Park im Schnee versank. Wie die Straßen manchmal in den frühen Morgenstunden wie ausgestorben waren, weil die Straßenräumung noch nicht ihrer Arbeit nachgekommen war. Der tiefste Winter war die einzige Zeit, in der New York City manchmal ganz still wurde. Es hielt zwar meist nur wenige Minuten an, aber es war trotzdem wunderschön.

New York.

Ich krallte meine Hand fester in Hunters Lederjacke und richtete meinen Blick wieder stur geradeaus. Es brachte nichts, an zu Hause zu denken. Ich würde nicht zurückkehren.

»Der Schmerz ist aushaltbar und dauert nur ein paar Stunden«, sagte Hunter. »Das Kunstwerk und das, was es dir bedeutet, bleibt jedoch für immer.« Er sah mich von der Seite her an und grinste schief. »Für mich klingt das nach einem akzeptablen Preis.«

Ich lachte leise. »Natürlich sagst du das. Du hast ja auch schon unzählige Tattoos.«

»Nichts auf dieser Welt ist umsonst, Raelyn.« Hunters Stimme klang mit einem Mal so ernst, dass mein Herz sich schmerzhaft zusammenzog. »Alles hat seinen Preis. Jede Freiheit, die man sich nimmt, jede Entscheidung, die man trifft, jeder Schritt, den man geht.« Fast klang es so, als wüsste Hunter nur zu gut, worüber er sprach, und unwillkürlich fragte ich mich, welchen Preis er wohl zu zahlen hatte. »Man muss einfach abwägen, ob einem das letztendliche Ergebnis den Preis wert ist.«

Schweigend gingen wir weiter, während ich über seine Worte nachdachte. Alles hatte seinen Preis? Irgendwie klang das sehr pessimistisch, und doch lag eine so schmerzhafte Wahrheit darin, dass ich es nicht ignorieren konnte. All die Jahre, die ich mit Lernen verbracht hatte, anstatt Spaß zu haben. All die extra Aktivitäten, die ich gemacht hatte, um eine sichere Zukunft zu haben, von der ich nicht einmal wusste, wie sie aussehen sollte oder ob ich sie überhaupt wirklich so wollte. Die Lüge, die ich erzählt hatte. Und das alles nur, um an einer Universität an der Westküste angenommen zu werden, Tausende von Meilen entfernt von New York und dem Leben, das ich dort geführt hatte.

War es das wirklich alles wert gewesen?

Ich sah zu Hunter auf, der mich dicht bei sich hielt, als wir auf den Gehweg vor meinem Wohnheim traten. San Teresa hatte eine völlig neue Welt für mich eröffnet. Hier hatte ich interessante, wenn auch sehr anstrengende Kurse, sehr gute und loyale Freunde und jemanden, der mein Herz zum Rasen brachte, wenn er nur den Raum betrat. Jemand, der mich nah bei sich hielt und meine kalte und einsame Welt in etwas Verwirrendes, aber unglaublich Warmes verwandelte. Jemand, vor dem ich keine Geheimnisse haben wollte. Jemand, dem ich alles erzählen wollte, und in gleichem Maße alles über ihn erfahren wollte.

»Hunter, ich –«

»RAELYN.«

Ich erstarrte, und ein Windstoß erfasste mich, eisige Kälte schlug mir entgegen. Ich sah den Gehweg hinunter, und mein Magen zog sich zusammen. Vor meinem Wohnheim stand die Person, vor der ich so sehr versucht hatte, davonzulaufen. Wutentbrannt kam sie mit langen Schritten auf mich zu, mit zerstörerischem Sturm in den Augen, von dem ich nur zu gut wusste, dass er meine ganze Welt in seinem Zorn aus den Angeln zu heben vermochte.

Hunter runzelte verwirrt die Stirn und zog mich etwas näher zu sich heran. »Wer ist das?«

Ich holte zitternd Luft und sah den Hurrikan auf mich zukommen, dem ich nun nicht mehr länger ausweichen konnte und der die Kälte von New York mit sich brachte.

»Das ist meine Mom.«

28. KAPITEL

Raelyn

»RAELYN!« Meine Mom stürmte wütend auf mich zu. Mit ihrem langen, flatternden Mantel, dem wehenden blonden Haar und den bebenden Nasenflügeln sah sie aus wie eine Amazone, die bereit war, in den Krieg zu ziehen. Und ich war das Land, das sie um jeden Preis zurückerobern wollte.

»Geh.« Ich löste mich von Hunter und schob ihn von mir weg. Ich wollte ihn nicht dabeihaben, wenn ich mit meiner Mutter stritt, denn ich wusste nicht, wie das hier ausgehen würde. Ich wusste nicht, ob ich stark genug war, mich diesem zornigen Sturm entgegenzustellen, oder ob er mich mit sich fortreißen würde. »Jetzt.«

»Sicher?« Hunter sah mich besorgt an. »Ich kann auch hierbleiben, wenn –«

»Nein, geh.« Ich schüttelte den Kopf. »Ich will nicht, dass das hier deine erste Begegnung mit meiner Mom wird.«

»Okay.« Meine Mom hatte uns fast erreicht, und Hunter wandte sich zum Gehen. »Du rufst mich nachher an. Okay?«

Schnell nickte ich. »Mach ich.« Erst als ich sicher war, dass er wirklich ging, konnte ich meine Augen von ihm nehmen und sie auf das richten, was mir nun bevorstand.

»RAELYN MILLER!« Meine Mutter blieb direkt vor mir stehen, packte meine Schultern und schüttelte mich leicht. »WO ZUR HÖLLE BIST DU GEWESEN?«

»Hey, Mom.« Ich tat ganz unschuldig und ahnungslos, auch wenn ich wusste, dass mich das vermutlich nicht weit bringen würde, doch die Angst in mir zwang mich regelrecht dazu, einen anderen Ausweg zu suchen. »Ich war am Strand und –«

»NICHT JETZT GRAD EBEN!«, bellte meine Mutter aufgebracht. »ICH MEINE DIE LETZTEN ZWEI WOCHEN!«

Ich atmete zittrig ein und wich ihren Augen aus, die ich jeden Morgen in meinem eigenen Spiegelbild erblicken konnte. Ich hatte sie noch nie so wütend gesehen. Noch kein einziges Mal. »Ich war beschäftigt und –«

Meine Mutter ließ meine Schultern los und warf schnaubend die Hände in die Luft. »Beschäftigt? Zwei Wochen lang warst du zu beschäftigt, um auch nur einen Anruf anzunehmen oder auf eine einzige Nachricht zu antworten?«

Ich wusste, warum ich es getan hatte. Ich hatte versucht, mein eigenes Leben zu führen. Eigentlich nichts Verwerfliches, doch das schlechte Gewissen überkam mich sofort. Ich schlug die Augen nieder und sah auf den Gehweg, durch dessen Platten sich nicht ein einziger Riss zog. »Tut mir leid.«

»Was hast du dir bloß dabei gedacht?« Meine Mutter klang so verzweifelt, dass es mir die Tränen in die Augen trieb. Ich konnte sie genau vor mir sehen, wie sie in ihrem Atelier auf und ab lief und dabei auf ihr Handy starrte, während sie auf eine Nachricht von mir wartete, die doch nie gekommen war. »Ich bin fast umgekommen vor Sorge! Und das Studierendensekretariat hat mir auch nichts gesagt.«

Ich hielt inne. »Du hast beim Studierendensekretariat angerufen?«

Meine Mutter stemmte die Hände in die Hüften, die übliche Haltung, die sie annahm, wenn sie glaubte, im Recht zu sein. »Was hätte ich denn sonst machen sollen?«

Sie hatte mir also hinterherspioniert. Hatte versucht, hinter meinem Rücken an Informationen über mich zu kommen. Und das auch noch von meiner Universität, dem Ort, der eigentlich so weit entfernt wie möglich von ihren goldenen Gitterstäben sein sollte. Wo ihr Griff mich nicht erreichen konnte. Aber scheinbar war meiner Mutter keine Distanz zu groß. Nicht, wenn es um mich ging. Ich spürte, wie etwas in mir zerriss, und mit einem Mal brachen all die Gefühle aus mir heraus, die ich zuvor so sorgsam in meiner eigenen kleinen Blase eingeschlossen hatte. Jetzt übermannten sie mich und zogen mich in ihre schwarze Tiefe, sie schnürten mir die Kehle zu und drohten mich zu ersticken.

Die Welt verschwamm vor meinen Augen, und ich wischte mir schnell mit dem Handrücken über die Wangen, ehe ich zittrig die Luft einsog. »Du hättest mich einfach mal mein Leben leben lassen können.«

Meine Mutter verengte die Augen. »Das reicht. Du kommst mit nach Hause.« Sie griff sich mein Handgelenk und zog mich in Richtung Wohnheim. Ich stolperte hinter ihr her, mit wild pochendem Herzen und schmerzendem Magen. »Pack deine Sachen. Wir fliegen heute noch zurück.« Ihre Worte trafen mich wie eine Ohrfeige, auch wenn ich nichts anderes erwartet hatte. Aber vielleicht hatte ich doch noch heimlich darauf gehofft, dass meine Mutter sich ändern würde. »Am Montag rufe ich dann an und lasse dich exmatrikulieren. Du kannst es dann noch mal bei der NYU versuchen und –«

»Nein.« Ich stemmte mich mit aller Kraft gegen sie und entriss ihr mit einem Ruck meine Hand. Ich würde nirgendwohin gehen. Nicht heute und auch nicht sonst irgendwann.

»Das war keine Bitte, Raelyn.« Meine Mutter umfasste meinen Oberarm und sah mir direkt in die Augen. »Ich habe diesem ganzen Schwachsinn nur unter der Bedingung zugestimmt, dass du dich regelmäßig meldest. Das war die Abmachung, und du hast dich nicht an sie gehalten.«

»Hast du dich schon mal gefragt, warum nicht?« Ich schüttelte ihre Hand ab, machte einen großen Schritt rückwärts und ballte die Hände neben mir zu Fäusten. Ich bebte am ganzen Körper, und die Wut mischte sich mit der Angst und dem Frust der letzten Jahre zu einem explosiven Cocktail, der nun nur noch einen winzigen Funken benötigte, um in die Luft zu fliegen. »Ich habe nicht angerufen, weil ich Angst hatte, dass du mich zwingst, nach Hause zu kommen. Dass du mir so lange ein schlechtes Gewissen einredest, bis ich meine Sachen packe und zu dir zurückkrieche, wie du es von Anfang an gewollt hast.«

Fassungslos und mit offenem Mund starrte meine Mutter mich an. »Und dann hast du dir gedacht, es wäre besser, mich einfach zu ignorieren?«

Ich nickte. »Ja.« Ich wusste, es war feige gewesen und nicht der richtige Weg, aber ich war mir sicher, dass ich es sonst niemals geschafft hätte, auch nur einen Tag länger hierzubleiben.

Meine Mutter warf mir einen fassungslosen Blick zu und schüttelte den Kopf. »So funktioniert das nicht, Raelyn. Wir hatten eine klare Abmachung. Du hast versprochen –«

»Du hast auch gesagt, dass du mich hier mein Leben leben lässt.« Keine Ahnung, woher ich auf einmal den Mut nahm, sie zu unterbrechen, doch mir war klar, dass ich mich hier und jetzt behaupten musste, ansonsten würde ich mein ganzes Leben in dem kleinen goldenen Käfig verbringen, den sie für mich gebaut hatte und für den ich schon seit Jahren zu groß war.

Meine Mutter verschränkte die Arme vor der Brust und reckte das Kinn. So hatte ich sie noch nie gesehen. Angriffslustig und verschlossen. Aber ich hatte mich bisher auch noch nie mit ihr gestritten. Kein einziges Mal. »Das habe ich doch.«

»Wirklich?« Ich zog mein Handy aus meiner Hosentasche und hielt es ihr hin. »Du hast mindestens drei Mal am Tag angerufen, Mom. Drei Mal. Und das war noch am Anfang.« Ich schaltete es ein, und das Display leuchtete auf. »Ich musste mein Handy ausmachen, weil es praktisch die ganze Zeit geklingelt hat. Weißt du, wie sich das anfühlt?«

»Weißt du, wie es sich anfühlt, aus Angst um das eigene Kind fast den Verstand zu verlieren?« Meine Mutter sah für den Bruchteil einer Sekunde auf mein Handy, ehe sie den Blick wieder abwandte. »Nein, weißt du nicht, weil du noch ein Kind bist.«

»Ich war nie wirklich ein Kind, Mom.« Ich ließ mein Handy sinken und sah dieses kleine Kind vor mir mit dem schwarzen langen Haar, das auf dem Boden eines Ateliers gehockt und Bücher gelesen hatte, um bloß keine Umstände zu machen und um ein gutes Mädchen zu sein. Während alle gespielt hatten, hatte ich wie ein Schoßhund an der Seite meiner Mutter gewacht, zu verängstigt, um auch nur einen Zentimeter von ihr abzurücken. »Dafür hast du selbst gesorgt.«

»Was?«

»Glaubst du, ich habe all die Jahre nicht mitbekommen, was du gemacht hast?« Tränen rannen mir über die Wagen, doch ich ließ sie diesmal einfach fließen, genauso wie meine Worte, die ich so viele Jahre tief in mir verborgen hatte. »Du hast mich eingesperrt, Mom.«

Meine Mutter wurde blass. »Was für ein haltloser Schwachsinn!«

»Wer hat mich denn über die Jahre systematisch von allem und jedem isoliert?« Ich trat noch einen Schritt zurück. »Du hattest solche Angst, mich zu verlieren, dass du einfach beschlossen hast, mich immer und überall bei dir zu haben. Während alle Kinder spielen durften, musste ich bei dir im Atelier sein! Während in der Mittelstufe alle mit ihren Freundinnen shoppen gingen, hast du mir gesagt, du bräuchtest mich in der Galerie! Und in der Highschool war ich dann schon so unbeholfen und verschüchtert, dass ich mich an dich geklammert habe, ohne jemals zu versuchen, von dir loszukommen.« Meine Stimme war mit jedem Satz leiser geworden, bis sie am Ende nur einem kraftlosen Wispern glich. »Ich hatte nie die Chance, Anschluss zu finden. Hatte nie die Chance, auf eigenen Beinen zu stehen und ein eigenständiger Mensch zu sein. Du hast immer dafür gesorgt, dass ich schön in dem kleinen Käfig sitzen bleibe, den du für mich gebaut hattest.«

»Raelyn …« Meine Mutter streckte die Hand nach mir aus, doch ich hob abwehrend meine vor mich. Ich würde mich nicht wieder von ihr einwickeln lassen. Nicht dieses Mal.

»Ich wollte auch sein wie alle anderen, Mom. Ich wollte nicht jedes Wochenende auf unserer Couch sitzen und die Filme schauen, die du früher gerne mit Dad geschaut hast. Ich wollte mich nicht jedes Mal schuldig fühlen, wenn ich auch nur versucht habe, aus unserer kleinen Welt auszubrechen. Ich wollte rausgehen und Spaß haben.«

Meine Mutter ließ die Hand sinken, und ich bemerkte, dass sie jetzt auch weinte. Ich wollte sie in den Arm nehmen. Wollte sie trösten, so wie ich es all die Jahre getan hatte, doch ich zwang mich, es nicht zu tun. Wenn ich jetzt nachgeben würde, dann würde ich nie wieder die Chance auf einen Neuanfang bekommen.

»Wenn du gefragt hättest, dann …«

»Das habe ich, Mom. Immer und immer wieder.« Meine Stimme klang so verzweifelt und gebrochen, dass ich sie selbst kaum wiedererkannte. »Aber jedes Mal hast du mich so ängstlich angesehen, dass ich es gar nicht mehr gewagt habe, ohne dich das Haus zu verlassen.« Meine Erinnerungen mischten sich mit der Gegenwart und brachten all die Emotionen, die ich über Jahre so sorgfältig weggeschlossen hatte, brodelnd zum Vorschein. »Was glaubst du, warum ich extra bis an die Westküste gezogen bin?«

Meine Mutter runzelte die Stirn. »Weil du in New York keinen Studienplatz –«

»Mom, ich habe mich nie in New York beworben.« Ich konnte sehen, wie ihre ganze Welt in tausend Scherben zerbrach, und mit jedem Wort, das ich weitersprach, schnitt ich mir an deren Kanten selbst die Haut auf. »Ich hatte einen Einserdurchschnitt. Ich hätte überall studieren können. Aber ich bin an die Westküste gegangen, um endlich von dir loszukommen. Um mir selbst die Chance auf ein normales Leben zu geben.«

Meine Mutter schlug sich die Hand vor den Mund und schüttelte wild mit dem Kopf. »Du hättest mit mir reden können.«

»Nein, Mom, hätte ich nicht.« Meine Tränen versiegten langsam. Alles, was zurückblieb, war das Gefühl der Leere und der völligen Erschöpfung. »Wenn ich mit dir geredet hätte, dann hättest du wieder einen Weg gefunden, mich dazu zu kriegen, bei dir zu bleiben. Und das war das Letzte, was ich wollte.«

»Raelyn, ich erkenne dich gar nicht wieder.« Meine Mutter starrte mich wie eine vollkommen Fremde an, und ich konnte mich an nichts erinnern, was mir jemals dermaßen wehgetan hatte. »Das bist doch nicht du.«

Ich fuhr mir mit beiden Händen durchs Haar und dachte über das nach, was sie gerade zu mir gesagt hatte. War das hier wirklich nicht ich selbst? War das hier kein Teil von mir? Doch, all die Wut, der Frust und die Einsamkeit der letzten Jahre waren ein großer Teil von mir und brachen sich nun unaufhörlich

Bahn. All das war immer da gewesen. Ich hatte nur nie zugelassen, es rauszulassen.

»Doch, Mom. Das hier bin ich. Du hattest nur viel zu viel Angst davor, mich zu verlieren, dass du mir nie gestattet hast, dieser Mensch zu sein.« Ich seufzte leise. Mein Entschluss stand definitiv fest, und sie würde nichts daran ändern können. »Ich komme nicht zurück nach Hause. Ich bleibe hier.«

»Raelyn –«

Ich schüttelte den Kopf. »Hier ist mein Leben, Mom. Hier habe ich Freunde, die mich wirklich mögen. Ich spiele Theater. Ich gehe zu meinen Vorlesungen und habe vielleicht sogar einen Traum, den ich mir erfüllen will.« Ich holte tief Luft und sah meiner Mutter direkt in die Augen, auch wenn der enttäuschte und verletzte Ausdruck darin mir das Herz zerriss. »Ich lasse nicht zu, dass du mir das wegnimmst, nur weil du mich nicht gehen lassen kannst.«

»Raelyn!«

Ich wandte mich von meiner Mutter ab. Ich konnte nicht hierbleiben. Ich musste weg. So schnell ich nur konnte. Als ich den ersten Schritt tat, fühlten meine Beine sich wackelig an, und ich fürchtete, dass sie unter mir nachgeben würden. Doch sie trugen mich. Zumindest für den Moment.

»RAELYN, BLEIB GEFÄLLIGST HIER!«

Ich rannte so schnell ich konnte. Rannte weg vor ihr, vor der Wahrheit, die ich gesagt, und vor den Wunden, die ich ihr zugefügt hatte. Ich hatte absolut keine Ahnung, wie ich jemals wieder die Kraft aufbringen sollte, in den Spiegel zu sehen und mich diesen aquamarinfarbenen Augen zu stellen, die mich an das Herz erinnern würden, das ich gerade mit meinen Worten in kleine Einzelteile zerfetzt hatte.

29. KAPITEL

Hunter

Ich schloss die Tür zu meinem Apartment auf. Was war das denn eben da gewesen und was hatte es zu bedeuten? Ich streifte mir die Schuhe ab und ließ mich aufs Sofa fallen, während ich die ganze Situation Revue passieren ließ. Scheiße, ich hatte den wutentbrannten Ausdruck auf dem Gesicht von Raelyns Mutter wieder vor mir, ebenso wie Raelyns blasses Gesicht und ihre vor Schreck geweiteten Augen, als sie ihre Mutter gesehen hatte. Was zur Hölle war zwischen den beiden wohl vorgefallen, dass Raelyns Mutter extra aus New York hierherflog? Ich betrachtete meine Hand, die Raelyn so plötzlich losgelassen hatte. Wieso fühlte sie sich jetzt nur so verdammt kalt an?

Ich zuckte zusammen, als ich ein lautes Poltern hörte, bevor Tyler die Tür zu seinem Zimmer aufzog und mit seinem Koffer herauskam. Ich warf einen Blick auf die Uhr an der Wand. Kurz nach fünf. »Du bist ja noch hier.«

»Ein bisschen mehr Enthusiasmus bitte.« Tyler schob seinen silbernen kleinen Handgepäckskoffer, den er immer mitnahm, wenn er über ein verlängertes Wochenende nach Hause flog, weiter in den Raum und stellte seinen Rucksack direkt daneben ab. »Meine Mitfahrgelegenheit ist gleich da, also bin ich so gut wie weg.« Er ließ sich mir gegenüber in den Sessel fallen, den wir vor Kurzem auf einem Flohmarkt abgestaubt hatten, und runzelte die Stirn. »Was ist los?«

»Was?« Ich rieb mir mit einer Hand übers Gesicht. Mein Hirn war offensichtlich nach wie vor auf dem Parkplatz bei Raelyn.

Tyler öffnete seine Softshelljacke und ließ seine langen Beine über die Sessellehne baumeln. »Du siehst aus, als hättest du ein Gespenst gesehen.«

Ich winkte ab. »Nein, alles okay.«

»Sicher?« Tyler legte den Kopf in den Nacken und betrachtete die Zimmerdecke, die, dank der Renovierungsarbeiten im letzten Jahr, keine Risse mehr hatte. »Oder willst du nicht drüber reden, weil es um Raelyn geht?« Ich öffnete den Mund, um alles abzustreiten, doch als Tyler mich mit einem schiefen Grinsen beäugte, wusste ich, dass das keinen Sinn hatte. »Wenn es um sie geht, stehen dir deine Gefühle leider ins Gesicht geschrieben, Mann.« Er linste zur Wanduhr und schwang seine Beine von der Armlehne, um sich gerade hinzusetzen. Dann klatschte er in die Hände. »Ich hab ungefähr noch zehn Minuten, und diesmal ist der Scheiß sogar gratis. Also, was ist los?«

»Raelyns Mutter ist gerade an ihrem Wohnheim aufgekreuzt.« Ich biss die Zähne fest aufeinander, als ich an die blonde Furie dachte, der Raelyn überhaupt nicht ähnelte, bis auf die aquamarinfarbenen Augen. »Sie war völlig außer sich.«

»Oha.« Tyler stützte die Arme auf seinen Knien ab und lehnte sich etwas weiter vor. »Haben die beiden ein schlechtes Verhältnis? Hat Raelyn irgendwas erzählt? Sie hat ja wirklich penetrant oft angerufen.«

»Sie redet kaum über ihre Familie.« Ich dachte an die wenigen Male, bei denen wir auf das Thema zu sprechen gekommen waren, aber es war so selten gewesen, dass ich mir keinen richtigen Reim auf alles machen konnte. Und das nervte mich gerade gewaltig. »Raelyn sah aus, als hatte sie echt Angst.«

»Und jetzt machst du dir Sorgen um sie?«

Ich nickte. »Ja.« Ich stand auf, weil ich nicht länger stillsitzen konnte, und begann, hin- und herzulaufen. »Scheiße, ich hätte dableiben sollen.«

Tyler sah mich an, als hätte ich völlig den Verstand verloren. »Aus Familienangelegenheiten sollte man sich besser raushalten, Hunter.«

»Ich weiß. Ich würde auch ausflippen, wenn sich jemand in meinen Kram einmischen würde. Deshalb bin ich ja auch gegangen.« Ich zog mein Handy aus der Hosentasche und schmiss es frustriert auf die Couch. Auf dem Display erschien weder eine Nachricht noch ein Anruf von ihr. »Es ist nur … Raelyn ist nicht der Typ, der irgendjemanden ernsthaft verärgern würde. Ich frag mich einfach, was los ist.«

»Was 'ne Scheiße.« Tyler ließ sich wieder zurück in den Sessel sinken. »Raelyn wird es dir mit Sicherheit sagen, sobald sie so weit ist.«

»Hoffentlich«, murrte ich leise. Ansonsten würde ich wohl auch durchdrehen. Alles in mir schrie danach, zurück zu ihrem Wohnheim zu laufen, nur um mich zu vergewissern, dass es ihr gut ging, aber ich wusste genau, dass ich das nicht tun sollte, wenn ich nicht riskieren wollte, alles nur noch schlimmer zu machen.

»Ganz sicher.« Tyler lächelte mich aufmunternd an, doch so wirklich beruhigen wollte mich das nicht. »So verknallt, wie ihr ineinander seid.«

Automatisch dachte ich daran, wie Raelyn mich heute am Strand angesehen hatte. Wie sie sich so vertrauensvoll an mich geschmiegt hatte. Wie sie meine Hand gehalten hatte, ohne dabei sofort feuerrot anzulaufen und zu stottern.

Ich war doch so ein Arschloch.

»Fuck.« Ich griff mir mit beiden Händen in die Haare, so

fest, dass es wehtat. »Ich frag mich einfach, ob ich grad das Richtige tue.«

Tyler zog eine Augenbraue hoch. »Wie meinst du das?«

»Dass ich sie date.« Ich ließ die Hände sinken und ballte sie zu Fäusten. »Sie hat offensichtlich genug eigene Probleme. Ich hätte mich einfach von ihr fernhalten sollen.«

»Hättest du.« Tyler zuckte mit den Schultern, und auch wenn ich ihm für seine Ehrlichkeit gerade eine reinhauen wollte, wusste ich sie doch zu schätzen. »Aber dafür ist es jetzt zu spät. Außerdem tut sie dir gut.«

»Ich ihr aber nicht.« Oder vielmehr, ich würde ihr in Zukunft nicht guttun. Das war eine simple Tatsache. Wieso hatte ich also überhaupt zugelassen, dass es anfing?

»Was macht dich da so sicher?« Tyler ließ mich nicht aus den Augen, sondern beobachtete mich mit durchdringendem Blick, während ich weiter auf und ab ging wie ein gefangenes Raubtier. »Raelyn verändert sich durch dich. Und du veränderst dich durch sie. Das ist nichts Schlechtes.«

Ich schnaubte. Jemand wie Tyler hatte leicht reden. Mister Perfekt mit der perfekten Familie, dem perfekten Leben und dem perfekten Lächeln. »Das sagst du.«

»Hunter, wir kennen uns jetzt seit drei Jahren. So langsam, aber sicher glaube ich, dich zumindest ein Stück weit einschätzen zu können.« Leider hatte der Scheißkerl da durchaus recht. Tyler kannte mich. Vielleicht sogar besser, als mir lieb war. »Wenn du dich wirklich hättest von ihr fernhalten wollen, dann hättest du das auch getan. Es spricht Bände, dass das nicht funktioniert hat.«

Ja, Tyler kannte mich eindeutig zu gut. »Das heißt nicht, dass es richtig war.«

»Das heißt aber auch nicht automatisch, dass es falsch war.« Er sah mir direkt in die Augen, und ich blieb stehen. »Das, was dich belastet, ist also nicht, dass ihr zusammen seid, sondern, dass du es ihr immer noch nicht gesagt hast.«

Seine Worte trafen mich wie ein Schlag in die Magengrube. »Das ist nichts, was man zwischen Tür und Angel bespricht.«

»Es ist aber auch nichts, was man verheimlichen sollte oder müsste.« Tylers Ausdruck wurde etwas weicher, und in mir flammte direkt wieder die Wut auf. Ich hasste es, wenn er mich so ansah. »Hunter, es ist wichtig, dass –«

Ein lautes Klopfen unterbrach Tyler mitten im Satz, und wir beide blickten verwirrt zur Tür.

»Holt deine Mitfahrgelegenheit dich hier oben ab?«

Tyler stand auf und schüttelte den Kopf. »Nein. Ich sollte draußen warten.«

Es klopfte erneut. Dann ein leises »Hunter?«.

»Raelyn?« Ich riss die Tür auf und sah zu ihr herab. Als ich ihr blasses Gesicht und die roten Augen sah, zog ich sie sofort mit mir ins Wohnzimmer. »Hey, ist alles okay?«

Raelyn schüttelte wortlos den Kopf, ehe sie die Arme um meine Mitte schlang und sich an mich drückte. Ihre Schultern begannen zu beben, und ein leises Schluchzen war zu hören, was mir das Herz zerriss. Ich schlang meine Arme um sie und bettete mein Kinn auf ihren Kopf, während ich sie einfach weinen ließ. Vorsichtig strich ich ihr mit der Hand über den Rücken und deutete unauffällig Richtung Tür, als Tyler mich unbeholfen ansah. Er nickte und schulterte seinen Rucksack, bevor er aus der Wohnung schlich. Ich legte Raelyn eine Hand auf den Hinterkopf und lehnte meine Wange gegen ihr Haar, während sie einfach weinte. Ich spürte, wie ihre Hände sich in mein Shirt krallten und wie ihre Tränen hindurchsickerten, doch das alles spielte keine Rolle. Behutsam wog ich sie in meinen Armen und tat das, was meine Mutter früher immer bei mir gemacht hatte: Ich ließ sie einfach weinen.

»Hey. Es ist alles okay«, flüsterte ich in ihr Ohr, als sie so sehr schluchzte, dass ihr ganzer Körper bebte.

Raelyn drückte sich noch fester an mich. »Meine Mom, sie …«

Ich verstand kein Wort. »Hör erst mal auf zu weinen. Dann kannst du mir alles erzählen.« Es dauerte eine Weile, bevor Raelyns Schluchzen verstummte, und als sie den Kopf hob, legte ich meine Hände an ihre Wangen und strich mit meinen Daumen die Tränen fort. Vereinzelte Haarsträhnen klebten ihr im Gesicht, und ihre Augen waren ganz geschwollen. »Also, was ist passiert?«

Sie presste ihre blassen Lippen aufeinander, und ich führte sie zur Couch, um zu verhindern, dass ihre Beine einfach unter ihr nachgeben würden. Ich setzte mich zu ihr, und sie schlang sofort wieder die Arme um mich, so, als könnte sie keine Sekunde von mir getrennt sein. Scheiße, das war absolut untypisch für sie. Was zur Hölle war eben nur vorgefallen?

Eine Weile lang saßen wir einfach nur so da, aber dann begann Raelyn, doch endlich zu reden. »Mir war es nie so klar, bis ich …« Sie brach ab. »Bis ich hergekommen bin.«

Ich blieb still und wartete einfach ab.

Raelyn nickte. »Meine Mom … Seitdem mein Vater gestorben ist, hat sie versucht, alles in meinem Leben zu kontrollieren. Angeblich, um mich zu beschützen, aber irgendwann hab auch ich verstanden, dass es einzig und allein dem Zweck diente, dass sie mich für sich allein haben wollte.« Sie schniefte leise, und sofort liefen ihr wieder Tränen über die Wangen. »Ich war immer irgendwie schüchtern, aber …« Sie brach abrupt ab und sog zittrig die Luft ein.

»Alles gut.« Ich strich ihr eine Strähne aus dem Gesicht und zeichnete mit einer Hand beruhigend Kreise auf ihren Rücken.

Ich war irgendwie erleichtert, dass sie jetzt endlich mal darüber sprach. »Lass dir Zeit.«

»Ich war als Kind schon schüchtern, aber ich habe immer wieder versucht, Freunde zu finden.« Raelyn lehnte ihren Kopf an meine Schulter und löste sich etwas von mir, nur meine Hand hielt sie fest umklammert. »In der Grundschule durfte ich nie irgendwohin, und meine Freunde mussten immer zu mir kommen, was natürlich nicht jedes Mal machbar war. Auf den Spielplatz durfte ich auch nie, da meine Mutter mich dauernd mit ins Atelier genommen hat, weil sie keinen Babysitter engagieren wollte. Und in der Mittelstufe musste ich dann ständig in der Galerie aushelfen und hatte nie Zeit.« Ihre Finger verflochten sich mit meinen, während sie mit der anderen Hand die Tattoos auf meinem Unterarm nachzeichnete. »Außerdem wollte ich meine Mom nicht allein lassen. Außer mir hat sie ja niemanden. Sie hat ihr ganzes Leben so auf mich ausgerichtet, dass all ihre Freunde nach und nach verschwunden sind.« Mehr und mehr fügte sich das Puzzle zu einem sehr hässlichen Bild zusammen, ich unterbrach Raelyn nicht, sondern ließ sie einfach weiter ihre Geschichte erzählen. Es sprudelte nur so aus hier heraus und kam mir so vor, als hätte sie Jahre darauf gewartet, diese Worte endlich aussprechen zu können. »Die Grundregel von sozialen Beziehungen ist, dass man die Zeit und die Möglichkeiten haben muss, um sie auszubauen. Weder sie noch ich hatten das eine oder das andere.«

Ich drückte vorsichtig ihre Hand. Für mich war es schwer vorstellbar, wie sie das ausgehalten hatte. Ich liebte meine Freiheiten und hatte sie immer in vollen Zügen genießen können. Ich hätte also längst meinen gottverdammten Verstand verloren, wenn ich so hätte leben müssen wie Raelyn. »Hast du deshalb Probleme, mit anderen zu reden?«

»Mehr oder weniger.« Raelyn lächelte traurig, und alles in mir zog sich schmerzhaft zusammen. »Ich war, wie gesagt, immer schon eher schüchtern, aber diese ganze Sache hat es nicht besser gemacht, und in der Highschool war es dann so schlimm, dass ich es gar nicht erst versucht habe.« Sie strich sich mit der Hand die Tränen fort und räusperte sich leise. »Als es Zeit wurde, mich für die Unis zu bewerben, habe ich es einfach nicht mehr ausgehalten. Ich wusste, wenn ich jetzt nicht gehe, dann schaffe ich es nie. Sie wollte, dass ich mich in New York bewerbe, um bei ihr zu bleiben.« Sie biss sich auf die Unterlippe und schluckte schwer, bevor sie weitersprach. »Ich hab so getan und die Ablehnungsschreiben selbst geschrieben und zu uns nach Hause geschickt.« Sie verbarg ihr Gesicht an meiner Schulter, als könnte sie selbst nicht fassen, was sie getan hatte. »Als die Zusage von der STU gekommen ist, bin ich vor Freude fast ausgeflippt. Auch wenn es keine herausragende Uni ist, wollte ich unbedingt herkommen, nur um aus New York rauszukommen. Es hat mich Monate gekostet, meine Mom dazu zu überreden, der ganzen Sache zuzustimmen.« Ihre Stimme wurde leiser und leiser, doch ihr Daumen strich noch immer über meinen Handrücken, so als wäre ich derjenige, der beruhigt werden müsste. »Sie ist irgendwann eingeknickt, aber nur unter der Bedingung, dass ich mich regelmäßig bei ihr melde. Und das hatte ich auch vor. Aber dann haben ihre Anrufe immer mehr zugenommen. Erst waren es nur zwei am Tag. Einer morgens und einer abends. Dann wurden es drei. Dann hat sie angefangen, sogar zwischen meinen Vorlesungen anzurufen, und hat mir ständig Nachrichten geschrieben. Sie hat immer wieder angedeutet, dass es besser wäre, wenn ich einfach nach Hause käme. Irgendwann habe ich es einfach nicht mehr ausgehalten und nicht mehr geantwortet.« Raelyn hob den Kopf und schloss gequält die

Augen. »Sie muss vor Sorge umgekommen sein. Gott, ich bin so furchtbar.«

»Nein.« Ich schüttelte bekräftigend den Kopf, um irgendwie zu ihr durchzudringen. »Du wolltest nur endlich dein eigenes Leben leben. Da ist nichts Verwerfliches dran.«

»Du hättest ihr Gesicht sehen sollen. Ich …«

»Hey, alles wird wieder gut.« Ich ließ ihre Hand los und legte einen Arm um ihre Schulter. »Deine Mutter wird dir das verzeihen. Es wird vielleicht eine Weile dauern, aber sie wird irgendwann verstehen, warum du es getan hast.«

Raelyn schlug die Augen nieder, offensichtlich wenig überzeugt von meinen Worten. »Meinst du?«

»Ja.« Ich dachte an meine eigene Mutter und daran, was sie sich über die Jahre alles hatte gefallen lassen müssen, und trotzdem empfing sie mich jedes Mal wieder mit offenen Armen. »Meine Mom hat mir auch jedes Mal verziehen, und ich bin mir sicher, ich hab viel schlimmere Dinge zu ihr gesagt als du zu deiner Mutter.«

»Was, wenn sie mich jetzt hasst?«, fragte Raelyn leise.

»Das wird sie nicht.« Ich drückte ihr einen Kuss auf die Schläfe. »Mütter sind dazu gar nicht in der Lage. Die sind biologisch darauf programmiert, ihre Kinder sogar dann noch zu lieben, wenn sie zu Massenmördern werden.«

Raelyns Mundwinkel zuckten ein wenig. Das war schon mal ein Anfang. »Ich hätte das alles nicht zu ihr sagen sollen.« Sie seufzte schwer. »Ich hätte –«

»Ist es das, was du wirklich fühlst?« Als sie schwach nickte, war die Antwort für mich vollkommen offensichtlich. »Denn wenn es so ist, dann war es wichtig, dass du es gesagt hast.«

Raelyn schmiegte sich eng an mich, und ich hielt sie einfach fest. »Aber ich habe sie damit verletzt.«

»Und?«

Raelyn sah mich verwundert aus ihren großen, unschuldigen Augen an. »Das war nicht richtig.«

»Das sicherlich nicht, aber es war offensichtlich notwendig.« Ich wich ihrem Blick nicht aus, sondern versuchte, ihr zu erklären, was ich damit meinte. »Was ich sagen will, ist, dass die Leute auch nicht immer Rücksicht auf deine Gefühle nehmen, und wenn du mal sagst, was du fühlst, solltest du dich dafür auch nicht rechtfertigen müssen.« Das war etwas, das ich selbst auf schmerzhafte Art und Weise hatte lernen müssen. »Deine Gefühle sind genauso wichtig wie die von allen anderen. Und besonders deine Mom sollte das verstehen.«

Sie sah auf ihre Hände und drehte an ihrem Ring, der heute aussah wie ein Halbmond. Eine Angewohnheit, die sie hatte, wann immer sie nervös wurde. »Was soll ich denn jetzt machen? Ich kann doch jetzt nicht zurückgehen.« Sie keuchte erschrocken. »Was, wenn sie auf mich wartet?«

»Du kannst nicht ewig davonlaufen. Solche Dinge holen uns immer irgendwann ein.« Ich sah sie an und zwang mich zu einem Lächeln, auch wenn mir nach allem, was ich grad gehört hatte, gar nicht danach war. Ich hatte geahnt, dass an Raelyns Geschichte mehr dran war als nur die des schüchternen Mädchens von nebenan. Aber das hier hätte ich nicht erwartet. »Für heute kannst du erst mal hierbleiben.«

Raelyn sah von ihrem Ring auf und mir endlich wieder ins Gesicht. »Bist du dir sicher?«

»Ja.«

»Ich will dich auch nicht st–« Ich unterbrach sie, indem ich mich zu ihr herunterbeugte und ihr einen kurzen Kuss auf die Lippen drückte, bei dem sich sofort wieder ein Rotschimmer auf ihren Wangen ausbreitete.

»Du störst mich nicht.« Ich gab ihr einen weiteren Kuss auf

die Stirn und stand auf. »Ich hole dir eben ein Glas Wasser, und dann bestellen wir uns was zu essen, okay?«

»Okay.« Sie nickte, und ich ging zum Kühlschrank. Sie musste unbedingt etwas trinken. Vom ganzen Weinen war sie sicherlich schon ein wenig dehydriert. Ich zog eine Flasche Mineralwasser aus dem untersten Fach, holte ein großes Glas aus einem der Hängeschränke und goss es voll. Ich nahm die Flasche und das Glas mit mir zurück zur Couch und hielt Raelyn das Glas hin.

»Hier, trink das.«

Sie lächelte mich an und leerte das Glas mit großen Schlucken. »Hunter?«

Sofort schenkte ich ihr nach. Ein Glas reichte nicht aus bei den ganzen Tränen, die sie vergossen hatte. »Ja?«

»Danke.« Sie lehnte sich vor und küsste mich auf die Wange. »Für alles.«

Ich schloss gequält die Augen. Scheiße. Jetzt war ich wirklich hoffnungslos verloren.

30. KAPITEL

Raelyn

Es gibt Gefühle, die man nicht in Worte fassen kann.

Diese einfache Wahrheit realisierte ich an einem unspektakulären Donnerstagmorgen, an dem das Wohnheim in vollkommener Stille lag und ich nur das leise Atmen von Hunter hören konnte, der friedlich neben mir schlief. Gestern Abend hatten wir so lange geredet, bis ich kaum noch die Augen hatte aufhalten können, und Hunter hatte mir ein paar Sachen zum Schlafen gegeben, die ich im Badezimmer angezogen hatte, bevor ich zu ihm ins Bett gekrochen war. Mein Herz hatte mir bis zum Hals geschlagen, doch als er mich in den Arm genommen und ich meinen Kopf auf seine Brust gebettet hatte, war meine Nervosität sofort verschwunden und hatte einem tiefen und erholsamen Schlaf Platz gemacht, der mich bis vor zehn Minuten fest im Griff gehabt hatte.

Die Morgensonne fiel durch den kleinen Spalt zwischen den schwarzen Vorhängen ins Zimmer und tauchte alles in ein angenehmes und gedämpftes Licht. Ein paar Sonnenstrahlen fielen auf Hunters Haar und verliehen ihnen ein einzigartiges goldenes Schimmern. Schatten tanzten über sein Gesicht, und ich lächelte, als er es verzog und sich auf die Seite drehte, um der Helligkeit noch für ein paar Augenblicke zu entfliehen. Ich streckte die Hand aus und zeichnete mit den Fingerspitzen die Linie von Hunters markanten Augenbrauen nach, während ich sein Gesicht eingehend betrachtete. Bisher hatten Männer mich nur wenig interessiert. Anders als meine Mitschülerinnen hatte ich in der Highschool keinen Schwarm gehabt, bei dem ich weiche Knie bekommen hatte. Auch Stars wie Musiker oder Schauspieler ließen mich eher kalt, was wohl daran lag, dass ich mich bisher zu niemandem wirklich hingezogen gefühlt hatte. Aber das hatte sich mit Hunter schlagartig geändert.

Ich erinnerte mich noch gut an unsere erste Begegnung auf dieser Party. Mein Atem hatte gestockt, und meine Welt hatte aufgehört, sich zu drehen. Und so war es auch jetzt noch. Jedes Mal, wenn ich ihn ansah, ihn berührte, ihn küsste, schien die Welt ringsherum einfach stillzustehen. Auch in diesem Moment, wo ich neben ihm im Bett lag und ihn einfach nur ansah, verstrich die Zeit langsamer. Sekunden zerflossen und fühlten sich an wie Minuten, in denen es nichts anderes gab als Hunter. Meine Finger wanderten weiter zu seiner Nase, die zwar etwas zu breit für sein Gesicht war, aber doch irgendwie zu den hohen Wangenknochen und seinem ganzen eher rauen Aussehen passte. Ich rückte etwas näher, als ich die kleine Narbe an seinem Nasenflügel entdeckte. Es war nur ein kleiner Punkt, sah aber noch recht frisch aus. Ob Hunter mal einen Nasenring gehabt hatte? Ich konnte es mir durchaus bei ihm vorstellen und nahm mir vor, ihn danach zu fragen. Es gab so viele Dinge, die ich über Hunter erfahren wollte. Meine Neugierde war wie ein endloser Brunnen, aus dem ich immer neue Faszination zu schöpfen vermochte. Ich wollte wissen, wie er aufgewachsen war, wie seine Liebe zur Musik entstanden war oder wann er seinen ersten Song produziert hatte. Ich wollte wissen, wie es für ihn gewesen war, mit Geschwistern aufzuwachsen, und ob er Florida vermisste. Ich wollte hören, was er dachte, wissen, was er fühlte, und immer tiefer in seiner

Welt versinken, bis ich keinen Weg mehr herausfand. Denn egal, wie lange wir gestern miteinander gesprochen hatten, egal, wie oft er mich geküsst oder mich in den Arm genommen hatte, es war nie genug. Und je näher ich Hunter kam, desto schlimmer schien es zu werden. Ich wollte ihn häufiger sehen, immer mehr von ihm wissen und ihm so nahe sein, wie ich nur konnte.

Ob das normal war? Ich wusste es nicht. Alles, was ich wusste, war, dass es sich richtig anfühlte, hier bei ihm zu sein. Es fühlte sich richtig an, ihm alles über meine Mutter zu erzählen und ihn in meine Welt zu lassen. Es fühlte sich richtig an, ihm einen Platz in meinem Leben anzubieten, auch wenn es mich beinah umbrachte, darauf zu warten, ob er ihn wirklich jemals annehmen würde.

Ich zuckte überrascht zusammen, als Hunter plötzlich seine Arme um mich schlang, und eine Wärme breitete sich in mir aus, als er mich so dicht an sich zog, dass ich meine Beine mit seinen verknoten konnte.

»Guten Morgen.« Hunters raue Stimme verursachte einen heißen Schauer auf meinem Rücken, und zögerlich legte ich einen Arm um ihn und schob mich so nah an ihn, dass mein Körper nun an seinen gepresst war.

»Guten Morgen«, murmelte ich leise und vergrub das Gesicht an seinem Hals, während ich die Augen schloss und seinem tiefen und gleichmäßigen Atmen lauschte.

»Hast du gut geschlafen?« Hunters große Hand fuhr über meinen Rücken, ehe er sie auf meinen Hinterkopf legte und mir durchs Haar strich. Seine Berührungen waren so sanft, dass sich mein Herz schmerzhaft zusammenzog. Bei ihm fühlte ich mich, als wäre ich etwas Kostbares und Einzigartiges. So als wäre ich so viel mehr als nur meine traurige Vergangenheit und meine verkorkste Gegenwart.

»Ja.« Ich sog seinen unverkennbaren Duft tief in meine Lungen und seufzte zufrieden. Ja, genau hier gehörte ich hin. »Ich hoffe, ich habe dich nicht geweckt.«

»Hast du nicht.« Hunter vergrub die Hand in meinem Haar und zog meinen Kopf behutsam zurück. Als seine Augen meine trafen, machte das Herz in meiner Brust wieder diesen Satz, der einzig und allein Hunter galt. »Wie fühlst du dich?«

»Ganz okay.« Ich wusste, meine Antwort war ausweichend, aber ich wollte jetzt nicht über meine Mutter sprechen. Ich wollte nicht über das Chaos, das ich angerichtet, oder das Herz, das ich gebrochen hatte, nachdenken. Ich wollte hier bei Hunter sein und nicht gedanklich am anderen Ende des Landes festhängen. Ich wollte in seiner Wärme schwelgen, in seine Augen sehen und mich in ihm verlieren. Ich wollte diese Nähe genießen, die ich seit gestern noch intensiver spürte, und mich nicht mit Dingen belasten, die mir nur wehtun würden.

Hier und jetzt wollte ich bei ihm sein. Und nur bei ihm.

Hunter nickte träge, so als verstünde er auch so, was ich ihm hatte sagen wollen, und drückte mir einen Kuss auf die Stirn, ehe er seine Wange daranlegte. Es überraschte mich immer wieder, wie zärtlich er zu mir war. Seine Berührungen waren nie grob. Nie tat er mir aus Versehen weh oder verschätzte sich in seiner Kraft. Er berührte mich, als wäre ich aus Glas. Zerbrechlich. Und vielleicht hatte er damit sogar recht.

Eine Weile lagen wir so da, während die Morgensonne sich immer mehr in dem kleinen Zimmer ausbreitete, das mit den schlichten weißen Wänden, den schwarzen Möbeln und dem ganzen musikalischen Equipment ein perfektes Spiegelbild seines Bewohners darstellte. Keiner von uns sagte etwas. Wir lagen einfach nur da, in der Umarmung des anderen, und ließen unsere Probleme und Sorgen für den Moment einfach hinter uns. Mit jedem tiefen Atemzug schien sich die beklemmende Enge in meiner Brust weiter zu lösen, und die schmerzhaften Erinnerungen rückten in die hinterste Ecke meines Gedächtnisses. Für heute würde ich sie wegschließen und sie erst wieder herausholen, wenn ich mich bereit dafür fühlte. Wann auch immer das sein mochte.

»Willst du etwas frühstücken?« Hunter hob den Kopf, und auch wenn er noch immer nah bei mir war, hatte ich das Gefühl, er wäre plötzlich Meilen von mir entfernt.

Ich schüttelte den Kopf. Er sah noch immer vollkommen verschlafen aus mit dem zerzausten Haar und den halb offenen Augen. Das Shirt, das er zum Schlafen trug, war am Kragen etwas ausgeleiert und gab den Blick auf das große Kompass-Tattoo an seinem Hals frei, das für mich mehr und mehr zu einem Sinnbild für Hunter geworden war, der absolut nie seinen Kurs verlor. Ich hob meine Hand und strich mit den Fingern über das Muster. Hunter biss die Zähne fest aufeinander, und ich merkte, wie er erschauderte, aber irgendetwas sagte mir, dass es nicht daran lag, dass ihm meine Berührung nicht gefiel. Ich legte meine Handfläche auf das Tattoo und strich mit dem Daumen erst über die starke Linie seines Kiefers unter seinem Bart, ehe ich seinen Hals herabwanderte.

Hunter griff nach meiner Hand und zog sie von seinem Hals, er räusperte sich. »Das ist keine gute Idee.«

Ich runzelte die Stirn. »Wieso?«

Er warf mir einen Blick zu, den ich nicht zu deuten vermochte, und rückte ein Stück von mir weg. »Die Sache mit deiner Mom hat dich ganz schön aufgewühlt. Ich käme mir so vor, als würde ich die Situation ausnutzen.« Er ließ meine Hand los, richtete sich auf und schwang die Beine aus dem Bett. »Ich springe eben unter die Dusche, und dann können wir zur Mensa was frühstücken gehen.«

Ohne darüber nachzudenken, griff ich nach Hunters Shirt, als er aufstand, und hielt ihn zurück. Ich wollte nicht, dass dieser Moment zwischen uns vorbei war, in dem ich mich so geborgen und so sicher fühlte. Diese neue Wirklichkeit, die ich mir geschaffen hatte, jagte mir gewaltige Angst ein. Ich konnte mich ihr gerade nicht stellen, wollte lieber hier mit ihm in diesem Bett bleiben und alles um mich herum vergessen.

Hunter sah mich über die Schulter hinweg an. »Raelyn.« Sein Tonfall klang angespannt und beinah warnend. Doch wovor er mich warnte, wusste ich nicht.

Ich krallte die Hand fester in sein Shirt und zog leicht daran, in dem kläglichen Versuch, wieder in seine Arme sinken zu können. »Bleib hier«, flüsterte ich. »Bleib einfach hier bei mir.«

Hunter fluchte leise und fuhr sich mit einer Hand übers Gesicht. Als er mich wieder ansah, ließ ich sein Shirt los und breitete die Arme aus.

»Fünf Minuten«, murrte Hunter und ließ sich zurück ins Bett fallen, bevor er mich an sich zog.

Ich lächelte zufrieden und schmiegte mich wieder an ihn. Normalerweise wäre ich knallrot angelaufen. Aber nicht heute. Nicht, wenn ich mich so sicher und verstanden fühlte. Ich hob den Kopf, und Hunter sah mich fragend an, doch ich rutschte nur ein Stück weiter zu ihm herauf, ehe ich meine Lippen auf seine legte. Ich wollte ihm einfach zeigen, was ich fühlte. Wie dankbar ich ihm für diesen Moment war und für jeden anderen, den er mir geschenkt hatte. Wie sehr ich es zu schätzen wusste, dass er mich gestern im Arm gehalten hatte, bis ich endlich eingeschlafen war. Dass er mir erlaubt hatte, zu vergessen, anstatt mich zu zwingen, mich dem ganzen Chaos zu stellen, das ich angerichtet hatte. Doch was ein einfacher, kurzer Kuss hatte sein sollen, wandelte sich in etwas, das meine Welt aus den Fugen gleiten ließ.

Wie jedes Mal, wenn wir uns küssten, spürte ich dieses Brennen auf meinen Lippen, doch was sonst so vertraut war und mein Herz zum Flattern brachte, griff plötzlich mit hitzigen Händen nach mir und zerrte mich in ein Gefühl, das ich nicht kannte, das mich aber wie eine Stichflamme in Brand setzte.

Ich keuchte leise und zog den Kopf zurück.

»Alles okay?« Hunter sah mich besorgt an und legte eine Hand an meine Wange. Sein Daumen strich langsam über meinen Wangenknochen, und was mich gestern noch so sehr beruhigt hatte, schien mich jetzt völlig aufzuwühlen. Es war, als würde Hunter eine Feuerspur über meine Haut ziehen, die zwar schmerzte, von der ich aber nicht genug bekommen konnte. Mein Herz schlug plötzlich so laut und unregelmäßig in meiner Brust, dass sogar Hunter es hören musste.

Ich wollte etwas sagen. Wollte ihm versichern, dass alles in Ordnung war. Doch als mein Blick wieder auf seine Lippen fiel, konnte ich keinen klaren Gedanken mehr fassen. Ich wollte ihn so küssen, wie er mich damals im Tonstudio geküsst hatte. Hungrig und ungehalten, mit dem Versprechen auf etwas, das so viel mehr war als ein einfacher Kuss. Ich zog Hunter zu mir und küsste ihn erneut. Sein unverkennbarer Geschmack erfüllte mich, ich seufzte, schob mich noch näher an ihn heran. Plötzlich konnte ich ihm nicht nahe genug sein. Jeder Zentimeter, der zwischen uns lag, erschien mir unerträglich, und ein mir unbekanntes Drängen machte sich in mir breit.

Ich wollte mehr.

Mehr von Hunter. Seiner Hitze. Seiner Nähe.

Hunter grollte leise an meinen Lippen, und ich schlang die Arme um seine Schultern, als er mich auf den Rücken rollte. Sein Gewicht auf mir war schwer, aber nicht unerträglich. Eher war es etwas, das ich brauchte, um gewiss zu sein, dass er wirklich hier bei mir war. Dass das hier zwischen uns real war und nicht allein meiner Fantasie entsprang. Und dass er vielleicht, nur ganz vielleicht, genauso fühlte wie ich.

Ich fuhr mit den Händen durch Hunters Haar, als er den Kuss vertiefte, um mich an irgendetwas festzuhalten, während ich immer tiefer in der dunklen Hitze versank, die jeden klaren Gedanken aushebelte und nur Platz für einen einzigen ließ: *Mehr.*

Hunter löste sich von mir, aber nur ganz wenig, ich konnte noch immer seinen heißen Atem spüren, der auf meine Lippen hauchte, als wir beide atemlos nach Luft schnappten. In seinen ozeanblauen Augen tobte ein dunkler Sturm, und das erste Mal machte er mir keine Angst. Stattdessen wollte ich mich von ihm mitreißen lassen, selbst auf die Gefahr hin, dass ich in seinen Wellen unterging und mich vollkommen in ihm verlor.

Hunter fuhr sich mit der Zunge über die Unterlippe. Er sah mich an, als wollte er mich verschlingen, und ich erschauerte. Bei Gott, ich wollte mich von ihm verschlingen lassen. Ich wollte ganz ihm gehören. Wollte ein Teil von ihm sein. Ich drückte den Rücken durch, um mich näher an ihn zu pressen, und Hunter ließ den Kopf sinken. Als seine Lippen auf die empfindliche Haut an meinem Hals trafen, löste sich ein leises Stöhnen aus meiner Kehle, und ich spreizte die Beine, um sie um seine Hüften zu schlingen. Ich löste meine Hände aus seinem Haar und ließ sie über seinen Körper wandern, der so anders und so viel muskulöser war als mein eigener. Meine Hände strichen über seine breiten Schultern bis hin zu seiner schmalen Taille und schlichen sich unter den Rand seines Shirts. Meine Hände berührten seine heiße, nackte Haut, und ich machte ein verzücktes Geräusch, das ich bisher noch nie von mir gehört hatte. Seine Haut fühlte sich glatt unter meinen Fingern an, und ich konnte die Kraft förmlich spüren, die darunter ruhte, die er aber nie gegen mich verwendete. Ich schloss die Augen und gab mich ganz diesem Moment hin. Zumindest bis Hunters Finger am Saum meines T-Shirts ankamen. Ich erstarrte, und sofort hielt Hunter inne.

Er hob den Kopf und sah mich an. »Möchtest du, dass ich aufhöre?«, fragte er mit rauer Stimme. »Es wäre überhaupt kein Problem, Raelyn.«

Ich schüttelte hektisch den Kopf. Ich wollte alles, nur nicht, dass er aufhörte. Doch … Ich biss mir auf die Unterlippe. Ob er mich hässlich finden würde?

»Was ist los?« Hunter küsste mich sanft auf die Lippen und strich mir durchs Haar. »Sprich mit mir, Raelyn.«

Trotz der Hitze, die meinen ganzen Körper in Beschlag nahm, spürte ich, wie ich rot anlief. »Ich … Also …« Ich richtete mich etwas auf, und sofort machte Hunter mir Platz. Ich zögerte einen Moment lang und holte tief Luft. Ich wollte Hunter nahe sein. Das bedeutete, dass es keine Geheimnisse mehr zwischen uns geben durfte. Mit zitternden Fingern griff ich nach dem Saum des T-Shirts, das Hunter mir zum Schlafen geliehen hatte, und zog es mir über den Kopf. Als ich das Stück Stoff in der Hand hielt, warf ich es so weit weg von mir, wie ich nur konnte, damit ich es mir nicht wieder anders überlegen konnte. Unsicher blickte ich zu Hunter, der seine Augen über meinen nun nackten Oberkörper gleiten ließ. Überall, wo seine Augen auf meine Haut trafen, glaubte ich, in Flammen zu stehen, doch ich bemerkte auch, wie seine Augen an der großen Narbe hängen blieben, die sich von meinem Bauchnabel senkrecht nach oben zog und die ungefähr so lang war wie meine ganze Hand.

Ich öffnete den Mund, wollte ihm sagen, dass wir aufhören konnten, wenn er die Narbe abstoßend fand. Immerhin wäre er nicht der Erste. Im Sportunterricht hatte ich mich immer auf der Toilette umgezogen, um nicht angestarrt zu werden und den hässlichen Kommentaren zu entgehen, mit denen junge Mädchen gerne um sich werfen. Doch bevor ich auch nur einen Ton herausbringen konnte, hatte Hunter seine Lippen schon wieder auf meine geheftet und presste mich zurück unter sich aufs Bett. Er löste sich erst von mir, als ich wieder völlig außer Atem war, und sah mich schmunzelnd an.

»Du hast dir allen Ernstes wegen der Narbe Sorgen gemacht?« Er stieß mit seiner Nase gegen meine, bevor er anfing, mein Gesicht zu liebkosen.

Ein Kloß machte sich in meinem Hals breit, aber ich schluckte ihn entschlossen herunter. »Na ja, sie ist nicht gerade schön.«

Hunter hörte auf, Küsse auf meinen Wangen und auf meiner Stirn zu verteilen, und sah mir fest in die Augen. »Sie ist ein Teil von dir, Raelyn. Ganz egal, wie du selbst darüber denkst, aber ich finde dich wunderschön. Alles an dir. Inklusive der Narbe.« Er küsste mich wieder, bis die Welt um uns herum vollkommen bedeutungslos war und ich vergessen hatte, warum ich mir überhaupt solche Sorgen gemacht hatte. Als er sich von mir löste und mir eine Strähne aus dem Gesicht strich, grinste er mich schief an. »Außerdem bin ich nicht der Typ, der wegen so einer Kleinigkeit gleich davonläuft.«

Ich riss die Augen auf. Er dachte bestimmt, dass ich ihn für total oberflächlich hielt, dabei war das genaue Gegenteil der Fall. »So meinte ich das –« Mein verzweifelter Versuch, meine Worte richtigzustellen, wurde von Hunters leidenschaftlichem Kuss unterbrochen, der jeden Gedanken und jede Sorge einfach mit sich riss. Hunter war in der Lage, mich alles vergessen zu lassen, sogar mich selbst. Und gerade jetzt war ich ihm dafür unsagbar dankbar.

Seine Hände glitten über meine Seiten hinab und strichen über meine Oberschenkel, während seine Lippen meinen Mund verließen und meinen Hals hinabwanderten. Er zog eine heiße Spur von meinem Hals über mein Dekolleté, und ich bäumte mich unter ihm auf, als er meine Brustwarzen mit der Zunge berührte. Ich hörte sein leises Lachen direkt an meiner Haut, doch meine Frage wurde im Keim erstickt, als ich spürte, wie seine Zähne behutsam an meiner Haut zupften. Ohne dass ich es aufhalten konnte, zuckten meine Hüften Hunter entgegen, der ein Geräusch zwischen Stöhnen und Knurren von sich gab, ehe er meine Hüften mit einer Hand auf dem Bett festpinnte. Seine Lippen wanderten weiter hinab, und es trieb mir die Tränen in die Augen, als er sanfte Küsse direkt auf meiner Narbe verteilte.

Hunter hakte die Finger unter den Rand meines Slips, und ich hielt die Luft an. Er sah mich fragend an. Ich nickte, außerstande, auch nur einen einzigen zusammenhängenden Satz zu formulieren, und Hunter drückte einen Kuss auf die empfindliche Haut direkt über dem Bund meines Slips, ehe er ihn mir mit einer einzigen flüssigen Bewegung von den Beinen zog.

Als ich realisierte, dass ich vollkommen nackt vor ihm lag, schlug ich die Augen nieder, während meine Wangen vermutlich den Ton einer reifen Erdbeere angenommen hatten. Ich vernahm das Rascheln von Stoff, hob den Blick wieder, und mir stockte der Atem. Hunter hatte sich das Shirt ausgezogen, und zum ersten Mal konnte ich seinen Oberkörper in voller Pracht betrachten. Tattoos zogen sich vollständig über seine Haut, ohne auch nur einen Millimeter frei zu lassen. Alles fügte sich harmonisch zusammen, ein Gebilde aus Schwarz und Rot, das sich über die Muskeln seiner Brust und seines Bauches zog. Ich streckte die Hand aus, und Hunter lehnte sich mir entgegen, damit ich ihn berühren konnte. Fasziniert strich ich über seine breite Brust, und als meine Fingerspitzen seine Brustwarzen streiften, konnte ich spüren, wie er unter meinen Händen erschauerte. Das ermutigte mich, meine Hände tiefer gleiten zu lassen. Ich fühlte seine Bauchmuskeln unter meinen Händen und biss mir auf die Unterlippe. Hunter hatte die trainierte Statur eines Läufers, die er wohl mit regelmäßigem Fitnesstraining zu unterstreichen wusste. Er war schön. Ein anderes Wort fiel mir dafür nicht ein. Ich nahm mir Zeit und ertastete alles an seinem Oberkörper, was ich erreichen konnte, doch als meine Finger über seinen Hosenbund strichen, hielt Hunter sie fest.

»Erst bist du dran«, murmelte er, ehe er meine Hände losließ und mit seinen meine Oberschenkel weiter spreizte.

Als mir klar wurde, was er vorhatte, wollte ich ihm sagen, dass er das nicht tun musste, doch meine Worte gingen in ein heiseres Stöhnen über, als ich seine Zunge an meiner empfindlichsten Stelle spürte. Eine Welle aus Hitze drückte mich nieder, und mit jedem Schlag seiner Zunge begann ein Druck, sich in mir aufzubauen, der mich schwerer und schwerer atmen ließ. Ich krallte die Hände in die Laken unter mir und bog Hunter meine Hüften entgegen, ohne zu realisieren, was ich da eigentlich tat. Morgen würde ich vermutlich vor Scham im Boden versinken, doch hier in diesem Moment verschwendete ich keinen Gedanken daran. Gerade jetzt konnte ich nur fühlen. Als Hunter einen Finger in mich gleiten ließ, verließ sein Name atemlos meine Lippen, und der Druck in meinem Inneren wurde schlimmer und schlimmer, bis ich mich regelrecht unter ihm wand.

Hunter hob den Kopf, ich sah ihm in die Augen und stöhnte erneut auf. »Lass los«, hauchte er und drückte einen Kuss auf die Innenseite meines Oberschenkels, während er einen weiteren Finger in mich gleiten ließ und nicht nur meine Gedanken, sondern auch mich ausfüllte. »Lass los, für mich, Raelyn.« Als er den Kopf wieder senkte und seine Zunge und seine Finger im Gleichtakt bewegte, konnte ich nicht anders und hörte auf das, was er zu mir gesagt hatte. Ich ließ los, und alles in mir schien in einem einzigen Funkenmeer zu versinken, das elektrisierend durch mich hindurchströmte, während sein Name meine Lippen wie ein atemloses Mantra verließ.

31. KAPITEL

Hunter

Ich hob erst den Kopf, als ich mir sicher war, dass Raelyn auch die letzte Welle ihres Orgasmus vollkommen ausgekostet hatte, und leckte mir über die Lippen. Ihr Geschmack haftete noch immer daran, und ich wollte direkt wieder den Kopf zwischen ihren Schenkeln vergraben, um mehr von ihr zu kosten. Zunächst würde ich ihr aber noch etwas Zeit geben, denn ihr Körper zuckte noch immer unter meinem. Ich zog meine Finger aus ihr und biss die Zähne fest aufeinander, während Raelyn ein protestierendes Murmeln von sich gab. Raelyn war zwar nicht die erste Frau, mit der ich geschlafen hatte, aber sie war definitiv die schönste. Sie lag ausgestreckt auf dem Bett mit rosigen Wangen und geschwollenen Lippen, die leicht geöffnet waren, weil sie nach Atem rang. Ihr langes braunes Haar war wie ein Fächer auf dem Kissen ausgebreitet und unordentlich, da sie sich so unter mir gewunden hatte. Ein dünner Schweißfilm überzog ihre Haut, und das goldene Morgenlicht ließ sie fast unwirklich aussehen, so als wäre sie nichts weiter als eine Gestalt aus meinen süßesten und verbotensten Träumen. Ihre helle Haut verfärbte sich bereits ein wenig an den Stellen, an denen ich sie mit den Zähnen erkundet hatte, und irgendwie versetzte es mir ein Glücksgefühl, dass sie die Male von heute für ein paar Tage auf sich tragen würde. Ich atmete tief durch und versuchte, mich ein wenig zu beruhigen, ehe ich es wagte, mich ganz aufzurichten und ihr einen Kuss auf die Lippen zu hauchen.

Sofort schlang Raelyn ihre Arme um meinen Nacken und hielt mich bei sich, als wäre sie genauso ausgehungert wie ich, obwohl ihr Atem noch immer stoßweise ging und ihre Augen glasig und verschleiert waren. Eigentlich hatte ich erwartet, dass es sie abschrecken würde, sich selbst auf meinen Lippen zu schmecken, doch sie überraschte mich, indem sie den Kuss vertiefte und mit ihrer Zunge meine fand. Ich stützte mich rechts und links neben ihrem Kopf ab und küsste sie, peinlich darauf bedacht, meine Hüften nicht auf ihre sinken zu lassen, denn ich wusste genau, dann wäre Game-over. Und ich wollte mich nicht wie ein absolutes Arschloch aufführen, sondern nur so weit gehen, wie Raelyn es auch wollte. Auch wenn wir nie darüber gesprochen hatten, hatte ich an ihren Reaktionen und daran, wie eng sie war, genau gespürt, dass das hier ihr erstes Mal sein musste, und da würde ich mich nicht wie ein verfluchtes Raubtier auf sie stürzen, nur weil ich mich selbst nicht im Griff hatte.

Ich würde das hier auf keinen Fall vermasseln.

Raelyn seufzte leise in den Kuss, und allein dieser kleine Ton sorgte dafür, dass meine Erektion pochte. Scheiße, sie hatte mich wirklich vollkommen um ihren kleinen Finger gewickelt. Und das Schlimmste daran war, dass ich Vollidiot das auch noch in vollen Zügen genoss. Bei ihr wollte ich nicht egoistisch sein. Stattdessen wollte ich ihr die beschissene Welt zu Füßen legen, vollkommen egal, wie das aussehen mochte. Als der Kuss mir zu Kopf stieg, löste ich mich sanft, aber bestimmt von ihr, ehe ich mit den Lippen über ihre Wange fuhr. Verwirrt sah sie mich an.

»Habe ich etwas falsch gemacht?« Ihre Stimme klang so anders als sonst. Rau. Ein wenig kratzig. Und ich hatte keine

Ahnung, wie ich die Selbstbeherrschung aufbringen sollte, mich nicht sofort über sie herzumachen.

»Nein.« Ich küsste sie. Kurz, fast schon keusch. »Nein, ich brauche nur einen Moment.«

Sie runzelte die Stirn, und ich drückte einen Kuss auf die steile Falte, die sich zwischen ihren Augenbrauen bildete. Doch dann sah sie mich überrascht an, und ihre Lippen formten ein lautloses *Oh*, bevor ein rötlicher Schatten sich über ihre Wangen zog. Ich konnte nicht anders und musste lachen, während ich Küsse auf ihrem Hals verteilte. Zumindest so lange, bis ich ihre Hand durch den Stoff meiner Boxershorts spüren konnte, als sie mich umfasste.

Ich zischte leise und ballte die Hand neben ihrem Kopf zur Faust. Ich versuchte, mich zu sammeln, doch als sie begann, ihre Hand über meine volle Länge zu bewegen, war auch das vergebens. Ich griff zwischen unsere Körper und hielt sie am Handgelenk zurück. »Warte«, murmelte ich atemlos. »Jetzt warte.«

»Warum?«

Ich hob den Kopf, um ihr in die Augen zu sehen. Ich wollte ganz sichergehen, dass sie wirklich verstand, was ich ihr jetzt sagen würde. »Wir müssen das hier nicht tun.« Ich räusperte mich, um die Worte nicht halb keuchend und halb stöhnend von mir zu geben. »Mir reicht es vollkommen, wenn wir hier aufhören. Wir gehen nur so weit, wie du willst, Raelyn, und keinen Schritt weiter.« Ich lehnte mich zu ihr hinab und küsste sie mit allem, was ich für sie empfand, aber nicht in Worte fassen konnte. »Das ist komplett deine Entscheidung, okay? Wenn du aufhören willst, dann –«

»Ich will nicht aufhören.« Raelyn legte mir eine Hand an die Wange und blickte mich so entschlossen an, dass mir die Luft wegblieb. »Ich will das hier. Ich will dich.«

Ich schluckte schwer. »Bist du dir sicher?«

Sie nickte. »Ja.« Sie küsste mich. »Ja, ich bin mir absolut sicher, Hunter.«

Ich küsste sie innig, und mein ganzer Körper war wie elektrisiert, als ich ihr Handgelenk losließ und sie wieder anfing, durch den Stoff über meinen Schaft zu streicheln. Ich nahm ihre Hand und sah ihr in die Augen, als ich sie unter den Bund meiner Boxershorts führte. Raelyn errötete bis zu den Haarspitzen, doch sie löste den Blick nicht von meinem, während sie ihre Hand wieder um mich schloss.

Ich fluchte leise und schloss die Augen, mein ganzer Körper erschauerte unkontrolliert einzig und allein wegen dieser kleinen Berührung. Verflucht, was machte diese Frau mit mir? Was für eine eigenartige Macht hatte sie über mich, dass sie mir derartig unter die Haut ging? Ich küsste sie, um mein eigenes Stöhnen zu ersticken, und ließ zu, dass sie mich mit der Hand erkundete. Doch irgendwann war es auch mit meiner Selbstbeherrschung vorbei, und ich zog ihre Hand aus meiner Boxershorts und atmete ein paarmal tief durch, um mich wieder ins Hier und Jetzt zurückzuholen.

Ich küsste Raelyn innig, bevor ich die oberste Schublade von meinem Nachttisch aufzog und ein Kondom herausholte. Mit fahrigen Bewegungen zog ich meine Boxershorts aus, riss die Folienverpackung auf und streifte das Kondom über. Ich bemerkte, wie Raelyn jede meiner Bewegungen genauestens beobachtete, und als ich mit meinem Knie ihre Oberschenkel etwas weiter auseinanderschob, streckte sie die Arme nach mir aus. Ich ließ mich auf sie sinken und küsste sie sanft. Sie schlang ihre Arme um mich und krallte ihre Finger in meine Schulter. Ich nahm mir Zeit für diesen Kuss, vertiefte ihn und wartete, bis Raelyn sich etwas unter mir entspannte, ehe ich eine ihrer Hände von meiner Schulter nahm und unsere Finger miteinander verflocht. Ich küsste ihre Wangen, ihre Stirn und ihre Schläfen, bevor ich ihr tief in die Augen sah und vorsichtig in sie eindrang. Sofort umfing sie mich heiß und unglaublich eng, und ihr atemloses Keuchen mischte sich mit meinem, als ich Stück für Stück in ihr versank, darauf bedacht, ihr nicht unnötig wehzutun. Raelyns Atem traf heiß auf meine Lippen, als sie die Augen schloss und erzitterte. Ich küsste sie sanft auf die Wange und spürte genau, wie ich an die Barriere in ihrem Inneren stieß.

Für einen kurzen Augenblick überkam mich eine Welle der Panik, als mir klar wurde, was das hier bedeutete. Wie sehr sie mir vertrauen musste, um das hier zuzulassen. Aber mit der Welle der Panik kam auch dieses tiefe und innere Bedürfnis, dieses Vertrauen, als das zu sehen, was es war: ein Geschenk. Und verdammt, ich würde mein Bestes geben, um dieses Geschenk entsprechend zu ehren.

Ich ließ meinen Kopf sinken und saugte an der Stelle knapp unterhalb von Raelyns Ohr, von der ich wusste, dass sie dort besonders empfindlich war, bis sie ein leises Stöhnen von sich gab, das einem lustvollen Keuchen wich, als ich die Zähne in ihrer Haut vergrub. Genau das war der Moment, in dem ich meine Hüften zurückzog und mit einem einzigen Stoß ganz in ihr versank. Ihr erregtes Stöhnen mischte sich mit einem kurzen schmerzhaften Zischen, und ich wartete, bis sie sich an das neue Gefühl und an den leichten Schmerz gewöhnt hatte, vor dem ich sie nicht bewahren konnte, egal wie vorsichtig ich auch war. Als ihre Atmung etwas ruhiger wurde, küsste ich sie und begann, mich wieder in ihr zu bewegen. Erst behutsam und langsam, bis sie meinen Bewegungen entgegenkam. Dann immer tiefer und schneller, während ich ihr einen Kuss nach dem nächsten stahl. Raelyn schlang die Beine fest um meine Hüften, sodass ich noch tiefer in sie eindrang, und ihr Stöhnen mischte sich mit meinem, während ich uns beide mit jedem Stoß meiner Hüften näher an den Abgrund brachte. Raelyn stürzte zuerst hinab, und als sie sich fest um mich zusammenzog und meinen Namen an meinen Lippen keuchte, riss sie mich kurz darauf mit sich in die Tiefe, wo ich das Gefühl hatte, in meine Einzelteile zu zerspringen, nur um mit sanften und liebevollen Händen wieder zusammengeflickt zu werden.

Ich lag neben Raelyn im Bett und hielt sie fest in meinem Arm, ihre nackte und noch leicht erhitzte Haut noch immer an meiner. Keiner von uns schien aufstehen zu wollen, ich war sofort ins Bett zurückgekrochen, nachdem ich das Kondom entsorgt hatte, obwohl ich nach dem Sex normalerweise sofort duschen ging, um den Schweiß von mir zu waschen. Doch mit Raelyn war es anders. Ich wollte hier sein. Bei ihr. Ich wollte wie jetzt ihr wild pochendes Herz an meinen Rippen spüren, während ihr Kopf auf meiner Brust ruhte und wir beide noch immer nach Atem rangen. Raelyn lag an meine Seite geschmiegt, zeichnete mit den Fingerspitzen meine Tattoos nach und lauschte vermutlich meinem viel zu schnellen Herzschlag, der sich einfach nicht beruhigen wollte. Ich hob die Hand und strich damit durch ihr langes Haar, das ganz zerzaust war, und ich konnte mir ein Schmunzeln nicht verkneifen.

»Wie fühlst du dich?«, fragte ich nach einer Weile in die Stille hinein und sah sie prüfend an. Ich hoffte wirklich, dass ich ihr nicht allzu wehgetan hatte.

Raelyn guckte mich an und lächelte träge, in ihren aquamarinblauen Augen ein Ausdruck von tiefster Zufriedenheit, der meine Brust vor Stolz anschwellen ließ. »Es geht mir gut«, sagte sie und drückte mir einen Kuss auf die Brust. »Mach dir keinen Kopf, Hunter. Es ist alles in Ordnung.«

»Hast du Schmerzen?«

Sie hob den Kopf und schüttelte ihn. »Nein.« Sie schob sich etwas zu mir hinauf und küsste mich, bevor sie ihren Kopf wieder auf meine Brust bettete. Stille breitete sich im Zimmer aus, während wir einfach nur dalagen. Ich war sonst nicht unbedingt der Typ für Kuscheleinheiten, bei Raelyn schien das anders zu sein. So wie bei Raelyn alles anders war.

Scheiße, diese Frau schaffte es wirklich, jeden Funken gesunden Menschenverstand in mir auszuschalten. Dafür machte sie mich aber auch glücklich. Und das auf eine Art und Weise, die mir eine beschissene Angst einjagte. Ich empfand zu viel für sie. Viel zu viel. Und ich wusste eigentlich genau, dass es immer diese Geschichten waren, die letztendlich in einer Tragödie endeten.

»Die Narbe«, sagte Raelyn plötzlich aus dem Nichts heraus. »Willst du gar nichts darüber wissen?«

Ich überlegte einen Moment. Als ich die große Narbe gesehen hatte, war in mir natürlich sofort die Frage aufgekeimt, woher sie die hatte, ich war mir allerdings sicher, dass es bestimmt keine schöne Erinnerung war, also hatte ich es respektiert, anstatt meinen Finger in eine Wunde zu legen, von der ich nicht abschätzen konnte, wie tief sie war.

»Doch, natürlich«, gab ich zu und drückte Raelyn einen Kuss auf den Scheitel. »Aber ich wollte dich nicht drängen und abwarten, bis du von selbst darüber sprechen möchtest.«

»Danke.« Sie schmiegte sich näher an meine Seite und strich mit der Hand über meine Rippen. Erst malte sie Kreise, dann Schleifen und kehrte dann doch zu Kreisen zurück, ehe sie in der Bewegung ganz innehielt. »Ich habe dir doch erzählt, dass mein Dad bei einem Autounfall ums Leben gekommen ist, oder?«

Ich ahnte, wohin diese Geschichte führte, und verspannte mich ein wenig. »Ja.«

»Mein Vater war in Minnesota, als es passierte. Er hat seine Eltern dort besucht und für einen Artikel recherchiert. Er war Journalist.« Raelyn brach ab, und ich strich beruhigend weiter durch ihr Haar. »Es war gegen Weihnachten und sehr glatt. Meine Mom war zu dem Zeitpunkt in New York, um an einer Ausstellung teilzunehmen. Mein Dad war einkaufen, als die Bremsen eines Transporters versagt haben. Er hat das Auto meines Vaters auf der Fahrerseite seitlich gerammt. Mein Vater war auf der Stelle tot.« Sie atmete zittrig ein. »Ich saß auf dem Rücksitz.«

Ich schloss gequält die Augen. Daher hatte sie also die riesige Narbe und so eine Angst vor Straßenverkehr.

»Ich musste notoperiert werden, weil ich einen Milzriss hatte und deshalb fast gestorben wäre. Sie konnten das Organ zwar erhalten, aber die Narbe wird für immer bleiben.« Sie rückte noch etwas näher an mich heran, und ich drückte ihr einen Kuss auf den Scheitel. »Meine Mom …« Sie atmete zitternd ein. »Meine Mom ist deshalb, wie sie ist.« Sie räusperte sich leise, und ich glaubte ein leises Schniefen zu vernehmen. »Ich will ihr Verhalten nicht rechtfertigen«, begann Raelyn nach einer Weile. »Ich wollte es nur erklären. Außerdem …« Sie zögerte einen Moment. »Außerdem möchte ich keine Geheimnisse mehr haben. Zumindest nicht vor dir.«

Ihre Worte versetzten mir einen Stich, und ich hatte das Gefühl, plötzlich nicht mehr richtig atmen zu können. Auch wenn ich sie jetzt hier ganz nah bei mir im Arm hielt, spürte ich, wie mein Schweigen zwischen uns stand. Doch ich würde Raelyn nicht an diese Störung verlieren. Also durfte ich weiterhin kein einziges Wort darüber sagen.

Die Schuld packte mich und schnürte mir die Kehle zu, während Raelyn von Neuem begann, Muster auf meine Haut zu zeichnen, unwissend darüber, dass sie bereit war, sich vollkommen zu öffnen, während ich eine Kette mit einem massiven Vorhängeschloss um mich geschlungen hatte.

Und den Schlüssel?

Den hatte ich in der dunkelsten Ecke in mir vergraben.

32. KAPITEL

Raelyn

»Ach nein, Mrs Johnsen, schön, dass man Sie auch mal wieder zu Gesicht bekommt.«

Ich legte meine Lehrbücher auf dem Mensatisch ab. Meine Wangen brannten wie Feuer wegen Aprils Witz. »Sehr lustig«, murmelte ich leise und ließ mich auf den Stuhl gegenüber von Kate und April fallen.

Es kam mir wie eine Ewigkeit vor, seit ich die beiden zuletzt gesehen hatte. Umso mehr freute ich mich über unser Treffen heute. Ich zog meine Wasserflasche aus dem Rucksack und trank einen Schluck, während ich mithilfe des Speiseplans auf meinem Handy überlegte, was für ein Mittagessen ich nehmen sollte.

»Wer hat gesagt, dass es ein Scherz war?« April reckte das Kinn und verschränkte die Arme vor der Brust, die den Aufdruck des Playstationcontrollers auf ihrem grünen Longsleeve verdeckten. Vergessen war der Speiseplan. »Seit Thanksgiving bist du kaum noch greifbar, weil du ständig bei Hunter rumhängst.«

Kate, die ihr langes Haar heute ausnahmsweise mal offen trug, steckte ihr Handy, mit dem sie gerade ein Foto von ihrem Essen gemacht hatte, in die Hosentasche und boxte April gegen den Oberarm. »Was April damit sagen will, ist, dass es schön wäre, wenn du auch mal wieder Zeit für uns finden würdest.« Kate lächelte, aber ich konnte sehen, wie enttäuscht sie tatsächlich war. »Das ist alles.«

»Es tut mir leid.« Sofort überkam mich ein schlechtes Gewissen. Ich wusste ja selbst, dass die beiden recht hatten. Immer wieder hatte ich unsere Essensverabredungen sausen lassen und sogar einen Mädelsabend abgesagt, um bei Hunter zu sein. Aber war das am Anfang einer neuen Beziehung nicht vollkommen normal?

Kate winkte ab. »Kein Thema. Wir waren alle schon mal frisch verliebt.«

April schnaubte leise. »Waren wir?«

»Waren wir nicht?«

April zuckte nichtssagend mit den Schultern und sah mich durchdringend an. »Verlier dich nicht in ihm, okay? Das ist alles, was ich will.«

Ich nickte, auch wenn ich nicht wirklich verstand, was sie mir damit sagen wollte. »Werde ich nicht.«

»Wenn es dafür mal nicht schon zu spät ist.« April seufzte schwer und ließ die Arme sinken. »Also, was hast du die letzte Woche so getrieben?«

»Ich war bei meinen Vorlesungen und sonst bei Hunter im Studio.« Ich erinnerte mich an die unzähligen langen Nächte, bei denen ich meist irgendwann auf dem Sofa eingeschlafen war, aber es hatte sich eindeutig gelohnt. »Das Album ist endlich fertig, und er konnte es am Wochenende an die Plattenlabels schicken. Jetzt heißt es erst mal abwarten.«

April murrte leise. »Eigentlich hatte ich gefragt, was *du* gemacht hast.«

Verwirrt runzelte ich die Stirn. Das hatte ich ihr doch gerade erzählt. »Was meinst du?«

»Nichts.« Sie winkte ab, so als hätte sie nicht die nötige Geduld, um es mir zu erklären, und irgendwie versetzte mir das einen Stich. »Wie läuft es eigentlich mit der Schauspielerei?«

»Es läuft«, gab ich ausweichend zurück, als mir klar wurde, dass ich in den letzten zwei Wochen gar nicht da gewesen war. Auch wenn ich nicht so recht wusste, warum. Die Proben machten mir Spaß, wieso war ich also nicht hingegangen? »Aber ich weiß nicht, ob ich mich nach den Finals auf eine Rolle im Stück bewerben soll.«

»Wenn du es probieren willst, dann versuch es.« Kate lächelte mir aufmunternd zu. Sie war heute eigenwillig still und warf immer wieder einen prüfenden Blick auf April. »Und wenn nicht, dann ist das auch vollkommen okay.«

Schnell wechselte ich das Thema, bevor noch aufflog, dass ich die letzten vier Proben verpasst hatte. »Wisst ihr eigentlich, ob die Zimmer im Wohnheim halbjährlich oder ganzjährlich gewechselt werden?«

Kate überlegte kurz, ehe sie mir antwortete. »Sie werden ganzjährlich gewechselt, außer für Austauschstudenten, die nur ein Semester hier sind.« Ihre Finger suchten nach der Goldkette an ihrem Hals, die zu dem Rest ihres Outfits passte, das heute in kräftigen winterlichen Farben gehalten war. »Wieso?«

»Weil man es ja sonst extra beantragen muss, wenn man über die Weihnachtsferien nicht nach Hause fährt.«

»Du willst über Weihnachten nicht nach Hause?«, fragte April, und ich konnte genau den ungläubigen Unterton hören, der ihre Stimme begleitete.

Ich kann nicht. »Meine Mom ist nicht in New York, deshalb spare ich das Geld für das Flugticket lieber und bleibe hier.« Die Lüge schmeckte wie Säure auf meiner Zunge, und ich bemerkte sofort, wie Kate und April einen alarmierten Blick tauschten, den ich hatte vermeiden wollen. »Ist bestimmt cool, den ganzen Campus für sich allein zu haben.«

»Rae …« Kate griff über den Tisch nach meiner Hand und drückte sanft zu. »Was ist los?«

Ihr warmer, besorgter Blick schnürte mir die Kehle zu, ich zwang mich jedoch zu einem Lächeln. »Was meinst du?« Ich hatte den beiden nichts von dem Vorfall mit meiner Mutter erzählt. Nicht weil ich ihnen nicht vertraute, sondern weil ich es einfach nicht konnte. Auch jetzt noch tat es weh, auch nur darüber nachzudenken.

Kate senkte die Stimme, aber ihre Worte waren voller Nachdruck. »Wieso willst du nicht nach Hause?«

Ich entzog ihr meine Hand und trank einen Schluck Wasser, um den wachsamen Augen der beiden zu entgehen. »Ich habe doch gesagt, dass meine Mom wegen einer Ausstellung nicht da ist.«

»Die kompletten zwei Wochen?«, fragte April skeptisch, und als ich nickte, lachte sie sarkastisch auf. Das hier war nicht gut. Ganz und gar nicht gut. Ich konnte regelrecht spüren, wie sich ein Graben zwischen uns auftat, und er jagte mir Angst ein. Die beiden waren meine einzigen Freunde, und ich wollte sie nicht verlieren, aber ich wusste einfach nicht, wie ich ihnen klarmachen sollte, dass ich einfach nicht darüber reden wollte.

Ich öffnete den Mund, um etwas zu sagen, verstummte aber, als ich eine große und vertraute Hand auf meiner Schulter spürte. Mit einem Lächeln sah ich auf. Hunter stand direkt neben mir, mit locker im Nacken zusammengebundenem Haar und ganz ohne tiefe Schatten unter den Augen. Er sah erholt aus. Beinah zufrieden. Und allein das sorgte dafür, dass mein Herz einen freudigen Satz machte.

»Guten Tag, Ladys«, begrüßte er uns alle und drückte sanft meine Schulter.

»Hey, Hunter«, sagte Kate mit einem Lächeln, während April ihm nur kurz zunickte.

Hunter zog eine Augenbraue hoch, fragte aber nicht weiter nach, wofür ich ihm dankbar war. Ich hatte keine Ahnung, was heute mit April los war, ihr Verhalten bereitete mir Unbehagen und verursachte Schuldgefühle in mir, ohne wirklich zu wissen, warum. »Wäre es okay, wenn ich euch meine Freundin entführe?«

April schnalzte missbilligend mit der Zunge, und ich zuckte zusammen. »Nicht wirklich, nein.«

»April macht nur Spaß.« Kate sah April an, und der Blickwechsel zwischen den beiden sorgte dafür, dass ich mich irgendwie ausgeschlossen fühlte. »Nimm sie ruhig mit.«

Hunter nickte und klemmte sich meine Bücher unter den Arm, ehe er mir seine Hand hinhielt, die ich, ohne zu zögern, ergriff. Ich stand auf und schulterte meinen Rucksack. »Bis später, Leute.«

Keiner der beiden sagte ein Wort. Kate winkte mir mit einem halbherzigen Lächeln nach, und April wandte den Blick ab, als ich mit Hunter die Mensa verließ. Mit jedem Schritt, den wir uns entfernten, hatte ich das Gefühl, dass mein Magen sich mehr und mehr zusammenzog. Ich musste dringend mit den beiden sprechen. Nur hatte ich keine Ahnung, wie ich das am besten anpacken sollte.

»Welche Laus ist April denn über die Leber gelaufen?«

»Keine Ahnung.« Wir schlenderten Hand in Hand über die große Wiese vor der Mensa, während Wolken die schwache Dezembersonne verdeckten. »Wohin entführst du mich eigentlich gerade?«

»Zu deinem Wohnheim.« Bei Hunters Worten lief ich rot an. Ich erinnerte mich an die letzte Nacht, die wir gemeinsam in seinem Wohnheim verbracht hatten, doch Hunter lachte nur leise. »Nicht dafür. Ich habe wohl echt einen schlechten Einfluss auf dich.«

Ich dachte an die misstrauischen Blicke, die meine Mitstudenten Hunter aufgrund ihrer Vorurteile und haltloser Gerüchte zugeworfen hatten, und schüttelte den Kopf. »Sag so was nicht.« Wenn überhaupt, dann war Hunter ein guter Einfluss. Zumindest für mich. Er lockte mich Stück für Stück aus meinem Schneckenhaus und zeigte mir, dass es Dinge gab, für die es sich lohnen würde, meine Ängste zu überwinden.

»Ist aber wahr.« Er zwinkerte mir zu, und wir gingen gemeinsam in mein Wohnheim und hoch in mein Zimmer. Hunter ließ meine Hand los und ließ sich lässig auf meinen Schreibtischstuhl fallen. »Okay, pack eine Tasche für …« Er hielt inne und zählte an seinen Fingern ab. »… drei Tage.«

Heute war Mittwoch. »Hunter, wir haben Vorlesungen.«

»Und?« Hunter setzte das schiefe Grinsen auf, das ihn so jungenhaft aussehen ließ und von dem ich weiche Knie bekam. »Es bringt dich nicht um, wenn du mal nicht die perfekte Studentin bist.«

Ich wollte ihm eine Predigt darüber halten, dass die Finals Ende Dezember anstanden und dass wir uns beide darauf vorbereiten mussten, aber ich wusste, ich würde nur auf taube Ohren stoßen. Und irgendwie hatte er ja auch recht. Andere schwänzten regelmäßig ihre Vorlesungen und kamen trotzdem damit durch. Wenn ich mal zwei Tage nicht da war, dann würde das niemandem auffallen, nicht wahr? »Wohin fahren wir denn?«

»Das erfährst du dann.« Ich bückte mich nach meinem kleinen Reiserucksack, den ich nach unserer letzten Tour neben mein Bett geworfen hatte, und Hunter schüttelte den Kopf. »Nimm ruhig eine richtige Tasche. Wir fahren nicht mit der Yamaha.«

Ich runzelte die Stirn, zog dann aber meine zusammengefaltete Sporttasche aus der Kommodenschublade, die ursprünglich mal für Trainingsstunden im Fitnessstudio auf dem Campus gedacht war, ich allerdings bisher nie benutzt hatte. »Wieso nicht?«

»Dafür ist es im Moment etwas zu kalt.«

Ich hinterfragte seine Aussage zwar ein wenig, weil ich mir schwerlich vorstellen konnte, dass ein bisschen Kälte jemanden wie Hunter vom Motorradfahren abhalten konnte, sagte aber nichts. Er würde schon seine Gründe haben. »Okay. Was für Sachen brauche ich denn?«

Hunter schmunzelte. »Sachen, die warm und bequem sind.«

Sofort dachte ich an eine kleine Hütte im Schnee, der jetzt Anfang Dezember sicherlich irgendwo in Südkalifornien gefallen war. Wenn ich ehrlich war, vermisste ich den New Yorker Schnee ein wenig. Mir fehlten die kleinen Cafés und Bücherläden, die ich regelmäßig besucht hatte, und sogar die Kälte und hektischen Straßen. Aber ich wusste, dass es keinen Weg zurück gab. Also machte es absolut keinen Sinn, über diese Dinge nachzudenken. Ich packte schnell ein paar Sachen zusammen, die ich für drei Tage brauchen würde, und schloss dann den Reißverschluss meiner Tasche.

Kurz darauf waren wir schon gemeinsam auf dem Weg zu Hunters Wohnheim. Hunter hielt meine Hand, während wir über den Gehweg spazierten und die Blätter unter unseren Schuhen raschelten. Heute war ein ziemlich verhangener, grauer Tag, und ich war froh, diesem deprimierenden Wetter zumindest für eine kurze Weile zu entkommen.

»Hast du was von deiner Mutter gehört?«, fragte Hunter plötzlich, und ich stolperte um ein Haar über meine eigenen Füße.

»Nein«, antwortete ich knapp und dachte an mein Handy, das seit jenem Tag vollkommen still gewesen war. Keine Nachrichten. Keine Anrufe. Kein gar nichts.

»Hast du versucht, sie zu erreichen?« Hunter hielt meine Hand etwas fester, so als fürchtete er, dass ich ihm gleich davonlaufen würde, und für einen kurzen Augenblick dachte ich tatsächlich darüber nach, auch wenn ich wusste, dass all meine Wege mich doch wieder zu ihm zurückführen würden.

Ich schüttelte den Kopf. »Nein.«

»Raelyn …«

»Ich weiß, dass ich nicht ewig davonlaufen kann, okay? Aber jetzt gerade …« Ich seufzte leise, frustriert über meine eigene Feigheit. »Ich kann es gerade einfach nicht, Hunter.«

»Okay.« Hunter drängte mich nicht weiter, sondern schwieg einfach, zumindest bis wir auf den Parkplatz in der Nähe seines Wohnheims ankamen. »Also, was denkst du, wo wir hinfahren?«

Ich überlegte kurz. »In den Süden?«

»Nein.« Hunter zog eine Augenbraue hoch. »Wieso in den Süden?«

»Weil da Schnee liegt.«

Hunter blieb stehen und musterte mich. »Vermisst du New York?«

»Nein.« Ich schloss gequält die Augen, als ich bemerkte, dass meine Antwort etwas zu schnell gekommen war.

»Kleine Lügnerin.« Hunter ließ meine Hand los und griff in seine Jackentasche. Plötzlich leuchteten die Scheinwerfer an einem in die Jahre gekommenen Van, dessen schwarze Lackierung schon an einigen Stellen abblätterte. Das Design war altmodisch und ließ vermuten, dass dieses Auto einige Jahre mehr auf dem Buckel hatte als ich. Hunter nickte in die Richtung des Ungetüms, und ich verspannte mich. »Darf ich bitten.«

Skeptisch betrachtete ich die unzähligen Beulen in der hinteren Stoßstange. Ob dieses verrostete und kaputte und vor allem alte Ding uns wirklich sicher ans Ziel bringen würde, ohne mitten auf dem Highway mit einem Motorschaden liegen zu bleiben? Ich wagte es zu bezweifeln. »Wessen Auto ist das?«

»Maliks.« Hunter machte die Beifahrertür auf und klopfte auf den Sitz, der ein paar kleinere Löcher im Bezug hatte. »Vertraust du mir?«

»Ja«, antwortete ich, ohne zu zögern, und Hunter zog mich mit einem Grinsen auf den Lippen an sich, ehe er mir die Tasche abnahm und sie achtlos zwischen den Sitzen hindurch nach hinten auf die Rückbank warf, auf der bereits eine weitere Tasche stand.

Er küsste mich, bis mir der Kopf schwirrte. Er löste sich von mir und deutete noch einmal auf den Beifahrersitz, offensichtlich ganz von sich und dem Auto überzeugt. »Dann steig einfach ein.«

33. KAPITEL

Raelyn

Fassungslos starrte ich auf das Neonschild, auf dem in geschwungenen violetten Leuchtbuchstaben der Name *The Art – Tattoo-Studio* blinkte, und sah zu Hunter, der mit einem selbstgefälligen Lächeln auf den Lippen locker den Arm um meine Schultern gelegt hatte. Als wir gestern am späten Abend in San Francisco angekommen waren, hatte ich gedacht, dass ein gewöhnlicher romantischer Kurztrip auf mich warten würde, aber wie es aussah, lag ich damit völlig falsch. Ich hätte hellhörig werden müssen, als Hunter mich heute Morgen aufgeweckt und etwas von einem Termin gesagt hatte. Dass er einen Termin in einem Tattoo-Studio meinen könnte, wäre mir im Traum nicht eingefallen.

»Du bist vollkommen übergeschnappt«, sagte ich mit einem Blick auf die Fassade aus rotem Backstein und dem im Retrostil gehaltenen Schaufenster, das keinen Blick ins Innere des Studios freigab und somit den Kunden und Tätowierern ein gewisses Maß an Privatsphäre ermöglichte.

»Du tust ja beinah so, als wäre das was Neues.« Hunter nahm seinen Arm von meiner Schulter und packte stattdessen meine Hand, während er nach rechts und links sah, bevor er mich mit sich über die Straße und auf direktem Wege zum Eingang des Studios zog. »Komm.«

»Hunter!« Mein Protest mischte sich mit dem melodischen

Klingeln der Türglocke, als wir den Laden betraten. Das Studio war recht klein, doch das machte es nicht weniger beeindruckend. Die Wände waren schwarz gestrichen und wirkten mit den faszinierenden, bunten Graffitizeichnungen daran wie echte Kunstwerke. Der Geruch von Desinfektionsmittel lag in der Luft und beruhigte mich auf eigenwillige Art und Weise.

Auf dem großen und bequem aussehenden Sofa im vorderen Teil des rechteckigen Raums saß ein Mann, den ich auf Mitte dreißig schätzte und der überall mit Tattoos bedeckt zu sein schien, die sein schwarzes, eng anliegendes T-Shirt gut zur Geltung brachte. Die Tattoos zogen sich komplett über seine Arme, seine Hände und seinen Hals, und ich konnte auch das eine oder andere in seinem Gesicht erkennen. War das etwa eine Krone unter seinem linken Auge? Gelassen blätterte er in einem Magazin über Oldtimer und sah nicht einmal auf, obwohl die Glocke über der Tür uns lautstark angekündigt hatte. Doch vermutlich rechnete er auch noch nicht mit Kundschaft, denn laut den angeschlagenen Öffnungszeiten an der Tür waren wir knappe zwanzig Minuten zu früh dran. Bis auf ihn war niemand im Studio zu sehen.

»Maria, hast du eigentlich das Orange nachbestellt, das bei Brians letztem Fuchs-Tattoo komplett draufgegangen ist?« Der Mann, der einfach drauflosredete, ohne aufzublicken, hatte eine sehr tiefe Stimme, und ich trat etwas näher an Hunter heran.

Hunter räusperte sich und machte einen Schritt auf den tätowierten Mann zu, der mit gerunzelter Stirn und einem unfreundlichen Ausdruck im Gesicht aufsah, der sich jedoch in ein freudiges Lächeln wandelte, als er Hunter erkannte.

»Hey, Elijah.« Hunter ließ meine Hand los und streckte sie dem Mann mit dem kurzen blonden Haar und den grünblauen Augen entgegen. »Lange nicht gesehen.«

»Zu lange.« Elijah warf das Magazin auf den Couchtisch, ehe er aufstand und die hingehaltene Hand ignorierte, um Hunter in eine brüderliche Umarmung zu ziehen. Er war etwas größer als Hunter und seine Statur ein wenig breiter, was mir erst auffiel, als Elijah Hunter eine Armeslänge von sich forthielt und ihm auf die Schulter klopfte. »Was führt dich her?«

Auf Hunters Lippen lag ein so entspanntes Lächeln, das ich bisher nur sehr selten bei ihm gesehen hatte. »Ich hatte angerufen und mit deiner Frau einen Termin vereinbart.«

Elijah schien einen Moment zu überlegen, bevor er nickte und seine Hand von Hunters Schulter sinken ließ. »Ja, Maria hatte mir gesagt, dass ein Kunde abgesagt hat und wir jemand ganz Besonderen dazwischenschieben. Da hätte ich schon ahnen müssen, dass du kommst. Sie bucht sonst so kurzfristig keine Termine. Schon gar nicht, wenn wir ansonsten endlich mal einen Tag freigehabt hätten.«

Hunter folgte Elijah mit den Augen, als dieser zu dem Tresen direkt am Eingang ging und ein dickes schwarzes Buch darunter hervorzog. »Ich weiß. Sie sagte, ihr seid voll bis August.«

»Die Frau hatte schon immer eine Schwäche für dich. Und ich darf deshalb extra viel ackern.« Er ließ das Buch auf die dicke Glasplatte fallen und schüttelte mit einem amüsierten Grinsen den Kopf. »Hast du endlich Kohle für das Waden-Tattoo, von dem wir letztes Mal gesprochen haben?«

Hunter nahm wieder meine Hand und verflocht unsere Finger miteinander, so als wollte er mir zeigen, dass er mich keinesfalls vergessen hatte. »Ja, aber diesmal geht es nicht um mich.«

Elijah schlug seinen Terminkalender zielsicher auf und zog eine Augenbraue hoch. »Hier steht ein Termin für ein Sternum-Tattoo.« Er musterte Hunter. »Wenn ich mich recht entsinne, dann hast du da gar keinen Platz mehr.«

»Wie gesagt, es geht nicht um mich. Sondern um sie.« Hunter zog mich etwas näher zu sich heran. »Das ist meine Freundin Raelyn. Raelyn, das ist der Tattoo-Artist meines Vertrauens, Elijah.«

Elijah schlug den Terminkalender zu und kam um den Tresen herum. »Deine Freundin? Das ist ja mal ganz was Neues.« Er hielt mir die Hand hin, und ich schüttelte sie zaghaft. Gegen mich hatte er beinah Pranken, und seine Haut fühlte sich etwas rau an. »Hey, Raelyn, ich bin Elijah. Willkommen in meinem Studio.« Sein Lächeln war jetzt unglaublich freundlich und wahnsinnig ansteckend, sodass ich keine andere Wahl hatte, als es zu erwidern.

»Danke.«

Elijah betrachtete mich interessiert und lehnte sich mit dem Rücken gegen den Tresen, auf dem ein paar Tattoo-Magazine neben einem Kartenlesegerät lagen. »Worum geht's denn?«

»Sie wollte –«

»Dich habe ich nicht gefragt, sondern sie.« Elijah warf Hunter einen eindeutigen Blick zu, bevor er sich wieder mir zuwandte. »Was für ein Tattoo willst du haben, Raelyn?«

Unsicher sah ich zu Hunter, der mir aufmunternd zunickte. »Ich möchte ein Tattoo, das meine Narbe verdeckt.« Ich musterte die eigenwilligen Motive auf Elijahs Armen und guckte verlegen auf den glänzenden dunklen Holzboden, der aussah, als wäre er frisch poliert worden. »Ich dachte an Blumen, wenn das nicht irgendwie zu kitschig ist.«

»Wenn du es auf deinem Körper willst, dann hat niemand darüber zu urteilen.« Elijah lächelte mich an und deutete dann auf meine dicke Jacke. »Okay. Dann zeig mal her.«

Ich erstarrte. »Was?«

»Die Narbe«, erwiderte Elijah und betrachtete mich vollkommen gelassen, während meine Gedanken Amok liefen.

Ich sollte ihm meine Narbe zeigen? Hier? Mitten im Studio? Wo jeder einfach reinkommen konnte? Ich legte die Hände an meinen Reißverschluss, brachte es aber nicht über mich, ihn zu öffnen.

»Schon okay.« Hunter strich mir sanft über den Rücken. »Es ist nur eine Narbe, Raelyn. Nichts Schlimmes.«

Ich erinnerte mich daran, wie Hunter meine Narbe geküsst hatte. Wie er sie ohne Scheu berührt hatte. Wie er mich so hungrig angesehen hatte, obwohl ich dieses hässliche Ding mitten auf meinem Körper trug. Ich holte tief Luft und öffnete die Jacke, dann zog ich mein weißes Shirt aus der Jeans und rollte es hoch. Ich hielt den Atem an, als Elijah etwas näher kam, um die Narbe genauer in Augenschein zu nehmen.

»Ah, okay.« Er ging vor mir in die Hocke und legte die Hände vorsichtig an meine Hüften, ehe er mich etwas nach rechts und links drehte. »Ein Sternum-Tattoo, das sich bis zum Bauchnabel zieht, scheint eine gute Idee zu sein.« Er nickte zufrieden. »Ich hab dir echt 'ne Menge beigebracht, Kleiner.«

Die Türglocken erklangen, und ich war wie erstarrt, als eine wunderschöne Latina mit langem braunem Haar und einer Einkaufstüte im Arm hineinkam. »Pack dein Ego wieder ein.« Sie begrüßte Hunter mit einem Kuss auf die Wange und stellte die Einkaufstüte auf dem Tresen ab. Ihr Blick fiel erst auf meine Narbe und dann auf mein Gesicht. »Du bist also Hunters Freundin, von der er am Telefon erzählt hat.« Sie lächelte mich freundlich an, doch alles, was ich in diesem Moment wahrnahm, war das große Fledermaus-Tattoo auf ihrer Kehle. »Hey, ich bin Maria.«

Ich schluckte leise. »Freut mich.«

»Mich auch.« Sie hockte sich zu ihrem Ehemann und begrüßte ihn mit einem schnellen Kuss auf die Wange, bevor auch ihre Augen sich auf meine Narbe hefteten. »Narben-Cover?«

Ich widerstand dem Drang, mein Shirt herunterzuziehen nur, weil Hunter direkt neben mir stand und er seine Hand beruhigend über meinen Rücken gleiten ließ.

»Ja.« Elijah nickte nachdenklich und nahm seine Hände von meinen Hüften. »Mit Blumen. Was meinst du?«

Maria legte den Kopf schief. »Die Narbe ist schon recht groß. Vielleicht ein paar geometrische Symbole, um das Blumenmeer etwas aufzubrechen?«

»Klingt gut«, stimmte Elijah zu und wirkte sehr zufrieden. »Was hältst du davon, Raelyn?«

Verdattert sah ich ihn an. »Wer, ich?«

»Ja, du.« Er erhob sich aus der Hocke, und ich rollte sofort mein Shirt herunter. »Es geht um deinen Körper. Du musst dir im Klaren darüber sein, was du willst.«

Ich dachte einen Moment lang an all die Tattoos, die ich mir bisher angesehen hatte, und rief mir die unzähligen Geschichten und Bedeutungen dahinter in Erinnerung, die ich gelesen hatte. »Ich hätte gerne weiße Lilien und Nelken«, murmelte ich nach einer Weile, während ich an das Blumenmeer auf dem Grab meines Vaters dachte. Ein Bild meiner Mutter blitzte vor meinem inneren Auge auf, und ich atmete zitternd ein. »Und könnten wir vielleicht auch einen Aquamarin einbauen?« Immerhin war unsere ausgefallene Augenfarbe unsere einzige Gemeinsamkeit.

Elijah klatschte grinsend in die Hände. »Das sind doch Wünsche, mit denen ich arbeiten kann.« Er ging hinter den Tresen und zog einen großen Zeichenblock und einen Kasten mit Stiften hervor, dann deutete er auf eine Tür am anderen Ende des Studios. »Ich zeichne dir einen Entwurf, okay? Wird etwas dauern.«

Ich sah Elijah einen Moment lang nach und rieb dann meine schwitzigen Hände an meiner Jeans ab. Erst jetzt begann ich wirklich zu begreifen, dass ich wirklich ein Tattoo bekommen würde. Hier und heute.

»Sieh dich hier ruhig etwas um, während ich die Einkäufe verstaue.« Maria nahm die Tüte vom Tresen und sah Hunter mahnend an. »Du kennst ja die Grundregeln.«

»Ja. In der Nähe der Tattooliegen wird absolut nichts ohne Handschuhe angefasst.«

»Guter Junge.« Maria verschwand und ließ uns allein im Studio zurück, in dem leise Rockmusik lief. Nervös sah ich zu den vier Liegen, die im hinteren Teil des Raumes standen. Bald würde ich auf einer von ihnen Platz nehmen und meinen langgehegten Wunsch in Erfüllung gehen lassen.

»Alles okay?« Hunter trat neben mich und ließ sich mit mir auf das große Sofa fallen, auf dem eben noch Elijah gesessen hatte.

»Ja, alles okay.« Ich sah über die Schulter zurück in den kleinen Raum und versuchte, meinen Blick nicht zu lange an den Tätowiermaschinen hängen bleiben zu lassen. »Ich kann es nur nicht so richtig fassen. Das ist alles.« Ich sah Hunter an, legte meine Hand auf sein Knie und drückte sanft zu. »Danke, dass du mich hergebracht hast. Ohne dich hätte ich hierfür sicherlich nie den Mut.«

Hunter legte seine Hand in meinen Nacken und küsste mich kurz. »Doch, irgendwann bestimmt. Ich beschleunige das Ganze nur ein bisschen.«

Ein bisschen? Guter Scherz. »Wie lange kennst du die beiden schon?«

»Fast drei Jahre.« Hunter ließ seinen Blick durch das Studio wandern, und seine Mundwinkel zuckten ein wenig. »Ich bin damals für ein Cover-up hergekommen. Kurz nachdem ich angefangen habe, an der STU zu studieren.« Er kratzte sich am Hinterkopf. »Ich musste mir eine verdammt lange Predigt darüber anhören, warum es eine beschissene Idee ist, sich im besoffenen Kopf irgendetwas stechen zu lassen, und sie hatten damit auch eindeutig recht. Seitdem bin ich für jedes Tattoo hergekommen.«

»Ist Elijah der talentierte Tätowierer, von dem du letztes Mal gesprochen hast?«, wollte ich wissen und schmiegte mich mehr an Hunter, um mein vor Nervosität wild klopfendes Herz zu beruhigen.

»Genau.« Hunter legte den Arm um meine Schulter und setzte sich etwas bequemer hin. »Ich komme die beiden manchmal auch einfach so besuchen. Sie sind irgendwie gute Freunde geworden. Es spielt gar keine Rolle, dass die beiden fast fünfzehn Jahre älter sind als ich. Außerdem urteilen sie nie über andere. Du weißt, wie wichtig mir das ist.«

Ja, das wusste ich nur zu gut. »Die beiden machen auch wirklich einen netten Eindruck.«

»Danke, das kann ich nur zurückgeben.« Ich sprang fast vom Sofa auf, als ich Marias Stimme plötzlich hinter mir hörte. Irritiert sah ich zum Haupteingang. Wo war sie denn jetzt hergekommen?

Maria lachte und ließ sich auf dem Sessel nieder, der schräg vorm Sofa stand. »Elijah und ich wohnen direkt über dem Studio. Ich hab den Hintereingang genommen.« Sie musterte mich interessiert. »Das ist dein erstes Tattoo, oder?«

»Ja. Ich möchte aber schon sehr lange eins haben.«

»Gut, dass du gewartet hast.« Sie hielt inne und betrachtete mich aufmerksam. »Du bist doch achtzehn, oder?«

»Ja.« Ich beeilte mich, mein Portemonnaie aus meiner Jackentasche zu ziehen, und hielt Maria meinen Ausweis hin.

Sie nahm ihn, mit einem Schmunzeln auf den vollen Lippen, entgegen. »Geboren am 6. August 1999. Eine Löwin also. Interessant.« Sie gab mir meinen Ausweis zurück, und ich sah auf das Foto, das eine blasse Schwarzhaarige zeigte, die ich jetzt kaum noch wiedererkannte.

»Wie lange habt ihr dieses Tattoo-Studio schon?«, fragte ich und steckte den Ausweis dahin zurück, wo er hingehörte.

»Ungefähr zehn Jahre.« Sie lächelte. »Wir haben im selben Studio gearbeitet, bevor wir uns verliebt und dann selbstständig gemacht haben. Sein eigener Chef zu sein, kann zwar hin und wieder echt ätzend sein, weil man Rechnungen bezahlen muss, aber es war die beste Entscheidung unseres Lebens.« Interessiert hörte ich Maria dabei zu, wie sie mir mehr über die Geschichte des Studios und darüber erzählte, wie sie überhaupt zum Tätowieren kam, dass ich gar nicht bemerkte, wie die Zeit verging. Doch es musste eine ganze Weile gewesen sein, denn Elijah kam mit dem Zeichenblock unterm Arm aus dem Raum, in den er sich für den Entwurf zurückgezogen hatte.

»Das wäre meine Idee«, sagte er und reichte mir den Block. Maria und er sprachen leise miteinander, doch ich nahm sie kaum wahr, so gefangen war ich von der Zeichnung.

»Es ist wunderschön«, flüsterte ich und ließ meine Fingerspitzen über die opulenten Lilien und Nelken wandern, die sich um den großen achteckig geschliffenen Aquamarin im Zentrum des Tattoos rankten. Striche, die aussahen wie der Pfeil eines Kompasses, und vereinzelte Punkte und dünne Linien brachen das Tattoo ein wenig auf und ließen es, trotz seiner enormen Größe, noch zart und feminin wirken. Die Farbe, die Elijah für den Aquamarin verwendet hatte, war einfach perfekt, und es fiel mir schwer, die ganzen Gefühle zurückzuhalten, die mich beim Anblick dieses Kunstwerks überkamen.

Kaum zu glauben, dass ich das bald für immer auf meiner Haut tragen würde.

»Danke.« Meine Stimme klang etwas brüchig, und ich räusperte mich. »Vielen Dank, Elijah. Es ist wirklich umwerfend schön.«

»Das wollte ich hören.« Elijah grinste zufrieden und deutete in Richtung Liegen. »Wollen wir dann loslegen?«

Ich nickte enthusiastisch. Jetzt, wo ich das Tattoo gesehen hatte, wollte ich es nur noch mehr. »Ja.«

»Alles klar.« Elijah blickte seine Frau an. »Hilfst du ihr dann bei der Vorbereitung, während ich die Folie fertig mache?«

Maria nickte, und ich stand auf. Sie führte mich zu der Liege, die etwas versteckt hinter einer Säule lag. Ich zog mein Shirt und meinen BH aus und sah weg, als sie begann, meine Brüste abzukleben, damit ich während des Tätowierens wenigstens ein bisschen bedeckt sein würde.

»Den BH kannst du danach nicht anziehen«, meinte sie und faltete ihn zusammen, bevor sie ihn in meine Jackentasche steckte. »Es wird ein paar Tage lang wehtun, einen BH zu tragen, weshalb ich dir einfach raten würde, eine Woche lang komplett darauf zu verzichten.«

Ich nickte, und als sie mir andeutete, mich auf die Liege zu setzen, kam ich ihrer Bitte nach. »Ich hole dann jetzt Elijah und Hunter, okay?«

»Okay.« Ich wartete angespannt, bis die beiden Männer bei mir waren. Elijah rollte für Hunter einen kleinen Hocker auf Rädern heran, damit er auf Höhe meines Kopfes neben mir sitzen konnte. Dann platzierte Elijah die Folie. Mir stockte der Atem, als er mir einen Spiegel reichte, um die Platzierung zu überprüfen. Die Zeichnung schmiegte sich perfekt an die Kurve meiner Brüste, und die Ranken der Lilien und Nelken schlängelten sich in einer schmalen Linie bis hin zu meinem Bauchnabel. Die Narbe verschwand vollständig, und ich lächelte.

»Gut so?«, fragte Elijah, und ich nickte eifrig. »Alles klar. Ich werde heute nur die Umrisse fertigstellen können. Ihr müsst dann nach Weihnachten für die Schattierungen und die Farbe wiederkommen.«

»Danke.« Ich wusste, ich hatte das Wort heute schon unzählige Male gesagt, aber es kam wirklich von Herzen. Ich legte mich der Länge nach auf die Liege und sah dabei zu, wie Elijah sich auf seinen Hocker setzte, der höher war als der von Hunter, während er alles vorbereitete.

»Gar kein Thema.« Elijah zog seine Handschuhe an und bereitete die Maschine vor. Als er fertig war, sah er mich abwartend an. »Bereit?«

Ich nickte. »Ja.« Eine klare Lüge. Aber wer war jemals wirklich bereit für sein erstes Tattoo?

Die ersten Stiche waren erträglich. Das Surren der Maschine hallte in meinem Kopf wider und mischte sich mit dem Schmerz, der sich anfühlte wie tausend kleine Nadelstiche. Es war nicht angenehm, aber auch nicht so schlimm, wie ich es mir immer vorgestellt hatte.

»Geht es?« Hunter saß direkt neben mir und hielt meine Hand, während Elijah seine Arbeit tat. Ich war froh, dass wir in den hinteren Teil des Studios gegangen waren, wo wir ein wenig hinter einer Säule versteckt waren, denn ich konnte hören, wie auch die anderen Artists zur Arbeit erschienen.

»Ja, alles okay.« Ich lächelte schwach. »Das wird definitiv nicht meine Lieblingsbeschäftigung, aber es ist nicht so schlimm, wie ich dachte.« Ich drückte Hunters Hand aufmunternd, der sich vorlehnte und mir einen schnellen Kuss auf die

Lippen gab. Ich war dankbar, als Elijah das Gespräch übernahm, und schnell verfielen wir drei in eine lockere Unterhaltung über die Uni und die anstehenden Finals, die zwar nicht meine volle Aufmerksamkeit forderte, mich aber dennoch genug ablenkte. Zumindest so lange, bis Elijah die Haut direkt über meinen Knochen erreichte. Als er die ersten Stiche über meinen Rippen setzte, stieß ich ein schmerzvolles Stöhnen aus und hielt Hunters Hand so fest ich nur konnte.

Das tat wirklich weh.

Je länger der Schmerz anhielt, desto mehr drängte es mich, aufzuspringen und davonzulaufen. Ich presste Hunters Hand und krallte die andere in das Leder der Liege, die ein protestierendes Knatschen von sich gab, was ich geflissentlich ignorierte. Ich tat alles, um mich nicht vor Schmerz zu winden und Elijahs Arbeit zu behindern. Ich biss die Zähne fest aufeinander. Der Schmerz war zwar stark, aber aushaltbar. Ich würde das hier hinkriegen. Ich würde es durchstehen. Immerhin hatte ich schon ganz andere Dinge geschafft, und die Belohnung würde atemberaubend sein.

»Du schlägst dich tapfer«, hörte ich Hunter leise neben mir murmeln, und ich sah ihn an. Er war so blass, wie ich mich fühlte, und sein Daumen strich über den Puls an meinem Handgelenk, während er sich um ein Lächeln bemühte, dabei aber kläglich scheiterte. Trocken lachte er auf. »Scheiße, ich hab mich schon unzählige Male tätowieren lassen, aber das hat nicht annähernd so wehgetan, wie zuzusehen, dass du Schmerzen hast.« Er rieb sich mit einer Hand über das Gesicht. »Fuck.«

Ich drückte seine Hand und lächelte ihn an, ehe ich vor Schmerz das Gesicht verzog. Okay, so langsam wurde es wirklich, wirklich unangenehm. »Da müssen wir jetzt wohl zusammen durch.«

Hunter warf mir einen eigenartigen Blick zu, doch der Schmerz verhinderte, dass ich mir wirklich Gedanken darüber machen konnte. Er rückte näher an die Liege heran und legte mir die andere Hand an den Kopf, während sein Daumen über meine Stirn strich. »Ja, sieht ganz so aus.«

Ich nickte und schloss die Augen, um tief durchzuatmen und den Schmerz etwas in den Hintergrund treten zu lassen. Ich spürte genau, wie sanft Hunter meine Haut streifte, während er leise auf mich einredete und mir von irgendwelchen Nichtigkeiten erzählte, die mich ablenken sollten.

Und es funktionierte. Denn mit Hunter an meiner Seite wusste ich, dass ich absolut alles ertragen konnte.

34. KAPITEL

Hunter

»Und jetzt?«

Samuels verzweifelte Frage versetzte mir einen Stich, während ich auf die ganzen Ablehnungsschreiben blickte, die ausgebreitet auf dem Couchtisch in meiner Wohnung lagen. Sie alle begannen immer mit der gleichen beschissenen Anfangsklausel, die zwar eigentlich dafür sorgen sollte, dass man sich besser fühlte, von der man jedoch wusste, dass sie nichts weiter war als ein über Jahre hinweg in der Musikszene verteilter und benutzter Vordruck, der den Sekretärinnen zwar die Arbeit erleichterte, man sich selbst aber wie der letzte Dreck vorkam, wenn man den immer selben Mist wieder und wieder und wieder von unterschiedlichen Absendern zu lesen kriegte.

Guten Tag, Mr Johnsen,
vielen Dank für Ihr Interesse an unserem Label XY. Wir bewundern Ihr Engagement und Ihren Einsatz, müssen Ihnen aber leider mitteilen, dass wir das von Ihnen eingesendete Demotape nicht in unser Repertoire aufnehmen können, weil …

Als wüsste man nicht auch ohne einen tausendfach verwendeten Vordruck, bei dem lediglich der Adressat geändert wurde, dass man nur einer von vielen war und dass die ganze Arbeit und das Herzblut, das man investiert hatte, für diese Nieten in Nadelstreifen, die die Geschicke der Industrie von ihrem bequemen Platz hinter ihrem Schreibtisch lenkten, nicht viel mehr wert war als der Umschlag, in den man die CD geschickt hatte. Für sie waren wir nur weitere Versager, deren Hoffnung mit jedem Ablehnungsschreiben mehr und mehr schwand, bis nichts mehr davon übrig blieb, während wir uns trotzdem verzweifelt an einen Traum klammerten, der sich doch nie erfüllen würde.

Ich fuhr mir mit beiden Händen durchs Haar und stieß ein tiefes Seufzen aus. Das war doch wirklich einfach nur absolut zum Kotzen. Konnte nicht ein einziges Mal alles so laufen, wie es sollte? Warum musste immer alles, was ich anrührte, in einem verfluchten Desaster enden? Das lief schon mein ganzes beschissenes Leben so.

Dwight klatschte in die Hände und kaute wie wild auf seinem Kaugummi herum. Sein lautes Schmatzen und sein unerschütterlicher Enthusiasmus würden dafür verantwortlich sein, dass ich gleich ausflippte. »Wir sollten auf jeden Fall nicht den Kopf in den Sand stecken.« Er stieß Samuel an. »Also reiß dich mal zusammen und lass uns überlegen, was wir jetzt machen.«

Samuel nickte und sah mich an. »Haben wir es schon an die kleineren Independent-Labels geschickt?«

Ich nickte. War das sein beschissener Ernst? Als hätte ich die kleineren Labels vergessen, bei denen eine Band wie seine tatsächlich irgendwelche Chancen hatte.

Samuel deutet auf die Briefe auf dem Couchtisch. »Von wie vielen Labels haben wir denn bisher Rückmeldung?«

Ich überschlug grob, wie oft ich mich in den letzten Tagen wie ein Versager hatte fühlen müssen. »Von ungefähr fünfzehn.«

Dwight schob die Zettel zusammen, als würde es einen Unterschied machen, ob man den Wisch vor sich hatte oder nicht. »Bei wie vielen haben wir uns beworben?«

»Fünfundzwanzig.« *Was du wüsstest, wenn du dich selbst um den Scheiß gekümmert hättest, anstatt es alles auf mich abzuwälzen, du fauler, egoistischer Scheißkerl. Ich bin euer Produzent. Nicht euer Manager und auch ganz sicher nicht euer verfluchter Babysitter.*

»Das gibt uns noch die Chance auf zehn weitere.« *Wow, Dwight, das hast du aber toll ausgerechnet. Hier ist dein Orden.* »Sollen wir es auch mal in New York probieren?«

Ich biss die Zähne aufeinander, fassungslos über so viel Unwissenheit. »New York ist eher ein Zentrum für Jazz, Rap und Hip-Hop. Das Tape dahin zu schicken, ergibt keinen Sinn. Außerdem habt ihr gesagt, dass ihr lieber in Kalifornien bleiben und es in L.A. versuchen wollt.« Meine Stimme war zum Ende hin immer lauter geworden, und Samuel und Dwight sahen mich verdattert an. Ich bemühte mich um Beherrschung, während ich verzweifelt versuchte, den Blick zu ignorieren, den Tyler mir aus der Küche zuwarf. Ich konnte ein weiteres Paar kontrollierender und stechender Augen echt nicht gebrauchen.

»Tut mir leid.« Ich räusperte mich. »Das ist alles meine Schuld.«

Samuel legte mir aufmunternd die Hand auf die Schulter und lächelte schwach. »Was kannst du denn bitte dafür, wenn diese Idioten kein Talent erkennen?«

Ich hielt den Mund und blieb Samuel meine Antwort schuldig, die für mich vollkommen auf der Hand lag. Ich hatte die Platte produziert und war dementsprechend in großem Maße für ihren Sound mitverantwortlich. Und die Band hatte eindeutig Talent. Das war ihnen über die Jahre hinweg, die sie nun schon zusammenspielten, immer wieder attestiert worden. Was war also das Problem?

Für mich war es ganz eindeutig. Ich war das Problem. Und egal, wie sehr ich mich auch darüber aufregen mochte, dass Dwight die ganze Arbeit am Ende auf mich abgewälzt hatte, blieb diese einfache Wahrheit doch trotzdem bestehen.

Wir alle scheiterten. Und es war gottverdammt noch mal meine Schuld.

»Es bringt nichts, das Ganze jetzt zu zerreden«, entschied Samuel und erhob sich vom Sofa. »Ich sage den Jungs Bescheid, und wir machen uns Gedanken, wie wir jetzt weiter vorgehen wollen. So oder so sollten wir auf die Rückmeldungen der anderen Labels warten. Wer weiß, vielleicht ist ja doch irgendwer dabei, der unsere Songs haben will. Und wenn nicht, dann versuchen wir es über Youtube oder Soundcloud. Irgendwann wird es schon klappen.«

Ich sagte Samuel nicht, wie unrealistisch das war, sondern hielt einfach meinen Mund, während auch Dwight aufstand und die beiden gemeinsam zur Tür gingen. Youtube? Soundcloud? Dort entdeckt zu werden, war verdammt unwahrscheinlich, da man in der Masse einfach unterging. Eine ernsthafte Karriere darüber aufzubauen, konnte Ewigkeiten dauern, wenn es denn überhaupt passierte. Und weder die Jungs noch ich hatten die Zeit, auf so ein beschissenes Wunder zu warten.

»Sehen wir uns morgen?«, fragte Dwight über die Schulter hinweg, und ich nickte.

»Sicher.« Ich konnte es mir nicht leisten, so kurz vor den Finals auch noch die Vorlesungen zu schwänzen, auch wenn ich absolut keine Lust hatte, hinzugehen und mir von Dozenten anzuhören, wie Musik funktionierte und wie man sie am besten vermarkten konnte, denn ihre dämlichen Ratschläge führten ja offensichtlich zu nichts. Aber ich musste diese Klausuren bestehen, auch wenn meine Aussichten auf eine vielversprechende Karriere mit jedem Tag, an dem ich keine erfolgreiche Platte produzierte, mehr und mehr schwanden.

Ich legte den Kopf in den Nacken und schloss die Augen, als die beiden endlich verschwunden waren, um den anderen zwei Bandmitgliedern die schlechten Nachrichten zu überbringen. Wenigstens musste ich den Scheiß nicht auch noch machen. Auf das Trocknen von sinnlosen Tränen hatte ich gerade wirklich keinen Nerv. Als ich Schritte hörte und spürte, wie sich das Sofapolster neben mir bewegte, biss ich die Zähne fest aufeinander. Bei dem Blick, den Tyler mir vorhin zugeworfen hatte, wusste ich genau, was mir jetzt blühte, aber ich hatte gerade wirklich keine sonderlich große Lust, mir das anzuhören, auch wenn er mein bester Freund war.

»Nicht jetzt«, murrte ich, und mir stieg der Geruch von Spaghetti Carbonara in die Nase, bei dem sich mir der Magen umdrehte. Er wusste, dass ich den Geruch von dem Zeug hasste, und trotzdem kochte er es dauernd in unserer Wohnung.

»Alles okay bei dir?«, fragte Tyler mit vollem Mund.

»Ja. Alles okay«, presste ich zwischen meinen fest zusammengebissenen Zähnen hervor. »Alles in bester Ordnung. Das letzte Album, was ich produziert habe, ist zwar absolut erfolglos, aber das macht ja nichts.« Ich öffnete meine Augen und sah zu Tyler hinüber, der genüsslich seine klebrigen, vor Sahne triefenden Nudeln verputzte. Gott, ich hasste dieses Zeug wirklich. Es schmeckte nicht nur widerlich, sondern roch auch noch nach Eigelb und Fett.

»Dann versuchst du es mit einer anderen Platte halt noch mal.« Tyler rollte die Nudeln auf seine Gabel und beäugte mich. »Du bist ein wahnsinnig talentierter Produzent. Das haben dir schon so viele deiner Dozenten gesagt. Du hast dich mit diesem Genre vollkommen aus deiner Komfortzone gewagt. Natürlich ist dein erster Versuch da nicht sofort ein Meisterwerk, und das ist auch vollkommen okay.«

Sagt der Sohn eines Fluggesellschafts-CEO.

Tyler stieß mich mit der Schulter an, und als ich sein aufmunterndes Lächeln sah, hätte ich ihm am liebsten eine reingehauen. »Du lässt dich doch sonst nicht von so was unterkriegen. Also, was ist los?«

»Nichts.« Ich ballte die Hände im Schoß zu Fäusten, um Tyler nicht den Kinnhaken zu verpassen, den er verdient hatte. Wieso musste dieser Wichser sich in alles einmischen? Und warum musste er mich mit diesem Blick ansehen, den ich nur zu gut von Kate und meinen Eltern kannte? Konnte er mich nicht einfach in Ruhe lassen, wenn ich ihn schon so freundlich darum gebeten hatte? War das echt zu viel verlangt? »Kann ich nicht wie jeder andere einfach einen schlechten Tag haben?«

Tyler stellte seinen Teller Nudeln auf dem Couchtisch ab, die noch immer vor sich hin dampften und ihren widerlichen Geruch im Wohnzimmer verbreiteten. »Könntest du, wenn du so wärst wie jeder andere. Das bist du aber nicht.« Tyler lehnte sich auf dem Sofa zurück und schlug die langen Beine übereinander wie ein beschissener Therapeut. »Also, rede mit mir. Was ist los?«

»Ich bin einfach frustriert, okay?« Ich wusste genau, das Mr Perfect hier das nicht verstehen würde. Ihn frustrierte ja nie etwas. Wie sollte es auch? Er musste sich über nichts Gedanken machen. Er konnte um die beschissene Welt reisen, wann immer es ihm passte. All seine laufenden Kosten wurden von seinen Eltern übernommen, und auch wenn er als Kind dafür fertiggemacht worden war, dass seine Mom aus Korea kam, hatte er deshalb heute kaum noch irgendwelche Auseinandersetzungen. Er lebte, wie es ihm passte. Ohne Probleme. Ohne Sorgen.

Fernab von jeder Realität. Fernab von meiner hässlichen Realität. Und genau das kotzte mich an. »Ich hab eine Menge Zeit in dieses Album investiert, und es jetzt so scheitern zu sehen, ist einfach ein echt beschissenes Gefühl.«

Tyler blieb vollkommen gelassen, obwohl meine Stimme immer lauter wurde. »Und das verstehe ich auch, aber normalerweise würdest du wegen so etwas nicht den Kopf in den Sand stecken, sondern direkt wieder ins Studio gehen und nach einer Lösung suchen. Stattdessen sitzt du hier und badest in Selbstmitleid.«

»Die Besprechung war doch gerade erst.«

Tyler zuckte mit den Schultern, so als wäre das, was ich gerade gesagt hatte, vollkommen irrelevant. »Ja, bei der du Dwight und Samuel angekeift hast, was erst recht nicht deine Art ist.«

Ich lachte freudlos auf und hörte sogar selbst, wie hohl und harsch es klang. »Scheinbar schon.«

Tylers Gesichtsausdruck wurde mit einem Mal wieder weicher, und ich fluchte. »Hunter.«

»Was willst du eigentlich von mir, Mann?« Ich sprang vom Sofa auf und brachte Abstand zwischen Tyler und mich. Es war eine Sache, dass dieser Scheißkerl meinte, mir gerade auf den Sack gehen zu müssen, aber es war eine völlig andere, wenn er mich so mitleidig ansah. Das war die eine Sache, die ich absolut nicht ertrug. »Ich habe dir gesagt, dass ich jetzt nicht reden will, aber du hast mich ja ignoriert. Wie immer.«

Tyler setzte sich auf die Kante des Sofas, so als wäre er bereit, jeden Moment aufzuspringen, aber ich hoffte für uns beide, dass er es nicht tun würde. »Ich will einfach, dass du ehrlich bist. Zu mir. Zu Kate. Zu dir selbst. Und vor allem zu Raelyn.«

Als Tyler Raelyns Namen erwähnte, riss bei mir der letzte Geduldsfaden. »Du willst mich doch wohl verarschen.« Ich trat gegen den Couchtisch, der bedenklich ins Wanken geriet. »Ist das dein beschissener Ernst? Du willst ausgerechnet jetzt mit mir über diese verdammte Scheiße reden?«

Tyler stand auf, und die Luft zwischen uns schien wie elektrisch aufgeladen. »Ich will schon die ganze Zeit mit dir darüber sprechen, aber du gehst mir ja aus dem Weg.«

Ich reckte das Kinn und verschränkte die Arme vor der Brust, während ich mir die geballten Fäuste unter die Achseln klemmte. Der Drang, Tyler für sein dämliches Gelaber eine reinzuhauen, wurde mit jeder Sekunde stärker. »Warum wohl? Denk mal scharf darüber nach!«

»Weil du keinen Bock hast, dich mit mir auseinanderzusetzen, weil du ganz genau weißt, dass ich dir Dinge sagen werde, die du nicht hören willst, die du aber hören musst.« Tylers Hals zierten aufgeregte rote Flecken, weil er vermutlich genauso aufgebracht war wie ich, aber das interessierte mich gerade herzlich wenig. Ich hatte ihn gewarnt. »Aber ein kleiner Newsflash: Ich bin nicht dein bester Freund, um dir zu sagen, was du hören willst. Ich bin dazu da, um dir die Wahrheit zu sagen, ganz egal wie beschissen sie ist.« Tyler warf die Hände in die Luft. »Und die Wahrheit ist nun mal, dass du es ihr sagen musst, Mann. Wenn du irgendeine Zukunft mit ihr haben willst, dann –«

Ich schnaubte und ignorierte den scharfen Schmerz, den Tylers Worte in mir auslösten. Ich konnte jetzt nicht daran denken, was dieser Schmerz zu bedeuten hatte. Und ich wollte es auch nicht. »Wer hat gesagt, dass ich das will?«

»Willst du mir etwa sagen, dass du das nicht willst?« Tyler lachte sarkastisch auf, und meine Finger zuckten. »Willst du mir allen Ernstes ins Gesicht sehen und mir weismachen, dass du absolut nichts für sie empfindest? Dass du nur ein bisschen Spaß mit ihr hast und keinerlei Gefühle für sie hegst?« Tyler trat einen weiteren Schritt auf mich zu, und ich bedachte ihn mit einem warnenden Blick. »Wenn das deine Absicht ist, dann ist das nichts weiter als glatter Selbstbetrug.«

»Was geht dich das überhaupt an?« Ich überbrückte die letzte Distanz zwischen Tyler und mir und stieß ihn an der Schulter unsanft rückwärts. »Wie wär's, wenn du deine Nase nicht in meine Angelegenheiten steckst, sondern dich stattdessen um deinen eigenen Kram kümmerst?«

Tyler fing sich am Sofa ab und funkelte mich zornig an. »Du benimmst dich gerade echt wie ein Arschloch.«

»Kann ich nur zurückgeben.« Ich holte zum finalen Schlag aus, von dem ich genau wusste, dass er Tyler höllisch wehtun würde, aber ich konnte mich nicht davon abhalten. »Kümmere dich lieber darum, wie du wieder so lange wie möglich abhauen kannst. Alles andere interessiert dich doch eh einen Scheißdreck.«

Die Wut verschwand aus Tylers Gesicht und wich einem so verletzten und entsetzten Ausdruck, dass ich ihn nicht länger ansehen konnte. »Hunter.« Tyler streckte die Hand nach mir aus, doch ich schlug sie weg und eilte mit langen Schritten zur Tür.

Ich schnappte mir meine Jacke und schlüpfte in meine Schuhe, bevor ich die Tür mit einem Ruck aufzog. »Mach doch das, was du am besten kannst, und verpiss dich einfach.« Ich trat in den Flur und schlug die Tür hinter mir zu. Dann steckte ich die Hände in meine Hosentaschen und ging.

35. KAPITEL

Raelyn

Mit dem Koffer in der Hand ging ich zum Requisitenraum, der aus allen Nähten zu platzen schien, und stellte ihn zurück auf das oberste Regal, während ich zufrieden mein Werk betrachtete. Alles war sauber und so ordentlich verstaut, wie es in einem so winzigen Raum mit deckenhohen Regalen nur möglich war. Meine letzte Amtshandlung für heute. Ich warf einen schnellen Blick auf meine Armbanduhr und seufzte leise. Es war schon halb elf, und ich hatte noch immer nichts gegessen.

Der letzte Vorhang für *Almost, Maine* war vor einer halben Stunde gefallen, und während sich die Schauspieler umzogen, hatten wir anderen aus dem Kurs die Aufgabe bekommen, alles für die Winterpause herzurichten, damit das Reinigungspersonal, das das Auditorium in den Weihnachtsferien auf Vordermann brachte, nicht erst alles wegräumen musste.

Ich verließ den kleinen stickigen Raum, in den ich heute mehrfach gelaufen war, um die richtigen Gegenstände für die unterschiedlichen Szenen zusammenzusammeln, und zog den Schlüssel, den Naziah mir anvertraut hatte, als ich mich freiwillig gemeldet hatte, um auszuhelfen, aus meiner Hosentasche. Ich verriegelte die Tür und sah mich im Bühnenflügel um.

Ich war allein und genoss die Ruhe, die nach der Aufführung herrschte. Schon eigenartig. Noch vor kurzer Zeit waren hier alle wild durcheinandergelaufen. Im Flüsterton waren aufmunternde oder lobende Worte ausgetauscht worden, während man einander in die Kostüme geholfen oder Requisiten angereicht hatte. Jetzt lag der Flügel vollkommen still da. Verlassen.

Ich schlang die Arme um mich selbst und fuhr mit den Fingerspitzen die Konturen des Schlüssels nach. Stimmengewirr drang vom Backstagebereich an mich heran, und ich verließ den Bühnenflügel. Mit langsamen Schritten ging ich den schmalen Flur entlang, der mich zu der großen Garderobe führte, in der unzählige kleine Schminktische aneinandergereiht standen. Hier herrschte noch emsige Betriebsamkeit. Alle redeten wild durcheinander, während sie ihre Sachen zusammenpackten oder sich umzogen.

Schweigend ging ich zu einem kleinen Tisch ganz am Rand, auf den ich meinen Rucksack gelegt hatte. Ich war traurig, dass heute die letzte Aufführung gewesen war. Ich hätte lieber noch mehr Zeit damit verbracht, mir über aufgerissene Kostüme, einen fehlenden Koffer oder vergessene Zeilen Gedanken zu machen. Aber das war jetzt vorbei. Ich strich über das alte Leder des Rucksacks, der schon meinem Dad gehört hatte, und seufzte leise.

Keine Nachricht. Kein Anruf. Kein gar nichts.

Aber war es nicht genau das, was ich gewollt hatte?

»Vielen Dank für deine Hilfe die letzten paar Tage.« Ich sah auf, als ich plötzlich Naziahs Stimme neben mir hörte. Sie wirkte erschöpft, aber das zufriedene Lächeln auf ihren Lippen sprach Bände. »Ich bin mir sicher, du hattest Besseres zu tun, als hinter der Bühne Signale zu geben oder Kostüme zu flicken.«

Ich schüttelte den Kopf. »Es war wirklich völlig in Ordnung für mich.« Nicht nur das, denn es war auch eine verdammt gute Ablenkung gewesen. »Irgendwie hat es sogar echt Spaß gemacht.«

»Das freut mich zu hören. Es ist immer besser, ein paar Hände und Augen zusätzlich dort hinten zu haben, damit nicht alles in totalem Chaos endet.« Sie kramte in ihrer großen gestrickten Umhängetasche herum und zog eine Plastikbox heraus, die sie mir hinhielt. »Hier, ein kleines Dankeschön für deine Hilfe.«

Ich hob abwehrend die Hände, unwillig ihr Geschenk anzunehmen, wo ich diesen Job doch hauptsächlich dazu benutzt hatte, mich auf andere Gedanken zu bringen. »Naziah, das wäre nicht nötig gewesen. Ich hab es wirklich gern gemacht.«

Sie griff sich meine Hand und legte die Plastikdose in Blumenform hinein. »Es ist wirklich nur eine Kleinigkeit. Ein bisschen Nervennahrung, damit du deine ersten Finals gut überstehst.«

Sie hatte mir etwas zu essen mitgebracht? Mein Magen knurrte lautstark, und ich öffnete vorsichtig den Deckel. Aromen von Sesam, Safran und Honig stiegen mir sofort in die Nase, und mir lief das Wasser im Mund zusammen. »Das riecht fantastisch.« Ich sah hinein. Waren das etwa Kekse? »Was ist das?«

Naziah lächelte mich an. »Das sind Chebakia. Ein marokkanisches Gebäck.«

Ich zog ein Chebakia hervor und bemerkte den Honigüberzug. »Hat du die selbst gebacken?« Als sie nickte, weiteten sich meine Augen. »Oh, wow. Vielen lieben Dank, Naziah.«

Naziah winkte ab, als wäre es nichts, dass sie sich extra für mich so eine Mühe gemacht hatte. »Ich hoffe, sie schmecken dir. Sie sind sehr süß, aber als ich Kate gefragt habe, was du so magst, meinte sie, dass das kein Problem sein dürfte.«

»Überhaupt nicht. Ich liebe Süßkram.« Ich biss von dem Gebäck ab und seufzte zufrieden. Es schmeckte himmlisch und ganz anders als jedes Gebäck, das ich je zuvor gekostet hatte. »Wirklich, vielen lieben Dank.«

»Mach keine große Sache draus. Wir sehen uns dann im Januar, okay?« Ich aß den Rest in einem Happs, und Naziah klopfte mir lächelnd auf die Schulter. »Wer weiß, vielleicht krieg ich dich ja doch noch zum Vorsprechen.«

Ich würde nicht darauf wetten. »Ja, wer weiß.«

Sie hob die Hand zum Gruß. »Bis dann, Raelyn.«

»Bis dann.« Ich sah Naziah noch einen Moment lang nach, ehe ich die Dose vorsichtig in meinem Rucksack verstaute. Ich würde alles bis auf den letzten Krümel aufessen. Da war ich mir ganz sicher. Die klebrige Süße der Chebakia war genau das richtige Trostpflaster für die langen Nächte in der Bibliothek, die mir angesichts der kommenden Finals bevorstanden. Ich zog mein Handy aus der vorderen Tasche des Rucksacks und freute mich, als eine Nachricht von Hunter aufblinkte. Sofort öffnete ich sie.

Hunter [22:06]: Warte draußen auf dich. Komm einfach raus, wenn du fertig bist.
Hunter [22:07]: Hab dir was aus der Mensa geholt. Damit du auch was isst, bevor du dich wieder verkriechst, Bücherwurm.

Mit einem Grinsen auf den Lippen schrieb ich ihm schnell, dass ich auf dem Weg nach draußen war, und packte in Windeseile meine Sachen zusammen. Allein bei dem Gedanken, Hunter jetzt gleich zu sehen, machte mein Herz einen Satz. Vielleicht war es wirklich, wie Kate gesagt hatte. Vielleicht war ich, was Hunter betraf, wirklich so was wie ein hoffnungsloser Fall.

»Bis dann, Raelyn.« Ich sah auf, als Blake und Seoyoung an mir vorbeigingen. Er hatte locker den Arm um ihre Schultern gelegt und nickte mir anerkennend zu, während Seoyoung mich anlächelte. »Und fröhliche Weihnachten.«

»Fröhliche Weihnachten.« Ich nahm mir das Skript, dass ich von Connor bekommen hatte, um notfalls den Text vorsagen zu können, und stopfte es zusammen mit meiner Wasserflasche und meinem Schal in den Rucksack. Eigentlich hatte ich mich in aller Ruhe von allen verabschieden wollen, da es vor den Ferien keine Proben mehr geben würde, aber den Plan verwarf ich schnell. Es war eh kaum noch jemand da.

Als ich meine Jacke anzog, tippte mir jemand auf die Schulter. Ich drehte mich um und blickte in Ambers Gesicht. Mein Lächeln verschwand. Ich war ihr in letzter Zeit, so gut es ging, aus dem Weg gegangen, doch Amber hatte für heute Abend wohl andere Pläne. Sie war schon komplett umgezogen und stand in ihren Mantel gehüllt und mit ihrer Tasche über dem Arm zwischen mir und der Tür.

»Hey.« Sie hatte sich bereits abgeschminkt, doch ihre Haut hatte immer noch diese schöne Ebenmäßigkeit, um die man sie nur beneiden konnte. »Können wir vielleicht reden?«

Ich verspannte mich. An ihrem Tonfall hörte ich sofort, dass sie nicht vorhatte, einfach nur mit mir über meine Pläne für die Weihnachtsferien zu sprechen. »Ich habe es leider sehr eilig. Ich bin noch verabredet.«

Ihre Oberlippe zuckte. »Mit Hunter?«

Ich antwortete ihr nicht, sondern legte stattdessen den Schlüssel zum Requisitenraum auf den Tisch, damit das Reinigungspersonal ihn schneller finden würde, ehe ich meinen Rucksack zumachte. Ich würde mich nicht mit ihr auf dieses Spielchen einlassen, das sie so perfekt zu beherrschen schien.

Amber verschränkte die Arme vor der Brust und reckte angriffslustig das Kinn. »Ich hab gehört, ihr seid jetzt zusammen.«

Ich schulterte meinen Rucksack und schob mich an ihr vorbei. »Fröhliche Weihnachten, Amber.«

»Warte. Ich will dir doch nur helfen, Raelyn.« Sie fluchte leise und folgte mir auf den schmalen Korridor. »Irgendetwas stimmt wirklich nicht mit ihm. Das musst du doch auch merken.«

Meine Hand krampfte sich um die Trageriemen meines Rucksacks. »Ich weiß nicht, wovon du sprichst.«

»Schwachsinn. Du weißt genau, was ich meine.«

Ich beschloss, ihr keine Sekunde länger zuzuhören, und wandte mich ab.

»Hey, jetzt warte!«

Auf keinen Fall. »Amber, ich weiß nicht, was genau zwischen dir und Hunter vorgefallen ist, aber ich will nichts damit zu tun haben.« Ich ging Richtung Bühne und überquerte sie mit schnellen Schritten. »Das ist eine Sache zwischen dir und ihm.«

»Ich will nur nicht, dass er dich genauso verletzt wie mich.« Sie folgte mir die Treppe hinunter und war direkt hinter mir, als ich hastig durch den Zuschauerraum eilte, um die Vorhalle zu erreichen. »Er hat dir nie davon erzählt, oder? Wie oft wir uns gestritten haben? Dass er mich aus seinem Zimmer geworfen hat oder selbst einfach abgehauen ist? Dass er manchmal einfach wegen irgendwelcher Kleinigkeiten völlig ausgerastet ist.«

»Nicht im Detail.« Wir hatten dieses eine Mal am Strand darüber gesprochen und danach nie wieder. So wie er meine Narbe respektierte, respektierte ich seine alten Wunden. Es war unnötig, in der Vergangenheit herumzustochern. Es würde nur wehtun, und ich wollte nie wieder diesen Ausdruck auf seinem Gesicht sehen, den er mir gezeigt hatte, als er über Amber gesprochen hatte.

Ich musste nicht alles über seine Vergangenheit wissen oder verstehen, uns beiden gehörte die Zukunft. Und das war alles, was mich wirklich interessierte.

»Das sieht ihm ähnlich. Immer nur –«

»Ich möchte es aber auch gar nicht hören.« In der Vorhalle blieb ich stehen und sah Amber in die Augen. »Ich habe dir schon gesagt, dass das zwischen euch mich nichts angeht. So wie das zwischen Hunter und mir dich nichts angeht.« Ich straffte meine Schultern und nahm all meinen Mut zusammen, in der Hoffnung, dass Amber endlich begreifen würde. »Ich würde dich bitten, das zu respektieren.«

Amber sah mich einen Moment lang fassungslos an, ehe sie leise schnaubte. »Er hat dich echt vollkommen eingewickelt. Sei doch nicht so blind, Raelyn!«

»Ich denke, diese Entscheidung wirst du wohl mir überlassen müssen.« Ich wandte mich ab. Offensichtlich hatte Amber nicht verstanden. Oder es war ihr egal. Und ich wusste nicht, welche der beiden Optionen schlimmer war.

»Du willst mir also sagen, dass er vor dir noch nie grundlos ausgeflippt ist? Dass er bisher immer nur der nette Kerl von nebenan war?« Sie lachte abfällig, und ich beschleunigte meine Schritte. »Wem willst du das denn glauben machen?« Sie schloss zu mir auf und lief nun direkt neben mir, doch ich tat mein Bestes, sie nicht anzusehen, während ich auf die großen Türen zusteuerte, die mich nach draußen und damit auch zu Hunter führen würden.

»Der ganze Campus weiß, wie Hunter wirklich ist.«

»Nein.« Ich stieß die Türen auf und trat hinaus in die kühle Nachtluft, die mein Gemüt aber scheinbar kein bisschen abkühlen konnte. Ich hatte mal geglaubt, dass Amber und ich so etwas wie Freundinnen werden können, aber das war vorbei, seitdem ich wusste, was für einen Schaden sie mit ihren

Worten anrichtete und wie sie diese als Waffe nutzte, ohne Rücksicht auf Verluste. »Alle glauben nur das, was du sagst. Und das ist ein himmelweiter Unterschied.«

Amber starrte mich wütend an, doch ich schüttelte nur den Kopf, als sie wieder ihren Mund öffnete.

»Hör bitte einfach auf.« Ich betrachtete ihr Gesicht und seufzte leise. »Ich wünsche dir trotzdem schöne Weihnachten, Amber.«

Ich wandte mich ab und suchte auf dem Vorplatz nach Hunter. Er stand nur wenige Meter von mir entfernt und sah besorgt zwischen mir und seiner Exfreundin hin und her. Er wirkte abgekämpft, und der Zug um seinen Mund war ungewöhnlich hart. Ich rang mir ein Lächeln ab, um ihn zu beruhigen, auch wenn das Blut in meinen Adern brodelte. Ich ging auf ihn zu, und als er die Hand ausstreckte, ergriff ich sie sofort und verflocht unsere Finger miteinander.

»Alles okay?« Hunters Stimme klang besorgt, und er warf einen Blick über meine Schulter zu Amber rüber. Seine Augen verengten sich, und ich spürte, wie er meine Hand fester packte.

»Ja, alles okay«, beeilte ich mich zu sagen, doch scheinbar ging mein Versuch, ihn damit zu besänftigen, gehörig nach hinten los, denn er beäugte Amber argwöhnisch. »Lass uns einfach gehen, okay?« Ich strich mit meiner freien Hand über seinen Unterarm. »Beruhige dich. Das ist es nicht wert.«

»Was hast du zu ihr gesagt?« Hunter sprach so laut, dass klar war, dass er auf keinen Fall mit mir gesprochen hatte, und gequält schloss ich die Augen.

»Nur die Wahrheit.« Als ich zu Amber hinübersah, hatte sie die Arme vor der Brust verschränkt und ihr Kinn aufmüpfig vorgereckt.

Hunter ließ meine Hand los, und ich versuchte noch, ihn am Arm zurückzuhalten, doch er hatte die Distanz zwischen

Amber und ihm so schnell überbrückt, dass ich keine Chance hatte, es zu verhindern. »Du wüsstest doch nicht mal, was die Wahrheit wäre, wenn man sie dir direkt vors Gesicht halten würde.«

»Das sagt ja genau der Richtige.«

Die Aggression, die von beiden ausging, war beängstigend.

»Hunter, lass uns einfach gehen.« Ich schloss zu ihm auf und packte ihn am Arm, doch er entriss ihn mir mit einem einzigen Ruck. Mir stockte der Atem. Ich hatte ihn noch nie so wütend erlebt. »Bitte.«

»Du hast also doch beschlossen, endlich mal dein wahres Gesicht zu zeigen?« Ambers Mundwinkel zuckten, und ich erkannte sie kaum wieder unter all der Hässlichkeit, die sich mir gerade offenbarte.

»Du bringst nur einfach das Schlechteste in mir zum Vorschein.« Hunters Stimme war ein drohendes Grollen, als er sich zu Amber hinunterbeugte, die aber keinen Zentimeter zurückwich. »Ich sage es dir ein letztes Mal: Lass die Scheiße. Das zwischen uns ist lange vorbei. Es wird Zeit, dass du mich endlich und vor allem Raelyn in Ruhe lässt.«

»Du bist derjenige, der sie in Ruhe lassen sollte.« Amber trat noch einen Schritt vor. »Aber dafür bist du ja wie immer zu egoistisch.« Sie war wie eine Naturgewalt, die in der Lage war, in ihrem Zorn, alles mit sich zu reißen, was wir beide uns so mühsam aufgebaut hatten. »Sie hat was Besseres verdient als was auch immer mit dir abgeht.« Sie deutete nachlässig in meine Richtung. »Hast du ihr schon gesagt, dass du ein armer Irrer bist, oder behältst du das wieder schön für dich, bis es zu spät ist?«

»Es reicht, Amber.« Hunters Nasenflügel bebten, und ich sah mich nervös um, als immer mehr Leute stehen blieben und alarmiert zu uns herübersahen.

»Du solltest einfach aufhören, dich an andere zu klammern, und erst mal anfangen, mit dir selbst klarzukommen.« Sie streckte den Zeigefinger aus und bohrte ihn in seine Brust. »Du bist echt so armselig. Merkst du gar nicht, wie du alle anderen um dich herum kaputt machst? Was auch immer bei dir nicht richtig läuft, du solltest Raelyn einfach –«

»ICH SAGTE, ES REICHT!«, brüllte Hunter und schob Ambers Hand von sich.

Der Ruck war so heftig, dass Amber ein paar Schritte rückwärtstaumelte. »Siehst du, Raelyn? Das ist sein wahres Gesicht.« Sie rieb sich das Handgelenk. »Du solltest verschwinden, solange du noch kannst.«

Schockiert sah ich Hunter an, der Amber noch immer fixierte. Seine Schultern hoben und senkten sich schwer, doch dann weiteten sich seine Augen, so als würde er jetzt erst realisieren, was er gerade getan hatte. Er blickte auf seine Hände, bevor er fluchte und einen großen Schritt zurücktrat.

Meine Beine fühlten sich wie Pudding an, während Hunter weiter auf seine Hände starrte. Die Fassungslosigkeit stand ihm ins Gesicht geschrieben. Amber hingegen wirkte so wahnsinnig selbstgefällig, dass es mir den Magen umdrehte.

»Du kannst wirklich alles nur kaputt machen.« Ambers Worte hallten in der Stille nach, die jetzt zwischen uns dreien herrschte. Keine Ahnung, wie lange wir einfach so dort standen. Vielleicht war es eine halbe Ewigkeit. Vielleicht waren es nur ein paar Sekunden. In jedem Fall reichte die Zeit dafür aus, dass mir eine leise Stimme etwas einflüstern konnte, was mir tief in meinem Innersten längst klar gewesen war: Ich wusste eigentlich überhaupt gar nichts über Hunter Johnsen.

36. KAPITEL

Raelyn

Das Licht, das mir das Display meines Handys spendete, als ich frisch geduscht und nur mit einem Handtuch bekleidet aus dem Badezimmer tapste, war nicht annähernd hell genug, um wirklich etwas erkennen zu können. Die Vorhänge in Hunters Zimmer waren fest zugezogen, und es schien heute ein sehr verhangener und kühler Tag zu werden, an dem die Sonne wohl wenig Lust hatte, den sanften Wecker zu spielen. Ich sah aufs Bett und biss mir auf die Unterlippe. Ich musste das Licht einschalten, um mich anziehen zu können, doch ich wollte Hunter nicht auf so harsche Art und Weise wecken. Nicht nach allem, was gestern geschehen war. Aber ich musste mich wirklich langsam fertig machen, wenn ich halbwegs pünktlich sein wollte. Das Verhältnis zwischen April, Kate und mir war noch immer leicht angespannt, sodass ich mich auf keinen Fall verspäten wollte. Ich sah auf mein Handy und fluchte. Es war zwanzig nach acht. Um halb neun war ich mit den beiden in der Mensa zum Frühstück verabredet, bevor wir danach alle weiterackern würden. Die letzte Woche vor den Finals war in vollem Gange, und man nutzte jede freie Minute zwischen den Vorlesungen, um in den hoffnungslos überfüllten Bibliotheken zu lernen.

Ich schlich zum Bett und setzte mich auf die Kante. Vorsichtig legte ich Hunter die Hand auf die Schulter und ruckelte sanft an ihm. »Hunter?«

Ein sehr unglückliches und verschlafenes Murren war die einzige Antwort, die ich bekam, und ich lächelte. Hunter war ein noch schlimmerer Morgenmuffel als ich, und das wollte wirklich etwas heißen.

»Hunter, ich muss mich anziehen. Dafür brauche ich Licht.«

Ein weiteres Murren ertönte, aber ich hörte die Bettdecke rascheln, als Hunter sich von mir wegrollte. Ich lachte leise und schaltete die Lampe auf seinem Nachttisch ein, die ein etwas sanfteres Licht spendete als seine Decken- oder Schreibtischlampe. Hunter gab ein ziemlich lustiges Bild ab, wie er so vollkommen in seine Decke eingewickelt und mit dem Kopf unter dem Kopfkissen vor mir lag. Nur vereinzelt guckten seine Haarsträhnen unter dem Kissen hervor, und seine nackte Schulter lag frei, auf die ich einen schnellen Kuss drückte, bevor ich aufstand und mich rasch anzog. Ich kämmte mir die Haare schnell mit den Händen durch und schüttelte sie aus. Hektisch sah ich wieder auf mein Handy, ich hatte noch fünf Minuten. Das konnte ich schaffen, wenn ich zügig ging. Ich schulterte meinen Rucksack, den ich gestern Abend schon fertig gepackt mitgebracht hatte, und stolperte zurück zum Nachttisch.

»Ich gehe dann jetzt«, sagte ich und bekam wieder nur ein verschlafenes Grummeln als Antwort. Ich knipste das Licht aus und nutzte wieder mein Display als Taschenlampe, um meinen Weg zur Tür zu finden. Als mein Blick auf das Datum fiel, hielt ich inne. Es war Donnerstag. Ich sah zurück zum Bett. Hunter hatte donnerstags um acht Uhr eine Vorlesung. Das wusste ich genau, weil er sich unzählige Male darüber beschwert hatte, dass eine Vorlesung morgens um diese Uhrzeit an Folter grenzte.

»Hunter?«

Er gab ein genervtes Stöhnen von sich. »Was?« Seine Stimme klang so rau und verschlafen, dass ich sie kaum wiedererkannte.

»Hast du nicht gleich eine Vorlesung?« fragte ich etwas alarmiert. Hunter war zwar nicht gerade der Typ für stundenlange Büffelei, aber die letzten Vorlesungen vor den Finals waren extrem wichtig, denn die meisten Dozenten verrieten da zumindest den Schwerpunkt ihrer Klausur oder gaben wichtige Hinweise und Tipps, die den Unterschied zwischen Bestehen und Durchfallen ausmachen konnten.

»Ja.« Wieder hörte ich das Rascheln der Bettdecke. »Aber mir geht's echt nicht gut. Ich glaube, ich werde krank.« Ich hörte ein leises Husten, und sofort machte ich mir Sorgen. Hatte Hunter sich in San Francisco vielleicht eine Grippe eingefangen? Immerhin war es recht windig gewesen. Oder ging ihm die Sache mit Amber gestern vielleicht doch mehr an die Substanz, als ich gedacht hatte? Gestern waren wir einfach nach Hause gegangen und hatten kein weiteres Wort darüber verloren. Was hätte ich auch sagen sollen? Ich hatte ja selbst noch nicht verstanden, was da eigentlich passiert war.

Hunters Stimme riss mich aus meinen Gedanken. »Ich frage einfach nachher Malik nach der Zusammenfassung. Mach dir keinen Kopf.«

»Okay.« Ich zog die Zimmertür auf, und etwas Licht fiel ins Zimmer. Ich konnte Hunter zusammengerollt auf dem Bett erkennen. »Soll ich dir nachher was aus der Apotheke holen? Oder soll ich dir aus der Mensa eine Suppe mitbringen?«

Hunter schüttelte den Kopf. »Nein, ich denke, es geht schon wieder, wenn ich einfach noch was schlafe.«

»Sicher?«

»Ja. Ganz sicher.« Hunter drehte sich auf den Bauch und schlang die Arme um das Kissen, auf dem ich sonst eigentlich schlief. »Bis heute Abend?«

»Ja, bis heute Abend.« Ich machte mir zwar noch immer Sorgen, vertraute aber auf Hunters Einschätzung. Er kannte seinen Körper am besten. Er wusste, was er brauchte, wenn er krank war, und ich hoffte, dass es wirklich mit ein bisschen Schlaf erledigt war, denn wenn Hunter die Klausuren bestehen wollte, dann musste er dieses Wochenende wie alle anderen in der Bibliothek verbringen. Ich zog die Tür hinter mir zu und war überrascht, als ich Tyler an der Wohnungstür stehen sah. Auch wenn ich seit San Francisco fast jede Nacht hier verbracht hatte, war ich Tyler schon länger nicht mehr über den Weg gelaufen. Weder abends, wenn ich gekommen, noch am nächsten Morgen, wenn ich zu meinen Vorlesungen aufgebrochen war.

»Guten Morgen«, begrüßte ich ihn mit einem Lächeln und stellte meinen Rucksack ab, um meine Jacke anzuziehen, die am Haken an der Tür hing.

»Morgen.« Tyler grinste mich an, doch irgendwie wirkte er wahnsinnig angespannt. War er vielleicht wegen der Finals nervös?

»Auf dem Weg zur Vorlesung?« Ich zog meine Schuhe an und trat mit Tyler zusammen auf den Flur hinaus.

Er schüttelte den Kopf und steckte den Schlüssel zur Wohnung in die Tasche seines dunkelgrünen Trenchcoats. »Ich wollte kurz etwas frühstücken und dann lernen.«

Ich lächelte. »Ich treffe mich mit Kate und April. Willst du mitkommen?«

Tyler steckte die Hände in seine Jackentaschen und nickte knapp. »Was ist mit Hunter? Kommt er nicht mit?«

Ich schüttelte den Kopf. »Es geht ihm nicht so gut. Ich werde ihm nachher was aus der Apotheke vorbeibringen.« Ich stieß Tyler mit der Schulter an. »Komm, iss mit uns. Ich hab dich eine gefühlte Ewigkeit nicht gesehen, und das, obwohl ich ständig bei euch rumhänge.«

Tyler lächelte mich nichtssagend an und nickte dann. »Okay.« Er trat mit mir hinaus in die kühle Dezemberluft, und ich wickelte meinen Mantel fester um mich. »Ich muss eh mit Kate reden.«

»Worüber?« Der Himmel war von dunklen Wolken verhangen, und es sah nach Regen aus.

»Bloß Unikram.« Tyler streckte die Hand aus und wuschelte mir durchs Haar. »Also nichts Wichtiges.«

Ich sah ihn an und runzelte die Stirn. Das Lächeln auf seinen Lippen wirkte falsch, und das übliche Funkeln in seinen Augen war vollkommen verschwunden. Irgendetwas stimmte hier nicht, aber Tyler wollte eindeutig nicht darüber reden, und damit kannte ich mich besser aus, als mir lieb war. Ich legte Tyler eine Hand auf den Oberarm und drückte sanft zu, um ihm zu zeigen, dass ich für ihn da war, wenn er mich brauchte. Seite an Seite trotteten wir schweigend Richtung Mensa.

Die Tüte von der Apotheke raschelte leise, als ich noch mal einen prüfenden Blick hineinwarf, um sicherzugehen, dass ich auch nichts vergessen hatte, während ich die Treppen in Hunters Wohnheim hinaufstieg. Advil, Nasenspray, ein paar Halsschmerztabletten und ein kleiner Vitamin-C-Booster. Das sollte Hunter schnell wieder auf die Beine bringen. Ich lächelte beim Gedanken an den Honig, den Ingwer und die Zitronen, die ich im Supermarkt um die Ecke gekauft hatte, um Hunter den bewährten Tee meiner Mom zuzubereiten, der mich bisher noch durch jede Krankheit gebracht hatte. Wenn er einfach im Bett blieb und es mit dem Lernen etwas ruhiger angehen ließ, dann würde er problemlos nächste Woche an den Finals teilnehmen können. Vielleicht hatten wir ja auch Glück und die Grippe war noch gar nicht richtig ausgebrochen, dann würden die Medikamente und der Tee alles im Keim ersticken, sodass es Hunter schon morgen wieder besser gehen würde. Ob Hunter eine Thermoskanne für den Tee hatte? Und wie war das gleich noch mal? Eine halbe Zitrone, in Scheiben geschnitten, ein daumengroßes Stück Ingwer und ein Teelöffel oder doch einen Esslöffel Honig? Ich zog mein Handy aus meiner hinteren Hosentasche und öffnete meine Nachrichten. Ich würde Mom einfach fragen, ob –

Ich stockte, als ich auf die letzte Nachricht sah, die sie mir vor fast drei Wochen geschrieben hatte.

Mom [21:47]: Ich sitze im Flieger zurück nach New York. Es tut mir leid, was passiert ist. Melde dich, wenn du bereit dazu bist.

Seitdem war alles anders. Keine weitere Nachricht. Kein einziger Anruf. Nicht mal ein kleiner Kontaktversuch auf Facebook. Ich konnte sie jetzt nicht einfach so nach dem Rezept für den Tee fragen, denn zwischen Mom und mir herrschte absolute Funkstille. Ob es ihr gut ging? Hatte sie sich vielleicht auch eine Grippe eingefangen wie Hunter? Meine Mom hatte ein schwaches Immunsystem und war im Winter häufig krank. Was, wenn sie mit Fieber zu Hause auf dem Sofa lag? Sie hatte niemanden, der sich um sie kümmerte. Der für sie da war. Der sich um sie sorgte. Meine Mom hatte ihr ganzes Leben auf mich ausgerichtet und hatte weder Freunde noch einen neuen Mann in ihr Leben gelassen. Sie hatte eine Welt geschaffen, in der nur wir beide existierten, und damit nicht nur mich von allem und jedem isoliert, sondern auch sich selbst. Was, wenn sie jetzt jeden Tag allein verbrachte? Wenn sie nur in die Galerie oder in ihr Atelier ging, abends nach Hause kam und bei einem Film und einer Tasse Tee auf dem Sofa mutterseelenallein einschlief? Außer mir hatte sie niemanden, und das hatte ich ihr jetzt auch mit meinen harten Worten mit einem einzigen Ruck entrissen.

Ich blinzelte hektisch, als mir die Tränen in die Augen stiegen. Schnell steckte ich das Handy zurück in meine Hosentasche. Es war besser so. Für uns beide. Meine Mom musste lernen, mich loszulassen, und ich musste endlich anfangen, mein eigenes Leben zu leben, anstatt mich immer nur von ihr lenken zu lassen. Ich war endlich frei und hatte keine Verpflichtungen, keine ständigen Anrufe und vor allem kein dauerhaft schlechtes Gewissen, die mich einschränkten.

Eigentlich war doch jetzt genau alles so, wie ich es immer gewollt hatte. Ich hatte endlich ein Sozialleben, ein Hobby und einen Freund, bei dem ich ganz ich selbst sein konnte.

Wieso also fühlte ich mich hundeelend, wann immer ich allein war?

Wieder und wieder sah ich Moms entsetzten und verletzten Gesichtsausdruck vor mir, wenn ich mir erlaubte, an sie zu denken, und der Schmerz durchfuhr mich jedes Mal wie ein Blitzschlag. Auch wenn ich mir immer mehr Unabhängigkeit gewünscht hatte, hatte ich sie doch niemals so verletzen wollen. Aber an dem Tag war einfach alles aus mir herausgebrochen, was sich über Jahre hinweg angestaut hatte. Ich hatte ihr Sachen an den Kopf geworfen, die ich gar nicht so gemeint hatte. Ganz egal, wie die Dinge zwischen uns auch standen, ich hasste meine Mom doch nicht. Ich liebte sie, und immer, wenn ich auf mein Handy sah, vermisste ich sie. Ich vermisste ihre Stimme, ihre kleinen Nachrichten und ihre schrecklichen Selfies oder die Fotos aus unserem gemeinsamen Lieblingscafé. Ich vermisste den Geruch von unserem abendlichen Tee und den süßen Geschmack der Kekse, die wir in der Weihnachtszeit immer gebacken hatten. Ich vermisste es, mich ihr anzuvertrauen. Ich vermisste sie, und ganz gleich, wie viel Zeit ich mit

Hunter und den anderen verbrachte, dieses Gefühl würde nie ganz verschwinden. Es würde immer da sein und auf einen der schwachen Momente warten, wenn es seine schmerzhaften Krallen in mein Herz schlagen konnte.

Ich schluckte leise und schüttelte entschlossen den Kopf. Ich hatte nur einen kleinen Anflug von Heimweh. Nichts weiter. Ich würde ihn überstehen und nicht einknicken. Ich würde diesen Streit aussitzen. Irgendwann würden die Dinge sich schon von allein einrenken. Ich musste einfach nur durchhalten.

»SAG MIR VERDAMMT NOCH MAL DIE WAHRHEIT, HUNTER!« Ich hielt erschrocken inne, als ich Kates laute Stimme schon am Ende des Flurs hören konnte. Ich hatte sie noch nie derartig schreien hören, und sie klang so aufgebracht, dass sich mir die Nackenhaare aufstellten.

»WAS WILLST DU EIGENTLICH VON MIR, VERDAMMT NOCH MAL?!« Ich beschleunigte meine Schritte, als nun Hunter brüllte, dessen laute und donnernde Stimme so gar nicht zu dem Mann passen wollte, den ich kannte. »DU UND TYLER, IHR MÜSST BEIDE LERNEN, EUCH UM EUREN EIGENEN SCHEISS ZU KÜMMERN, ANSTATT EURE NASEN IN ANGELEGENHEITEN ZU STECKEN, DIE EUCH NICHTS ANGEHEN!«

Ich erreichte die Wohnungstür und hob die Hand, doch ich brachte es einfach nicht über mich, anzuklopfen. Ich wusste nicht warum, aber ich hatte wahnsinnige Panik vor dem, was mich hinter dieser Tür erwarten würde.

»Dein Leben geht mich sehr wohl etwas an, du selbstgefälliger Scheißkerl.« Kate sprach nun leiser, doch der verletzte Ton in ihrer Stimme jagte mir so viel mehr Angst ein als ihr wütendes Schreien. »Du bist mein bester Freund. Glaubst du, ich kann einfach dabei zusehen, wie du wieder in dieses schwarze Loch fällst?«

»Was für ein schwarzes Loch denn bitte?« Hunter klang so höhnisch, dass ich mir entsetzt die Hand vor den Mund schlug. Ich hatte ihn noch nie so mit Kate reden hören, und ich fragte mich, was wohl zwischen den beiden vorgefallen war, die sonst so scherzhaft und herzlich miteinander umgingen. »Tyler und du übertreibt wieder mal völlig.«

»Du warst in letzter Zeit nicht bei den Vorlesungen.«

Ich runzelte die Stirn. Wovon redete sie da? Heute war der erste Tag, an dem Hunter nicht zur Vorlesung gegangen war. Sonst hatte er das Haus immer mit mir zusammen verlassen.

»Woher …?« Hunter stockte, und ich erstarrte. »Malik! Dieser dämliche Wichser!« Hunter hatte uns alle angelogen? Sogar mich? Mir wurde übel, und ich presste mir die Hand auf den Magen, auch wenn dabei mein Tattoo schmerzte. »Na und? Das ist nicht das erste Mal, dass ich ein paar Vorlesungen sausen lasse.«

»Stimmt. Aber das ist das erste Mal, dass du deine Freunde deswegen belügst.« Kate seufzte so schwer, dass ich es selbst durch die geschlossene Tür hindurch hören konnte. »Du hast sie abgesetzt, oder?«

Abgesetzt? Was hatte er abgesetzt?

»Das geht dich einen Scheißdreck an.« Ich trat einen Schritt zurück. Hunter klang so distanziert und abweisend, dass ich Mühe hatte, ihn wiederzuerkennen.

»Also habe ich recht.«

»Raus«, sagte Hunter mit einem lauten Grollen.

Egal, wie sehr ich auch versuchte, zu begreifen, was hier vor sich ging, ich verstand rein gar nichts mehr. Ich erkannte weder Kate noch Hunter wieder, und beinah glaubte ich, mich in der Tür geirrt zu haben, doch ihre Stimmen waren mir mittlerweile so vertraut, dass es keinen Zweifel gab.

»Hunter, du musst –«

»Ich muss mir von jemandem wie dir nicht sagen lassen, wie ich mein Leben zu führen habe.« Hunter hob seine Stimme nicht, doch das war auch gar nicht nötig, so vernichtend, wie seine Worte waren. Automatisch dachte ich an San Francisco zurück, und ich umfasste die Tüte aus der Apotheke fester. »Du hast doch nicht mal dein eigenes im Griff, also spar dir deine Möchtegern-Ratschläge.«

Kurz herrschte Stille. Dann hörte ich wieder Kate.

»Hunter, hörst du dir eigentlich gerade selbst zu? Das bist doch nicht du.«

»Mit mir ist alles okay, verdammt noch mal.« Es war offensichtlich, dass Hunter die Geduld verlor, und mit angehaltenem Atem stand ich regungslos vor der Tür, unschlüssig, ob ich einschreiten sollte.

»Mit dir ist nichts in Ordnung! Aber Tyler und ich können dir nicht helfen, wenn du uns nicht lässt.«

»Ich brauche eure verdammte Hilfe nicht.« Ich hörte, wie jemand irgendwo gegentrat, und zuckte zusammen. Ich wollte eigentlich alles stehen und liegen lassen und davonlaufen, doch ich konnte mich keinen Zentimeter rühren. »Und jetzt raus mit dir!«

»Hunter –«

»Ich sagte: RAUS!«

Ich hörte Schritte hinter der Tür und machte einen großen Satz zurück, als sie plötzlich aufgerissen wurde und mit einem lauten Knall gegen die Wand im Flur schlug. Kate kam mit schnellen Schritten heraus, die Augen auf den Boden geheftet, doch ich konnte trotzdem die Tränen sehen, die ihr wie Sturzbäche über die Wangen flossen. Ich wollte die Hand nach ihr ausstrecken und sie aufhalten, sie fragen, was eigentlich los war und hier gerade passierte, doch sie war so schnell an mir vorbei, dass ich nicht die Chance dazu hatte.

»Raelyn?« Ich zuckte zusammen, als ich Hunters Stimme plötzlich hörte. Er betrachtete mich mit undurchdringlicher Miene. »Wie lange stehst du schon da?«

»Ich bin gerade erst gekommen.« Ich wusste nicht, warum ich log. Wusste nicht, warum ich lächelte, obwohl mir zum Weinen zumute war. Ich tat es einfach. »War das Kate?«

»Ja.« Hunter machte mir Platz, als ich an ihm vorbeiging und meinen Rucksack und die Tüte aus der Apotheke auf dem Couchtisch abstellte. »Aber sie hatte noch was Dringendes zu erledigen.«

»Ach so.« Ich sah Hunter an, doch er zuckte nicht mal mit der Wimper, als er mich anlog. Ich hatte keine Ahnung, was hier geschah. Mein Kopf schwirrte. Was war nur los?

»Was machst du hier?«, fragte Hunter, während er die Wohnungstür schloss. Seine Stimme klang so misstrauisch, dass mich ein eisiger Stich durchfuhr. »Musst du nicht lernen?«

Ich deutete auf die Tüte und nahm die Zutaten für den Tee aus dem Rucksack. »Nicht, wenn mein Freund krank zu Hause im Bett liegt.« Ich bewegte mich wie auf Autopilot, als ich in die Küche ging und begann, die Zitrone aufzuschneiden. »Wir können ja nicht riskieren, dass du eine richtige Grippe ausbrütest.« Ich füllte den Wasserkocher auf und stellte ihn an, ehe ich nach einer Thermoskanne suchte und in einem der Hängeschränke eine dunkelblaue fand. »In der Tüte auf dem Tisch sind ein paar Medikamente gegen Grippe, die du nehmen kannst, wenn du sie brauchst.«

»Danke.« Er ging zu der Tüte und warf einen Blick hinein, dann verzog er das Gesicht. »Mir geht's aber schon viel besser. Außerdem bin ich kein Freund von Medikamenten.«

Ich nickte. »Ich mache dir trotzdem einen Tee, okay? Nur um auf Nummer sicher zu gehen.« Ich warf die Zitronen in die Kanne, fügte den Honig hinzu und schälte den Ingwer.

Das Messer rutschte ab, und ich schnitt mir in den Finger. Der Schnitt war zum Glück nur klein, aber Blut quoll dennoch hervor und floss meinen Daumen hinab bis hin zum Handgelenk. Ich fluchte leise und eilte schnell zum Waschbecken, denn die Säure der Zitrone, die ich noch an den Fingern hatte, brannte wie Feuer. Ich stellte das Wasser an und hielt meine Hand darunter.

»Zeig mal her.« Hunter kam mit langen Schritten auf mich zu und zog meine Hand unter dem Wasserstrahl hervor. Er inspizierte den Schnitt. »Du musst schon etwas vorsichtiger sein«, sagte er und seufzte leise. Er ließ meine Hand los und zog eine Schublade zu seiner Rechten auf. Er holte eine Packung mit Pflastern heraus und griff sich ein Stück Küchenrolle, bevor er das Wasser abdrehte. Behutsam trocknete er meine Hand und verarztete den kleinen Schnitt dann mit dem Pflaster.

»Entschuldige.« Ich sah auf das Pflaster und dann zu Hunter, der mich mit einem Schmunzeln musterte.

»Was mache ich nur mit dir?« Er zog mich an sich, und ich schmiegte mich an ihn. Das hier war der Hunter, den ich kannte. Der Hunter, der mit sanfter Stimme sprach, anstatt wütend rumzuschreien und seine Freunde zu verletzen. Der Hunter, der hin und wieder schmunzelte, anstatt mit ärgerlich gerunzelter Stirn vor sich hin zu starren.

»Mir kein Küchenmesser geben?«

Hunter beugte sich zu mir herunter, und ich stellte mich auf die Zehenspitzen. Ich hatte einen kurzen Kuss erwartet, doch stattdessen küsste er mich mit so einer Intensität, dass mir die Luft wegblieb. Hilflos krallte ich die Hände in seine Schultern, als seine Zunge fordernd in meinen Mund eindrang, während ich versuchte, mich auf den Beinen zu halten, obwohl meine Knie weich wurden. Vergessen waren meine wirren Gedanken, die sich bei Hunters Kuss einfach in Luft auflösten. Als er sich von mir löste, war ich völlig außer Atem, und die Welt um mich herum drehte sich.

»Ich hätte da eine andere Idee«, murmelte er leise an meinen Lippen, bevor er mich mit einem Ruck auf den Tresen hob. Mit fahrigen Händen spreizte er meine Oberschenkel und stellte sich dazwischen. Seine Hände vergrub er in meinem Haar, und als ich seine Zähne an meinem Hals spürte, gab mein Körper mit einem Seufzen nach und bog sich ihm entgegen.

»Du gehst heute nirgendwo mehr hin«, raunte er an meiner Haut und zerrte an meiner Jacke, die er dann achtlos zu Boden warf.

Ich sollte protestieren, sollte ihn fragen, was mit ihm los war und was zwischen ihm und Kate passiert war, doch stattdessen flüchtete ich mich mit ihm in eine Welt, in der wir uns auch ohne Worte verstanden, während eine leise Stimme in mir flüsterte, dass ich nur Angst davor hatte, mich mit der Möglichkeit zu befassen, Amber könnte vielleicht doch recht gehabt haben und ich Hunter gar nicht so gut kannte, wie ich geglaubt hatte.

37. KAPITEL

Raelyn

Mit einem Seufzen ließ ich das Buch auf meinen Schoß sinken und schloss die Augen. Bei Gott, ich war wirklich froh, wenn die Finals vorbei sein würden und der ganze Lernstress endlich von mir abfallen würde, denn auch wenn ich mich ausreichend vorbereitet fühlte, blieb doch diese Anspannung, die mich vor den Prüfungen immer fest im Griff hatte. Wirtschaft Eins war morgen als Erstes dran, und ich wusste zwar aus Erfahrung, dass es nicht unbedingt etwas brachte, den Stoff noch am Abend vor der Klausur ständig zu wiederholen, konnte es aber dennoch nicht lassen. Es war wie eine Zusatzversicherung, die ich einzig und allein dazu brauchte, mein eigenes Gewissen zu beruhigen, denn bei Professor Kim war ein bisschen extra Aufwand nie verkehrt.

Ich lehnte meinen Rücken gegen das Kopfteil von Hunters Bett und ruhte mich etwas aus. Es war jetzt kurz vor zwölf. Ich würde noch ungefähr eine Stunde lernen und dann schlafen, um schön ausgeruht zur Prüfung um zehn anzutreten. Die anderen Prüfungen folgten alle recht zügig aufeinander, und am Ende der Woche würde ich dann alle Klausuren hinter mir haben, sodass die Winterferien beginnen konnten. Ich konnte diese zwei Wochen Urlaub wirklich gut brauchen.

Ich musste dringend das Chaos in meinem Kopf beseitigen, das mir seit Thanksgiving das Leben schwer machte und das nur noch schlimmer geworden war, nachdem ich letzten Donnerstag unfreiwillig Kates und Hunters lautstarke Auseinandersetzung belauscht hatte. Seitdem wusste ich überhaupt nicht mehr, was ich denken oder glauben sollte. Ich hatte keine Gelegenheit gehabt, mit Kate über alles zu sprechen, weil wir uns nie allein getroffen hatten und das nun nichts war, was man mit allen anderen in der Mensa bequatschte. April war derzeit eh nicht besonders gut auf Hunter zu sprechen, darum wollte ich in ihrem Beisein nicht damit anfangen. Tyler sah ich höchstens, wenn er morgens aus der Wohnung flüchtete, und Hunter …

Ich öffnete die Augen und spähte zu ihm hinüber. Er saß an seinem Schreibtisch vor seinem Notebook und starrte mit konzentriertem Gesichtsausdruck darauf. Er hatte sich, wie so häufig in den letzten Tagen, mit seinen neuen großen Kopfhörern von der Außenwelt abgeschirmt.

Und damit auch von mir.

Ich betrachtete sein Profil, während er mit dem Kopf zum Beat eines Songs mitwippte, und mein Blick fiel auf das dezente Logo der Kopfhörer. Ich kannte das Logo, und ich wusste, dass das das neuste Modell war. Diese Kopfhörer kosteten ein halbes Vermögen, und soweit ich wusste, hatte Hunter keinen Nebenjob, außer kleinere Einspieler für ein lokales Radio zu produzieren. Woher also nahm er das Geld dafür und für das neue Mikrofon, das noch immer eingepackt oben auf seiner Kommode lag?

Ich rieb mir die Hände und wandte beschämt den Kopf ab, als das Misstrauen sich mit lauter Stimme meldete. Seitdem ich den Streit mitbekommen hatte, war es irgendwie anders zwischen uns. Das blinde Vertrauen, das ich ihm bisher entgegengebracht hatte, hatte einen massiven Knacks erlitten, und plötzlich schien ich einfach alles besonders kritisch zu sehen, und lauerte darauf, irgendwo in seinem Verhalten einen Hinweis auf das zu finden, was zwischen Kate und ihm vorgefallen war. Ich wusste, ich sollte ihn einfach fragen, anstatt meine Zweifel weiter in mir wachsen zu lassen, doch ich schaffte es nicht. Jedes Mal, wenn ich mir vornahm, ihn endlich darauf anzusprechen, verließ mich der Mut, und ich suchte nach Ausreden, warum ich mich diesem Streit jetzt nicht stellen konnte.

Weil ich zu müde war. Weil die Finals anstanden. Weil ich besonders gereizt war. Aber die Wahrheit war, dass ich einfach nur panische Angst davor hatte, Hunter zu verlieren.

Ich hatte Sorge vor seiner Reaktion, wenn ich ihn auf etwas ansprach, das ich gar nicht hätte mitbekommen dürfen. Und wenn ich daran dachte, wie kaltherzig er Kate vor die Tür gesetzt hatte, wollte ich auf keinen Fall riskieren, dass er wegen so einem Streit mit mir Schluss machte.

Denn ich mochte Hunter. Ich mochte ihn wirklich. Mit jeder Faser meines Seins. Wenn ich bei ihm war, trat nach wie vor alles andere in den Hintergrund. Die Uni. Meine Probleme mit Mom. Meine Unsicherheit. Ich vergaß einfach alles, wenn ich bei ihm war, und ich wollte ihn auf keinen Fall verlieren. Dennoch konnte ich diese ganze Sache nicht einfach auf sich beruhen lassen. Sie nagte an mir und ließ mich auch nachts nicht los, während ich mich bei Hunter im Bett hin und her wälzte, der meist friedlich neben mir schlief.

»Bist du fertig mit Lernen?« Ertappt zuckte ich zusammen, als Hunter mich aus meinen Gedanken riss, und ich schüttelte den Kopf.

»Nein, ich hab nur eine kurze Pause gemacht.«

Hunter setzte die Kopfhörer ab. »Lass es gut sein. Jetzt noch zu lernen bringt gar nichts mehr.« Er stand von seinem Stuhl auf und streckte sich, wobei seine Wirbelsäule ein lautes Knacken von sich gab, wie immer, wenn er zu lange gesessen hatte.

Es gab so viele Kleinigkeiten, die mir an ihm auffielen. Wie er seine Nase kräuselte, wenn er ein Geräusch hörte, das ihm nicht gefiel. Wie er leise einatmete, bevor er mich küsste. Wie er sich manchmal auf die Zunge biss, wenn er völlig in seiner Musik versank. Wieso also hatte ich nicht bemerkt, dass er mich angelogen hatte?

Ich presste die Lippen aufeinander und fuhr mit den Fingerspitzen über die Kanten der Seiten im Lehrbuch. »Vielleicht hast du recht.« Ich schlug das Buch zu und legte es auf den Nachttisch, ehe ich auf seinen Laptop deutete. »Wie lief denn bei dir die Büffelei?«

Ich hielt den Atem an, während ich auf seine Antwort wartete, denn ich wusste genau, dass er heute Abend nicht gelernt hatte, obwohl morgen die Prüfungen begannen. Ich hatte genau gesehen, wie er an einem neuen Track gearbeitet hatte, als ich vom Bett aufgestanden war, um mir eine Flasche Wasser zu holen.

Hunter klappte den Laptop zu und ließ sich neben mich aufs Bett fallen. »Ganz gut.« Ich spürte, wie mein Herzschlag aussetzte und sich ein eisiger Klumpen in meinem Magen breitmachte. »Die Prüfungen sollten kein Problem werden.« Er schlang mir einen Arm um die Schulter und zog mich fest an sich, mein Herz schmerzte bei jedem Schlag.

Gequält schloss ich die Augen. Wieder hatte er gelogen. Zwar nur wegen einer Nichtigkeit, aber dennoch blieb es eine Lüge.

»Hunter.« Ich löste mich von ihm und setzte mich auf. »Wieso lügst du mich an?«

Hunter runzelte verwirrt die Stirn und richtete sich ebenfalls auf. »Was?«

Ich biss mir auf die Unterlippe und wich seinem Blick aus. Ich wusste, ich musste es ansprechen, ganz egal, wie viel Angst ich davor hatte. Sonst würde es mir nie Ruhe lassen. »Ich weiß, dass du nicht gelernt hast. Ich hab das Programm auf deinem Bildschirm gesehen, als ich aufgestanden bin, um mir ein Wasser zu holen.« Ich sah auf meine Hände hinab, die ich schon wieder nervös zu kneten begonnen hatte. »Und ich weiß auch, dass du in den letzten Wochen nicht bei deinen Vorlesungen warst.«

»Woher weißt du … Ach, scheiß drauf«, murrte Hunter. »Lass mich raten: Kate hat es dir verraten?«

»Nein.« Ich hob abwehrend die Hände, ich wollte meine Freundin, so gut es ging, aus diesem Streit heraushalten. »Ich hab es zufällig mitgekriegt, als ich neulich hergekommen bin, um dir Medikamente zu bringen.«

Hunter schnalzte mit der Zunge, und als ich seinem wütenden Blick begegnete, verspannte ich mich. »Du schaust also nicht nur auf meinen Bildschirm, wann immer es dir passt, du spionierst mir also auch noch hinterher.« Hunter deutete Richtung Nachttisch, wo sein Handy lag. »Noch was, das ich wissen sollte? Hast du auch noch mein Handy durchsucht, oder was?«

Sein misstrauischer Vorwurf tat mehr weh, als ich gedacht hatte. »Nein.« Ich schüttelte wie wild den Kopf und hoffte, dass Hunter mir glauben würde. »Und ich wollte dir nicht nachspionieren. Es war nichts weiter als ein dummer Zufall.«

Hunter lachte trocken auf. »Ja. Klar.«

Bei seinen sarkastischen Worten zog sich mein Herz schmerzhaft zusammen. Was war nur los mit ihm? »Hunter –«

Hunter schnitt mir mit einer harschen Geste das Wort ab. »Weißt du, es reicht schon, dass meine Freunde und meine Familie so eine kranke Scheiße abziehen.« Er ballte die Hände zu Fäusten, und sein ganzer Körper schien vor Wut zu beben, während er mit seinen Worten wild um sich schlug und mich mit jedem einzelnen davon traf. »Von dir brauche ich das nicht auch noch.«

»Es war wirklich keine Absicht.« Ich streckte die Hände aus und ergriff seinen Unterarm, um irgendeine Verbindung zu ihm herzustellen, obwohl es sich gerade so anfühlte, als wären wir meilenweit voneinander entfernt. »Ich weiß nur einfach nicht, was ich davon halten soll, und mache mir Sorgen. Du veränderst dich, und irgendwie macht mir das Angst.«

Er ist unberechenbar, und das macht ihn gefährlich.

Hunter schob meine Hand mit seiner fort. »Dann tritt doch gleich Tylers und Kates kleiner Interventionsgruppe bei.«

Frust überkam mich. Hörte er mir denn gar nicht zu? Verstand er wirklich nicht, was ich meinte und dass ich ihm nichts Böses wollte? »Hunter, ich will doch nur helfen.«

Hunter warf die Hände in die Luft und sah so frustriert aus, wie ich mich fühlte. »Helfen? Wobei denn?« Wieder wurde seine Stimme lauter und fachte die Wut in mir an, die langsam begann, die Sorge zu überdecken und sich wie ein Virus in meinem Körper auszubreiten.

»Das weiß ich nicht, aber irgendetwas stimmt nicht mit dir.« Ich sah ihn an, in der Hoffnung, irgendwie zu ihm durchzudringen, aber seine mir sonst so vertrauten ozeanblauen Augen waren mir mit einem Mal völlig fremd. »Du benimmst dich seltsam.«

»Mit mir ist alles in bester Ordnung, verdammt noch mal.« Hunter stand vom Bett auf und fing an, unruhig im Zimmer auf und ab zu gehen. Seine Schritte waren schnell und lang, und er raufte sich die Haare, während er die Zähne fest aufeinanderbiss. Alles an ihm strahlte Zorn und Wut aus, und das stachelte meine eigene nur noch mehr an.

Ich bemühte mich, ruhig zu bleiben, doch auch wenn mir diese ganze Situation Angst einjagte, fiel mir das zunehmend schwer. Ich wollte Hunter nicht verlieren, aber je länger dieser Streit andauerte, desto weniger erkannte ich ihn wieder. »Wieso lügst du dann?«

Hunter hielt inne und funkelte mich an. »*Du* willst mir allen Ernstes eine Predigt über Lügen halten, Miss gefälschte Ablehnungsbescheide?«

Entsetzt riss ich die Augen auf, die plötzlich unangenehm brannten. Am liebsten wäre ich in Tränen ausgebrochen. Ich hatte mich ihm anvertraut. Hatte ihm Einblick gewährt, bei etwas, für das ich mich schämte und heute noch schuldig fühlte. Und obwohl er wusste, wie schwer es für mich gewesen war, das zuzugeben, verwendete er dieses Vertrauen ihm gegenüber jetzt gegen mich. Ich spürte, wie etwas in mir zerbrach, doch ich weigerte mich, es in tausend Einzelteile zerspringen zu lassen. Stattdessen atmete ich tief durch und klammerte mich an den letzten Strohhalm, der mir noch geblieben war. Er war wütend. Er sagte Dinge, die er nicht so meinte. Denn wenn dem nicht so war, dann hatte Hunter mich gerade absichtlich verletzt. Und das war so viel schlimmer als die Lügen, die er mir aufgetischt hatte, die diesen ganzen Streit überhaupt erst ausgelöst hatten, der mehr und mehr zu eskalieren drohte.

»Das hat doch mit dieser Sache hier überhaupt nichts zu tun!« Ich stand auf und griff nach Hunters Hand. »Ich will nur verstehen, was mit dir los ist, Hunter.« Ich hob die andere Hand und legte sie an seine Wange. »Was auch immer es ist, wir stehen das schon zusammen durch.«

Hunter sah mir lange in die Augen, ohne ein Wort zu sagen, und mein Herz machte einen erleichterten Satz.

Endlich! Endlich hatte ich –

Hunter trat einen großen Schritt zurück, und meine Fingerspitzen, die zuvor noch die Wärme seiner Haut gespürt hatten, fühlten sich mit einem Mal eiskalt an.

»Das sagt ausgerechnet die, die vor allem davonläuft.«

Seine Worte trafen mich vollkommen unvorbereitet, und ich hatte das Gefühl, als würde mir jemand mit bloßen Händen mein Herz herausreißen. Ich hörte ein Klingeln in meinen Ohren, und die Welt um mich herum war von jetzt auf gleich vollkommen verzerrt, während sich der altbekannte bittere Geschmack in meinem Mund ausbreitete, der mich mein Leben lang begleitet hatte.

»Was?« Meine Stimme klang so piepsig und schwach, dass alles in mir vor Entsetzten aufschrie, als die alte Raelyn, die ich geglaubt hatte, so langsam hinter mir gelassen zu haben, plötzlich wieder auf der Bildfläche erschien.

»Du hast mich schon verstanden.« Hunter wandte den Blick von mir ab, so, als könnte er es nicht ertragen, mich anzusehen, und holte zum finalen Schlag aus. »Von einem unselbstständigen Kind, das jedem noch so kleinen Konflikt aus dem Weg geht, brauche ich mir sicherlich keine Ratschläge erteilen zu lassen.«

Ich hatte keine Ahnung, was danach passiert war. Ich erinnerte mich später nur noch an einen einzigen Gedanken, der laut in mir geschrien hatte, während ich ohne meine Sachen aus der Wohnung gestürzt war: *Ich muss hier raus.*

38. KAPITEL

Raelyn

Leise Jazzmusik und der vertraute Geruch nach Acrylfarbe und Bodenpolitur empfingen mich, und am liebsten wäre ich auf der Stelle in Tränen ausgebrochen. Die hohen Decken, die mir früher immer viel zu weit entfernt vorgekommen waren, hatten jetzt etwas genauso Tröstliches wie das schlichte Weiß der Wände und der altmodische Stuck, der dem Zahn der Zeit bisher erfolgreich getrotzt hatte. Ich vernahm gedämpfte Stimmen um mich herum, von den Leuten, die sich die Kunstwerke ansahen, die in der Galerie meiner Mutter zum Kauf angeboten wurden und hauptsächlich von talentierten Newcomern aus der ganzen Welt stammten. Ich stellte meinen Rucksack hinter dem Empfangstresen ab, an dem gerade niemand stand, um die potenziellen Kunden zu begrüßen, und lächelte traurig, als ich die große Fotografie betrachtete, die dort hing, seit meine Mom die Galerie vor über zehn Jahren eröffnet hatte.

»Hey, Dad«, murmelte ich und strich mit den Fingerspitzen über den Rand der großen Leinwand, die sich rau unter meinen Fingern anfühlte. Es war eins von den wenigen Fotos von meinem Vater, der es als Zeitungsjournalist vorgezogen hatte, hinter der Kamera zu bleiben. Es war eine Nahaufnahme aus der Zeit, als meine Eltern sich an der Uni kennengelernt hatten. Mein Vater lachte in die Kamera, doch weil er, genau wie ich, eher schüchtern gewesen war, hatte er die Augen ein wenig niedergeschlagen, sodass man das helle Grün darin kaum erkennen konnte. Sein Haar war wie meins pechschwarz und stand in starkem Kontrast zu seiner hellen Haut, die väterlicherseits in meiner Familie von Generation zu Generation weitergegeben wurde. Früher hatte ich die Ähnlichkeit zwischen uns nie wirklich erkannt, doch jetzt, wo ich das Bild zum ersten Mal nach Monaten wiedersah, musste auch ich zugeben, dass ich ihm tatsächlich wie aus dem Gesicht geschnitten war. Ich schlang die Arme um mich selbst, und unwillkürlich fragte ich mich, ob er heute wohl stolz auf mich wäre, wenn er mich so sehen könnte.

Die, die vor allem davonläuft.

Als ich Hunters Stimme in meinem Kopf hörte, wandte ich mich von der Fotografie ab. Vermutlich wäre mein Dad nicht besonders stolz auf mich. Wieso sollte er auch? Immerhin war ich nichts weiter als ein Feigling.

Ich trat weiter in die Galerie hinein und betrachtete die Kunstwerke, die meine Mutter derzeit ausstellte. Es war eine bunte und vielfältige Mischung aus den unterschiedlichsten Stilrichtungen, die sich aber alle in ihrer einzigartigen Schönheit in nichts nachstanden. Bei jedem einzelnen Künstler war die Handschrift klar erkennbar, und wie immer hatte meine Mutter sich die Mühe gemacht, neben den Werken ein Foto des Künstlers aufzuhängen und darunter eine kurze Biografie auf die glatte Wand aufzukleben.

Mit vor der Brust verschränkten Armen lief ich langsam durch die Galerie, in der ich einen Großteil meiner Kindheit und Jugendzeit verbracht hatte und die so viele meiner Erinnerungen beherbergte.

Meine erste Eins in Mathe. Mein erster ausgefallener Milchzahn. Mein Highschoolabschluss.

Alle Erfolge meines Lebens, ob klein oder groß, hatten meine Mutter und ich hier gefeiert. Wir hatten mit einer Decke auf dem Fußboden gesessen, der Musik gelauscht und heißen Kakao getrunken, während wir über dies und das geplaudert und einfach in der Freude des Tages geschwelgt hatten. Ich hatte nie verstanden, warum meine Mutter darauf bestanden hatte, immer gerade hierherzukommen. Doch so langsam begann ich zu begreifen, wenn ich an die Fotografie am Eingang dachte.

Es war der einzige Ort, an dem mein Vater allgegenwärtig war.

Ich schluckte, als die Welt vor meinen Augen verschwamm und ich verzweifelt versuchte, nicht zu weinen. Ich hatte immer nur daran gedacht, was ich alles verpasst hatte, wenn ich mit meiner Mom hier gewesen war. Nie hatte ich gesehen, was für wertvolle und tröstliche Erinnerungen sie mir damit beschert hatte, die mich mein Leben lang begleiten würden und auf die ich stets mit einem Lächeln zurückblicken würde, ganz egal, wie hart das Leben auch so manches Mal werden mochte. Meine Mutter hatte mir einen sicheren Hafen geschaffen, an den ich immer zurückkehren konnte. Sogar dann, wenn ich das Gefühl hatte, nicht nach Hause kommen zu können.

Ich wischte mir schnell die Tränen fort, die mir über die Wangen liefen, als mir bewusst wurde, dass ich nicht allein war. Für mich glich es einer echten Tortur, in der Öffentlichkeit zu weinen, denn die Leute starrten einen sofort an und sorgten damit nur dafür, dass ich mich noch unwohler fühlte. Das brauchte ich jetzt nun wirklich nicht, ich hatte auch so schon Probleme zu atmen, und meine Haut kam mir viel zu eng vor. Am liebsten wollte ich aus ihr herausschlüpfen und sie wegwerfen. Noch mal von vorn anfangen und all meine Sorgen und Probleme wie die Haut einer Schlange abstreifen. Aber leider war das nicht so einfach. Und das stetige Vibrieren in meiner hinteren Hosentasche erinnerte mich leider auf nervenaufreibende Art und Weise daran.

Ich zog mein Handy hervor und sah auf den Namen des Anrufers. Kate. Scheinbar war aufgefallen, dass ich nicht mehr in der Stadt war.

Mein Daumen schwebte über dem grünen Button, doch ich brachte es nicht über mich, das Gespräch anzunehmen. Ich konnte ihr nicht erklären, warum ich schon wieder davongelaufen war. Dass ich einfach alles hatte stehen und liegen lassen, um in einen überteuerten Flieger nach New York zu steigen. Ich konnte ihr nicht sagen, dass ich auf dem Weg zum Flughafen dem Dekan vorgelogen hatte, an einem Magen-Darm-Virus erkrankt zu sein, um die Finals aufzuschieben, von denen ich nicht einmal wusste, ob ich sie nachholen würde, da ich mir unsicher war, ob ich jemals wieder nach San Teresa zurückkehren würde.

Allein bei dem Gedanken zog sich mein Herz schmerzhaft zusammen. Ich wusste nicht, ob ich bereit war, alles an der STU aufzugeben. Ich wusste nur, dass ich jetzt gerade nicht bereit war, mich allem zu stellen, was dort zweifellos auf mich wartete.

Ich sah auf die Zahl der verpassten Anrufe und schloss die Hand etwas fester um mein Handy.

Elf Anrufe von Kate. Acht Anrufe von April. Vier Anrufe von Tyler.

Ich schluckte schwer, als mein Blick auf den letzten Anrufer fiel: dreiundzwanzig Anrufe von Hunter.

Ich schloss meinen Anrufverlauf und ignorierte die rote Fünfzig am Rand meiner Nachrichten-App, ehe ich mein Handy kurzerhand ausschaltete. Mir war klar, dass ich wieder davonlief, aber gerade war es mir egal. Der Schmerz, der mich durchfuhr, wenn ich an meinen Streit mit Hunter von letzter Nacht zurückdachte, war zu stark, als dass ich die Kraft aufbringen konnte, mich damit in diesem Moment auseinanderzusetzen. Er war wie eine offene Wunde, die bei jeder Berührung brannte, also schlang ich einen Verband darum und ließ sie erst mal verheilen. So gut, wie eine solche Wunde eben jemals verheilen würde.

Das Klackern von hohen Absätzen zu meiner Linken riss mich aus meinen Gedanken, und ich steckte mein Handy schnell weg, bevor ich aufsah. Sofort trat ich einen Schritt zurück und machte dem Paar Platz, das direkt auf mich zukam, den Blick fest auf das Bild gerichtet, das vor mir hing.

Der Mann war an die zwei Meter groß, mit verschiedenfarbigen Augen und einem ernsten Zug um den Mund, der ihm etwas von einem Raubtier verlieh, das einen zwar faszinierte, an das man sich aber besser nicht heranwagte, und auch der kleine Junge, bei dem es sich zweifellos um seinen Sohn handeln musste und den er stolz auf dem Arm trug, milderte diesen Eindruck nicht im Geringsten.

Die Frau an seiner Seite war, trotz der hohen Absätze, ein ganzes Stück kleiner als er, doch sie war auf eine ähnliche Art und Weise faszinierend schön. Sie hatte feine Gesichtszüge und warme braune Augen, die zu ihrem langen braunen Haar und den vollen Lippen passten.

Ich hatte sie schon mal hier gesehen, kurz bevor ich zur STU aufgebrochen war, und genau wie im September flößten die beiden mir immer noch ein bisschen Angst ein. Damals hatten sie Bilder für ihre neue Wohnung gesucht, und scheinbar waren sie in den letzten Monaten zu Stammkunden geworden. Wenn ich mir ihre Kleidung so ansah, dann war es offensichtlich, dass sie mehr als genug Geld hatten, um dieses recht kostspielige Interesse auch zu finanzieren.

Ich trat noch einen Schritt zurück, um den beiden genug Raum zu geben, das Bild in Ruhe zu betrachten, und ließ meinen Blick durch die Galerie streifen, doch meine Mutter war nirgendwo zu sehen. War sie vielleicht ins Lager gegangen, um etwas für einen Kunden zu überprüfen? Oder hatte ein Künstler angerufen? So oder so war es gut, dass sie gerade nicht hier war. Dadurch hatte ich noch einen Moment länger Zeit, um mich für unsere Begegnung zu wappnen.

Ich rieb meine Hände an meiner Jeans und schaute zu den großen Fenstern, die tagsüber ausreichend Licht hineinließen, damit die großen Deckenleuchten im Dezember zumindest ein paar Stunden lang ausgeschaltet bleiben konnten. Der Schnee fiel in dicken Flocken herab, und ich lächelte. Das erhöhte die Chancen auf eine weiße Weihnacht. Vielleicht konnten Mom und ich ja wieder in den Central Park gehen, um –

»Gute Nachrichten, Mr und Mrs Cohen.« Ich drehte mich ruckartig um, als ich die Stimme meiner Mutter hörte, die mit ihrem typischen Verkäuferlächeln aus dem hinteren Teil der Galerie kam, in dem sich ihr Büro und das Lager befanden. »Der Fotograf hat zugestimmt, ihnen einen exklusiven Blick auf seine neusten Bilder zu gewähren. Soll ich –« Ihre Augen fielen auf mich und weiteten sich ungläubig, bevor sie sich räusperte und zu ihrem professionellen Ich zurückfand. »Soll ich für Sie einen Termin ausmachen?«

Mrs Cohen winkte ab. »Es reicht völlig, wenn Sie uns die Nummer des Fotografen geben, Cathy.« Sie trat einen Schritt auf meine Mom zu und legte ihr die Hand auf die Schulter. »Sie müssen nicht auch noch Termine für uns ausmachen. Und ich habe Ihnen schon so häufig gesagt, dass Sie mich ruhig Lissiana nennen können.«

Der Blick meiner Mutter schnellte kurz zu mir, und der Ausdruck darin war so verwundert, dass ich bereits ahnte, was mich erwarten würde, sobald wir zu Hause waren. Doch dann sah sie wieder die freundliche Kundin an. »Es macht mir wirklich nichts aus, Lissiana. Sie und Ihr Mann sind meine besten Kunden. Einen Termin mit einem unserer Künstler zu vereinbaren, ist wirklich ein Kinderspiel.«

»Weshalb wir das auch durchaus selbst machen können«, warf Mr Cohen ein und setzte ein so gewinnendes Lächeln auf, das ich mich fragte, ob er womöglich Politiker war. Vorstellen konnte ich es mir durchaus. »Schicken Sie uns einfach die Nummer mit dem neuen Bild an die übliche Adresse. Wir kümmern uns dann um den Rest.«

»In Ordnung, Mr Cohen.« Meine Mutter schüttelte dem Riesen die Hand und verabschiedete sich dann auch von seiner Frau, ehe sie die beiden zur Tür begleitete. Erst als sie gegangen waren, kam meine Mutter mit langen Schritten auf mich zu, und ich hielt angespannt den Atem an. Was, wenn sie noch immer wütend war und mir hier eine Szene machte? Das Recht dazu hätte sie auf alle Fälle, so wie ich sie in den letzten Monaten behandelt hatte. Ich zitterte vor lauter Nervosität, und die Sekunden, die meine Mutter brauchte, um zu mir zu gelangen, fühlten sich wie Stunden an, während ich sie eingehend betrachtete. Sie hatte ein bisschen zugenommen, und ihr langes Haar hatte sie zu einem modernen Bob abgeschnitten. Ihre Wangen waren rosig, und sie trug sogar etwas Make-up. Sie sah gut aus. Gesund.

»Was machst du hier?«, fragte sie mich leise, als sie mich erreicht hatte, um nicht die Aufmerksamkeit der umstehenden Leute zu erregen. »Ich bin vor Sorge um dich fast umgekommen. Weißt du eigentlich, wie schrecklich es war, nichts von dir zu hören, und jetzt stehst du plötzlich –« Sie brach abrupt ab und zog mich in eine feste Umarmung, die sich so gut anfühlte, als wäre sie ganz allein dazu in der Lage, all meine zerbrochenen Teile wieder an Ort und Stelle zusammenzuflicken. »Gott, ich hab dich so vermisst, BunBun.«

Ich schlang meine Arme um sie und drückte sie so fest, wie ich nur konnte, während ich meinen Kopf an ihrem Hals vergrub und tief ihren vertrauten Duft einatmete, der für mich immer nach zu Hause riechen würde, weil meine Mutter mein ganzes Leben immer dasselbe Parfüm benutzt hatte.

»Du hast mir auch gefehlt, Mom«, brachte ich trotz des dicken Kloßes in meinem Hals heraus, und ein paar Tränen kullerten meine Wangen hinunter und tropften auf den grauen Kaschmirpullover meiner Mutter. Ich ließ mich vollständig gegen sie sinken und vertraute darauf, dass sie mich halten würde. Alle Kraft verließ mich, und einzig und allein bei ihr fand ich Halt. Mit einem Mal fühlte ich mich erschöpft und ausgelaugt, und ich wollte einfach nur ein heißes Bad nehmen und dann in mein Bett kriechen, damit dieser lange Tag endlich endete. Ich hatte seit meinem Streit mit Hunter kein Auge zugetan und war noch mitten in der Nacht mit einem Taxi nach Los Angeles aufgebrochen, wo ich einen freien Platz in einem Flieger um halb neun morgens hatte ergattern können. Jetzt war es halb sechs, und ich war vollkommen am Ende. Ich wusste nicht einmal, ob ich lange genug durchhalten würde, um zumindest noch etwas zu essen.

Meine Mom löste sich behutsam von mir und legte mir die Hände an die Wangen, die wie immer ein wenig nach Babyöl und Seife rochen. Ihre wachsamen Augen glitten über mein Gesicht, und sie seufzte leise, ehe sie mit den Daumen über meine Wangen strich. »Geh schon mal nach Hause vor. Ich komme bald nach.«

Ich nickte schwach und hielt die Hand auf. Meine Mutter griff in ihre Hosentasche, und kurz darauf fielen ihr Wohnungsschlüssel und ihr Haustürschlüssel hinein, denn ich hatte keine dabei.

»Willst du ein Taxi?«

Ich schüttelte den Kopf. »Nein. Es sind ja nur vier Blocks, und es schneit. Wahrscheinlich dauert es da mit dem Taxi länger als zu Fuß.«

»Okay.« Sie ging neben mir her, während ich zur Tür schlurfte. »Ruf mich an, wenn –« Sie brach ab. »Ich sehe dich dann zu Hause.«

Ich nickte und bemerkte gar nicht, was meine Mutter da eigentlich gerade gesagt hatte. Dann schulterte ich meinen Rucksack und trat hinaus in den eisigen New Yorker Winter, der den Wind durch die Häuserschluchten pustete, während der Schnee immer schneller und in immer größeren Flocken vom Himmel fiel. Auf dem Nachhauseweg durch die Straßen meiner Kindheit vernahm ich in der Ferne das Heulen von Sirenen. Trotz des Wetters waren in SoHo noch viele Menschen unterwegs, was vermutlich an dem bevorstehenden Weihnachtsfest lag. Denn die Geschenke für die Liebsten, mit denen man diesen ganz besonderen Tag verbringen würde, besorgten sich nicht von selbst. Ich beschleunigte meine Schritte, als ich an die kleine Schachtel dachte, die in Kalifornien in meinem Zimmer lag.

Allein der Gedanke an Hunter trieb mir wieder die Tränen in die Augen, und diesmal konnte ich sie nicht mehr zurückhalten. Nach Hause zu kommen schien all meine Dämme gebrochen zu haben, und so weinte ich lautlos vor mich hin, während ich in meinen dünnen Sachen aus Kalifornien dem harschen New Yorker Wetter zu trotzen versuchte.

Als ich unser Haus erreichte, schloss ich die Haustür auf und hastete direkt zur Treppe, ohne dem Briefkasten wie sonst irgendwelche Beachtung zu schenken. Ich schleppte mich die Etagen hinauf und schloss unsere Tür mit dem kleinen Buntglasfenster mit zitternden Händen auf. Im dunklen Flur machte ich mir gar nicht erst die Mühe, das Licht einzuschalten, denn ich kannte den Weg blind. Stattdessen streifte ich einfach meine Schuhe ab, pfefferte meinen Rucksack achtlos in die Ecke und zog meine Jacke auf dem Weg zu meinem Zimmer aus. Ich stieß die Tür auf und warf die Jacke auf meinen Lesesessel, bevor ich zielstrebig auf mein hohes Boxspringbett zutaumelte.

Die Tränen wollten nicht versiegen. Weder als ich meine durchnässte Kleidung gegen einen flauschigen Pyjama austauschte, noch als ich die Rollos herunterließ, damit es wirklich stockdunkel war. Als ich unter meine Bettdecke kroch und der vertraute Geruch meines Zuhauses mich vollständig einhüllte, rollte ich mich zu einer Kugel zusammen und ließ einfach los.

Der Schmerz und die Wut erfassten mich wie eine Welle, und ich schluchzte laut auf, während ich zuließ, dass mein ganzer Brustkorb davon geschüttelt wurde. Ich weinte um die Wut, die ich spürte, um den Frust, der sich aufgestaut hatte, und um den Mann, den ich zurückgelassen hatte. Doch am meisten weinte ich wegen der Wahrheit, der ich ins Auge sehen musste: Ich würde mich niemals ändern, denn ich würde immer ein Feigling bleiben, völlig egal, wie sehr ich auch versuchte, vor mir selbst davonzulaufen. Das war etwas, das mich immer einholen würde.

Und so weinte ich, bis die Erschöpfung mich übermannte und ich mit brennenden Augen und tränennassen Wangen endlich einschlief.

39. KAPITEL

Raelyn

»Also, was ist passiert?«

Ich verschluckte mich um ein Haar an meinem Tee, als meine Mutter so plötzlich mit der Frage herausplatzte, obwohl sie die letzten Tage kein einziges Wort darüber verloren hatte. Sie sah mich an, ruhig und abwartend, von ihrem Platz neben mir auf der Couch aus, die alte und wahnsinnig hässliche Patchworkdecke über ihren Beinen ausgebreitet, die sie schon so lange besaß, wie ich mich erinnern konnte.

»Nichts.« Ich räusperte mich und wandte mich wieder dem Fernseher zu, wo die Wiederholung des Ball-Drops aus der Silvesternacht lief. Das neue Jahr hatte begonnen, aber nichts hatte sich verändert. Obwohl …

Unauffällig linste ich zu meiner Mutter hinüber, die leise seufzte und sich zu einem der Kekse vorbeugte, die hübsch drapiert auf einem Teller auf der antiken Truhe standen, die wir als Couchtisch nutzten. Auch wenn sich in der Wohnung nicht groß was verändert hatte, so hatte meine Mom sich doch verändert. Und damit meinte ich nicht nur ihren neuen Haarschnitt.

In den letzten drei Wochen, die ich hier verbracht hatte, hatte ich mit ihr häufiger das Haus verlassen als in den ganzen letzten sechs Monaten vor meiner Abreise. Wir waren zum Schlittschuhlaufen in den Central Park gefahren, hatten uns auf dem Broadway *Dear Evan Hansen* angeschaut und neue Cafés und Buchläden in unserem Viertel getestet. Es war schön gewesen, einfach nur mit ihr durch die Straßen zu schlendern und sich voll und ganz in New York zu verlieren, das mich mit seinen Tausenden Gerüchen und lauten Geräuschen von dem kleinen Städtchen in Kalifornien ablenkte, das ruhig und abgelegen direkt am Meer lag.

Zumindest dann, wenn meine Mom Zeit gehabt hatte. Sie war oft in die Galerie oder ins Atelier verschwunden und hatte nie verlangt, dass ich mitkam. Sie hatte sich einfach die Schlüssel geschnappt, sich kurz von mir verabschiedet und war dann verschwunden. Etwas, das in all den Jahren zuvor nie vorgekommen wäre.

Ich war meistens einfach zu Hause geblieben, anstatt mich in die Eiseskälte zu stürzen, die in New York vorherrschte, und hatte geschlafen, denn seitdem ich hier war, war ich einfach nur wahnsinnig müde. So viel hatte ich mein ganzes Leben noch nicht geschlafen, und es fiel mir schwer, mich aus dieser anhaltenden Lethargie zu lösen, die mich scheinbar fest im Griff hatte.

Wenn ich nicht zusammengerollt auf der Couch ins Traumland abdriftete, dann las ich jedes Buch, das es in unserer Wohnung gab. Völlig egal, wie oft ich es schon gelesen hatte. Ich mied Liebesgeschichten wie die Pest und begleitete lieber die drei Musketiere zu ihren Schlachten oder rannte mit Kimball O'Hara in *Kim* durch die Slums von Lahore. Alles, was mich auf andere Gedanken brachte, war mir recht, und der nie enden wollende Berg an Büchern in unserem Apartment war ein wahrer Segen, an den ich mich klammerte, um nicht ständig auf das ausgeschaltete Handy zu starren, das ich wie eine schlechte Erinnerung ständig bei mir trug. Manchmal schaltete ich es aus einem Impuls heraus ein, doch immer, wenn dann die unzähligen Anrufe und Nachrichten aufblinkten, die mein Display fluteten, verließ mich der Mut, und ich schaltete es wieder ab, ohne auch nur eine einzige Nachricht zu öffnen. Lieber schnappte ich mir wieder ein Buch und flüchtete mich in eine Welt, die nicht so kompliziert und verkorkst war wie mein eigene.

Wenn meine Mom spätabends nach Hause kam, kochten wir gemeinsam Abendessen und verbrachten danach etwas Zeit auf dem Sofa oder bei einem Brettspiel. Manchmal saßen wir auch einfach nur zusammen und lasen jede ein Buch.

So oder so war ich ihr dankbar, denn bisher war ich um die tausend Fragen herumgekommen, die ihr ins Gesicht geschrieben standen, wann immer sie glaubte, ich bemerkte nicht, wie sie mich verstohlen von der Seite her anschaute. Auch unseren Streit und die anhaltende Funkstille nach Thanksgiving hatte sie nicht angesprochen. Sie ging einfach darüber hinweg und wartete, während dieses Damoklesschwert über unseren Köpfen schwebte, von dem wir beide wussten, dass es irgendwann mit blitzender Klinge herunterfallen würde.

Und dem plötzlich schwarz werdenden Bildschirm zufolge war meine Schonfrist genau jetzt abgelaufen.

Ich schloss meine Hände um die heiße Teetasse und ignorierte das schmerzhafte Brennen meiner Handflächen, während ich mit angehaltenem Atem abwartete, was meine Mutter zu sagen hatte.

»Die Uni fängt übermorgen wieder an.« Direkt ihre ersten Worte waren wie ein Schlag in die Magengrube.

Ich biss mir auf die Unterlippe. »Ich weiß.«

»Du hast doch vor, zurückzugehen, oder?« Bei ihrer Frage blieb ich stumm, doch meine Mom rückte nur noch ein Stück näher an mich heran und ließ mir keine Möglichkeit, ihr weiter auszuweichen. »Raelyn?«

»Ich weiß nicht, ob ich das kann, Mom.« Meine Stimme klang traurig und kraftlos, und auch wenn wir noch gar nicht richtig angefangen hatten zu reden, fühlte ich mich schon vollkommen ausgelaugt, so als wäre allein die Aussicht darauf, in diese schmerzhaften Erinnerungen einzutauchen, mit enormer Anstrengung verbunden.

»Wieso?«, fragte Mom mich mit sanfter Stimme, und ich holte tief Luft.

Ich wusste nicht, woran es lag. Ob es der warme Blick war, mit dem sie mich betrachtete, oder das sanfte Lächeln oder doch das aufmunternde Nicken. Vielleicht war es auch ihre warme Hand auf meiner Schulter oder die Tatsache, dass sie mich nicht drängte. Oder vielleicht war es auch einfach das neue Verhältnis zwischen uns, das sich langsam, aber stetig formte und festigte. Ein Verhältnis, bei dem meine Mom sich nicht zwanghaft an mich klammerte, sondern mir Freiraum ließ und trotzdem an meiner Seite war, wann immer ich sie brauchte.

Ganz egal, was der genaue Auslöser war, plötzlich brachen all meine Dämme, und die Worte flossen wie ein nie endender Strom mit meinen Tränen um die Wette.

Ich erzählte ihr alles. Wie einsam die ersten Wochen gewesen waren und wie ich dann Kate und April kennengelernt hatte, die alles verändert hatten. Vom Schauspielclub und wie sehr ich mein neues Hobby liebte, auch wenn es mich an meine Grenzen trieb. Aber vor allem sprach ich über Hunter. Wie wir uns begegnet waren und ineinander verliebt hatten. Wie er mein Herz zum Rasen brachte und wie er mir eine neue Welt gezeigt hatte. Wie sehr ich ihm vertraute und wie viel er mir bedeutete, auch wenn das schwer in Worte zu fassen war. Aber ich erzählte ihr auch, wie sehr er mein Vertrauen missbraucht und mein Herz bei unserem Streit mit bloßen Händen herausgerissen hatte.

Ich redete und redete, und meine Mom sagte kein Wort, hörte mir einfach geduldig zu. Sie nickte hin und wieder und tätschelte meine Schulter, während sie mich einfach erzählen ließ. Als ich endlich aufhörte, war der Tee in meiner Tasse längst eiskalt.

»Und deshalb bist du hergekommen?«, fragte meine Mom, und ich nickte wortlos. »Du bist wirklich genau wie dein Vater.« Sie nahm mir die Teetasse aus der Hand und stellte sie auf den Couchtisch. »Er ist in Kriegsgebiete geflogen und hat Schwarzmarkthändlerringe enttarnt, aber wehe, wir haben uns gestritten.« Sie lächelte traurig, wie immer, wenn sie über meinen Dad sprach, und reichte mir einen Keks. »Dein Dad hat irgendwann immer seine Jacke geschnappt und ist spazieren gegangen, weil er es nicht mehr ausgehalten hat.« Sie zog ein Taschentuch aus ihrer Hosentasche und hielt es mir hin. »Aber am Ende des Tages ist er immer nach Hause zurückgekehrt. Und nur deshalb hat unsere Ehe funktioniert. Weil er immer nach Hause zurückkam und sich der Sache dann doch gestellt hat.«

Ich wischte mir mit dem Taschentuch die Tränen von den Wangen und hielt es dann fest in meiner Hand. »Hunter und ich sind aber nicht wie Dad und du.«

»Das wollen wir doch hoffen.« Meine Mom drückte sanft meine Schulter. »Sonst würdest du gerade die wenige Zeit, die dir mit ihm noch bleibt, gehörig verschwenden.«

»Mom …«

Mit Tränen in den Augen winkte sie ab. »Was ich sagen will, ist, dass alle Beziehungen an ihre Grenzen stoßen.« Sie räusperte sich leise. »Es wird Tage geben, an denen ihr euch fürchterlich streitet und du dir wünschen würdest, du hättest ihn nie getroffen. Aber es wird genauso Tage geben, an denen du vor Glück nicht weißt, wohin mit dir. Man muss sich nur einfach fragen, ob einem der Mensch an seiner Seite wichtig genug ist, um auch die schlechten Tage durchzustehen.« Sie lächelte mich an und drückte erneut meine Hand. »Es ist offensichtlich, wie sehr du ihn magst, BunBun. Sonst würde es dir mit dieser ganzen Sache nicht so fürchterlich schlecht gehen. Und er tut dir scheinbar sehr gut.« Sie nahm eine Strähne meiner Haare zwischen ihre Finger und betrachtete das Kastanienbraun. »Ich habe dich noch nie so lächeln sehen wie dann, wenn du über ihn sprichst.«

Ich blickte meine Mutter an, brachte aber kein Wort heraus, während ich über das nachdachte, was sie gesagt hatte. Ich wusste, dass sie recht hatte. Niemand hatte mich bisher so glücklich gemacht wie Hunter. An seiner Seite fühlte ich mich stark und sicher. Wenn ich bei ihm war, hatte ich das Gefühl, einfach alles schaffen zu können. Aber genauso spürte ich immer eine gewisse Angst, wenn ich mit ihm zusammen war. Diese Angst, etwas falsch zu machen, und ihn dadurch für immer zu verlieren, denn ich wusste nicht, ob ich mich davon jemals wirklich erholen würde.

Seitdem ich ihn kennengelernt hatte, war Hunter Stück für Stück zu einem Teil meiner selbst geworden. Er war ständig in meinen Gedanken, und alles in mir lechzte danach, bei ihm zu sein und alles über ihn zu erfahren. Egal, wie viele Tage ich mit ihm verbrachte, am Abend wollte ich doch immer noch bei ihm bleiben und mich in seiner Umarmung verlieren. Wann immer etwas Wichtiges passierte, war er der Erste, dem ich es erzählen wollte, und wenn Sorgen mich bedrückten, wollte ich sie mit ihm teilen.

Und genau das jagte mir eine Heidenangst ein.

Was ich für Hunter empfand, war zu stark. Zu explosiv. Denn auch wenn es mir Mut und Stärke verlieh, machte es mich auch angreifbar und verletzlich. Und plötzlich war der

Mensch, der mir am meisten wehtun konnte, nicht mehr irgendein Fremder, sondern jemand, der mir so viel näherstand als jeder andere. Ich hatte schon einen ersten Vorgeschmack auf den Schmerz bekommen, den Hunter mir zufügen konnte. Und ich wusste nicht, ob ich einen weiteren Angriff dieser Art ertragen konnte. Zumal ich nicht abschätzen konnte, wie tief meine Gefühle für ihn noch werden würden. Und ob sie das überhaupt konnten, denn schon jetzt war es eine Qual, nicht zu wissen, wie es ihm ging.

»Ich hab Angst, Mom«, gab ich leise zu und sah auf ihre Hand, die meine festhielt. »Wenn ich mit Hunter zusammen bin, dann …«

»… weißt du nicht, wohin mit dir selbst?«, unterbrach sie mich lächelnd.

Ich presste die Lippen fest aufeinander und nickte. »Er hat mir wirklich wehgetan.«

»Und das wird er wieder tun, Raelyn. So ist das, wenn man liebt. Man tut sich leider auch häufig gegenseitig weh.« Sie hob meine Hand an ihre Lippen und drückte einen Kuss darauf. »Ich hab eine Frage an dich, und ich möchte nicht, dass du lange darüber nachdenkst, sondern mir einfach direkt antwortest, okay?«

»Okay.«

»Was hat mehr wehgetan? Der Streit oder von ihm getrennt zu sein?«

Ich zögerte keine Sekunde. »Von ihm getrennt zu sein.«

Meine Mom lachte leise. »Da hast du deine Antwort.«

Ich öffnete den Mund, brachte aber kein einziges Wort heraus.

Meine Mom warf einen Blick auf die Uhr. »Wenn wir uns beeilen, schaffen wir den Flug um acht noch.« Sie sprang auf und zog mich auf die Füße. »Komm, ich helfe dir beim Packen.«

Sie ließ meine Hände los, doch ich griff nach ihr und schlang sie fest in meine Arme. Die Umarmung schien endlos zu dauern, während so viele Gedanken in meinem Kopf kreisten, die ich nicht in Worte fassen konnte.

»Es tut mir leid.« *Wie ich dich behandelt habe. Dass ich keine bessere Tochter war. Dass ich nie wirklich mit dir geredet habe.* Ich legte all die Schuld und Reue, die ich empfand, in diese vier Worte und hoffte, dass sie verstand.

Meine Mom erstarrte in meinen Armen, ehe sie mir sanft den Rücken tätschelte. »Ich weiß, BunBun.« Sie schluckte leise. »Mir tut es auch leid.«

Wir standen noch eine Weile so da, eng umschlungen. Dann räusperte meine Mutter sich und löste sich von mir. »Komm, beeilen wir uns. Sonst verpasst du noch deinen Flieger.« Sie wischte sich unauffällig die Augen, und ich folgte ihr in mein Zimmer. Schweigend packten wir gemeinsam meinen kleinen Rucksack, der innerhalb weniger Minuten aus allen Nähten zu platzen drohte. Ich schlüpfte in Mantel und Schuhe, schulterte den Rucksack und marschierte zur Tür.

Meine Mom stand in der Diele und schlang die Arme um sich. »Soll ich dich noch zum Flughafen bringen?«

»Nein.« Ich öffnete die Wohnungstür, und ein kalter Windhauch wehte vom Flur herein. »Den Rest schaffe ich allein.« Ich lächelte. »Danke, Mom. Für alles.«

Ich sah das Glänzen in den aquamarinblauen Augen meiner Mom, und sie blinzelte hektisch. »Ich hab dich lieb, BunBun.«

»Ich dich auch, Mom.« Dann trat ich hinaus in den Flur und zog die Tür hinter mir zu, die mit einem leisen Klicken ins Schloss fiel. Diese Tür würde mir jedoch immer offen stehen, ganz egal, wie fest verschlossen sie auch aussehen mochte.

40. KAPITEL

Raelyn

Je mehr sich mein Taxi dem Campus der STU näherte, desto nervöser wurde ich, obwohl mitten in der Nacht niemand meine Ankunft bemerken würde. Und trotzdem bekam ich schwitzige Hände, als wir durch das Tor des Campus und in Richtung meines Wohnheims fuhren. Ich sah auf mein Handy, das ich zu Beginn meiner fast vierstündigen Tour hierher eingeschaltet hatte, und überflog erneut die unzähligen Nachrichten, die mir meine Freunde innerhalb der letzten drei Wochen hinterlassen hatten. Ich konnte die Panik und die Sorge aus jedem einzelnen Wort herauslesen, und mein Herz zog sich schmerzhaft zusammen.

Sie würden mich alle hassen. Und das auch zu Recht. Ich war für drei Wochen von der Bildfläche verschwunden, ohne ein Wort zu sagen oder sie wissen zu lassen, wo ich war oder wie es mir ging. Zuerst waren die Nachrichten fast stündlich gekommen. Dann irgendwann nur noch alle drei bis vier Stunden. Danach täglich. Und irgendwann hatten sie ganz aufgehört. Ich sah aus dem Fenster in die schwarze Nacht und seufzte leise.

Alles war ungewiss. Ob ich die Prüfungen wiederholen konnte, ob ich noch Freunde hatte und vor allem, wie es mit Hunter weiterging. Alles befand sich in einem Schwebezustand, bei dem ich das Gefühl hatte, an einem Haufen Luftballons über einer Klippe zu hängen, während Krähen mich umkreisten, unschlüssig ob sie ihre Schnäbel in die Luftballons schlagen und mich damit zum Absturz bringen sollten.

Ich spürte wieder den bitteren Geschmack in meinem Mund, doch ich schluckte ihn entschlossen hinunter. Ja, ich hatte wahnsinnige Angst vor den Dingen, die da auf mich zukamen, aber ich hatte mich für das alles hier entschieden. Ich wollte für das Leben kämpfen, das ich mir hier aufgebaut hatte, denn ich liebte alles daran.

Meine Kurse, die zwar hart waren, mir aber trotzdem wahnsinnigen Spaß machten. Der Schauspielclub, an dem ich häufig vor lauter Angst scheiterte, der mich an meine Grenzen und darüber hinaustrieb und der mir bei jedem Schritt in meiner Veränderung half. Meine Freunde, die mich mit offenen Armen empfangen hatten und die mir gezeigt hatten, dass auch ich irgendwo hingehörte. Und Hunter, der mir so viel bedeutete, dass ich es nicht in Worte fassen konnte.

Die STU war mein Zuhause. Es wurde Zeit, dass ich mich dessen als würdig erwies.

»Wir sind da.« Ich blinzelte träge, als der Fahrer mich aus meinen Gedanken riss, und reichte ihm meine Kreditkarte, mit der er die astronomisch hohe Rechnung beglich. Ich beugte mich herunter, zog meinen Rucksack aus dem Fußraum und fröstelte, als der Fahrer das Fenster herunterließ und die kühle Nachtluft mit einem Schwall ins Auto drang.

»Braucht ihr eine Mitfahrgelegenheit nach L.A.?«, rief er nach draußen.

»Nein. Wir haben nur auf unser Paket gewartet.« Ich erstarrte, als ich Kates unverkennbare Stimme hörte, die zwar freundlich, aber wahnsinnig bestimmt klang.

Der Fahrer zuckte mit den Schultern. »Okay.«

Ich setzte mich ruckartig auf und sah aus dem Fenster. April und Kate standen unter der Straßenlaterne direkt vor meinem Wohnheim. Beide hatten ihren Blick fest auf den Wagen gerichtet, und ihre Mienen waren undurchdringlich, sodass mir das Herz in die Hose rutschte.

Was machten die beiden hier? Woher wussten sie …?

Kate kam mit langen Schritten auf den Wagen zu und zog mit einem Ruck die Tür auf, ehe sie mich am Oberarm packte. Ich schnappte mir schnell meinen Rucksack und stieg stolpernd aus.

»Kate, es tut mir so leid«, plapperte ich wild drauflos, während sie mich Richtung Laternen zog und der Wagen hinter uns davonbrauste. »Ich wollte anrufen, aber ich hatte solche Angst, dass ihr mich hassen könntet, und ich wusste auch gar nicht, was ich sagen sollte und wie ich es erklären könnte und …« Ich verstummte, als Kate sich mit wütendem Blick ruckartig zu mir umdrehte.

»Mach das nie wieder, verdammt noch mal.« Sie ließ meinen Oberarm los und umarmte mich so fest, dass wir zusammen rückwärtstaumelten. »Weißt du, was für Sorgen wir uns gemacht haben? Du kannst doch nicht einfach so abtauchen.« Sie löste sich von mir und boxte mir in die Rippen. »Ich schwöre dir, wenn ich durch meine Prüfungen gerauscht bin, dann ist das einzig und allein deine Schuld.«

Ich rieb mir die Stelle, gegen die sie geboxt hatte, und sah sie vollkommen fassungslos an. Ich hatte erwartet, dass sie mich wütend anschrie oder gar nicht mehr mit mir sprach, aber dass sie mich mit einer Umarmung empfangen würde, hatte definitiv nicht auf der Liste der möglichen Reaktionen gestanden. »Es tut mir leid.«

»Das ist das Mindeste.« April stand ein paar Meter von mir entfernt auf dem Gehweg und sah mich mit einem verräterischen Glänzen in den Augen an. »Ich schwöre dir, ziehst du so was noch mal ab, dann bringe ich dich eigenhändig um, ist das klar?«

Ich nickte, unfähig, irgendetwas zu sagen, während ich kaum fassen konnte, wie schnell die beiden mich einfach so wieder in ihren Kreis aufnahmen.

»Gut.« April kam auf mich zu und nahm mich in den Arm. »Hast uns ganz schön lange zappeln lassen.« Sie hielt mich eine Armlänge von sich weg und musterte mich im schwachen Licht der Straßenlaterne. »Du siehst zum Kotzen aus, wenn ich dir das sagen darf.«

Ich wusste nicht, was ich darauf erwidern sollte. Ich konnte nur an die einzige Frage denken, die mir auf der Zunge brannte. »Woher …?«

»Woher wir wussten, dass du kommst?«, fragte Kate, und ich nickte schwach. Sie grinste verschwörerisch. »Deine Mom. Sie hat mir geschrieben, als du zur Wohnungstür raus bist.«

April nickte. »Ich hab dann nachgesehen, wann dein Flieger landet, und grob überschlagen, wie lange die Fahrt dauert. Hab mich um ungefähr zwanzig Minuten verschätzt.« Sie rieb sich über die Arme und deutete zum Wohnheim. »Können wir vielleicht reingehen? Ich friere mir den Ast ab.«

Ich folgte den beiden mechanisch und setzte mich mit ihnen in den spärlich eingerichteten Gemeinschaftsraum im Erdgeschoss, in dem zu dieser Uhrzeit außer uns niemand war. Ich stellte meinen Rucksack ab und setzte mich auf das durchgesessene Sofa, während ich krampfhaft überlegte, wie meine Mom an Kates Nummer gekommen war. Mein Handy war fast die ganze Zeit ausgeschaltet gewesen, und wenn ich es mal angemacht hatte, dann immer nur kurz, und ich hatte es nie aus den Augen gelassen. Wie also …

Mit einem Mal fiel es mir wie Schuppen von den Augen. Das Schokoladensoufflé! Ich hatte an Weihnachten den Nachtisch zubereitet und mein Handy eingeschaltet, um mir den Wecker zu stellen, ehe ich mich zu meiner Mutter aufs Sofa gesellt hatte. Doch als das Soufflé plötzlich in sich zusammengesackt war, hatte ich mein Handy auf den Couchtisch gelegt und war zum Backofen geeilt, in der Hoffnung, den Nachtisch noch irgendwie retten zu können. Dabei musste meine Mom Kates Nummer auf dem Display gesehen haben, als sie angerufen hatte.

»Wie lange wusstet ihr schon, dass ich in New York bin?«

April sah zu Kate und runzelte nachdenklich die Stirn. »Weihnachten, oder?«

Kate nickte. »Deine Mom hat mir an Weihnachten eine Nachricht geschrieben und hat mich wissen lassen, dass du zu Hause und wohlauf bist.« Sie lachte leise. »Meine Nana hatte einen halben Herzinfarkt, als ich plötzlich mit einem freudigen Quietschen vom Sofa aufgesprungen bin.«

»Kate hat dann direkt mir und den anderen Bescheid gegeben.« April verengte die Augen. »Eigentlich hättest du uns Bescheid sagen sollen, Rae.«

Ich seufzte leise. »Es tut mir leid.« Ich ließ den Kopf in die Hände sinken. »Es tut mir so, so leid.«

April legte mir die Hand in den Rücken und zog beruhigende Kreise. »Ist schon okay«, flüsterte sie. »Lass so einen Unsinn einfach nicht zur Gewohnheit werden, okay?«

Kate nickte bestätigend. »So einfach kommst du das nächste Mal nämlich nicht davon, ist das klar?«

Ich sah auf und rieb mir verstohlen die brennenden Augen. »Glasklar.«

»Dann ist ja gut.« April stieß mich mit der Schulter an und stand auf. »Ich weiß ja nicht, wie es euch geht, aber ich bin wahnsinnig müde. Ich muss ganz dringend ins Bett.« Sie lächelte mich an. »Bis morgen, Rae.«

»Bis morgen.« Ich sah April einen Moment lang nach, als sie den Gemeinschaftsraum verließ. Kate rührte sich keinen Zentimeter, sondern sah mich abwartend an, so als wüsste sie, dass ich noch nicht so weit war.

»Wie geht es Tyler?«, fragte ich kleinlaut und blickte auf meine Hände. »Er hat sich auch wahnsinnige Sorgen gemacht, oder?«

»Ja. So wie wir alle.« Sie strich sich das Haar zurück und schlug die langen Beine übereinander. »Es geht ihm gut. Er ist gestern früh zurückgekommen.« Sie sah mich wissend an. »Aber er ist nicht der, nach dem du dich eigentlich erkundigen willst.«

Ertappt wich ich ihrem Blick aus. Sie hatte recht. Tyler war nicht derjenige, nach dem ich eigentlich fragen wollte.

»Wie geht es ihm?« Meine Stimme war leise, kaum hörbar. »Ist alles okay?«

»Nein, ist es nicht, Rae.« Sie sah mich ernst an. »Aber wenn du wissen willst, wie es ihm geht und wie die letzten Wochen für ihn waren, dann musst du ihn schon selbst fragen. Das ist eine Sache zwischen ihm und dir.« Sie streckte die Hand aus und ergriff meine. »Ich würde dir raten, die Nachrichten abzuhören, die er dir hinterlassen hat.«

Panik überkam mich, als ich an die ganzen Mailbox-Nachrichten dachte, die ich bisher nicht abgerufen hatte. Ich hatte zu viel Angst davor gehabt. Indem ich sie einfach ignorierte, hatte ich das Unausweichliche noch etwas aufschieben können. Denn auch wenn ich hoffte, dass Hunter und ich die Kluft zwischen uns irgendwie schließen konnten, machte ich mir keine Illusionen darüber, dass es sehr schwierig und eventuell auch hässlich werden würde.

»Hör sie einfach ab.« Kate ließ meine Hand los und stand auf. »Ich bin froh, dass du wieder hier bist.« Ich stand auch auf, und sie umarmte mich kurz. »Bis morgen«, murmelte sie und ging.

Ich schulterte meinen Rucksack, hielt jedoch inne und fasste stattdessen in meine Manteltasche. Meine Fingerspitzen ertasten die Kabel meiner Kopfhörer, und mir brach der kalte Schweiß aus. Doch ich stellte den Rucksack wieder auf den Boden und ließ mich zurück aufs Sofa fallen. Ich zog mein Handy aus der Hosentasche und stöpselte die Kopfhörer ein. Ich zögerte noch kurz, bevor ich tatsächlich den Mut fand, die Nummer der Mailbox zu wählen. Die mechanische Stimme ließ mich wissen, dass ich fünf Nachrichten hatte, und ich holte tief Luft. Schluss mit Weglaufen.

»Erste Nachricht, empfangen am 18. Dezember um 16 Uhr 15.« Ich schloss die Augen, und mein Herz krampfte sich zusammen, als ich Hunters Stimme das erste Mal nach drei Wochen wieder hörte. »WO ZUR HÖLLE BIST DU?!« Er klang so wütend wie bei unserem Streit, und ich zuckte zusammen. »ICH HABE IM SEKRETARIAT NACH DIR GEFRAGT, UND SIE SAGEN, DASS DU DICH KRANKGEMELDET HAST, ABER DU BIST NICHT IN DEINEM BESCHISSENEN WOHNHEIM! ALSO, WO ZUR HÖLLE STECKST DU?!« Ich hörte ihn im Hintergrund hektisch atmen, scheinbar rannte er. Allein die Vorstellung, wie er über den Campus hetzte und nach mir suchte, versetzte mir einen schmerzhaften Stich. Die Nachricht brach ab, und ich legte den Kopf in den Nacken, unsicher, ob ich die anderen Nachrichten auch noch abhören sollte.

»Zweite Nachricht, empfangen am 21. Dezember um 21 Uhr 53.« Ich wartete angespannt, denn es dauerte ein paar Sekunden, bis die nächste Nachricht abgespielt wurde. »Denkst du wirklich, dass es etwas bringt, wegzulaufen?« Hunter klang diesmal weniger aufgebracht, fast schon verzweifelt. »Ich weiß, ich habe ein paar gemeine Dinge zu dir gesagt, aber … Ruf mich bitte an und lass mich wissen, dass es dir gut geht, okay?« Er räusperte sich. »Scheiße, Raelyn. Tu mir das nicht an. Meld dich einfach.«

Das Piepsen der Mailbox beendete die Nachricht, und ich spürte heiße Tränen auf meinen Wangen, während mein Herz sich zusammenkrampfte.

»Dritte Nachricht, empfangen am 25. Dezember um 11 Uhr 17.« Ich hörte ihn leise seufzen. »Irgendwie hatte ich mir diese Weihnachten anders vorgestellt. Ich hoffe, du bist okay und …« Er brach ab, und ich konnte ihn praktisch vor mir sehen, wie er das Handy fest umklammert hielt, während er nach den richtigen Worten suchte. »Bitte, bitte melde dich, okay? Lass mich einfach nur deine Stimme hören, ja? Du kannst mich auch zum Teufel jagen und mir sagen, was für ein riesengroßes Arschloch ich bin, nur …« Ich hörte ihn laut schlucken. »Ich vermisse dich. Fröhliche Weihnachten.«

Ich setzte mich auf und wartete mit angehaltenem Atem auf die nächste Nachricht. »Vierte Nachricht, empfangen am 2. Januar um 14 Uhr 23.« Das lange Piepsen in der Leitung kam mir endlos vor, doch dann ertönte endlich wieder Hunters Stimme. »Hey, Raelyn …« Hunter klang furchtbar, und ich schlug mir die Hand vor den Mund. »Ich habe keine Ahnung, ob und wann du das hier abhörst, aber ich bin jetzt auf dem Rückweg zur STU. Ich hoffe, wir können reden, sobald du zurück bist. Ich denke, es gibt so einiges, was ich dir erklären muss.« Er atmete schwer aus. »Ich muss los, das Boarding geht los. Bis dann.«

Ich hielt inne. War Hunter extra früher an die STU zurückgekommen, nur um mit mir zu reden? Ich wusste, er hatte eigentlich vorgehabt, länger zu Hause zu bleiben, um etwas Zeit mit seiner Familie zu verbringen.

»Fünfte Nachricht, empfangen am 6. Januar um 23 Uhr 42.« Das war die letzte Nachricht, die er mir hinterlassen hatte. Ich warf einen Blick auf meine Armbanduhr. Sie war gerade einmal drei Stunden alt.

»Raelyn ...« Hunters Stimme hörte sich so gequält an, wie ich mich fühlte, und am liebsten wäre ich aufgesprungen und direkt zu ihm gelaufen, doch das ging ja jetzt nicht so einfach. »Ich ... Scheiße.« Als Hunter verstummte, lächelte ich schwach. Das war der Hunter, den ich kannte. Der Hunter, der laut vor sich hin fluchte. »Bitte, komm zurück.« Seine Worte schnürten mir die Kehle zu, und ich kriegte keine Luft. »Bitte, komm zurück zu mir. Ich liebe dich.«

Die Nachricht brach abrupt ab, doch die letzten Worte hallten in meinem Kopf wider wie ein Echo.

Ich liebe dich.

Mit zitternden Fingern speicherte ich die letzte Nachricht und sah auf das Display. Ich spielte sie wieder ab. Und wieder. Und wieder.

Ich liebe dich.

Ich stand auf und nahm mir meinen Rucksack, bevor ich die Treppen zu meinem Zimmer hinaufstieg. Leise öffnete ich die Tür und schlich zu meinem Bett, streifte die Schuhe ab und kroch in meinen Anziehsachen hinein.

Ich liebe dich.

Ich betrachtete mein Handy und klickte auf meine Nachrichten. Ich wählte Hunters Kontakt aus und starrte auf das leere Eingabefeld.

Ich liebe dich.

Ich tippte ein paar Worte, löschte sie dann aber gleich wieder. Egal, wie sehr ich auch versuchte, meine Gedanken in Worte zu fassen, es wollte mir einfach nicht gelingen. Nichts schien das ausdrücken zu können, was sich gerade in meinem

Kopf abspielte. Die einzigen Worte, die mir einfielen, waren simpel und wogen doch so schwer, dass ich sie nicht einfach tippen konnte. Ich seufzte leise. Dann schrieb ich zwei einfache Worte und schickte sie ab.

Bis morgen.

41. KAPITEL

Raelyn

Ich wusste nicht genau, wie lange ich jetzt schon vor Hunters Wohnungstür stand und auf das dunkle Holz starrte, ohne mich auch nur einen Millimeter zu rühren. Unzählige Studenten waren mittlerweile an mir vorbeigegangen, manche auch zwei Mal, und ich bemerkte, wie sie mich alle verwirrt ansahen, unsicher, ob ich wohl in Ordnung war und ob sie mich vorsichtshalber besser danach fragen sollten oder nicht. Alle kehrten heute aus den Ferien zurück, bevor morgen die Vorlesungen wieder starteten, und ich wünschte, dass die Vorbereitung auf die nächsten Vorlesungen heute meine einzige Sorge wäre.

Aber dem war leider nicht so.

Genug aufgeschoben. Ich trat einen Schritt vor und klopfte an die Tür, während mein Herz in meiner Brust wild hämmerte. Ich war nervös, denn auch wenn ich meinen Entschluss gefasst hatte, wie es mit Hunter und mir weitergehen sollte, hing doch alles davon ab, welche Entscheidung er für sich getroffen hatte und ob er endlich dazu bereit wäre, mich ganz in sein Leben hereinzulassen und mir zu verraten, was in letzter Zeit mit ihm los gewesen war.

Als niemand aufmachte, klopfte ich erneut, diesmal mit mehr Nachdruck. Ich hörte schlurfende Schritte hinter der Tür und leises Fluchen, ehe sie aufgezogen wurde und Tyler vor mir stand. Als er mich erkannte, riss er die Augen auf.

»Raelyn?« Er packte mich am Handgelenk und zog mich in die Wohnung, bevor er mich in seine Arme schloss und ein erleichtertes Seufzen ausstieß. »Na Gott sei Dank.« Er ließ mich los, und meine Anspannung lockerte sich ein wenig. Ich war so froh, dass er nicht wütend auf mich war. »Seit wann bist du wieder da?«

Ich rechnete ihm hoch an, dass er mich nicht fragte, wo ich gewesen war oder wie es mir ging. Kate oder April hatten ihm offensichtlich schon alles gesteckt. »Seit heute Nacht.« Ich deutete auf meine dunklen Augenringe. »Sieht man das nicht?«

Tyler lachte gequält. »Hunter sieht genauso aus, und der ist schon eine ganze Weile wieder hier.« Er räusperte sich leise. »Er ist grad nicht da, aber er müsste jeden Moment wiederkommen.«

Ich nickte knapp. »Wo ist er denn?« Vielleicht konnte ich ihn ja irgendwo abfangen. Dann mussten wir dieses Gespräch nicht in seiner Wohnung führen, denn je nachdem, wie es ausging, wäre es auf neutralem Boden unter Umständen leichter für jeden von uns.

Tyler kratzte sich nachdenklich am Hinterkopf. »Das muss er dir schon selbst erzählen.« Er legte den Kopf in den Nacken und streckte sich. »Ich bin einfach froh, dass du wieder hier bist. Er hat mich in den letzten Tagen echt wahnsinnig gemacht.« Er betrachtete mich und lachte freudlos. »Hat mich immer wieder gefragt, ob ich wüsste, wann du zurückkommst. Du hast uns alle echt verdammt lange auf die Folter gespannt.«

Ich lächelte halbherzig. »Tut mir leid.«

Tyler winkte ab. »Schwamm drüber. Hauptsache, du bist heile zurück.« Er streckte die Hand aus und wuschelte mir durchs Haar. »Das ist viel wichtiger als alles andere.«

Ich sah Tyler an und fragte mich, womit ich Freunde wie ihn verdient hatte. Weder er noch Kate oder April hatten mich zum Teufel gejagt, obwohl sie allen Grund dazu gehabt hätten. Stattdessen hatten sie mich mit offenen Armen empfangen und verziehen mir meine Fehler, ohne mich für sie zu verurteilen. Oft hatte ich gelesen, dass echte Freundschaft so funktionierte, aber bisher hatte ich nie das Glück gehabt, solche Freunde zu haben.

Zumindest bis jetzt.

»Danke, Tyler.«

Tyler zog eine Augenbraue hoch. »Wofür?«

»Dafür, dass du für Hunter da warst.« Ich lächelte. »Und dafür, dass du mein Freund bist.«

Tyler starrte mich einen Moment lang perplex an, dann lachte er verlegen. »Willst du, dass ich in Tränen ausbreche, oder was?« Er knuffte mich in die Seite. »Dafür sind Freunde da. Gewöhn dich also dran.«

Ich nickte. »Ich versuch's.«

Wir beide sahen zur Tür, als wir hörten, wie ein Schlüssel darin umgedreht wurde, und Tyler schnappte sich seine Jacke vom Sofa und schlüpfte hinein.

Die Tür ging langsam auf, und ich hielt den Atem an. Ich würde Hunter gleich zum ersten Mal seit drei Wochen gegenüberstehen. Mein Herz begann sofort wieder zu flattern, und vor lauter Sehnsucht zog sich mein Magen schmerzhaft zusammen, während meine Fingerspitzen zuckten. Alles, was ich wollte, war, quer durch den Raum zu stürzen und mich in seine Arme zu werfen. Ich wollte ihn küssen, bis ich keine Luft mehr bekam und bis wir beide diesen dämlichen Streit vergessen hatten. Doch ich wusste, dass das alles nicht so einfach sein würde. Ich ballte die Hände zu Fäusten und bohrte meine Nägel in meine Handflächen und widerstand dem unmenschlichen Drang, der meinen ganzen Körper zum Beben brachte.

Oh Gott, ich hatte ihn mehr vermisst, als mir bewusst gewesen war.

»Gute Nachrichten, Dr. Brown hat noch einen Platz frei, und ich kann direkt Donnerstag mit –« Hunter brach ab, als er aufsah und unsere Blicke sich begegneten. Tausende Emotionen huschten über sein Gesicht, doch keine zeigte sich lange genug, als dass ich daraus etwas hätte schließen können. In seinen ozeanblauen Augen erkannte ich das gleiche Durcheinander, das auch in mir tobte, und ich musste mich unglaublich zusammenreißen, um nicht zu ihm hinüberzugehen und ihn einfach in den Arm zu nehmen.

Tyler ging zur Wohnungstür und zog seine Schuhe an. »Ich lass euch dann mal allein«, murmelte er leise und schob Hunter in meine Richtung. »Versau es nicht.« Mit diesen Worten trat er hinaus auf den Flur und schloss die Tür hinter sich.

Für eine Weile war nichts weiter zu hören als seine Schritte auf dem Flur und das leise Ticken der Uhr, das sich mit dem aufgeregten Pochen meines Herzens mischte.

Ich löste mich als Erste aus der Starre und hob zaghaft die Hand. »Hey.« Ich lächelte unsicher. »Schön, dich zu sehen.«

Hunter öffnete den Mund, klappte ihn dann aber wieder zu, so als wüsste er auch nicht recht, was er sagen sollte. Also fühlte er sich genauso verloren wie ich. Das war doch schon mal ein Anfang.

Ich hatte nicht den blassesten Schimmer, wie ich beginnen sollte, also sagte ich das Erste, was mir in den Sinn kam. »Du hast mir gefehlt.«

Hunter stieß ein so erleichtertes Seufzen aus, dass es mir fast das Herz brach, und mit großen Schritten hastete er auf mich zu. Als er die Arme ausbreitete, warf ich mich sofort hinein und klammerte mich an ihn wie eine Ertrinkende. Er drückte mich fest an sich. Sein vertrauter Duft nach Leder und Holz stieg mir in die Nase, und mir traten die Tränen in die Augen, weil er mich mit einem genauso verzweifelten Klammergriff festhielt wie ich ihn.

In der Nacht, während ich wieder und wieder seine letzte Nachricht abgehört hatte, war mir etwas klar geworden: Ich liebte Hunter. Ich liebte ihn wirklich. Und egal, was zwischen uns stand, ich wollte dem Ganzen noch eine Chance geben, ganz gleich, wie hart es werden würde. Er gab mir die Kraft, alles durchstehen zu können, und an seiner Seite würde ich mit allem fertigwerden, was auch immer es sein mochte.

Hunter verbarg sein Gesicht an meiner Schulter, und ich strich mit der Hand durch sein langes Haar, während ich ihn umarmte und seine Wärme spürte, die die Kälte der letzten Wochen restlos vertrieb. Wir standen eine Ewigkeit so da und hielten einander einfach nur fest, doch ich war mir trotzdem bewusst, dass wir jetzt über alles reden mussten. Zumindest wenn wir eine gemeinsame Zukunft haben wollten, denn egal, was wir füreinander empfanden, Gefühle allein reichten nun mal nicht immer aus.

Ich räusperte mich und schob mich sanft, aber bestimmt von ihm fort. Sofort ergriff er meine Hände, als bräuchte er irgendeine Form von Körperkontakt zu mir, und ich ließ ihn gewähren.

»Wir müssen reden«, flüsterte ich, und Hunter nickte.

»Ja …« Er seufzte schwer. »Ja, das müssen wir wohl.«

Ich nickte auch noch mal, setzte mich auf das Sofa und zog Hunter an den Händen zu mir herunter. Er hockte sich neben mich, und ich bemerkte sofort, wie seine Augen unruhig von einem Ort zum nächsten huschten. Es war das erste Mal, dass ich ihn dermaßen nervös erlebte, und ich fragte mich, was ihn so sehr aus der Ruhe brachte.

»Soll ich anfangen?«, fragte ich nach einer Weile, und Hunter biss die Zähne aufeinander, bevor er ein bestätigendes Murren von sich gab. »Okay …« Ich setzte mich etwas gerader hin. Mir war kotzübel, aber ich wusste, dass ich mich dieser Sache stellen musste, wenn ich weiter mit Hunter zusammen sein wollte. »Es tut mir leid, dass ich einfach verschwunden bin, ohne einen Ton zu sagen.« Die Worte verließen meinen Mund nur sehr langsam, aber ich zwang mich dazu, sie auszusprechen. Es fiel mir wahnsinnig schwer, und am liebsten wäre ich direkt wieder weggelaufen, doch mir war klar, wenn ich es jetzt nicht schaffte, über meinen eigenen Schatten zu springen, dann war diese Beziehung zum Scheitern verurteilt. »Ich habe Panik bekommen und bin einfach abgehauen. Dafür gibt es keine Entschuldigung, und ich hätte dich und auch die anderen zumindest wissen lassen müssen, dass es mir gut geht.« Ich sah auf meine Hände, die noch immer in seinen lagen. »Ich hatte Angst, mich meinen Gefühlen und dir zu stellen, und …« Ich war noch nie in meinem Leben so ehrlich gewesen, und mit jedem Wort, das meine Lippen verließ, hatte ich das Gefühl, dass eine Last von meinen Schultern abfiel, von der ich nicht einmal gewusst hatte, dass sie mich so stark bedrückte. »Ich habe auch jetzt wahnsinnige Angst, weil ich dich nicht verlieren will. Aber damit das mit uns funktionieren kann, müssen wir endlich miteinander reden und aufrichtig sein.« Ich sprach immer schneller, unfähig, mich selbst zu bremsen. »Ich muss wissen, was mit dir los ist, um zu verstehen, was da passiert ist. Ich habe immer wieder darüber nachgedacht, wie das zwischen uns so eskalieren konnte, aber ich kann mir einfach keinen Reim darauf machen.« Ich dachte an unseren Streit zurück, doch egal, wie sehr ich es auch drehte und wendete, es wollte für mich einfach keinen Sinn ergeben. »Wenn es irgendetwas war, das ich gesagt oder getan habe, dann –«

»Nein.« Hunter schüttelte heftig den Kopf. »Raelyn, das alles hat überhaupt nichts mit dir zu tun.«

»Okay, was ist es dann?« fragte ich, doch er blieb stumm. »Sprich mit mir, Hunter.«

Es dauerte eine Weile, doch irgendwann holte er tief Luft und redete. »Ich hatte eine Episode.«

Verwirrt runzelte ich die Stirn. »Was?«

»Ich bin krank. Schon seit ich ein Teenager bin.« Hunter sprach leise, und seine Daumen fuhren über meine Handrücken. Entweder um mich zu beruhigen oder sich selbst. »Ich habe eine bipolare Störung, Raelyn.«

Er war krank? Bipolar? Ich wusste, ich hatte irgendwann schon mal davon gehört, aber was genau das bedeutete, war mir nicht klar. »Was heißt das?«

»Früher hieß das manisch-depressiv, falls dir das eher was sagt.«

Ich sah ihn noch immer etwas ratlos an. Von Depressionen hatte ich schon mal gehört, doch der Ausdruck *manisch* sagte mir leider gar nichts.

Er hob eine Hand und tippte sich gegen die Schläfe. »Es gibt Tage, an denen glaube ich, die Welt beherrschen zu können – dann bin ich in einer manischen Phase. Ich bin dann auch meistens sehr gereizt und werde schnell wütend, so wie in San Francisco. Und an anderen Tagen will ich nicht mal aus dem verdammten Bett aufstehen, weil ich völlig antriebslos bin und das Gefühl habe, dass alles sinnlos ist. Dann ist es eine depressive Phase.« Hunter lächelte freudlos. »Ich war jetzt für meine Verhältnisse recht lange stabil. Fast ein ganzes Jahr. Früher war das anders. Da hat das fast wochenweise gewechselt.« Er schnaubte. »Kurz bevor das dritte Jahr angefangen hat, habe ich meine Medikamente abgesetzt, weil ich in einer manischen Phase die fixe Idee hatte, dass ich geheilt bin und dass alles in bester Ordnung sei. Dabei lebe ich lange genug mit dem Scheiß, um zu wissen, dass dieser Mist nie verschwinden wird.« Seine Hand hielt meine noch fester. »Weil ich die Tabletten schon so lange geschluckt habe, hat es eine Weile gedauert, bis die Krankheit wieder voll durchschlagen konnte, aber als es dann so weit war …« Er lächelte verbittert. »Ich hab es kommen sehen, wollte es jedoch nicht wahrhaben. Ich wollte normal sein. Wie jeder andere auch. Ich wollte …« Er brach ab und wich meinem Blick aus. »Scheiße, ich wollte einfach, dass wir zwei wie jedes andere Paar sein können. Ohne diese dämliche Krankheit. Aber das ist ja wohl gehörig nach hinten losgegangen.« Er seufzte. »Als es dann so weit war und alles wieder zum Vorschein kam, habe ich es wie früher schon an den Menschen ausgelassen, die mir am meisten bedeuten.«

Langsam setzten sich die Puzzleteile zusammen, und ich rückte etwas näher an Hunter heran. »Bist du deshalb so ausgeflippt?«

»Ja.« Er sah mir direkt in die Augen, und das erste Mal fühlte es sich so an, als ließe er mich tatsächlich in sein Leben. Vollkommen. Ohne Mauern. Ohne Grenzen. »Es hatte nichts mit dir zu tun. Es ist eine der hässlichsten Seiten von diesem beschissenen Mist. Man zerstört alles um sich herum, bis man nur noch in einem verfluchten Scherbenmeer steht.«

Ich konnte meinen Blick nicht von dem Ozeanblau seiner Augen abwenden, das mich vom ersten Moment an in seinen Bann gezogen hatte. »Also warst du gar nicht wütend auf mich, sondern die Krankheit hat …?«

»Genau. Ich hab mich wie der letzte Arsch benommen, und das tut mir sehr leid. Die Krankheit hat mich dazu getrieben, aber das ist natürlich keine Entschuldigung.«

Langsam begann alles, für mich einen Sinn zu ergeben. Sein Verhalten in San Francisco. Wie er mit Amber umgegangen war. Warum unser letzter Streit so fürchterlich eskaliert war. »Das nicht, aber wenn ich es gewusst hätte, dann wäre es zumindest eine Erklärung gewesen. So habe ich in der Luft gehangen und wusste gar nicht, was eigentlich gerade passiert.«

Hunter schlug die Augen nieder. »Es tut mir leid.«

»Ist in Ordnung.«

Er schüttelte den Kopf. »Ist es nicht.«

»Okay, vielleicht nicht wirklich in Ordnung, aber ich verstehe es jetzt, und das macht es leichter, dir diese Sachen zu verzeihen. Warum hast du mir das nicht schon früher erklärt?«

»Was?« Hunter sah mich ratlos an.

»Warum hast du mir nicht gesagt, dass du krank bist?«

Er zog die Stirn in tiefe Falten, wie immer, wenn er etwas absolut nicht verstand. »Fuck, ich wollte einfach nicht, dass du mich auch einfach fallen lässt und mich wie einen beschissenen Aussätzigen behandelst, der in eine Gummizelle gehört.« Er lachte verbittert auf. »Witzig. Erst wollte ich mich von dir fernhalten, und dann konnte ich dich einfach nicht gehen lassen.« Er legte sich eine Hand in den Nacken und schloss gequält die Augen. »Dich zu verlieren … Fuck, Raelyn, das …« Er schüttelte heftig den Kopf. »Schon so viele Leute haben mir wegen dieser Scheiße den Rücken gekehrt. Allein die Vorstellung, dass –«

Verletzt zuckte ich zusammen. »Ich bin aber nicht wie alle anderen.«

»Ich weiß.« Er räusperte sich und suchte offensichtlich nach den richtigen Worten. »Ich wollte dich einfach nicht an diesen beschissenen Mist verlieren, der eh schon mein ganzes Leben bestimmt.«

»Hättest du nicht.« Ich versuchte, ihm irgendwie begreiflich zu machen, was in mir vorging, aber das war alles andere als einfach. »Wenn ich davon gewusst hätte, dann hätte ich verstanden, was los ist. Dann hätte ich es besser einordnen können und gewusst, dass du mich nicht absichtlich so verletzt. So kam es für mich total unvorbereitet, völlig aus dem Nichts.«

»Es tut mir leid.« Hunter nahm liebevoll meine Wangen zwischen seine Hände. Sein Blick war so intensiv und verzweifelt, dass es mir die Sprache verschlug. »Als du verschwunden bist, da … Da hat es endlich Klick gemacht, und ich hab kapiert, was mit mir passiert. Ich bin nach Hause geflogen und hab mir direkt neue Medikamente verschreiben lassen. Seitdem ist es … besser.« Er ließ meine Wangen wieder los und faltete die Hände im Schoß. Sofort fühlte ich mich seiner Wärme beraubt, doch ich drängte ihn auch nicht. »Aber ich weiß auch, dass ich erst mal wieder einen Therapeuten brauchen werde. Ich hab gestern meinen alten Psychotherapeuten angerufen, der mich betreut hat, als ich damals hergekommen bin, und heute haben wir uns getroffen, um über alles zu reden. Ich kann am Donnerstag wieder mit meiner Therapie anfangen.« Er fuhr sich mit einer Hand durchs Haar und verzog das Gesicht. »Scheiße, Raelyn, es tut mir so leid. Ich hätte dich nie in diesen ganzen Mist mit reinziehen dürfen, sondern hätte einfach Abstand halten sollen, wie ich es ursprünglich geplant hatte.« Sein Ton klang so eindringlich, dass ich ihm vorbehaltlos glaubte. »Aber das hat ja mal so gar nicht funktioniert.«

»Zum Glück.«

Hunter rückte ein Stück von mir weg. »Raelyn, das …«

»Ich liebe dich, Hunter.« Ich hielt ihn an der Hand zurück, nicht bereit, ihn freizugeben. »Ganz egal, ob du krank bist oder nicht. Ich liebe dich.« Ich versuchte, all meine Gefühle in meine Worte zu legen, und doch kam es mir noch so vor, als würde es nicht annähernd ausreichen. »Ich will nicht mehr davonlaufen, nur weil es schwierig werden könnte. Ich will, dass wir zusammen sind und uns Herausforderungen gemeinsam stellen.

Ich will genauso für dich da sein, wie du für mich da warst. Und ich will dir genauso viel Kraft geben, wie du mir gibst.« Meine Worte überschlugen sich, als die angestauten Gefühle der letzten Wochen sich mit voller Wucht ihren Weg von meinem Herzen zu meiner Zunge bahnten. Er musste verstehen, was er mir bedeutete. Er musste verstehen, was ich fühlte. Er musste wissen, dass ich mit ihm zusammen sein wollte, völlig egal, was da kommen mochte. »Ich weiß nicht, was diese Krankheit für uns bedeutet, aber ich will es lieber versuchen, als ewig zu bereuen, vor lauter Angst nicht mit dir zusammen gewesen zu sein. Du bedeutest mir einfach alles und –«

Ich spürte Hunters Hand in meinem Nacken, bevor seine Lippen meine berührten. Ich seufzte leise und ließ mich vollkommen in den sanften Kuss sinken, der alles sagte, was zwischen uns bisher noch ungesagt geblieben war.

»Ich liebe dich, Raelyn«, raunte Hunter an meine Lippen, und ich lehnte meine Stirn gegen seine. Ich hatte nicht den blassesten Schimmer, was die Zukunft für uns bereithalten würde, es war mir auch vollkommen egal. Ich musste nicht wissen, was hinter jeder Kurve lag, solange ich Hunter hatte, an dem ich mich festhalten und dem ich blind vertrauen konnte.

»Ich liebe dich auch, Hunter.«

EPILOG

Raelyn

Ich genoss die warme Septembersonne und atmete den vertrauten Duft von staubiger Erde und trockenem Gras ein, der in San Teresa immer von einer leicht salzigen Brise begleitet wurde. Es war schön, wieder zurück in Kalifornien zu sein. Als ich vorgestern in Los Angeles gelandet war, hatte ich es kaum erwarten können. Mein zweites Jahr an der STU war offiziell angebrochen, und nächste Woche würden die Vorlesungen beginnen. Nach und nach waren alle Studenten eingetroffen, und heute war es endlich so weit: Der *Tag der Freshman-Tränen* war gekommen.

Letztes Jahr war ich selbst Teil davon gewesen. Hilflos. Planlos. Verloren. Dieses Jahr konnte ich mir alles ganz gelassen vom anderen Ende der großen Wiese anschauen, so wie unzählige andere, die nur hergekommen waren, um Bier zu trinken und die neuen Studenten zu begutachten.

»Rutsch rüber.« April stieß mich mit dem Fuß an, und ich machte ihr etwas Platz auf der großen Picknickdecke, die ich vor einer Weile für uns alle ausgebreitet hatte. Sie ließ sich neben mich fallen und nahm sich ein Bier aus der großen Kühltasche, die Tyler mitgebracht hatte, der es sich auf einem Campingstuhl neben unserer Decke bequem gemacht hatte. Ihr Haar war noch nass von der Dusche, die sie hatte nehmen wollen, als ich das Zimmer verlassen hatte, und klebte ihr in tropfenden Strähnen an den Wangen. Mit einem lauten Zischen öffnete April die Dose und trank den ersten Schluck, während sie belustigt zu der Menschentraube sah, die mit der Zeit immer größer wurde. »Was hab ich verpasst?«

Ich lachte leise. »Die ersten Tränen des Tages.«

Mit einem frustrierten Stöhnen legte April den Kopf in den Nacken. »Verdammt.«

Tyler streckte ihr die offene Hand entgegen. »Du schuldest mir zehn Mäuse.«

Sie rümpfte die Nase. »Ne, oder?«

Tyler wackelte mit den Augenbrauen. »Doch.« Ungeduldig winkte er mit dem Zeige- und Mittelfinger und gab erst Ruhe, als April einen Zehndollarschein aus ihrer Hosentasche gefischt und ihm in die Hand gedrückt hatte.

April stieß mit mir an und seufzte leise. »Ich entschuldige mich bei allen stolzen Eierstockträgerinnen dieser Welt, dass eine von uns schon wieder als Erste geweint hat.«

Ich zuckte mit den Schultern und trank einen Schluck. »Tja, das mit der Emanzipation und von wegen, Männer dürfen Gefühle zeigen und so weiter, braucht halt noch ein bisschen.«

April sah sich um und runzelte die Stirn. »Wo ist Hunter?«

»Bei Dr. Brown.« Ich warf einen Blick auf meine Armbanduhr. Halb fünf. Wenn die Therapiesitzung heute nicht länger dauerte, dann würde er bald hier sein. Eigentlich hatte er sie sausen lassen wollen, aber da es nach den langen Sommerferien wieder die erste war, hatte er sich von mir doch dazu breitschlagen lassen. Es hatte mich allerdings eine Menge Nerven und Küsse gekostet. »Er müsste aber auch gleich hier sein.«

Tyler setzte sich auf seinem Campingstuhl etwas gerader hin und reckte den Hals. Es wunderte mich, dass er durch die dunklen Gläser seiner Sonnenbrille überhaupt etwas erkennen konnte. »Sieht einer von euch Kate?«

Ich suchte mit den Augen die Menge ab, und es dauerte nicht lange, bis ich ihren hohen braunen Pferdeschwanz zwischen den ganzen Freshmen erspähen konnte. Wie letztes Jahr begrüßte sie jeden mit diesem freundlichen, warmen Lächeln, das an Tagen wie diesen auf ihrem Gesicht festgetackert zu sein schien. Ich hob den Arm und winkte. Als sie mich erblickte, grinste sie noch breiter und schwenkte enthusiastisch ihr Klemmbrett.

Ich nickte nachlässig in ihre Richtung. »Ja, da hinten.«

Tyler schmunzelte sarkastisch. »So viel zum Thema, dass sie dieses Jahr aussetzen will.«

Ich erinnerte mich an das Gespräch, das ich gestern noch am Telefon mit ihr geführt hatte, und rümpfte die Nase, als ich daran dachte, wie all ihre Verbindungsschwestern auf sie eingeredet hatten. »Ich glaube, sie hatte keine andere Wahl.«

Tyler brummte leise. »Verbindungszwang?«

»Bingo.«

»Sie soll einfach austreten.« April schüttelte verständnislos den Kopf. »Sie könnte einfach auch ins Wohnheim ziehen und diesen ganzen Scheiß endlich hinter sich lassen.« Sie grinste breit. »Außerdem hätte sie dann ja vielleicht so eine fantastische Mitbewohnerin bekommen wie ich.«

Ich lachte auf und gab ihr ein High five. Auch wenn ich es noch immer nicht ins Olympe Residential geschafft hatte und mir auch dieses Jahr wieder mein Zimmer würde teilen müssen, konnte ich mir doch deutlich Schlimmeres vorstellen, als April zur Mitbewohnerin zu haben.

April sah zu Tyler und legte den Kopf leicht schief. »Wann geht eigentlich dein Flieger?«

»Nächste Woche.« Tyler lehnte sich nach vorn und sah über den Rand seiner Sonnenbrille. »Wieso, vermisst du mich schon?«

April stieß gegen seinen Oberschenkel und schnaubte verächtlich. »Als ob.« Sie wich seinem Blick aus, und ihre Ohrenspitzen wurden ein wenig rot. »Ich winke dir freudig hinterher. Wer weiß, wenn ich deiner Uni in Tokio genug Geld spende, behalten sie dich ja vielleicht gleich da.«

»Autsch.« Tyler rieb sich über die Brust und lehnte sich auf seinem Stuhl wieder zurück. »Ich hab auch Gefühle.«

»Ist mir noch nicht aufgefallen.«

Ich sah über die Schulter, als ich Hunters Stimme hörte, und strahlte, auch wenn ich wusste, dass April mich deshalb heute Abend vermutlich wieder aufziehen würde. Ich setzte mich gerade auf und rutschte etwas nach vorn, damit Hunter hinter mir ausreichend Platz hatte, und als er saß, rutschte ich zwischen seine Beine und lehnte meinen Rücken an seine Brust. Mein Lächeln wurde nur noch breiter, nachdem er mich zur Begrüßung auf die Wange geküsst hatte.

Es war doch erstaunlich. Mit jedem Tag, der verging, schien ich mich nur noch mehr in diesen Mann zu verlieben. Und das, obwohl ich so was nie für möglich gehalten hatte.

Tyler schnalzte mit der Zunge. »Wer hat dich eigentlich nach deiner Meinung gefragt?«

Ich hielt Hunter eine Dose Cola hin, die ich aus der großen Kühltasche geangelt hatte, und verengte die Augen, als ich Tyler einen Blick über die Schulter zuwarf. »Ich.«

»Weißt du, nur weil du seine Freundin bist, musst du nicht ständig auf seiner Seite sein.« Tyler wich meinem Schlag gekonnt aus, und ich lief feuerrot an.

»Bin ich doch gar nicht.«

»Schon so ein bisschen«, murmelte April in ihr Bier hinein, doch ich bezweifelte, dass es außer mir irgendjemand mitbekommen hatte.

Hunter zeigte Tyler den Mittelfinger und bettete sein Kinn

auf meiner Schulter. »Du bist nur sauer, weil nie einer auf deiner Seite ist.«

»Stimmt«, gab Tyler, ohne zu zögern, zu, und ich lachte laut auf.

Gott, ich hatte wirklich keine Ahnung, was ich ohne diese Menschen in meinem Leben machen würde. Sie hatten mir den Halt gegeben, den ich dringend gebraucht hatte und durch den ich überhaupt erst in der Lage gewesen war, mein erstes Jahr an der STU durchzustehen.

Die letzten Monate waren wirklich alles andere als leicht gewesen. Ich hatte alles darangesetzt, damit der Dekan mich noch einmal zu den Prüfungen zuließ, aber am Ende hatte es doch eine gefälschte Krankschreibung aus Aprils Feder gebraucht. Er hatte keine andere Wahl gehabt und mich wiederholen lassen, doch auch wenn ich mit Bravour bestanden hatte, befand ich mich seitdem beim Dekan eindeutig auf der Abschussliste.

Hunters Medikamente hatten neu eingestellt werden müssen, und seine Stimmung war eine Weile lang ein einziges Auf und Ab gewesen. Zusätzlich hatte der Unistress uns alle fest im Griff gehabt und Tyler hatte sein Auslandssemester geplant, sodass besonders die letzten Wochen vor den Sommersemesterferien ein einziges Chaos gewesen waren.

Aber wir hatten es irgendwie geschafft.

Gemeinsam.

»Steht es eigentlich noch, dass wir morgen zum Konzert von Samuel und seinen Vollidioten gehen?«, fragte Tyler erwartungsvoll in die Runde.

»Also, wir gehen auf jeden Fall, oder?« Ich sah über die Schulter zu Hunter.

»Klar. Aber wir müssen früh da sein. Die Halle ist ausverkauft.« Er grinste schief, und ich hörte den unterschwelligen

Stolz, der in seiner Stimme mitschwang. »Aber mach dich schon mal drauf gefasst, dass Samuel in einer Tour nur mit seiner neuen Managerin angibt oder dir die Indie-Charts unter die Nase reibt.«

»Kann ich mit leben.« Tyler klatschte in die Hände und wackelte übertrieben mit den Augenbrauen. »Geil. Das heißt: ROADTRIP!«

April sah mich alarmiert an. »Heißt das, der fährt?«

Ich nickte. Neben April besaß er als Einziger ein Auto, und in seinem geräumigen SUV war die Strecke nach Los Angeles zu fünft deutlich angenehmer als in Aprils Kleinwagen.

»Scheiße.« Sie legte Tyler die Hand aufs Knie und starrte ihn mit großen Augen an. »Bring uns nur nicht alle um, okay?«

»Krieg dich wieder ein.« Tyler verdrehte die Augen. »Die letzte Fahrt hast du auch überlebt, oder?«

»Aber nur so grade eben.«

Ich lachte leise in mich hinein und schmiegte mich an Hunter, der mir einen winzigen Kuss aufs Ohr hauchte. Ich hatte ihn so vermisst, obwohl wir nur kurz voneinander getrennt gewesen waren, denn Hunter hatte fast den ganzen Sommer mit mir in New York verbracht.

Ich hatte ihn wegen seines Praktikums bei einem großen Plattenlabel tagsüber zwar kaum zu Gesicht bekommen, aber die Abende, die ich mit ihm durch die Straßen gezogen war, hatte ich dafür umso mehr genossen. Wir hatten über alles Mögliche gesprochen, uns eine mögliche Zukunft ausgemalt oder waren einfach nur Hand in Hand durch die Stadt geschlendert, die für mich nun nicht mehr länger einem Gefängnis glich.

Doch so schön unsere Zeit in New York auch gewesen war, ich war trotzdem froh, wieder hier an der STU zu sein. An dem Ort, an dem alles angefangen hatte. An dem ich meine

Freunde, Hunter, aber vor allem auch zu mir selbst gefunden hatte. Hier fühlte ich mich vollständig, sicher und geborgen. Denn auch wenn meine Zeit an der STU mich immer wieder an meine Grenzen getrieben hatte, bereute ich doch keine einzige Sekunde davon.

Ich verflocht meine Finger mit denen von Hunter und blickte in den blauen Himmel, der in Kalifornien einfach endlos zu sein schien.

Dieser Ort hatte mir meine Freiheit und meine erste Liebe geschenkt, und beides konnte mir niemand jemals wieder nehmen.

DANKSAGUNG

Liebe Leser*innen,

wie gerne würde ich jetzt gerade an einem Strand in Kalifornien liegen. Stattdessen sitze ich hier, im kalten norddeutschen November und freue mich über Tee, Kuschelsocken und Heizung. Ich kann es gar nicht fassen, dass ich die Geschichte von Raelyn und Hunter wirklich zu Papier gebracht habe, denn es kommt mir vor, als wäre es gestern gewesen, dass meine liebe Lektorin Katharina Schmidt von LYX mir mitteilte, dass wir wirklich mit der FOREVER-Reihe loslegen können. Das war auf der Leipziger Buchmesse 2019. Ich bin ihr vor Freude fast in den Arm gesprungen, was keine gute Idee gewesen wäre, wenn man bedenkt, dass Katharina ein ganzes Stück kleiner und auch erheblich zierlicher ist als ich.

Es ist mir so schwergefallen, euch nichts von diesem Herzensprojekt erzählen zu können, das mir schon so lange im Kopf herumschwirrt. Die erste Idee zur FOREVER-Reihe hatte ich nämlich schon 2017. Zu dem Zeitpunkt war es allerdings nichts weiter als ein Hirngespinst, und dazu auch noch komplett auf Englisch. Einiges war anders, doch Raelyn, Kate und April sind während der ganzen Zeit geblieben.

Ich kann euch gar nicht sagen, was diese drei mir bedeuten. Wahrscheinlich genauso viel wie all die Menschen, die auf ihre Art und Weise an der Entstehung dieser Geschichte beteiligt waren:

Vielen Dank an Katharina Schmidt, die dieses Projekt mit mir zusammen zur Wirklichkeit gemacht hat. Von aufbauenden und süßen Randkommentaren bis zu endlos langen Telefonaten, in denen sie mich von meiner Unsicherheit befreit hat, ist Katharina diejenige, die einen ganz großen Teil dazu beigetragen hat, dass FOREVER FREE zu dem Buch geworden ist, das ihr jetzt in den Händen haltet.

Mein Dank gilt auch meiner zweiten Lektorin Steffi Janek, die mir mit ihren Kommentaren bei unserem ersten Zusammentreffen in Köln direkt klargemacht hat, dass sie die Richtige für dieses Projekt ist. Steffi hat meine Schwächen gesehen, hat sie mir aufgezeigt und den Rotstift angesetzt. Und ich kann gar nicht erklären, wie sehr mich das weitergebracht hat.

An dieser Stelle möchte ich mich auch beim ganzen Team von LYX bedanken, die mich immer so warm und freundlich aufnehmen, wann immer ich sie in Köln besuche, und die mir immer so toll an den verschiedensten Stellen unterstützend zur Seite stehen.

Mit Andrea möchte ich noch jemandem danken, der für FOREVER FREE unersetzlich war. Andrea hat mir als Sensitivityleserin mit Rat und Tat zur Seite gestanden, und ihre Kommentare und Anmerkungen waren wirklich Gold wert und unglaublich hilfreich. Hunter wäre ohne sie ein ganzes Stück weniger … nun ja, Hunter.

Und jetzt zu den Menschen, die zwar nicht auf professioneller, aber definitiv auf persönlicher Ebene dafür gesorgt haben, dass FOREVER FREE überhaupt zustande kam und im späteren Verlauf auch nicht aus dem Fenster geflogen ist.

Raina Niemeyer, die für immer meine größte Inspiration für Raelyn und Hunter sein wird und deren lautes und herzliches Lachen beim ersten Anlesen dafür gesorgt hat, dass ich vor lauter Sorge über den Genre- und Perspektivwechsel nicht völlig durchgedreht bin.

Frauke Kuder, die sich unermüdlich all meinen Zweifeln, Ängsten und unnötigen Frustattacken gestellt hat und dabei zu dem Schluss kam, dass es gar nicht immer so cool ist, mit einer Autorin befreundet zu sein. (Liebe Leser*innen – lasst euch da von keinem was erzählen. Mit Autoren befreundet zu sein, ist manchmal wirklich schrecklich. Spoiler-Gefahr und wirres Gerede inklusive.)

Auch die liebe Anne Pätzold fällt unter diese Kategorie, da sie mich als Überarbeitungsbuddy unterstützt hat und mir mit Gesprächen über K-Pop, Katzen und Überarbeitungsstress häufig den Tag versüßt hat.

Und natürlich auch ein großes Dankeschön an all meine Freunde und an meine Familie, die für meine Arbeit häufig zurückstecken müssen, es mir aber nie übel nehmen und die mich immer auffangen, wann immer ich es am nötigsten brauche.

Und ich möchte natürlich auch euch danken, liebe Leser*innen. Eure Unterstützung und eure lieben Worte bedeuten mir sehr viel. Und ob ihr nun Leser der ersten Stunde seid und bereits mit mir in *New York Bastards – In deinem Schatten* (Ich hoffe, der kleine Cameo von Lissiana und John haben euch gefallen) auf Serienmörderjagd wart oder jetzt erst mit mir und Raelyn in Kalifornien an die STU geht, ihr seid der Wind unter meinen Flügeln. Ohne euch würde es dieses Buch nicht geben. Vielen Dank also, dass ihr die Geschichte von Hunter und Raelyn gelesen habt, und ich hoffe, wir sehen uns in FOREVER MINE wieder.

Kara Atkin

Osnabrück, 30. November 2019

LESEPROBE

FOREVER MINE

Kate

Schlaf nicht im Gehen ein. Schlaf nicht im Gehen ein. Schlaf verdammt noch mal nicht im Gehen ein!

Ich wiederholte diese Worte gedanklich wie ein Mantra, als ich die großen Treppen der Beauvoir-Mensa hinabging, peinlich darauf bedacht, nicht über meine eigenen Füße zu stolpern. Ich konnte die Augen kaum offenhalten und alles, was ich wollte, war zurück ins Bett zu kriechen, dennoch zwang ich mich zu einem Lächeln, als mir zwei meiner Kommilitonen auf der Treppe entgegenkamen. Ich konnte es nicht riskieren, müde auszusehen. Oder gestresst. Oder gar genervt. Nicht, wenn mir über 500 000 Menschen täglich dabei zusahen.

Ich trat die letzten Stufen hinab und seufzte leise, als ich mich dem lauten Chaos in der Mensa gegenübersah. Warum zum Teufel musste es heute Morgen auch nur so verdammt voll sein? Der große Speisesaal der Mensa platzte um acht Uhr morgens schon aus allen Nähten, was wenig überraschte, wenn man bedachte, dass die Beauvoir Mensa die größte Mensa des Campus war. Ein Großteil der Studenten der San Teresa University kam hier täglich zusammen, um den Tag mit einem heißen Kaffee und einem guten Frühstück zu beginnen. Es war laut und lebendig und eigentlich wusste ich diese pulsierende positive Energie am frühen Morgen zu schätzen. Sie weckte mich besser auf als jeder Kaffee und elektrisierte mich regelrecht. Aber heute wollte der Funke einfach nicht überspringen.

Was vermutlich daran lag, dass ich nur zwei Stunden geschlafen und mit wahnsinnigen Kopfschmerzen zu kämpfen hatte.

Ich strich über die Bügelfalten meiner Highwaist-Hose, um dem Drang zu widerstehen, mir wie ein kleines Kind vor Müdigkeit die Augen zu reiben. Denn ich wollte nur ungern mein Make-Up ruinieren, das mich davor bewahrte, mich als Waschbär-Double zu outen. Die schlaflosen Nächte der letzten drei Tage hatten ihren Tribut gefordert, und es hatte mich eine extra Schicht Concealer und eine Menge Geduld gekostet, mich halbwegs wieder herzurichten. Gott, ich wollte wirklich einfach nur schlafen, doch mein voller Terminkalender machte mir – wie so häufig in letzter Zeit – einen gehörigen Strich durch die Rechnung.

Warum konnte mein Tag nicht 48 Stunden haben? Das würde es deutlich leichter machen, meine Agenda für den heutigen Tag abzuarbeiten, ohne mal wieder die Nacht zum Tag machen zu müssen. Meinen Vormittag würde ich mit Vorlesungen verbringen, bevor ich am Nachmittag dem Planungsmeeting meiner Verbindung beiwohnen musste, um das Thema der Kennenlernparty zwischen Delta und Kappa zu besprechen. Am Abend wollte ich dann das nächste Video für meinen Blog *SouthSideGirl* drehen und den entsprechenden Ankündigungspost für Instagram vorbereiten. Da blieb keine Zeit für eine erholsame Nacht mit acht Stunden Schlaf. Verdammt, meine Zeit reichte ja nicht einmal für ein kleines Nickerchen in der Bibliothek. Leider waren meine Aussichten für dieses Wochenende auch alles andere als rosig, denn ein Termin jagte den nächsten und ich begann, mich ernsthaft zu fragen, wie ich das überstehen sollte. Denn anders als mein bester Freund Hunter brauchte ich ein gewisses Maß an Schlaf, um funktionieren zu können.

Ein Hoch auf zuckerfreie Energydrinks. Ohne die würde ich sicherlich längst am Stock gehen.

Ich verbarg ein Gähnen hinter der Hand, während ich mich zum Frühstücksbuffet umwandte. Wenn ich nicht bald wieder einen einigermaßen regelmäßigen Schlafrhythmus in mein Leben bekäme dann –

»Hey, Kate.« Als mich plötzlich eine junge Frau mit honigblondem Haar und grünblauen Augen ansprach, hätte ich beinahe vor Schreck gequietscht.

Wow. Ich war echt alles andere als wach.

Sie winkte mir im Vorbeigehen mit einem erwartungsvollen Lächeln zu und schnell hob ich die Hand, um ihren Gruß zu erwidern.

»Hey«, beeilte ich mich zu sagen, während ich schon die Untiefen meines Gedächtnisses nach ihrem Namen durchsuchte. Doch schnell wurde mir klar, dass ich noch nie mit ihr gesprochen hatte. Ich konnte mich nicht einmal daran erinnern, ihr jemals auf dem Campus begegnet zu sein. Ich sah ihr noch einen Moment lang nach, als sie mit federnden Schritten davon ging, und ich umfasste den Schulterriemen meiner Handtasche so fest, dass das Leder sich in meine Haut drückte.

Eigentlich sollte ich mich mittlerweile an Situationen wie diese gewöhnt haben, denn in den letzten zwei Jahren war die Anzahl meiner Follower kontinuierlich gestiegen, sodass ich längst den Überblick verloren hatte, wen ich gar nicht kannte und wer von ihnen mit mir auf die San Teresa University ging. Es gehörte zu meiner täglichen Routine, dass mich Menschen ansprachen oder anschrieben, die ich in meinem Leben noch nie gesehen hatte. Und doch fand ich es noch immer ein wenig befremdlich. Vor allem wenn ich noch nicht einmal die Chance bekommen hatte, den ersten Kaffee des Tages zu trinken.

Ich zog meine Handtasche dichter zu mir und ging zu dem großen Frühstücksbuffet, das keine Wünsche offen ließ. Von Waffeln über Bagel bis hin zu Joghurt war für jeden Geschmack etwas dabei und der Duft von frisch gebrühtem Kaffee lag in der Luft. Ich sah auf die goldbraune Färbung der Pancakes, die das Küchenpersonal frisch in der Pfanne ausbackte und mein Magen knurrte laut, als ich an ihren süßen Geschmack dachte. Ein Pancake mit Ahornsirup war jetzt genau das Richtige, um meine Laune zu heben. Ich streckte meine Finger nach den vorgeheizten Tellern aus, stockte aber, als ich ein paar Augen auf mir spürte. Ich sah auf und begegnete dem skeptischen Blick einer anderen Studentin, die kopfschüttelnd zwischen den Pancakes und mir hin und her sah. Laut und deutlich stand ihr Vorwurf im Raum und schrie mich regelrecht an. Sie wechselte von einem Bein auf das andere und ihre Augen sagten: *Wenn du deinen Followern so eine ungesunde Ernährung vorleben willst, dann tu dir keinen Zwang an.*

Ich presste die Lippen zu einem schmalen Strich zusammen, in dem Versuch, nicht laut vor Frust aufzuschreien. Am liebsten hätte ich aus Protest eine extra große Portion Pancakes mit Schokolade und Schlagsahne zum Frühstück gegessen, nur um ihr zu zeigen, dass ihr urteilender Blick mich nicht im Mindesten störte. Ich wollte mit dem Fuß aufstampfen und wie ein kleines Kind meinen Dickkopf durchsetzen.

Stattdessen zog ich meine Hand zurück und ging an all den süßen Köstlichkeiten vorbei, die ich eigentlich gern zum Frühstück aß, und füllte eine Schale mit Joghurt, viel frischem Obst und ein wenig Müsli. Ich wusste genau, dass das nicht annähernd genug war, um mich durch den Tag zu bringen, doch das war nebensächlich. Wenn ich weiterhin meine Kooperationen behalten wollte, die mir ein regelmäßiges Einkommen ermöglichten, dann hatte ich ein gewisses Image zu wahren. Und das betraf auch meine Essgewohnheiten. Als ich bemerkte, was ich da eigentlich tat, biss ich die Zähne fest aufeinander. Ich hatte nie eins von diesen Mädchen sein wollen, die der Zahl auf ihrer Waage mehr Bedeutung beimaßen als dem Nährwert ihres Essens.

Sicher, dass du das noch essen solltest, Schätzchen? Das Kleid war schon recht eng, als wir es im Laden gekauft haben. Wir wollen doch nicht riskieren, dass wir dich nachher noch reinnähen müssen.

Das affektierte Lachen meiner Mutter hallte in meinem Kopf wieder und das Tablett in meiner Hand schien plötzlich eine Tonne zu wiegen, als ich mir eine extra große Tasse mit schwarzem Kaffee füllte und das Buffet verließ.

»Guten Morgen, Kate.«

»Guten Morgen.« Das Lächeln auf meinem Gesicht fühlte sich wie festgetackert an, als ich erneut jemanden begrüßte, den ich noch nie gesehen hatte. Während ich mit meinem Frühstück durch den Speisesaal ging, um einen freien Tisch zu suchen, nickte ich hin und wieder ein paar Studenten zu, die mich ansahen und lächelte freundlich, wenn mich jemand begrüßte.

Rücken gerade. Lächle. Sei immer freundlich.

Es dauerte ein wenig, aber dann endlich fand ich einen freien Tisch, der direkt vor der großen Fensterfront stand, die das goldene Licht der morgendlichen Novembersonne hineinließ und einen wunderschönen Blick auf die große Wiese freigab, die viele der wichtigsten Gebäude der STU miteinander verband.

Meine Beine fühlten sich an wie Blei und ich versuchte mein Bestes, um auf den letzten Schritten nicht zu schlurfen, bevor ich mich auf einen der Stühle sinken ließ, die an dem kleinen runden Tisch standen. Ich stieß ein zufriedenes Seufzen aus, bevor mein Blick an den drei übrigen Stühlen hängen blieb. Zwei davon würden bald von Raelyn und April besetzt werden. Doch der letzte würde leer bleiben.

Allein bei dem Gedanken zog sich mein Herz schmerzhaft zusammen und ich sah schnell aus dem Fenster. Große Bäume säumten die Wiese und ihre roten, braunen und orangenen

Blätter fielen langsam zu Boden und verteilten sich mithilfe des Windes über den gesamten Campus. Es war ein wunderschönes Farbenspiel, das mich eigentlich hätte ablenken sollen, doch alles, woran ich denken konnte, war die Tatsache, dass dieser Tisch bis vor Kurzem für uns alle zu klein gewesen wäre.

Doch jetzt war alles anders.

Entschlossen schob ich die negativen Gedanken von mir, die mich heute Morgen wie eine dunkle Wolke umgaben, und trank einen Schluck Kaffee.

Bitteres Koffein. Genau das hatte ich gebraucht.

»Kate!«

Ich lächelte, als April direkt auf mich zukam. Ihre Schritte waren wie immer federnd und das, obwohl sie eine Sporttasche mit sich trug, die bei ihrer Körpergröße von knapp einssechzig riesig wirkte. Ihr rotbraunes, sonst lockiges Haar hing ihr in dunklen, nassen Strähnen auf die Schultern, und ihre Wangen waren rosig, als sie ihr Tablett auf dem Tisch abstellte und mir einen Kuss auf die Wange drückte.

»Guten Morgen, Sonnenschein«, sagte ich schmunzelnd, als April sich geräuschvoll auf den Stuhl neben mir sinken ließ. »Wie war das Training?«

»Gott, fang bloß nicht davon an.« Mit einem Ächzen lehnte April sich nach vorne und legte ihren Kopf auf der Tischplatte ab. »Mir tut alles weh.«

»Warum tust du dir das morgendliche Training auch an? Ist das nicht freiwillig?«

»Freiwillig am Arsch.« Gequält schloss sie ihre haselnussbraunen Augen. »Alec sagt zwar immer, dass wir nicht kommen müssen, aber die, die nicht zum morgendlichen Training erscheinen, ziehen im regulären Training immer die Arschkarte.« Sie verzog das Gesicht und seufzte leise. »Diesem Sadisten hätte es echt nicht erlaubt werden sollen, Kapitän der Mannschaft zu werden.«

Ich presste die Lippen fest aufeinander, um nicht zu lachen. Seit diesem Jahr hatte das Schwimmteam einen neuen Kapitän, und sein Ruf eilte Alec Volkov voraus – und das auf mehr als nur einer Ebene. »So schlimm?«

»Frag das meinen Muskelkater.« April hob den Kopf von der Tischplatte und öffnete die Augen. »Wo ist Rae eigentlich?«

Ich zog mein Handy aus der Innentasche meiner Jacke und entsperrte den Bildschirm. Mir wurde eine Nachricht von Raelyn angezeigt, die ich nicht einmal öffnen musste, um ihren Inhalt zu kennen. »Sie verspätet sich.«

»Also alles wie immer.« April lachte leise. »Das nächste Mal sagen wir ihr einfach, wir treffen uns um viertel vor sieben. Vielleicht ist sie dann bis acht da.«

Ich legte mein Handy neben meinem Löffel auf dem Tisch ab. »Hat sie wieder die halbe Nacht mit Hunter telefoniert?«

April warf mir einen eindeutigen Blick zu. »Was denkst du denn?«, fragte sie mich rhetorisch, ehe sie sich die Schläfen rieb. »Ein Hoch auf meine Kopfhörer, sonst würde ich kein Auge zutun. Als ihre Freundin verstehe ich, dass sie ihn vermisst, jetzt wo er in New York ist, aber als ihre Mitbewohnerin geht es mir manchmal ein wenig auf den Zeiger.« April sah auf ihre Hände hinab und begann an ihren unzähligen farbigen Armbändern herumzuzupfen. Sie warf mir einen verstohlenen Blick zu, bevor sie sich räusperte und den Rücken durchdrückte. »Wo wir gerade über Vollidioten in anderen Zeitzonen sprechen: Hast du eigentlich mal wieder was von Tyler gehört?«

Sehr subtil April. »Ja, vor ein paar Tagen.« Ich sah belustigt dabei zu, wie sie auf ihrem Sitz herumrutschte, als ich mir mit meiner Antwort Zeit ließ. »Er hat sich gut in Seoul eingelebt. Er sagt es gefällt ihm sogar noch besser als in Tokio.«

»Schön.« Sie wich meinem Blick geschickt aus, indem sie nach ihrer Waffel griff und etwas Marmelade darauf verteilte. »Wann kommt er wieder?«

Ich dachte an unser letztes Telefonat bei Skype zurück und runzelte nachdenklich die Stirn. »Ich glaube irgendwann zwischen Weihnachten und Neujahr.«

»Geht's um Tyler?« Als ich plötzlich Raelyns Stimme neben mir hörte, zuckte ich zusammen. Geräuschvoll zog sie den Stuhl neben mir heraus und ließ sich darauf sinken. Auf ihrem Teller stapelten sich ein paar Pancakes, die in Ahornsirup zu ertrinken schienen. »Wird Zeit, dass er nach Hause kommt.«

April schüttelte mit einem Lächeln auf den Lippen den Kopf. »Dir auch einen wunderschönen Guten Morgen.«

»Morgen.« Raelyn verengte die Augen, als sie zwischen April und mir hin und her sah. »Ihr seht beide ziemlich fertig aus.«

»Sehr charmant.« Ich schnaubte leise. »Du telefonierst wirklich zu viel mit deinem Freund.«

April schnalzte mit der Zunge. »Keine Sorge, das kann Rae auch ohne Hunters Einfluss.«

Raelyn grinste breit und das Sonnenlicht ließ ihr aktuell dunkelblondes Haar golden strahlen, als sie ihre Jacke auszog. Auch wenn ich seit der ersten Stunde dabei gewesen war und all ihren Veränderungen zugesehen hatte, musste ich mich immer noch an diese neue Raelyn gewöhnen, deren rechter Arm mit Tattoos überzogen war und die ihre Haarfarbe mindestens alle drei Monate wechselte.

»Danke.«

»Das war kein Kompliment«, stellte April klar und boxte Raelyn gegen den Oberarm. Doch die zuckte nur mit den Schultern.

»Liegt im Auge des Betrachters.« Zufrieden schnitt sie ein

Stück von ihrem Pancake ab und schob es sich in den Mund. »Außerdem liebt ihr mich trotzdem.«

Als sie ihre Finger nach meinem Kaffee ausstreckte, schlug ich ihr spielerisch auf die Finger. »Sei dir da mal nicht so sicher.«

»Bin ich mir aber.« Raelyn warf mir ein so unverschämtes Grinsen zu, wie ich es sonst nur von Hunter kannte, bevor sie sich doch noch meinen Kaffee griff und einen großen Schluck trank. Es *musste* stimmen, dass Paare sich einander irgendwann ähnlich wurden.

»Gott, ich hab' so einen Hunger.«

Bei Aprils Worten sah ich auf mein Frühstück hinab, das ich vollkommen vergessen hatte. Mein Magen knurrte und ich griff nach meinem Löffel, doch hielt dann inne. Ich hatte heute noch keine Story gepostet und das tat ich eigentlich jeden Morgen. Ich legte meinen Löffel beiseite und nahm stattdessen mein Handy in die Hand, um schnell ein paar Fotos von meinem Frühstück zu machen. Als ich die Bilder ansah, rümpfte ich die Nase. Ich verrückte die Schale ein paar Zentimeter und änderte den Winkel der Kamera, bevor ich noch ein paar Fotos schoss. Erst als ich zufrieden war, öffnete ich Instagram und postete das Bild in meine Story. Als ich die Hashtags setzte, hielt ich inne.

#frühstück #lecker #gesund #gutenmorgen

Lecker? Im Ernst? Dabei hatte ich noch nicht einmal einen einzigen Bissen genommen. Mein Kopf war mit einem Mal wie leergefegt. Was zur Hölle tat ich hier eigentlich?

»Hallo?« Ich zuckte zusammen, als April mit ihrer Hand vor meinem Gesicht herumwedelte. »Erde an Kate?«

»Entschuldigung.« Ich kniff meine müden Augen kurz zusammen und lächelte. »Ich war irgendwie mit meinen Gedanken woanders.«

»Das haben wir mitbekommen.«

»Ist alles okay?« Raelyn lehnte sich mir entgegen, ihre wachsamen Augen direkt auf mich gerichtet.

»Ja, alles Bestens.« Sogar in meinen eigenen Ohren klangen diese Worte hohl und unglaublich stumpf. »Wirklich, es ist alles okay. Macht euch mal um mich keinen Kopf.«

»Wir sind deine Freundinnen. Es ist unser Job, uns Sorgen um dich zu machen«, sagte April mit ihrer tiefen und sanften Stimme, und ich hatte das Gefühl, dass sie mir damit die Luft aus den Lungen presste.

Raelyn nickte. »Besonders wenn du so aussiehst, als würdest du jeden Moment auf deinem Stuhl einschlafen.«

»Ich hab' heute Nacht nur schlecht geschlafen, das ist alles.« Die beiden sahen nicht so aus, als würden sie mir glauben. Also zwang ich mich zu einem weiteren Lächeln, in der Hoffnung, dass ich sie diesmal überzeugen konnte. »Es ist wirklich alles okay.«

Ich wich Raelyns skeptischem Blick aus und aß endlich einen Löffel von meinem Joghurt. Als ich bemerkte, dass das Müsli längst durchgeweicht war, schob ich die Schale von mir weg. Also nur Kaffee zum Frühstück. Nach Raelyns und Aprils Fragen war mir eh der Appetit vergangen.

»Okay.« April legte die Hand auf meinen Unterarm und drückte sanft zu. »Sollte sich das ändern, weißt du hoffentlich, dass du immer zu uns kommen kannst.«

Ich sah meine beiden besten Freudinnen an und mir stockte der Atem, als sie mich so warm und verständnisvoll anlächelten.

Ich öffnete die Lippen, um etwas zu sagen. Irgendetwas. Doch ich blieb stumm, als ich in mich hineinhorchte.

War wirklich alles okay mit mir?

Ich wusste es nicht.